汲古叢書132

村松弘一著

中国古代環境史の研究

汲古書院

目　次

第二部　淮北平原の開発——漢から魏晋へ——

中国古代環境史の研究

はじめに――本書の目的と構成――

本書は学習院大学大学院人文科学研究科に提出した博士学位請求論文「中国古代の環境と地域開発――関中平原と淮北平原を中心に」（二〇〇五年三月学位取得）を中心とし、その後、二〇一五年までの間に公表した研究論文を加え、一書として再構成したものである。本書の各章のうち、第一章から第十章までが博士論文であり、序章および第十一章から第十九章、附章は新たに加えられた部分である。

本書は中国古代の関中平原・淮北平原・黄土高原・黄河下流、さらには東アジアにおける人間と自然環境の関係史を復原しようとする試みである。「環境史」と日本語で表現した場合、それは、欧米における“ecological history”と“environmental history”の両方の意味合いを有している。“ecological history”は人間を生態環境の一部と見なし、生態学的方法論を利用した歴史学としての意味を持たせるべきであるという立場の研究者が用いる。一方、“environmental history”は人間を自然環境の外に位置づけ、人間がそれにどう対したのかに焦点をあてるという立場の研究者が用いる。人間が周囲の環境とどうかかわったのか、周囲の環境をどのように認識したのか、そして、それがどのように変化し、なぜ変化したのかを解明すること、それが本書における環境史の考え方である。すなわち、本書における環境史は“environmental history”にあたることになるだろう。この環境に対する認識が具体的な行動としてあらわれたものが「開発」である。本書では手つかずの自然環境に人間が何らかの手を加えること、その行動全体を「開発」と定義づける。具体的には、森林を切り開いて農地化することやそれにともなう水利施設の建設、都市と都市水利の建設など様々な行動が含まれる。そのような開発のありかたは、時代によって、政治的・社会的状況によって、そして対象となる地域によって多様なすがたをみせる。この環境に対する人間のかかわりかた（関係）の差違と変化を古代という時間、中国そして東アジアという空間に限定して論じてゆきたい。

本書では環境保護や環境破壊という現代的な視点から古代の環境史を構築するという方法や、現代の環境論から古代思想の解釈をおこなうという方法をとらない。具体的な事例をたどりつつ、そこから環境や開発に対する認識を読みとる作業を行いたい。特に古代の都市および水利施設に着目する。これまでの中国古代の都市研究は、城郭都市の起源を探索することや、古代中国と古代日本の都城制を比較することなどが論点として挙げられてきた。本書では、これまでの研究成果を踏まえつつ、ある政治的・社会的状況の中でどのような環境を選択して都市が築かれたのか、また都市に住む人々の水はどこから供給され、それを都市プランのなかにどのように取り入れたのかという点などに注目する。都市とくに国都の選定は、政治的な問題であるとともに、どのような自然環境が都市の設置場所として最適であると判断するかは、その環境に対する認識を見る材料となる。また、都市への人口集中はそこに生きる人々の食糧をどこから供給し、そのための農地開発をどのように行うのかという問題へとつながる。また、都市に生きる人々の水はどこから供給するのかということも重要な点となる。例えば、都市水利として井戸を使用する場合には、都市内部から水を供給することとなるが、都市の外の溜池を利用する場合には、池の保水能力を保持するために森林の存在が不可欠となり、その森林が乱伐されないように法の整備もおこなわなければならない。つまり、都市水利のプランは当時の人々の森林に対する認識を理解するための重要な史料となるのである。

水利施設に関する研究は、これまで、中国古代帝国の形成と大規模灌漑施設の建設の関係に焦点があてられてきた。本書では山林藪澤とよばれる低湿地を中心とした複合生態系を、手つかずの自然環境、陂・塘（貯水池）や渠（用水路）

などの水利施設を開発の具体的なかたちと見なす。その開発のありかたは地理的環境や時代によって異なってくる。渠水は広い面積を灌漑し、食糧増産に大きく寄与するという点で研究上、注目されてきたが、灌漑対象がアルカリ土壌であれば、地下水位をうまくコントロールしない限り、塩害が発生する。つまり、灌漑は災害の原因にもなりうる。また、小規模な陂（貯水池）であっても、過度に一地域に集中して多くの陂が建設された場合、それは大水害や干害の原因となってしまう。このように渠・陂による開発によって一定の効果を得たとしても、開発方法に問題があれば災害が発生することもあった。また、水利施設は灌漑中心とみなされることも多かったが、実際は渠であれば漕運、陂ではれば水害防止のために利用されるものもあり、同じ水利施設であっても、その主な機能は地域や時代によって異なる。また、さらに視野を広げれば、中国大陸で開発された水利技術が東アジアへと広がる際にも、朝鮮半島や日本列島へと伝わる間に工法や名称は必ずしも同時に伝わるわけではなく、受け入れる側の地理的・政治的・社会的状況によって異なっている。

本書の構成をまとめておきたい。まず、序章「秦漢環境史研究の現在」では秦漢史研究における環境史の研究を概観し、近年の研究が何を問題としているのかについて論じる。第一部「秦漢帝国の形成と関中平原」は関中平原を対象地域とし、そこを拠点とした秦のはじまりから統一そして漢への過程について都市を中心に論じる。関中平原は、西は隴山、東は黄河・渭水合流点、北は岐山を含む北山山脈、南は南山とも呼ばれる秦嶺山脈に囲まれた地域で、現在の陝西省中部に位置する。東西三六〇㎞、面積四万㎢、海抜三〇〇m～八〇〇mで、平原中央部を西から東へと黄河の支流である渭水が流れる。渭水の両岸には秦の咸陽や漢の長安といった都が置かれ、まさに中国古代史上最も重要な地域のひとつであった。その首都圏を防御するため、西に隴関・大散関、東に函谷関、北に蕭関、南に武関が建設されたことから、関中と呼ばれる。関中平原は渭水を境に北を渭北平原、南を渭南平原と区分することができ、さらに、渭北平原は涇水を境に西部と東部の二つに分けられる。本書でも、関中平原を渭北西部・東部と渭南に分けて考察する。また、関中平原は黄土高原の南端に位置し、その西の隴山を越えた甘粛省東部は黄土高原西部地帯である。秦はこの地からはじまり、関中平原へと進出した。大きくわけて第一章から第三章が春秋秦から戦国秦までの遷都と地域開発を扱い、第四・五章は戦国秦から統一秦・漢の都市および水利施設について考察している。第一章「黄土高原西部の環境と秦文化の形成」では秦公となって最初に拠点とした黄土高原西部の西垂とその周辺の環境について述べ、第二章「秦の関中平原西部への拡大と地域開発」では西垂から雍城への遷都の過程と関中平原西部の開発の関係について論じる。第三章「関中平原東部への遷都と開発の展開」では雍城から櫟陽・咸陽への遷都の過程と晋・魏との抗争そして地域開発との関係について言及する。第四章「中国古代関中平原の都市と環境」では咸陽から長安への都市プランの変遷を都市水利の変化から分析した。第五章「中国古代関中平原の水利開発と環境」では戦国秦が建設した鄭国渠と漢代の白渠の灌漑対象区を比較検討し、それぞれの水利施設の性格の差違と背景にある政治的状況の違いを分析する。

第二部「淮北平原の開発」では淮北平原を対象地域とし、漢から後漢、魏晋南北朝時代に至るまでの澤と陂に焦点を当てる。淮北平原とは北は黄河、南は淮水、西は秦嶺山脈から続く嵩山より南に走る桐柏山の山系、東は山東半島西部の山東丘陵に挟まれた東西約三〇〇km、南北約三〇〇km、高低差二〇mほどのなだらかな平原である。黄河は現在、開封東の蘭考付近で東北方向に流れを変えるが、かつての河道は時代によって常に変化していた。とくに、南宋から清代までは黄河が東南方向にながれて淮河に入り、海へと出ていた。つまり、淮北平原は淮河よりも黄河との関係が深い地域であった。また、政治的には黄河下流域と江南の間にあたり、華南・華北で成立した国々の抗争の場となった。淮北平原は中国の南と北の間に位置し、政治的・軍事的さらには経済的に重要な地域であったといえる。第六章「中国古代の山林藪澤」では山林藪澤への人間のかかわりかたを類型化し、手つかずの自然環境である山林藪澤に対する古代人の認識を考察する。第七章から第九章は漢から魏晋南北朝期までの淮北平原における陂の建設の変遷をたどる。それは淮北平原がいつどのように開発されたのかを見ることを意味する。第七章「魏晋期淮北平原の地域開発」では西晋代の杜預による水害と陂の関係を述べた上疏文を分析し、第八章「漢代淮北平原の地域開発」では杜預以前の漢代における淮北平原の開発のありかたについて澤・陂を中心に述べる。第九章「魏晋・北魏時代の淮北平原における陂の建設」では杜預上疏以後の状況を知るため主に『水経注』の記載に見られる陂・澤の状況を論じた。

第三部「水利技術と古代東アジア」では淮河流域で開発された「陂」の技術が朝鮮半島・日本列島へと伝わる過程に着目する。第十章「中国古代淮南の都市と環境」では淮河のすぐ南に位置する都市・寿春と水利施設・芍陂の関係が春秋時代から魏晋期に至るまでにどのように変化したのかを検討した。第十一章「後漢時代の王景と芍陂（安豊塘）」では芍陂の機能が灌漑中心へとかわる契機となった王景による修築について、彼の履歴と黄河下流での事績との関係から論じた。第十二章「古代東アジア史における陂池」では「陂」という名称について朝鮮半島・日本列島の事例について整理した。第十三章「塢から見る東アジア海文明と水利技術」では中国大陸では防塁を示していた「塢」が朝鮮半島の石碑のなかでは水利施設を意味していることに注目し、水利施設としての語義が朝鮮半島特有のものであるのか、それとも大陸から伝わったのかについて資料を再度整理し、論じた。

第四部「黄土地帯の環境史」では関中平原・黄土高原・黄河下流域という黄土地帯全体の人間と環境の歴史について述べる。第十四章「秦漢帝国と黄土地帯」では秦漢帝国の歴史の中で黄土地帯がどのような役割を果たしたのかを政治・社会の側面からまとめた。第十五章「黄土高原の農耕と環境の歴史」では特に黄土高原に着目し、その開発について論じた。第十六章「黄河の断流」では現代の黄河が河口まで届かない「断流」という現象について、黄河変遷史のなかでの位置づけをおこなった。第十七章「澤からみた黄河下流の環境史」は黄河下流の鉅野澤の大きさの変化と黄河の変遷との関係について述べた。第十八章「陝西省関中三渠をめぐる古代・近代そして現代」は古代の鄭国渠などを引き継いだ関中三渠の秦漢時代からの歴史を振り返り、近代においてそれが「近代技術」によってどのように修築されたのか、環境へどのような意識をもって整備されたのかを考察する。第十九章「洛恵渠調査記」は現代の関中平原の水利施設の調査記である。附章「東アジアの環境史」は東アジア全体の環境史の研究動向について整理したものである。

序　章　秦漢環境史研究の現在

1、はじめに――陝北をゆく――

中国内陸部の陝西省と内蒙古自治区の境界線は、年間降水量四〇〇㎜のラインとほぼ一致する。陝西省北部は陝北地区（地図1）と称され、その中心地は楡林市である。楡林市から東北五〇㎞、神木県に至る高速道路沿いに大保当鎮政府がある。そこが神木大保当漢代城址遺跡（写真1）である。沙漠化の進展する長城遺跡の北に位置する都市遺跡である。東一五㎞には黄河支流の禿尾河が西北から東南方向へ流れ、西二〇㎞のところには無定河支流の楡渓河が流れている。大保当遺跡の北側には野鶏河とよばれる小河川が流れ、本来は禿尾河に流れ込む河川なのだが、沙漠化によって、合流する以前に途切れている。筆者が二〇〇二年一一月に現地を訪れた際にも、都市遺跡内部においても地表水の流れは見られなかった。発掘報告によれば、城壁の形は変五角形で、全長五一〇ｍの北壁と全長四一〇ｍの西壁の保存状態は良好であり、城址の年代は前漢晩期に修築され、後漢中晩期に廃棄されたと考えられている(1)。さらに、城址から歩いて三〇分のところに彩色が残る画像石漢墓群（写真2）が発掘されている(2)。

沙漠のなかの都市。はたして秦漢時代、この都市はどのような環境下にあったのだろうか。考古学者の王煒林は遺構の下から砂の層が発見されたことから、この遺跡が建設された前漢晩期すなわち一世紀初のこの地域はすでに沙漠

地図１　陝北地区

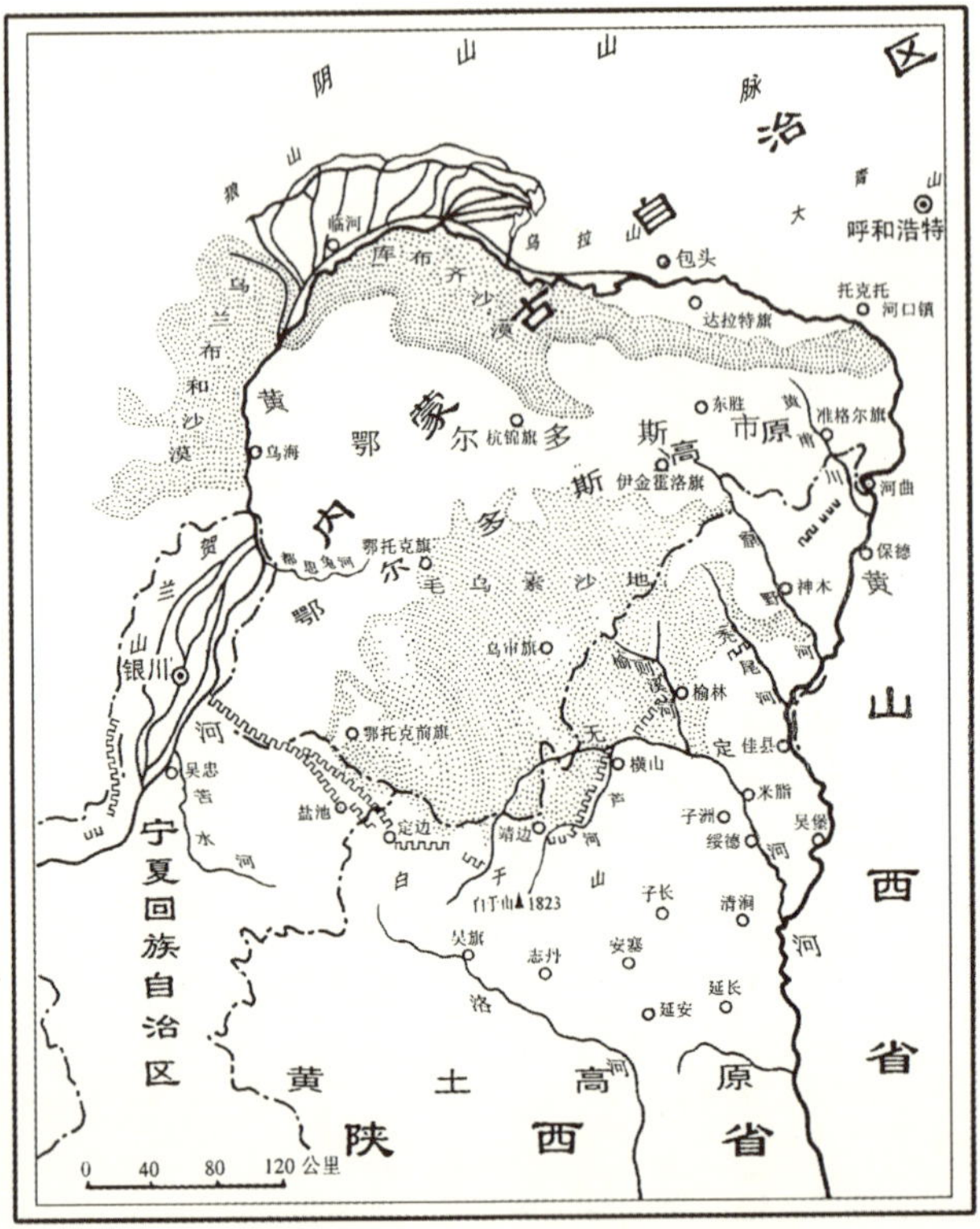

『黄河流域地図集』（一九八二年）をもとに作成

写真１　大保当漢代城跡（二〇〇二年、著者撮影）

写真２　大保当漢代画像石墓（二〇〇二年、著者撮影）

であったとの見解を示した[3]。本当に沙漠のなかに都市を造ったのであろうか。かつて、中国歴史地理学の分野において、史念海は黄土高原からオルドスにかけて森林が広がっていたと述べ[4]、侯仁之は人類の活動が黄土高原の沙漠化を招いたと説いた[5]。近年、考古学者の側からこれらの旧説を批判する見解が相次いでいる。花粉分析によって神木新華新石器遺跡の周辺は森林というよりも草木を中心とした草原地帯であったと考えられ[6]、また、五胡十六国時代の匈奴・赫連勃勃が築いた統万城（現在の靖辺県北）では城壁の西南部分から遺構の下に砂層が見られたため沙漠のなかに都市が築かれたという説も示されている[7]。

近年、中国では、考古学研究において環境考古学という研究領域が注目され、歴史地理学の分野においても、環境変遷史や生態環境を中心とした地域史に関する研究テーマが多い。沙漠化をはじめとした環境変化の社会問題化を背景に人間活動と環境の変遷の関係性について論じる環境史研究が考古学・歴史学の分野の重要なテーマとなってきている。二〇〇七年、秦漢時代を生態環境史の視角から改めて整理した王子今の著書が出版された（王子今『秦漢時期生態環境研究』北京大学出版社、二〇〇七年）[8]。この書では気候変遷・水資源・野生動物の分布・生態環境への人為的な要素（屯田や森林伐採）・人々の生態環境観・生態環境と社会史および個別研究として咸陽遷都の生態地理学分析、災害記録、長城の生態史的考察、海溢の災害史、疫病史などのテーマをあつかっている。今後の秦漢環境史研究の基本文献となるだろう。

2、日本における秦漢環境史研究の現状

上述したように、中国では従前の歴史地理学・歴史学・考古学という研究領域のなかでそれぞれ環境史的視点から

の研究が盛んである。では、日本の秦漢史研究における環境史の状況はどうであろうか。現在の秦漢史研究において西北部や長江流域で陸続として発掘される出土資料に基づく研究が主流であることは疑いない。それに比して十分な先行研究がないなかで、環境史という研究方法への認識は、秦漢史研究の特殊な考え方のひとつという位置づけがなされているように思われる。環境史とは「人間が自然環境にどのようにかかわったのか」という歴史を解明することである。そのかかわり方を知るためには、まず、古環境の復原とその変遷という研究をおこない、さらにそこから人間が自然とどのようにかかわって環境を変えたのか、環境の変遷が人間の自然環境へのかかわり方にどのような影響を与えたのかということを考えることとなる。そして、それは、その人間が生きた時代の社会・国家とはどのようなものであったのかということを考えることにもつながるはずである。そういった意味で、近い将来、環境史研究はこれまでの秦漢史研究の成果を踏まえた新しい研究領域を切り開き、その中心的課題となりうる可能性を持っている。実際、各論文の著者本人は環境史と述べずとも、結果として環境史的視点から分析を試みている研究は二十一世紀に入って多くなってきた。以下、二〇〇〇年以降の論文を中心に日本における秦漢環境史研究の現状についていくつかの事例を挙げて、まとめたい。

（1）　地域史と環境史

①　黄土地帯

華北地域にひろがるいわゆる黄土地帯は秦漢史の最も重要な舞台である。黄土高原を構成している「黄土」は、その土地の歴史を語る重要な史料である。この黄土は水さえあれば農業ができる「肥沃」な土壌であると考えられてきた。しかし、近年の研究では、まず、黄土という土壌は存在しないこと、黄土とよばれている土壌は塿土であり、それは長年の耕作によって施肥され土壌の性質を改善された人為の産物であると考えられている。つまり、「黄土」とは人間の活動がはじまる以前から存在していたのではなく、人間、とくに農耕による開発がすすむなかで発生したものであるという。その背景には秦漢時代の大田穀作主義という考え方があり、肥料となる有機物は牧畜から供給された。(9) 人間の環境へのかかわりかたの歴史の蓄積が「黄土」なのである。

② 黄河下流域

黄河は現在、河南省から東北に流れて山東半島の西北で渤海へと注ぐが、明清時代の長い期間、黄河は南流し、淮河へと流れこみ黄海へと注いでいた。不断の変遷を遂げた黄河下流域も二十世紀末には水が河口にまで届かない「断流」が発生した。(10) この断流は上流部の沙漠化と農業・工業用水のための過度な利用が原因である。このような黄河の上流の開発と下流の災害という関係は現代に限った問題ではない。すでに、『漢書』溝洫志の記載に、新の大司馬史・張戎が、黄河の上・中流部での灌漑により、黄河の水量が減少し、下流の流れが緩慢となり、黄土が河底に堆積し、天井川が形成され、災害が発生すると言っているように、古くから問題になっているのである。この上流と下流との関係は後漢代から唐代までの八百年、黄河の流れが安定するという譚其驤の説とも関係する。その説では、後漢代に入り、黄土高原には、羌族・匈奴などの遊牧・牧畜民が居住するようになった。そのため、それまでの漢族のような農地化はなされずに、黄土高原は草原や森林へと回復していった。さらに、その後の魏晋南北朝時代は羌族・匈奴・鮮卑が自立した政権をつくり、さらに黄土高原の退耕がすすんだ。そのため、前漢のようには黄河上・中流域の浸食は進まず、河水に含まれる泥は減少した。下流部では河底への黄土の堆積が減り、天井川も形成されなくなった。それゆえ、黄河下流域では洪水はおこらず、まさに安定した時期であったという。(11) この譚説に対して、近年では批判的な見解もある。(12)

黄河下流の不安定性は、漢王朝の歴史に強い影響を与えた。特に、漢・武帝期の二十年以上にわたる「瓠子の河決」（前一三二～一〇九）の放置は黄土高原・オルドスへの七十万人の徙民[13]や二百万人以上の流民を発生させるなど莫大な被害をもたらしたが、その一方で、連年の水害によって淮北平原の大商人層に打撃があたえられ、武帝による抑商政策・中央集権体制の強化に貢献した。[14]また、成帝・平帝・王莽期以後の水害は結果的に再び淮北平原の豪族勢力の衰退・移動を招き、水害の被害を受けなかった河北豪族の協力を得た劉秀が後漢王朝を創建することとなる。[15]すなわち、「黄河下流という空間は中国社会に「統一」を促す「空間」であるとともに、黄河の治水という難題を課し、「統一」に動揺を与えつづける「空間」であった。[16]それは、まさに、中国古代史を大きく変える、最も重要な環境要因のひとつであった。

上記のような黄河と人間の関係を解き明かす前提として、秦漢時代に黄河がどこを流れていたのかを知る必要がある。黄河の古河道については、譚其驤編『中国歴史地図集』（地図出版社、一九八二年）を基本としてきたが、近年では衛星等のリモートセンシングデータを利用した研究も発表されてきており、今後、一部の河道の修正が必要となるだろう。復旦大学歴史地理研究センターでは、主任の満志敏を中心にＧＩＳ（地理情報システム）を利用した河道復原が進められ、日本においても衛星や地形データを利用した復原がはじまっている。[17]

③　黄土高原

黄河の上中流域にあたる黄土高原北部の陝北地区は、現在、沙漠化の最前線に位置する。秦漢帝国の農耕民から見れば、北方遊牧民とくに匈奴との最前線に位置する。この地域の秦漢時代の環境については、史念海の諸研究があり、その考え方は日本でも断片的に紹介されている。[18]しかし、その評価については、あまり議論されていないように思われる。この地域の文献資料は極端に少なく、木簡等新たな出土文字資料も発見されていない。上述の都市遺跡や長城・

直道などの考古遺跡から復原できる秦漢時代の交通路に基づいて、点と線でつながれた当時の人間と環境の関係を知ることはできる。しかし、黄土高原の環境全体を面的に復原する研究はすすんでいないのが現状である[19]。

墓葬装飾の画像石や壁画の画像資料に描かれた風景から当時の環境をある程度知ることも可能である。陝北画像石には牛犂耕やアワの刈り取り、馬糞拾いなどが見られ、現地において農耕がおこなわれていたことを想像させる[20]。ただし、陝北画像石のうち、紀年があるものは一世紀後半から二世紀半ばに限られ、出土地は米脂・綏徳を中心とした無定河流域に限定される。無定河は現在の陝西省靖辺県の南から発し、統万城の南を流れ、楡林の南の魚河堡付近（秦の上郡治か）で楡陽河を受け入れ、東南流して米脂・綏徳を経て、黄河へと流れ込む。黄土高原とオルドスの境界線に位置すると言ってもよい河川である。無定河沿いは両岸に平地が広がり、無定河の水を利用して農業生産がおこなわれたと考えられる。河川沿いは古代の幹線交通路でもあった。二世紀半ば、匈奴が南下したことにより、漢族は南下もしくは、黄河を東に越えて離石へと移動した。オルドス地域では画像石ではなく、壁画墓が発見され、そこにも当時の風景が描かれている。例えば、後漢中期の内蒙古自治区鄂托克旗に位置する後漢中期の鳳凰山墓葬からは彩色壁画が発見されている。そこには、牛車・馬車・一角獣のほか、高山放牧図が見られる。これは山で牛や馬を放牧していた生活風景を描いたものである[21]。このような画像石・壁画墓に描かれた風景からは農耕・牧畜が複雑に交錯したこの地域独特の風景がみられる。しかし、それは固定された風景ではなく、農耕民と遊牧民の歴史的関係によって常に変化したのである。

④　河西回廊

黄河・黄土高原の西、敦煌・居延にいたるまでのいわゆる河西回廊は今やゴビの沙漠の広がる荒野である。河西回廊からは多くの出土資料が発見され、それらを利用した法制度や行政システムの解明について多くの成果が出されている。これらの出土資料から見いだされる人々の日常や遺跡の発掘から、「漢帝国の西北辺境は一面の荒野ではなく、緑の農地をいだいたオアシスが連なる世界」[22]であったことがわかる。例えば、居延甲渠侯官で発見された「侯粟君所責寇恩事」の記載には、粟君は寇恩に魚五千匹を運んで売りさばかせたとあり、また、寇恩の息子の欽は三ヶ月と十日の間、粟君のために魚を捕ったとある。まさに、エチナ河流域の河川や湖沼で漁撈がおこなわれていたのである。現在、沙漠化と塩類集積がすすむ居延とは異なる生活風景を前提とする必要がある。また、総合地球環境学研究所では居延澤へと流れ込むエチナ河を軸に、その源流である祁連山脈の氷雪コアの分析や中流の張掖における灌漑事業の展開などに関する文献資料等とを利用し、自然科学と人文社会科学の両分野が協力して現代に至るまでの地域の環境史の復原を試みている[23]。敦煌でも多くの出土資料が発見されており、衛星写真等の地理情報と伝世文献資料・出土資料を利用して、敦煌・酒泉間に存在したオアシスの重要性を確認し、そこから四方に広がる交通路から敦煌懸泉置の重要性を考える研究もみられる[24]。

（2）　開発と環境

①　水利開発と塩類集積――鄭国渠

これまでの秦漢史研究では、ウィットフォーゲル・木村正雄らの「水の理論」に基づき、大規模灌漑は古代帝国を支える重要な事業であったと考えられてきた。木村は漢代の県を第一次農地（旧県）と第二次農地（新県）に分類し、国家による大規模灌漑に支えられる新県が古代国家の支配において重要であったが、国家の衰退のなかで水利機構が維持できなくなり、災害が発生し、県が廃止され、そこから農民反乱集団が発生したと考えた[25]。この考え方については、華北での大規模灌漑は不可欠ではなく、天水農耕が可能であったという立場から天野元之助による批判がある[26]。

また、華北地域の水利開発にとって重要なことは、大規模灌漑後に発生する地表面における塩類集積の問題である。[27]すなわち、開発＝発展ではなく、開発→塩害→放棄という構図が考えられるということである。例えば、鄭国渠に関する近年の研究を見る。鄭国渠は渭水流域の関中平原において、秦王政の元年に韓の水工・鄭国が開鑿を始めた水利施設である。涇水を水源とする歴代の灌漑施設は「引涇灌漑工程」と総称され、鄭国渠の後にも白渠や三白渠がつくられ、今でも涇恵渠が当該地の灌漑に利用されている。[28]かつての鄭国渠・白渠に関する研究は水利事業の成功と生産力の発展が注目され、それらは秦の天下統一の原動力となったと考えられてきた。しかし、関中平原の灌漑の難しさはその後発生する塩類集積への対応である。濱川栄は現在の涇恵渠の技術者からの指摘やその後に開鑿された白渠や六輔渠との関係から、恐らく十年間ほどで塩害が発生し、利用できなくなったのではないかと推測する。[29]原宗子は鄭国渠を建設した場所に存在していた周代の焦穫澤は豊かな森林であり、西周の周族の耕地開発には水稲作がくみこまれていて、水稲作は水が地表をおおうために、塩分・アルカリ分の地表での集積を防ぐことになり、鄭国渠の美田は百年続いたという記述は正しいと説く。[30]拙稿では、秦の鄭国渠の灌漑区とその後の漢代に造られた白渠の灌漑区について鹵地（塩類集積地）をキーワードに検討した。領域に限界のあった戦国秦は渭北平原全体を開発して穀物生産量を上げる必要から、鄭国渠の灌漑区を農業に適していない渭北平原東部の石川水・洛水間の鹵地まで広く設定した。それに対して、黄河下流域を支配下に入れ、そこからの食糧を漕運できるシステムが確立した漢代になると、渭北平原のうち農耕に適していた西部の涇水・石川水間を灌漑区とした白渠を建設し、原生塩類集積地であった東部の石川水・洛水間の開発は放棄した。戦国秦から統一秦・漢という時代の政治的・社会的変化の中で同じ環境に対する認識も変化したのである。[31]これと同じように、河北省に位置する漳水渠についても塩類集積が資料を読み解くカギとなる。濱川栄は、これまでの漳水渠建造者とされる西門豹と史起に関する『史記』『漢書』『呂氏春秋』の記載を検討し、大規模灌漑による塩害とその後の灌漑放棄の繰り返しを想定し、記述の齟齬がそこから生まれたという。[32] このように、近年の水利開発に対する議論は、水利開発→農業生産の進展→統一という構図ではなく、水利開発→塩類集積という現象を前提に、人々はどのように開発をすすめたのかという問題や水利施設の機能や灌漑範囲の時代による変化などが環境史的視野から議論されているのである。

② 災害と開発――淮北平原

上述のような水利開発＝発展という構図に対する疑問は、災害と開発との関係においても同様である。中央権力の衰退によって大規模灌漑を前提としていた第二次農地の水利機構の管理ができなくなったため、災害が発生するという木村正雄の考え方への疑問である。西晋初期の咸寧四年、淮北平原が連年の水害にさらされた際、度支尚書の杜預がおこなった上疏文が『晋書』食貨志にある。杜預は水害の原因を過度な陂（溜池）の開発にあるとした。陂とは傾斜地で谷川を堰き止めるダム形式の貯水池である。[33] この陂に黄河の水が大量に流入し、陂の堤防が決壊することによって水害が発生した。しかし、すべての陂が問題となっているのではなく、漢代の陂堨及び丘陵にある個人経営の小さな陂は水害の原因とはなっていないので、修繕して継続利用するべきとしている。それに対して曹魏以降造られた陂や大雨がふるとすぐに決壊してしまうような蒲葦が生育し馬の腸のように長く延びた陂の類は水害の原因となっているので、破壊するべきであるとした。[34] この杜預上疏の認識は現実を反映しているものなのか。その点を確認するため、漢代の淮北平原に建設された陂と澤（低湿地）のデータを整理すると、黄河を水源として淮北平原を西北から東南に向かって流れる潁水よりも西の淮北平原西部では陂が建設されたが、澤は存在せず、一方で淮北平原東部では陂は造られず、澤が多く分布していた。東部の澤は黄河及びその支流が自然堤防を越えて形成された後背湿地、もしくは河水水系の河川が山東丘陵と衝突して形成したものであり、澤は河水の水量の増減と大きく関係していた。つまり、ここに陂を建設した場合、黄河が氾濫すると洪水が発生してしまう。それゆえ、漢代には溝・渠が建設されることはあっても、そこに水をためる陂が造られなかった。しかし、後漢代に至り、各地で牛疫などの災害が頻発するなかで、食糧生産量を向上させる目的で、それまで陂が建設されなかった淮北平原東部にも陂を建設することとなった(35)。そして、二百年後にそれらが溢れ水害が発生することとなったのである。杜預は人間の過度な開発→災害発生という構図を考えていたのである。

③　都市と環境——咸陽と長安

人間が集住する都市の設計構想は、ほかの先行する都市のプランを継承する一方、それが建設される社会の状況や周囲の自然環境に影響される。例えば、長安城はそれが位置する関中平原、さらに視野を広げるならば黄土高原の自然環境の影響を強く受けている(36)。秦都咸陽から漢都長安への過程は、戦国秦の咸陽渭北地区、統一秦が拡大した咸陽渭南地区、それを継承した漢長安の三時期・地域に分けて考えることができる。この変遷は、領域の拡大にともなう関中の人口増加によるものである。それらの都市水利を比較して見た場合、咸陽渭北地区が井戸を中心としていたのに対し、統一後に人口が増加した咸陽渭南地区・漢長安は水量のコントロールがしやすい陂池（ため池）を中心としていた。陂池であれば、必要な時に蓄水の供給が可能であり、水害を防止することもできる。渭南には原（黄土が堆積して形成された高台）と森林が存在し、その自然環境を利用して陂池が建造された。この都市水利としての陂池を維持するために森林・原が上林苑として保護されることとなり、都市の外部に広がる自然環境全体をも都市の一部としてコントロールしようとする都市プランを有していた(37)。

もうひとつ都市と環境の事例を挙げる。現在の安徽省寿県に位置する中国最古のため池・芍陂の機能の歴史的変化を考えてみると、戦国楚のころには都市・寿春を守るための防水害機能が中心であったが、後漢期になると灌漑機能が中心となった。それは寿春が、戦国楚の時には商業・流通を主とする都市であったのに対して、後漢代には、淮北と同様、農業生産を増加させ、関中平原へ食糧を供給する地域へと変化したためである[38]。池の機能は国家・社会全体の変化によっても変わるのである。

④　多様な生産物と人々

中国古代国家の賦税対象は穀物が中心であった。それゆえ、文献資料にしばしばあらわれる農業生産の光景は穀物生産である。しかしながら、中国には穀物生産だけではなく、山林資源やイモ・雑穀など多様な生産物が存在している。また、牧畜も重要な生産手段であった。山東半島の生産のありかたについて記載された『管子』地員篇には　穀物生産に関する部分がある一方、納税対象とはなりえない多様な生産物についての記載がある。このような多様な生産こそが、環境史で重視されるテーマである[39]。四川盆地の開発を支えてきたと考えられてきた都江堰についても、その灌漑効果は成都平原に限られるものであって、丘陵地ではまた異なった農業生産がおこなわれていた。蜀地域全体が豊かであると言われるのは、灌漑農業のみならず、鉱物資源やイモ類などの多様な物産が生産できる風土にあったとため考えられている[40]。これまで中国古代の国家と社会の関係について穀物農業生産ばかりに眼を奪われそれ以外の多様な生産についてはほとんど目が向けられなかった。そのキーワードのひとつとなるのが「山林藪澤」である。「山林藪澤」は山林と湖泊・低湿地を中心とした手つかずの自然環境の総称である。これまでの秦漢史研究において山林藪澤は、そこから得られる山澤の税や公田・苑囿の収入が戦国期の専制君主権力を支える経済的基盤となったとする点が議論の中心であった[41]。しかし、人間と自然との距離という観点から見ると、①人間に近い自然（禁令・祭祀・徴税の対象）②人間に近いが、国家権力の及ばない自然（反乱や反権力の拠点・俗世と乖離した世界）③人間と離れた自然（魑魅魍魎の世界）の三つに大別できる。つまり、国家によって編成されている民は①のごく一部であって、①の森や海と農民・国家をつなぐ人間集団や②③の世界に生きる人々は秦漢史研究のなかで見落されていたのである。そして、人間の山林藪澤へのかかわり方は固定化されたものではなく、政治的・社会的状況、時代によって変動する。その関係性の変動をある程度長期にわたる時間のなかで見てゆくことが、人間と自然の関係史としての環境史の構築のひとつの方法であろう。また、これと関連して、古代における人間と動物の関係史や疫病と人間の環境史も重要なテーマである(42)。

⑤　出土資料と環境史研究

近年、陸続として発見される出土資料も環境史の資料として利用することも可能である。いくつか例示したい。ひとつは、古地図を利用した地理認識に関するものである。例えば、一九八六年に甘粛省天水市放馬灘秦墓から発見された木地図は現存する最も古い地図として知られている。放馬灘は黄河上流の渭河の支流である花廟河沿いにある。これまでにそれが示す地域については諸説あるが、藤田勝久は現在の天水市の北の藉水・渭水と天水の西南、礼県の南を流れる西漢水の上流を示していると考えている(43)。地図には水系（谷）や山の尾根のほか集落・木材とその樹種などが描かれている。当時の地方官吏がどの程度の地理範囲で、どのような地理環境にかかわる情報が書かれた地図を手にしていたかを知ることができる。現在の衛星写真や地図を利用して描かれている河川と現在の河川の比定作業は難しく、地理範囲を正確に把握するには至っていない。そのためには、これまで版本研究が中心となっていた『水経注』の内容についての詳細な研究をすすめることも必要であろう(44)。また、上述した河西回廊の敦煌懸泉置遺跡の壁から は前漢平帝の元始五年に義和となった劉歆によって中央から出された『月令詔條』が発見されている(45)。多くの部分が伝世文献である『礼記』月令と重なっている。『詔條』の山林にかかわる条文を『礼記』月令と比較してみると、『礼記』には山林を「祭祀」・「徴税」・「禁令」の対象とみることが書かれているが、『詔條』には、為政者が執り行う

「祭祀」・「徴税」に関する記載は無く、「禁令」ついての記載はあるものの、野虞・澤人といった官吏が執り行う行事については無い。このことは、『詔條』には、国家の山林へのかかわりについての記載はなく、農民たちが知る必要のある事項のみが抽出され、書かれていたことを意味する。さらに、各条文の下には解説があり、最終的には口伝えで末端の農民にまで情報が伝わるようになっていたと考えられる(46)。すなわち、河西回廊の末端まで、山林伐採などの「禁令」が広まっていた可能性が指摘できる。このほか、時代が下るものもあるが、出土資料から漢代の食生活を復原した研究(47)、長沙呉簡から長江中流域の環境について考察した研究(48)、嘉峪関の画像磚から魏晋期の西北地区の家畜・牧畜生活について論じた研究(49)など、環境史的視野から出土資料・考古資料を利用した研究も増えてきている。

以上、様々な環境史に関する研究テーマを羅列したが、全体像をおおまかにまとめておきたい。

・中国古代文明を誕生させた華北平原に分布するいわゆる肥沃な「黄土」は農耕の施肥によって人為的に生成されたものである。その生成には秦漢の中央政権の「大田穀作主義」という政策と大きく関係していた。土壌から人々の歴史を考察することも可能である。

・黄土が堆積し、流れ出す黄河流域の歴史は上流と下流域の地域間の関係によって変化する。上流・中流域の黄土高原の環境変遷は農耕民と遊牧民のせめぎあいのなかで常に変動し、その上流の環境変動が下流の河道変動や災害を生むこととなった。さらにその黄河下流の環境および社会の状況は古代中国史を変動させる環境要因となった。河西回廊でもオアシスが連なる世界が広がっており、出土文字資料の解読においても、当時の環境を復原することは有益である。

・水利開発については、これまで開発＝発展といった構図が一般的であったが、灌漑後の塩類集積や陂の過度な造成による水害の発生など、水利開発によって災害が引き起こされることが各所で見られた。その際、塩類集積地や陂の修造地に対する見方は、各時代の政治・社会状況に応じて変化する。また、古代国家の領域の拡縮や人口の集中などによって、都市と環境の関係性は変化する。

・穀物を主要な生産物としてとらえる古代国家において看過されがちなイモや雑穀などの作物や山林藪澤の生産物を含めた多様な生産物の存在に目をむけ、それらの生産に従事する人々の歴史を扱うことは重要である。

3、秦漢環境史研究の今後

これまでの秦漢環境史の状況から考えられる今後の研究の方向性について、多少述べておきたい。

①　東アジア環境史へ——国境をこえる

現代の環境問題は、黄砂や酸性雨など、ひとつの国家の枠組みではとらえられないトランスナショナルな問題である。その解決のために、国家の枠組みを超えたグローバルガバナンスが必要とされているのである。環境史も現代の環境問題を契機に始められた学問領域である。環境史的視点の歴史学が向かうべき到達点においても、そこには国境はないはずである。その意味で、環境史は「国民の歴史」をこえる可能性を有している。すなわち、中国環境史という枠組みではなく、東アジア環境史という枠組みを考える必要があるのではないか。これまでの日本史や朝鮮史といった枠組みを超えた東アジア史のあらたな可能性がそこにはある。その場合、東アジアにひろがる海の存在は重要であり、今後も海洋にかかわる環境史研究をテーマに考えることは必要であろう(50)。

②　秦漢環境史の研究は可能か——時代をこえる

ここでは秦漢時代と時期を設定し、現状をまとめたが、環境史は古気候学における後漢以降寒冷化説や黄河の河道変遷、沙漠化の問題など千年、二千年の時間軸でとらえるべき課題が多い。つまり、環境史をとらえる場合には、これまでの断代史的な時代区分や古代・中世・近世という時代区分とは別の歴史的展開を想定する必要があるだろう。人間の環境へのかかわり方そのものの歴史的変容とその背景の歴史を解き明かすことが新たな歴史研究の道を開くことになるのではないかと考えている。

③　研究領域をこえる環境史

原宗子の『古代中国の環境と開発――『管子』地員篇の研究――』および『「農本」主義と「黄土」の発生――古代中国の開発と環境2』の二冊の単著が日本における秦漢環境史研究に与える影響は大きい。これらの書では土壌学や植物学など、これまでの秦漢史では積極的に史料として利用されてこなかった情報を文献資料の解釈に取り入れた。その後の研究でも居延や黄河下流域の環境復原では自然科学の研究成果やリモートセンシング技術が利用され、環境史研究はそれまでの歴史学の研究領域を大きくこえる新領域をつくりあげつつある。

このように国境を越え、時代を越え、研究領域を越えて環境史研究はすすめられねばならないが、現在の日本の状況は、研究者が個々に研究をすすめている状況である。すでに、中国大陸や台湾では環境史の国際会議が開催されており、研究のグローバル化はすすんでいる。日本においても、東アジア環境史の研究者が集う場を設定する必要があるだろう。

注

（1）　陝西省考古研究所・楡林市文物管理委員会弁公室編著『神木大保当――漢代城址与墓葬考古報告』科学出版社、二〇〇一年。

（2）韓偉編著『陝西神木大保当漢彩絵画像石』重慶出版、二〇〇〇年。
（3）王煒林『毛烏素沙漠化年代問題之考古学観察』『考古与文物』二〇〇二年五期。
（4）史念海・曹爾琴・朱士光『黄土高原森林与草原的変遷』（陝西人民出版社、一九八五年）および史念海「黄土高原及其農林牧分布地区的変遷」『歴史地理』創刊号、一九八一年（のち、『黄土高原歴史地理研究』所収）ほか。
（5）侯仁之「従紅柳河上的古城廃墟看毛烏素沙漠的変遷」『文物』一九七三年一期ほか。
（6）陝西省考古研究所・楡林市文物保護研究所『神木新華』科学出版社、二〇〇五年。
（7）前掲注（3）王煒林論文。なお、近年の統万城の環境変遷史については侯甬堅「統万城遺跡――黄土高原・毛烏素沙地環境変遷の実例研究――」（村松弘一訳）『東洋文化研究』七号、二〇〇五年にまとめられている。
（8）なお、王子今氏の日本語の環境史の論文には、王子今「秦漢時代における生態環境研究の新しい視点」（『日本秦漢史学会報』七号、二〇〇六年、大川裕子訳）、王子今「漢魏時代黄河中下流域における環境と交通の関係」（鶴間和幸編『黄河下流域の歴史と環境』東方書店、二〇〇七年、放生育王訳）などがある。
（9）原宗子『「農本」主義と「黄土」の発生――古代中国の開発と環境2』研文出版、二〇〇五年。
（10）黄河断流については本書第十六章「黄河の断流」参照。
（11）譚其驤「何以黄河在東漢以後会出現一個長期安流的局面」『学術月刊』一九六二年二期（のち『長水集（下）』人民出版社、一九八七年所収）。
（12）譚説への批判に関する概要は、濱川栄「漢唐間の河災の減少とその原因――譚其驤説をめぐる最近の議論によせて」『中国水利史研究』三四号、二〇〇六年（のち濱川栄『中国古代の社会と黄河』早稲田大学出版部、二〇〇九年所収。以下、濱川書と称す）、小林善文「生態環境史より見た黄河史――中国における研究動向をめぐって」『神女大史学』二〇号、二〇〇三年も参照のこと。
（13）武帝元狩四（前一一九）年の黄河下流域から黄土高原への大規模移民については、濱川栄「徙民七十万人と黄土高原――前漢・武帝期における黄土高原の環境と開発」『東洋文化研究』七号、二〇〇五年（濱川書所収）参照。

(14) 佐藤（濱川）栄「瓠子の「河決」——前漢・武帝期の黄河の決壊——」『史滴』一四号、一九九三年、「瓠子の「河決」と武帝の抑商」『早稲田大学大学院文学研究科紀要』別冊二一号、一九九五年（ともに濱川書所収）。
(15) 濱川栄「両漢交替期の黄河の決壊と劉秀政権」『東洋学報』八一―二号、一九九九年（濱川書所収）。
(16) 濱川栄「黄河と中国古代史——とくに黄河下流域という「空間」の意義について」『歴史学研究』八二〇号、二〇〇六年（濱川書所収）。
(17) 長谷川順二「前漢期黄河故河道の復元——衛星画像と文献資料の活用・濮陽を例に——」『学習院史学』四二号、二〇〇四年、同「衛星画像を利用した黄河下流域古河道復元研究」『黄河下流域の歴史と環境』東方書店、二〇〇七年、同「衛星データを利用した黄河下流故道の復原」『中国水利史研究』三五号、二〇〇七年。
(18) 鶴間和幸『秦漢帝国へのアプローチ』山川出版、一九九六年、上田信『森と緑の中国史』岩波書店、一九九九年、および妹尾達彦「環境の歴史学」『アジア遊学二〇——黄土高原の自然環境と漢唐長安城』勉誠出版、二〇〇〇年など。
(19) 秦の長城については鶴間和幸「秦長城建設とその歴史的背景」『学習院史学』三五号、一九九七年（のち、鶴間和幸『秦帝国の形成と地域』汲古書院、二〇一三年所収）参照。
(20) 菅野恵美「陝北画像石の地域的特徴」『学習院大学人文科学論集』一二号、二〇〇三年（のち、菅野恵美『中国漢代墓葬装飾の地域的研究』勉誠出版社、二〇一二年所収）。
(21) 魏堅編著『内蒙古中南部漢代墓葬』中国大百科全書出版社、一九九八年。
(22) 籾山明『漢帝国と辺境社会』中公新書、一九九九年。
(23) 『オアシス地域史論叢』松香堂、二〇〇七年。
(24) 宮宅潔「懸泉置とその周辺——敦煌～安西間の歴史地理」『シルクロード学研究』二二号、二〇〇五年。
(25) 木村正雄『中国古代帝国の形成——特にその成立の基礎条件——』、不昧堂、一九六五年（のち比較文化研究所より新訂版刊行、二〇〇三年）。
(26) 天野元之助「中国古代ディスポティズムの諸条件——大会所感」『歴史学研究』二二三号、一九五八年。

（27）原宗子「中国農業史研究の明日――関中での灌漑形態を手がかりに――」『近代中国史研究』二、一九八二年（のち、『「農本」主義と「黄土」の発生――古代中国の開発と環境2』研文出版、二〇〇五年所収）ほかで指摘。

（28）鄭国渠以降の歴代の「引涇灌漑工程」に関する論文としては、英文では、Pierre-Étienne Will（魏丕信）“Clear Waters versus Muddy Waters: The Zheng-Bai Irrigation System of Shaanxi Province in the Late-Imperial Period.” Mark Elvin. Sediments of Time, CAMBRIDGE UNIVERSITY PRESS, 1998、中国語では李令福『関中水利開発与環境』人民出版社、二〇〇四年、日本語では森部豊「関中涇渠の沿革――歴代渠首の変遷を中心として――」『東洋文化研究』七号、二〇〇五年などが参考となる。

（29）濱川栄「鄭国渠の灌漑効果とその評価をめぐる問題について」濱川書所収。

（30）原宗子「中国環境史の方法・試論――「地域」の概念設定に関わって――」『東洋文化研究』五号、二〇〇三年（のち前掲注（27）原宗子書所収）。

（31）本書第五章「中国古代関中平原の水利開発と環境」参照。

（32）浜川栄「漳水渠の建造者をめぐる二説について」『史潮』新五一号、二〇〇二年。

（33）西山武一「中国における水稲農業の発達」『農業総合研究』三―一、一九四九年（のち『アジア的農法と農業社会』東京大学出版会、一九六九年所収）。

（34）本書第七章「魏晋期淮北平原の地域開発」参照。

（35）本書第八章「漢代淮北平原の地域開発」参照。

（36）一九九七年から一九九九年にかけて、妹尾達彦・鶴間和幸は史念海らとの共同調査をおこない妹尾達彦・鶴間和幸編『アジア遊学二〇――黄土高原の自然環境と漢唐長安城』勉誠出版、二〇〇〇年及び史念海編『漢唐長安与黄土高原』一九九八年、『漢唐長安城与関中平原』一九九九年（ともに陝西師範大学出版社）を刊行した。

（37）本書第四章「中国古代関中平原の都市と環境」参照。

（38）本書十章「中国古代淮南の都市と環境」参照。

(39) 原宗子『古代中国の環境と開発――『管子』地員篇の研究――』研文出版、一九九四年。

(40) 大川裕子「秦の蜀開発と都江堰――川西平原扇状地と都市・水利」(『史学雑誌』一一一編九号、二〇〇二年)、「水利開発よりみる秦漢時代の四川盆地――扇状地と丘陵地の比較から」『中国水利史研究』三二号、二〇〇四年、「中国古代におけるイモ――イモからみた古代巴蜀地域」『日本女子大学大学院文学研究科紀要』六号、二〇〇〇年(ともに、大川裕子『中国古代の水利と地域開発』汲古書院、二〇一五年所収)。

(41) 増淵龍夫「先秦時代の山林藪澤と秦の公田」『中国古代の社会と文化』東京大学出版会、一九五七年(のち、『新版　中国古代の社会と国家』岩波書店、一九九六年所収)。

(42) 上田信『トラが語る中国史』(山川出版、二〇〇二年)など参照。

(43) 藤田勝久「戦国秦の領域形成と交通路――平成二・三年度文部省科学研究費補助金研究成果『中国古代社会の地域的研究』一九九二年(のち、『中国古代国家と郡県社会』汲古書院、二〇〇五年所収)。

(44) 著者も参加しおこなった現地調査を踏まえた研究成果に、東洋文庫中国古代地域史研究班編『水経注疏訳注　渭水(上)・(下)』東洋文庫、二〇〇八年・二〇一一年などがある。

(45) 中国文物研究所・甘粛省文物考古研究所編『敦煌懸泉月令詔條』中華書局、二〇〇一年。および藤田勝久「漢代地方社会への情報伝達――敦煌懸泉置『四時月令』をめぐって」『資料学の方法を探る(2)』愛媛大学法文学部、二〇〇三年(のち、『中国古代国家と郡県社会』汲古書院、二〇〇五年所収)参照。

(46) 本書第六章「中国古代の山林藪澤」参照。

(47) 村上陽子「出土資料からみた漢代の食生活」『中国出土資料研究』九号、二〇〇六年。

(48) 中村威也「獣皮納入簡から見た長沙の環境」『長沙呉簡研究報告』二集、二〇〇四年。

(49) 市来弘志「画像磚に見る魏晋期酒泉の家畜と牧畜――嘉峪関新城古墓群を中心として」『西北出土文献』三号、二〇〇六年。

(50) 杉村伸二「東アジア海上交流と古代中国の「海」観念――神仙の「海」と夷狄の「海」――」『アジア文化交流研究』一号、二〇〇六年、鶴間和幸「秦漢時代的海」『秦漢研究』第二集、二〇〇七年など。鶴間和幸と著者は二〇〇六年から二〇一〇年までの間、「東アジア海文明の歴史と環境」のテーマで日本（学習院大学）・中国（復旦大学）・韓国（慶北大学校）と東アジア環境史の構築にかかわる共同研究をすすめた（日本学術振興会アジア研究教育拠点事業）。その共同研究に関連する成果として、鶴間和幸編『黄河下流域の歴史と環境――東アジア海文明への道』二〇〇七年、『東アジア海をめぐる交流の歴史的展開』二〇一〇年、『東アジア海文明の歴史と環境』二〇一三年（いずれも東方書店）を刊行した。

第一部　秦漢帝国の形成と関中平原

第一章　黄土高原西部の環境と秦文化の形成
――礼県大堡子山秦公墓の発見――

1、はじめに

秦始皇二十六（紀元前二二一）年、中国史上初めて天下統一を果たした秦は、その約五百五十年前、黄土高原西部に位置する隴山の西の地から始まった。『史記』秦本紀の記載によれば、秦という国号は周の孝工から非子なる人物が養馬の功で秦邑を承けたことに由来するという。しかし、秦邑の位置は現在の清水県にあると伝えられているものの、未だ明確な遺跡は発見されていない。その後、周の宣王の時に、荘公が西戎を破り、西垂大夫となった。さらに、周の東遷に際して周の平王を洛邑に送った功績から襄公は岐山以西の地を得て諸侯（秦公）となった。それを継いだ文公は「文公元年、西垂宮に居す」（『史記』秦本紀）とあるように、西垂宮に居住していた。秦の始皇帝の祖先が拠点をおいたこの西垂とはどこにあるのだろうか。そして、彼らはなぜそこから出発して関中平原そして東方へと拡大することができたのであろうか。これらの問題を解決するために、中国の考古学・古代史の研究者の多くは秦文化の起源を探索する作業を行ってきた。そのような状況の中で、近年、甘粛省礼県大堡子山で秦公の墓が発見されたことはその研究を大きく進展させた。さらに、この遺跡のすぐ東に秦が基盤とした西垂の都市があったのではないかと考えられている。その遺跡の場所は長江上流のひとつである西漢水沿岸である。この辺境に位置する地域からはじまった秦が、なぜ中華世界を統一するまでに至ったのだろうか。本章では西垂の位置した黄土高原西部の諸環境と秦文化の形成過程について考察することとしたい。そこでまず、第二節で近年発見された礼県大堡子山秦公墓の概要とその意義について論じ、第三節では秦公墓の発掘成果による早期秦文化研究の新たな展開について紹介する。第四節では著者自身の現地調査をふまえて、なぜ早期秦文化が西垂を中心にまとまったのかという問題について、西垂の地理的・生態的環境などの面から検討を加えることとしたい。

2、礼県大堡子山秦公墓の発見と意義

一九九四年に発掘が行われた甘粛省東南部の礼県大堡子山に関係する一連の青銅器は「秦公」の文字を確認できる最も古いものである。日本でもこの遺跡に関する報道がなされ、(1)現在中国古代史研究の上で最も注目されている遺跡のひとつである。この礼県大堡子山秦公墓は一九九〇年代初めに盗掘され、その副葬品が国外に流れたことから、国内外の研究者が注目する遺跡となった。ここでは、まず国内外に流出した器物についての報告を各々簡単にまとめておきたい。

①ニューヨーク秦公壺

一九九四年李学勤・艾蘭氏がアメリカ、ニューヨークの骨董品店 James Lally & Co. の図録に掲載された一対の「秦公壺」について紹介した。(2)これが礼県秦公墓の盗掘に関する最初の報道である。李学勤氏らはシカゴ芸術研究所所蔵の銅壺や一九九三年山西省曲沃北趙村晋国墓地出土晋侯断壺と比較し、西周厲王晩期から宣王初期の器であると推測している。この器には「秦公乍鋳障壺」と銘文がある。

②フランス金箔装飾片

一九九四年四月フランスのChristian Deydier氏所蔵の金箔装飾片を陝西省考古研究所長（当時）の韓偉氏が実見している。この金箔装飾片は全部で四十四件あり、鴟梟形八件、虎形二件、口唇紋鱗形二十六件、雲紋圭形四件、獣面紋盾形二件、目雲紋窃曲形二件であった。韓偉氏は香港の骨董商の証言や陝西省鳳翔東社村採集の春秋戦国秦の人刺虎紋瓦当、さらには各地の春秋戦国墓の棺装飾との比較検討により、この装飾片が礼県秦墓の棺の装飾であると断定した。ETH（チューリッヒ連邦総合科技研究所）のモア夫人の化学的年代測定により、この装飾片の年代は紀元前一〇八六〜八二五年、紀元前九四三〜七九一年に限定されることから、西周晩期のものとする。さらに、韓偉氏は礼県秦公墓が二基の墓から構成されているという現地情報を得て、これらの墓主を秦仲・荘公とした(3)。

③甘粛省西和県公安局接収秦公鼎・秦公簋

一九九三年秋、礼県の東に位置する西和県の公安局が礼県大堡子山秦墓から盗掘された器物を接収した。うちわけは銅鼎七件、銅簋四件で、盗掘犯の証言によればこれらの器物はすべて後述する礼県大堡子山秦公墓のなかのM3墓から出土したものという(4)。

④上海博物館蔵秦公銅器

二〇〇二年末現在、上海博物館には礼県出土とされる青銅器が十四点収蔵されており、そのうちわけは秦公鼎四件・秦公簋二件・秦公鎛一件・龍紋方壺二件・龍紋列鼎五件である。このうち、秦公鼎と秦公簋は香港に流れ、一九九五年に上海博物館が買い戻したものである(5)。二〇〇二年六月には、これらの銅器は上海博物館に展示され、実際に見ることができた。銅鼎のうち二件は「𥢧公乍鋳用鼎」とあり、ほかの二件は「𥣫公乍宝用鼎」と銘文がある。この𥢧と𥣫はともに「秦」をあらわす文字であるが、その違いは文字の使用される時期が異なるためと考えられている。その時期については𥣫を襄公、𥢧を文公時期とする説(6)や𥣫を文公、𥢧を憲公と設定する説(7)などがある。また、秦公鎛は一九九八年に新たに博物館に入ったもので「秦公乍鋳□□鐘」と銘文がある。龍紋方壺は二〇〇〇年に収蔵されたもので、銘文は無いが、高さや紋様が上述の①秦公壺と非常に似ていることから、秦公墓の出土文物とも考えられている。龍紋列鼎は一九九二年に博物館が収蔵したものであるが、これは秦公墓出土ではなく、後述する圓頂山春秋秦墓の出土品ではないかとされている。(8) このほか、上海博物館には秦公墓出土とされる一獣目交連紋簋があると言われている。(9)

⑤その他

このほかいくつかの秦公墓出土とされる銅器が各地に収蔵されている。たとえば、日本のＭＩＨＯミュージアムには編鐘が八件収蔵されており、松丸道雄氏は銘文から四件は「秦公」、四件は「秦子」の作器と考えられ、墓主は秦の太子として秦子の称号を持ち、予定通り秦公となり西垂（西山）に葬られた人物すなわち憲公であるとする。(10) なお、このうちひとつの銘文には「秦公乍鋳龢鐘」とある。(11) 礼県博物館の展示室でもこの編鐘が日本に所在することを紹介したパネルが貼られている。また、同ミュージアムには②の金箔装飾片とほぼ同じ形状の鴟梟形二件とやや形のことなる虎形二件が所蔵されている。また、銅製の虎もある。このほかアメリカの収蔵家は秦公鐘三件を所有し、(12) 甘粛省博物館には一対（二件）の龍紋方壺が蔵されている。(13)

以上がこれまで報告されている大堡子山秦公墓の出土銅器である。これまでに論じられている墓主についての見解をまとめると表1―1のようになる。秦仲・荘公・襄公・文公・憲公とさまざまな見解がある。このうち、秦仲は『史記』に秦公となった記載はなく、またすでに陳昭容・白光琦両氏が指摘するように、荘公は追贈した称号であると考えられるので、これらは除外される。(14) 残る三者については、墓主の特定が西垂から平陽・雍城への政治的中心地の移動の過程と深くかかわる問題と考えられる。一応のところ筆者は秦公となり西垂に拠点を置いた襄公・文公ではないかと考えている。

表１－１　礼県大堡子山秦公墓の墓主についての見解

	秦仲	荘公	襄公	文公	（静公）	憲公
A　李学勤・艾蘭			○			
B　白光琦			○どちらか			
C　韓偉	○	○				
D　李朝遠			○	○		
E　盧連成						○
F　陳昭容			○	○		
G　王輝			○	○		
H　陳平				○		○
I　戴春陽			○			
J　松丸道雄						○

＜出典＞

A　李学勤・艾蘭「最新出現的秦公壺」『中国文物報』1994年９月30日
B　白光琦　「秦公壺応為東周初期器」『考古与文物』1995年４期
C　韓偉　「論甘粛礼県出土的秦金箔飾片」『文物』1995年６期
D　李朝遠　「上海博物館新獲秦公器研究」『上海博物館館刊』７号、1996年、上海書画出版社
E　盧連成　「秦国早期文物的新認識」『中国文字』新21期、1996年
F　陳昭容　「談甘粛礼県大堡子山秦公墓地及文物」『大陸雑誌』95-5、1997年
G　王輝　「也談礼県大堡子山秦公墓地及其銅器」『考古与文物』1998年５期
H　陳平　「浅談礼県秦公墓地遺存与相関問題」『考古与文物』1998年５期
I　戴春陽　「礼県大堡子山秦公墓地及有関問題」『文物』2000年５期
J　松丸道雄　「秦国初期の新出文物について」『日本秦漢史学会会報』３号、2002年

補表１－１　秦初期世系表

＜補表・秦初期世系表＞

```
非子─秦侯─公伯─秦仲─荘公┬世父
                          └襄公①─文公②─（静公）─憲公③┬武公⑤─白
                                                        ├徳公⑥┬宣公⑦
                                                        │      ├成公⑧
                                                        │      └穆公⑨
                                                        └出子④
```

さて、こういった一連の関係盗掘品が市場に流れたことをうけて、一九九四年三月〜十一月にかけて甘粛省文物考古研究所による発掘がおこなわれた[15]。簡報によれば、発掘現場は礼県の東一三㎞、南北に流れる固城河の東、東西に流れる西漢水の北に位置する。発掘は東西二五〇ｍ、南北一四〇ｍにわたって行われ、二基の中字型大墓、ひとつの瓦刀型車馬坑と九基の中小型墓が調査された。瓦刀型車馬坑（Ｋ１）は最長三六・五ｍ、深さ五・四ｍ。坑内部には一二輌の馬車をそれぞれ四頭の馬が引いていたと考えられている。ここからは盗掘の際に金の装飾が出土し、多くの銅の車飾りも発見された。また、馬骨も発見されたという。中字型大墓（Ｍ１）は全長八八ｍ、墓道は東西に走っている。墓室面積は一二×一一ｍ、深さ一五・一ｍ、内部に七人の殉葬者があり、みな直肢葬であった。葬具は木郭・漆棺で棺には金箔片が貼られていたと考えられている。西墓道には十二人が殉葬され、みな屈肢葬で、頭向は東向きも西向きもあった。三人の殉死者には玉が随葬され、殉犬も一匹いた。もうひとつの中字型大墓（Ｍ３）は全長一一五ｍで墓道の構造はＭ２と同じ。墓室は二四・六五ｍ×九・八ｍ、深さ一六・五ｍ。北側に一人殉葬されている。墓主は仰身直肢葬で、頭は西向き、上部には琥珀の珠が随葬品としてあった。そのほか、殉犬が一匹、殉葬者が七人。九基の中小型墓はみな竪穴土坑墓で、墓域の東北、北部と西部に広がっており、全部で二百基以上ある。すでに、盗掘されていたのでさしたる重要な器物は発見されていない。

さらに、その後、一九九八年には秦公墓と西漢水をはさんだ東南で秦公墓と同じ時期の秦国貴族墓（礼県圓頂山春秋秦墓）が盗掘され、緊急発掘が行われた。現在のところ二基の墓（98LDM1・3）とひとつの車馬坑（98LDK1）の発掘が報告されている。ふたつの墓は東西方向に造られ、いずれも長方形の竪穴土坑墓で、四・九ｍ×二・六〜二・八ｍ。98LDM1には殉葬者三人、殉犬一匹、98LDM3には殉葬者一人が発見された[16]。副葬品の中には九点一セットの青銅編鐘と八つの簋が発見されている[17]。このように、秦初期の秦公やそれとかかわる有力者の墓群が発見されている。

しかし、残念ながらいまだこの地における春秋秦代の都市遺跡は発見されていない。礼県博物館の康世栄氏によれば、秦公墓の東、丘陵から一段下の西漢水北岸の平原部に有るのではないかと言う。この都市とはまさに西垂のことである。これは雍城とその西南に位置する秦公一号墓などの墓群の位置関係と同じであるという仮定からそう判断しているという。秦公墓の地点は南北に谷がせまっているのに対して、そこは北の丘陵部から西漢水までやや広い平原がひろがっている。発掘作業の進展を待たねば西垂の位置の確定はできないが、少なくとも秦公墓から遠くないところに西垂があることは間違いないだろう(18)。

以上のことから盗掘の海外流出を契機に発掘がすすめられた礼県大堡子山秦公墓は礼県の西漢水北岸に位置し、西周から東周へ変革する移行期のもので、その時に秦公が居住し、政治的な中心であった西垂はその東にあると考えられる。では、この大堡子山秦公墓の発見がこれまでの早期秦文化の研究にどれほどの進展をもたらしたのであろうか、次節で考察しよう。

3、早期秦文化論争の現在

これまでの早期秦文化研究の主なテーマは秦国を構成する人々がどこから来たのかという問題であった。中国では秦族と秦文化の起源に関して長い間、東方から来たという「東来説」と西方から来たという「西来説」とに分かれ議論がかわされてきた。顧頡剛氏(19)や林剣鳴氏(20)など文献史学の著名な研究者の多くは東来説をとり、一九八〇年代前半まで既存の文献史料や青銅器銘文を利用した古代史研究者が議論の中心を担っていた。とくに、『史記』秦本紀をはじめとする既存の文字資料からは東方の殷や周とのかかわりが読みとれ、それに基づけば「東来説」が主流となるのは当然であった。さらに、これに基づく金石資料の解読は「東来説」を補強するものとして利用された。例えば「秦夷」の解釈などはその有力な根拠として利用された(21)。

こういった東来説に対して西来説はすでに王国維氏(22)・蒙文通氏(23)などによって主張がなされていたが、一九八〇年代に入り兪偉超氏(24)ら考古学者もこの説を補強した。特に一九八五年に発掘が行われた甘谷県毛家坪遺跡は考古学的に西来説を決定づけるものであった。天水市の西、渭水の南岸に位置する甘谷県毛家坪遺跡からは三十一の墓が発掘され、これらは全体で五期に分期される。三期～五期の墓葬はほかの墓葬の陶器などと比較して春秋早期から戦国早期にあたり、それ以前の一～二期に分類される十二基は西周中・晩期に位置づけられるという。十二基の墓はみな東西方向の長方竪穴土坑墓で屈肢葬、そのうち八基は西向であった(25)。趙化成氏はこの毛家坪遺跡の発掘成果をもとに殷末から西周の初期にはすでに甘粛省東部で秦文化の特徴を持った人々が活動していたと考えた(26)。それゆえ、それまで文献学者が唱えていたような周の克殷後、東方から移住した人々によって秦が始まったという説は成り立たないと言う。この論文以後、秦文化の起源論争において「西来説」が主流となり、考古学者がこの分野での発言力を強めることとなった。しかしながら、彼ら毛家坪に生きた人々は「秦」の人々であったのだろうか。彼らは自らの文字で「秦」という集団の痕跡を残してはいない。つまり、毛家坪遺跡が語るものは後の秦の文化を持った集団と文化的につながる可能性が強い集団であったにすぎない。そういった問題点を考える重要なカギとなるのが「秦」という文字を自ら残した遺跡の探索であった。そういった学界の動きの中で発見された大堡子山秦公墓はまさに格好の材料を提供した。すなわち、これによって少なくとも周室から秦公を賜った時点での秦の中心地であった西垂の位置がほぼ確定されたのである。

近年、考古学の立場から秦文化について大堡子山秦公墓を軸として検討を加えた研究として特に注目されているのが張天恩氏の論考である(27)。この論文ではまず、早期秦文化と周文化の違いについて陶器では大喇叭口鼓肩罐と足のある麻点紋の陶鬲、銅器では扁体盉（或いは盤・匜）が秦文化の特徴で、鼎は西周晩期に見られるような深腹円底の鼎とは異なる。甗の多くは方形で分離可能な形態で、壺は直方体で円形のものはないなどの点で西周器物とは異なる。そのほか、石圭或いは陶圭が普遍的に見られることなどが挙げられ、両者の差異を明らかとした。しかしながら、周の文化と秦の文化は全く異なったものではなかった。氏は隴山以西の周文化遺跡について詳しく分析し、次の三つの類型を提示している。

①西河灘類型……隴西県西河灘で発掘された西周遺跡の十六の墓葬はみな仰身直肢葬で陶器も関中地区の周文化と同じ。この遺跡は周文化遺跡に属する。この遺跡に代表されるものが西河灘類型で甘粛東部の百あまりの周代遺跡はこの類型に分類される(28)。

②毛家坪類型……甘谷県毛家坪遺跡A組の西周遺跡に代表される類型。副葬品の陶器の形態や組み合わせは同時代の西周墓と同じであるが、陶器が紅陶であることや豆が実柄である点が周墓と異なる。さらに、墓葬形態が屈肢葬で西向であることは周墓と決定的に違う。

③大堡子山類型……礼県大堡子山秦公墓を中心とした遺跡群。墓葬形態は西向で、仰身直肢葬。出土した青銅器や金飾片などから時代は西周晩期と考えられる。

これら三つの類型はみな周文化の影響を受けてはいるが、担った人々の文化的背景はそれぞれ異なり、秦の公室と直接関係を有するものは大堡子山類型であった。西周中晩期に大堡子山類型の民が周王朝の影響下で周囲の戎族との抗争の中で発展し、徐々に隴山以西のふたつの周文化類型つまり西河灘類型・毛家坪類型の文化と融合し、初期の秦文化が形成された。その後、西周晩期後半から関中及び東方列国とは異なった発展を遂げることとなった。すなわち、早期秦文化の形成は西周晩期の後半であると言う。つまり、西周文化の影響を受けた西河灘類型と毛家坪類型が融合したものが大堡子山類型となったと考えることができ、初期の秦文化と国家形成過程の中で、この大堡子山秦公墓の発見はこれまで長い間研究者が取り組んできた秦文化を担った人々が東から来たのか、西から来たのか、秦の文化とは何なのかという問題について明確な指標を与えた極めて重要な遺跡であることが認識できよう。

4、黄土高原西部の環境と秦文化の形成——なぜ西垂に拠点が置かれたのか？——

では、なぜ多元的な起源をもつ秦文化が西垂を拠点としてひとつにまとまったのだろうか。ここでは、西垂という都市が築かれた地域の環境について考察することとしよう。まず、大堡子山秦公墓の位置を確認しておく。筆者は二〇〇二年四月から二〇〇三年三月まで国際交流基金アジアセンターの派遣により陝西省西安市西北大学に滞在し、研究を行った。その間の十一月上旬に西北大学の徐衛民氏の協力により、礼県博物館の王剛館長・康世栄氏とともに秦公墓を訪問する機会を得た。西安から天水までは列車で七時間、そこから礼県まではバスで二時間ほどである。礼県博物館は県城内にある。展示室には礼県圓頂山春秋秦墓から出土した器物が陳列されていた。県城から車で東南へ三十分ほど行くと、大堡子山秦公墓がある。持参したＧＰＳによれば遺跡の位置は北緯三四度一二分、東経一〇五度一六分にある。周辺の現在の地形を見ると、北から南に流れる固城河と東から西に流れる西漢水（西漢河）の合流点の東北岸にあたる。西漢水は東の嶓冢山を水源とする。陸路、この山を東に越えると徐家店という場所で藉河の支流である南溝河（『水経注』では「木門谷水」）沿いに出る。この河沿いを下れば藉河へと入り、現在の天水市北道区附近に至り、そこで渭水（渭河）へと入る。現在、礼県から天水への長距離バスもこのルートをとるが、山越えにやや時間

写真１－１　大堡子山秦公墓から南を見る。せばまった河谷の入り口にあたる。手前の川は西漢水。

写真１－２　大堡子山秦公墓遺跡。すでに発掘作業は終了し、埋め戻されているため、窪みだけがのこる。

写真１－３　大堡子山秦公墓から東を見る。右手に広がる平地上に西垂の都市があったと考えられている。

写真１－４　大堡子山秦公墓から東南を見る。西漢水をはさんで対岸に圓頂山春秋秦墓遺跡がある。

を有するものの、河沿いの道はカーブもすくなく快適に走ることができる。すでに述べたように大堡子山秦公墓は西漢水の南北両岸の段丘がせまった谷にある。段丘上にある秦墓の遺跡は発掘後に埋め戻され、筆者が訪れた際には、すでに墓の形の窪みを見ることしかできなかった。その東は一段下がったところに平原が形成され、前述のように康氏はそこに西垂の都市があったと考えている。また、東南の丘陵には礼県圓頂山春秋秦墓がある（写真１－１～４参照）。この西垂は北と南を東西に連なる山並みに囲まれ、西は大堡子山に守られている。東は嶓冢山までは河沿いに平地がつづいており、盆地の地形をなしている。軍事的には外からの攻撃に対して守りやすい場所にあっ

地図１－１　礼県大堡子山秦公墓周辺

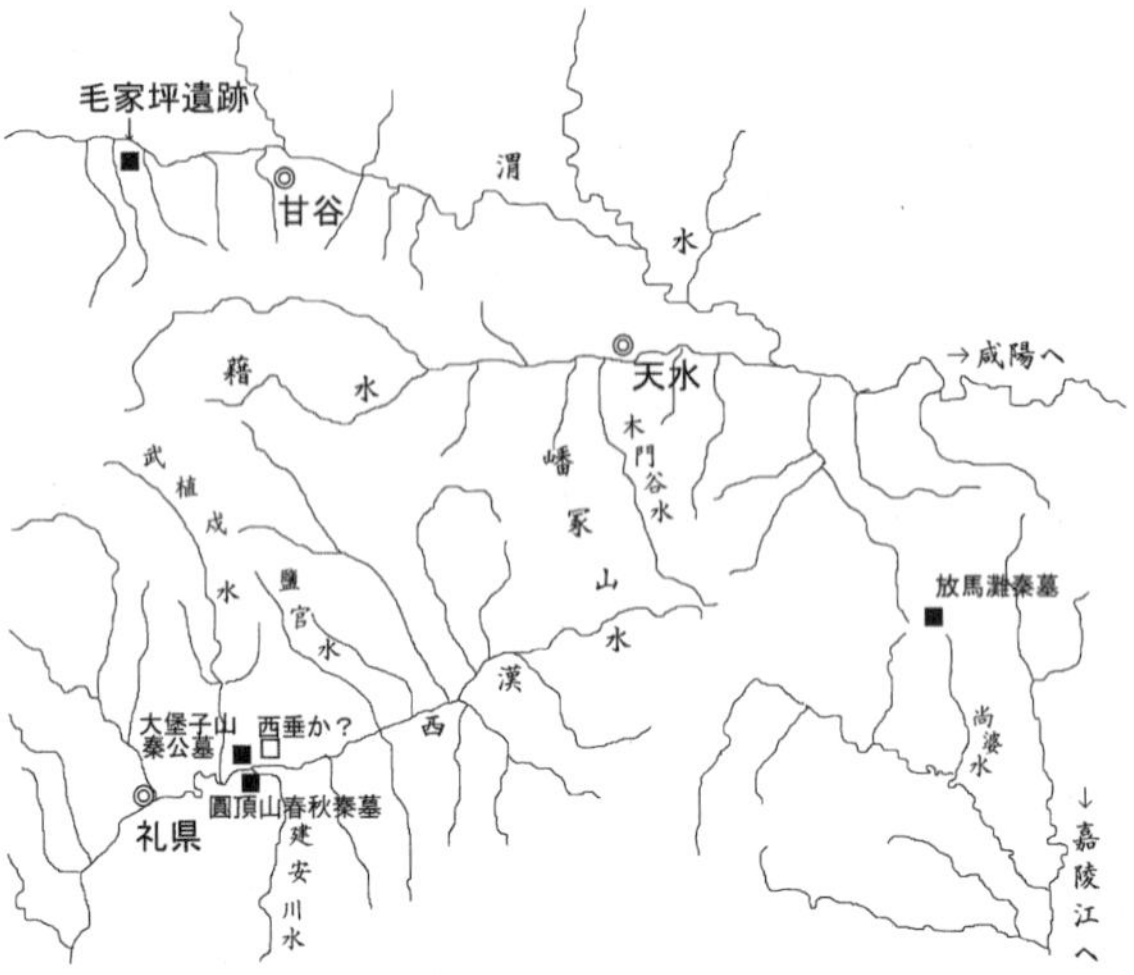

凡例
■　遺跡名　◎　現在の都市名　□　推定される西垂の位置
※地図中の河川は Tactical Pilotage Chart（50 万分の１）をもとにトレースし、『水経注』記載の河川名を記した。

たと言ってよいだろう（地図1―1）。

さて、こういった西垂付近の地理環境を古代の人々はどのように史料に残しているのだろうか。時代は下るが西漢水の流れを詳しく説明している最も古い文献に『水経注』漾水注がある。その記載を支流ごとにまとめたものが表1―2である。(29) 西漢水の水源は嶓冢山でそこから西南流し、その間に南北から入り込む河川を集水する。途中で塩官水を北から取水し、その後、祁山の南を通過し、建安川水・武植戍水・夷水を受け、現在の礼県県城を過ぎ、蘭倉城を通過してから南流し、嘉陵江へと入り、長江へと流れ込むこととなる。『水経注』記載の河川名と今の河川の名称を比定すると、現在の西和河は建安川水、固城河は武植戍水となる。大堡子山秦墓の位置する固城河すなわち武植戍水と西漢河の合流点付近についての『水経注』の記載は

漢水又た西して、南岍北岍之中を逕ぐ。上下二城相い対し、左右の墳壠低たり昂たるも、山を亘り、阜を被う。

とある。「南岍北岍」とは南北に高い山がせまっている地形をあらわしている。(30) 写真1―1のように大堡子山秦公墓に立って南の西漢水を見据えると、両岸が狭い河谷になっているのがよくわかる。また、墳壠とは墓のことを示し、

表１－２『水経注』漾水注にみられる西漢水及び支流

西漢水（漢水）	今西県嶓冢山、西漢水所導也、然微涓細注、若通羃歴、津注而已。西流与馬池水合（1）…西漢水又西南流、左得蘭渠渓水、次西有山黎谷水、次西有鉄谷水、次西有石耽谷水、次西有南谷水、並出南山、揚湍北注。右得高望谷水、次西得西渓水、次西得黄花谷水、咸出北山、飛波南入西漢水。又西南、資水注之（2）…西漢水又西南得峡石水口（3）…西漢水又西南、合楊廉川水（4）…西漢水又西南、逕始昌峡…西漢水又西南、逕巌備戍南、左則巌備水自東南、西北注之。右則塩官水南入焉（5）…漢水又西南、合左谷水（6）…又西南（蘭皋水）（7）…漢水又西南、逕祁山軍南（雞水）（8）…漢水又西、建安川水入焉（9）…漢水北、連山秀挙、羅峰競峙…漢水又西南与甲谷水合（10）…漢水又西、逕南岈北岈之中。上下有二城相対、左右墳壠低昂、亘山被阜…漢水西南逕武植戍南。（武植戍水）（11）…漢水又西南、逕平夷戍南、又西南、夷水注之（12）…漢水又西逕蘭倉城南、又南右会両渓（13）…
（1）馬池水	（馬池）水出上邽西南六十余里、謂之龍淵水…其水西流、謂之馬池川。又西流入西漢水。
（2）資水	（資）水北出資川、導源四壑、南至資峡、総為一水、出峡西南流、注西漢水。
（3）峡石水	（峡石）水出苑亭西草黒谷。三渓西南至峡石口、合為一瀆、東南流、屈而南注西漢水。
（4）楊廉川水	（楊廉川）水出西谷、衆川瀉流、合成一川。東南流、逕西県故城北…又東南流、右会茅川水（4—A）…乱流東南、入于西漢水。
（4—A）茅川水	（茅川）水出西南戎渓、東北流、逕戎邱城南…又東北流、注西谷水（楊廉川水と同じ）
（5）塩官水	（塩官）水北有塩官、在嶓冢西五十許里、相承営煮不輟、味与海塩同…其水東南逕巌備戍西、東南入漢水。
（6）左谷水	（左谷）水出南山窮渓、北注漢水。
（7）蘭皋水	蘭皋水出西北五交谷、東南歴祁山軍、東南入漢水。
（8）雞水	雞水出南雞谷、北逕水南県西、北流注于漢。
（9）建安川水	（建安川水）其水導源建威西北山、白石戍東南、二源合注。東逕建威城南。又東与蘭坑水会（9—A）…建安水又東逕蘭坑城北、建安城南…其水又東合錯水（9—B）…建安水又東北、有雉尾谷水、又東北、有太谷水、又北、有小祁山水、並出東渓、揚波西注。又北、左会胡谷水（9—C）…建安水又東北逕塞峡。…其水出峡西北流、注漢水。
（9—A）蘭坑水	（蘭坑）水出西南近渓、東北逕蘭坑城西、東北流注建安水。
（9—B）錯水	（錯）水出錯水戍東南、而東北入建安水。
（9—C）胡谷水	（胡谷）水西出胡谷、東逕金盤・歴城二軍北、軍在水南層山上。其水又東注建安水。
（10）甲谷水	（甲谷）水出西南甲谷、東北流注漢水。
（11）武植戍水	武植戍水発北山、二源奇発合于安民戍南、又南逕武植戍西、而西南流、注于漢水。
（12）夷水	（夷）水出北山、南逕其戍、西南入漢水。
（13）両渓	（両渓）倶出西山、東流注于漢水。

この付近に墳墓が多く存在していたことがわかる。秦公墓は後代にも墓として選ばれやすい所に造られたと考えてよいだろう。また「上下二城」とあり、都市が建設されるのにも適していた。まさに、西垂のあるべき所と言えるだろう。
さて、つぎになぜこの西垂に秦文化形成過程の中心が置かれたのかについて考察したい。先に結論から述べれば、その地理的環境の重要性は交通路と資源の生産地の二点にあると思われる。以下検討することとしよう。

（1）　交通路としての重要性

西垂は『水経注』や現在の地形から明らかなように西漢水を経由して南の蜀に、北は隴西に、東は嶓冢山を越えて藉水を経て渭水を通れば関中平原へとつながる重要な交通路に位置する。それは軍事面・商業（文化）面双方に関して、史料から読みとることができる。後の時代の史料ではあるが、例えば、『史記』樊噲伝には

還りて三秦を定むるに、別れて西丞を白水の北、雍の軽車騎を雍の南に於いて撃ち、これを破る。(31)

とある。この「西丞」は西県の県丞のことで、劉邦が漢中から三秦を奪回する際に、別動隊の樊噲が関中に入る途中で西県の県丞を白水の北で攻撃し、その後、隴山を越えて雍に転戦したことを示している。さらに、三国時代には蜀漢の諸葛亮が北伐を行う際に、魏将の張郃・司馬懿らと祁山をめぐる戦いを繰り広げた。この祁山の地形については表1—2にあるように『水経注』漾水注に

漢水の北、連山秀挙し、羅峰競峙す。祁山は嶓冢の西七十許里に在り、山上城有り、極めて巌固為り、昔、諸葛亮祁山を攻む。即ち斯の城なり。

とあり、嶓冢から西漢水の北に連なる山の一部が祁山で、その山上の城を三国・蜀の諸葛亮が攻撃したという。また、『三国志』魏志・鄧艾伝には、

頃之、（姜）維果して祁山に向かうも、（鄧）艾已に備え有るを聞く。乃ち回りて董亭従り南安に趣き、艾は武城山に拠りて以て相い持つ。維は艾と険を争うも、克たず、其の夜、渭を渡り東行し、山に縁りて上邽に趣き、艾与に段谷に戦い、大いにこれを破る。(32)

とあり、諸葛亮の北伐を引き継いだ蜀の姜維は祁山を攻めようとしたが、すでに鄧艾によって守備が固められていたため、迂回し、恐らく夷水沿いに西北に進軍し、武城へ向かい、その後、渭水沿いに東へ行き、上邽すなわち現在の天水へ向かったが、段谷で鄧艾軍に破れたという。このように蜀・漢中の地から関中平原へ向かう重要な軍事ルートとしてこの西漢水水系沿岸の交通路が利用された。このことは西垂を中心にしていた秦がそこを拠点として東の関中平原へと進出することができた軍事的要因のひとつと考えてよいだろう。さらに、武城は現在の武山県県城の西南にあり、そこは西はいまの隴西県、東はいまの甘谷県とつながる道のちょうど中間点にあたる。まさに、これは前述の隴西の西河灘類型の文化と甘谷県の毛家坪類型の文化とがこの大堡子山と交通路の上でつながっていることを示している。

こういった軍事的に重要な交通路は商業（文化）の交通路としても機能していた。例えば、天水秦城区で発見され、現在天水市博物館に展示されている銅牌飾は戦国時代のものとされているが、これは河南省・二里頭と四川省・三星堆から出土しているものと共通性があり、中原と蜀の地を結ぶ文化ルート沿いに天水が位置していたことを想定させる。(33)天水から蜀へは西垂の地を経由したに違いない。天水の南にある武都郡は武帝期に設置されたものであるが、この地について『漢書』地理志に、

（武都）の民俗は略《ほぼ》巴蜀と同じ、而も武都天水に近く、俗頗《すこぶ》るこれに似たり。(34)

とあるように、天水―西県（西垂）―武都―巴蜀というラインの文化的なつながりを想定することが可能であろう。

（2）資源の生産地としての重要性

もうひとつこの地を拠点として秦が発展した理由は西垂の地が資源の生産地としての重要性を有していたことにもある。その資源とは塩と鉄・銅などの鉱物資源そして森林資源を考えることができるだろう。塩は大堡子山秦公墓の東に現在も塩官鎮という地名が残っているように、漢代の西県には塩官が置かれた（『水経注』漾水注引『漢書』地理志）。また、『水経注』漾水注には「塩官水」の河川名が見え、さらに、

（塩官）水の北に塩官有り、嶓冢の西五十許里に在り、営煮を相承すること輟《や》めず、味海塩と同じ[35]。

とある。さらに、漢長安城から発見された秦封泥の中には「西鹽」と書かれたものがあり[36]、この「西」とは西県と考えられるが、このことは秦代からこの西垂の地が塩と関係の深い土地であったことを示している。

次に鉱物資源に関して。秦の昭襄王紀年のある銅戈のうち現在発見されているものの多くは上郡守によるものが多いが、次の二点は西県の工が製造したと考えられている事例である。

廿六年□□守□造西工室（宰）閹工□　（一九七八年宝鶏秦墓出土[37]）

廿年相邦冉造西工師□丞畟隷臣□　（一九七一年岳陽出土[38]）

これらは戦国秦の時代に西県に工房があったことを想定させる。また、『漢書』地理志には西県が含まれる隴西郡には鉄官が有ると記されており、銅・鉄など鉱物資源がここに豊富にあったことがわかる。

次に、森林資源について。『漢書』地理志に「天水・隴西、山に多く林木あり、民は板を以て室屋を為る[39]」とあるように、この天水・隴西地区は木材が豊富にあることで有名な地域であった。さらに、森林資源に関する具体的な史料が同じ地域に属する天水放馬灘の秦墓から出土している（放馬灘と礼県の位置関係は地図1―1参照）。ここからは七

枚の松や柏などの木材供給地が詳細に描かれた木製の地図が発見されている。(40) 木製地図の示す範囲については、耤河・渭河流域の天水市付近のものとする何双全氏の説(41)や放馬灘秦墓付近を通る花廟河・高橋河流域付近を表しているという曹婉如氏・鶴間和幸氏の説など諸説あるが、(42) いまのところ筆者は藤田勝久氏の提示している西漢水上流と嶓冢山を水源とする耤水上流一帯ではないかと考えている。(43) この想定に基づけば、西県から嶓冢山を越えて耤水へと入り、関中平原へ向けて木材を運んだと考えることができよう。以上のように、西垂の地は塩・鉄・木材などの複合的な資源の生産地であったことがうかがえる。

以上のように秦が当初拠点としていた西垂は交通路としての重要性、資源の生産地としての重要性を有していたことから、周囲の多様な文化をひとつにまとめ上げ、秦文化を形成する素地をつくりあげることができたと考えてよいだろう。その後、秦は春秋・戦国から統一秦にいたるまでこの地を放棄することなく、黄土高原西部に関中平原が徐々に加えられるように、平原部の支配が進められた。始皇帝は即位後の第一回巡幸で訪問したのは隴西の地であった。(44) 長城の西端部分がこの西垂地区をおおうように建設されたのも、(45) この秦文化形成の故地が統一後も交通路として、資源の生産地として重視され続けたからにほかならない。

5、おわりに

さて、以上で本章の考察を終えるが、その内容についてまとめておこう。本章では春秋初期に至るまでの秦について、まず盗掘された銅器が海外に流出したことで注目された礼県大堡子山秦公墓の発掘状況とそれによってほぼ確定される都市・西垂の位置について論じ、第三節では近年の考古学的成果による早期秦文化研究の新たな展開について紹介し、大堡子山秦公墓がほかの西河灘類型と毛家坪類型という多元的な起源を融合させて成立したもので秦文化研究においてこの墓の発見が極めて重要であることを確認した。第四節では多元的な起源をもつ文化がなぜ西垂を中心にまとまったのかという問題について、西垂の地理的・生態的環境などの面から検討を加え、軍事的・商業（文化）的交通路としての重要性と塩・鉱物・森林などの資源の生産地としての重要性という二つの側面をその理由として考えた。

こうして西垂の地を中心に西方の新興勢力・秦国が誕生した。ただ、西垂の地は農耕に適した広大な平原を有してはいなかった。その後の秦の発展において西垂の位置する黄土高原西部の地から関中平原に出ることは彼らの生活形態がこれを境に大きく変化したことを意味している。その過程については第二章・第三章で論ずることとしたい。

注

（1）読売新聞二〇〇二年九月三日には「秦の発祥の地発見される」との見出しの記事が掲載された。また、日本の研究者の現地調査としては鶴間和幸「黄土高原西部調査」『アジア遊学二〇　黄土高原の自然環境と漢唐長安城』勉誠出版、二〇〇〇年。および宮本一夫ほか『遊牧民と農耕民の文化接触による中国文明形成過程の研究』（平成十一年度科学研究費補助金（基盤研究（C））研究報告書）、二〇〇〇年で報告がなされている。

（2）李学勤・艾蘭「最新出現的秦公壺」『中国文物報』一九九四年九月三十日。

（3）韓偉「論甘粛礼県出土的秦金箔飾片」『文物』一九九五年六期。なお、これらの金箔飾片はその後、フランス・パリのギメ東洋美術館に展示されていたが、二〇一五年七月にフランスから中国に返還された。

（4）戴春陽「礼県大堡子山秦公墓地及有関問題」『文物』二〇〇〇年五期。

（5）李朝遠「上海博物館新獲秦公器研究」『上海博物館集刊』七期、上海書画出版社、一九九六年。

（6）陳昭容「談甘粛礼県大堡子山秦公墓地及文物」『大陸雑誌』九五巻、一九九七年、及び王輝「也談礼県大堡子山秦公墓地及其銅器」『考古与文物』一九九八年五期。
（7）陳平「浅談礼県秦公墓地遺存与相関問題」『考古与文物』一九九八年五期。
（8）李朝遠「上海博物館新蔵秦器研究」『上海博物館集刊』九期、上海書画出版社、二〇〇二年。
（9）徐衛民『秦公帝王陵』中国青年出版社、二〇〇二年。
（10）松丸道雄「秦国初期の新出文物について」『日本秦漢史学会会報』三号、二〇〇二年。
（11）MIHOミュージアム『中国戦国時代の霊獣』二〇〇〇年。
（12）前掲注（8）李朝遠論文。
（13）李永平「新見秦公墓文物及相関問題探識」『故宮文物月刊』一九九九年五期（台北）。
（14）陳昭容「談新出秦公壺的時代」『考古与文物』一九九五年四期、及び白光琦「秦公壺応為東周初期器」『考古与文物』一九九五年四期。
（15）発掘成果は前掲注（4）参照。なお、前掲注（3）韓偉論文にも発掘経過の報告があるが、最も早く正式な簡報を発表したのは柴生芳「礼県大堡子山秦国公墓制墓地」『中国考古学年鑑　一九九五』文物出版社、一九九七年である。
（16）甘粛省文物考古研究所・礼県博物館「礼県圓頂山春秋秦墓」『文物』二〇〇二年二期。
（17）礼県博物館の展示品解説による。
（18）なお、こういった見解とは異なり、徐日輝氏は西犬丘を礼県塩関鎮一体の西漢水南岸の半月型台地上にあると考える（「甘粛東部秦早期文化的新認識」『考古与文物』二〇〇一年三期）。
（19）顧頡剛「従古籍中探索我国的西部民族――羌族」『社会科学戦線』一九八〇年一期。
（20）林剣鳴『秦史稿』上海人民出版社、一九八一年。
（21）尚志儒「試論西周金文中的〝秦夷〟問題」『慶祝武伯綸先生九十華誕論文集』三秦出版社、一九九一年。なお、近年の「秦夷」に関する論考としては辛怡華「再論西周金文中的〝秦夷〟及相関問題」（『秦文化論叢』第九輯、西北大学出版社、二〇〇二年）が挙げられる。

(22) 王国維「秦都邑考」『観堂集林』巻一二史林四、一九二三年。

(23) 蒙文通「秦為戎族考」『禹貢』六―七、一九三六年。

(24) 兪偉超「古代〝西戎〟和〝羌〟・〝胡〟考古学文化帰属問題的探討」『青海考古学会会刊』三期、一九八二年（のち『先秦両漢考古学論集』文物出版社、一九八五年所収）。

(25) 甘粛省文物工作隊・北京大学考古学系「甘粛甘谷毛家坪遺址発掘報告」『考古学報』一九八七年三期。

(26) 趙化成「尋找秦文化淵源的新線索」『文博』一九八七年一期。

(27) 張天恩「早期秦文化特徴形成的初歩考察」『秦漢史論叢』第九輯、三秦出版社、二〇〇四年。

(28) 西河灘遺跡については趙化成「甘粛東部秦与羌戎文化的考古学探索」『考古類型的理論与実践』文物出版社、一九八九年を参照。

(29) 本書では『水経注疏』江蘇古籍出版社、一九八九年（陳橋駅復校）を『水経注』の版本として利用した。なお、以下に引用する『水経注』の原文は表1―2を参照していただきたい。

(30) 『水経注』の熊会貞の疏には以下のように説明がある。

『集韻』岈、虚加切、同谺。谽谺、谷中大空貌。岑参文云、剣山巉巉、天鑿之門、二壁谽谺、高崖嶙峋。則此南岈北岈、謂南北二壁間之大空也。

(31) 還定三秦、別撃西丞白水北、雍軽車騎於雍南、破之。（『史記』樊噲伝）

(32) 頃之、維果向祁山、聞艾已有備、乃回従董亭趣南安、艾拠武城山以相持。維与艾争険、不克、其夜、渡渭東行、縁山趣上邽、艾与戦於段谷、大破之。（『三国志』魏志・鄧艾伝）。

(33) 張天恩「天水出土的獣面銅牌飾及有関問題」『中原文物』二〇〇二年一期。

(34) （武都）民俗略与巴蜀同、而武都近天水、俗頗似焉。（『漢書』地理志）。

(35) 『元和郡県図志』山南道三・成州長道県の条には「塩井、在県東三十里。水与岸斉、塩極甘美、食之破気。」とあり、長道県は漢代の上禄県にあたるが、この次に「塩官故城、在県東三十里、在嶓冢西四十里。相承営煮、味与海塩同。」とあり、嶓冢からの距離もほぼ『水経注』のものと同じであり、また後半も同文であることから考えて、この『元和郡県図志』の塩井の記載は西県のものと思われる。これにより、塩井による製塩であったことがうかがえる。

(36) 張天恩「礼県等地所見早期秦文化遺存有関問題芻論」『文博』二〇〇一年三期。

(37) 劉占成「〝隴西郡戈〟考」『考古与文物』一九九四年四期。

(38) 周世栄「湖南楚墓出土古文字叢考」『湖南考古輯刊』一輯、岳麓書社、一九八二年。

(39) 天水・隴西、山多林木、民以板為室屋。(『漢書』地理志)

(40) この墓群の発掘については甘粛省文物考古研究所・天水市北道区文化館「甘粛天水放馬灘戦国秦漢墓群的発掘」が遺跡について、何双全「天水放馬灘秦墓出土地図初探」が木製地図についての最初の正式な報告を行っている(ともに『文物』一九八九年二期掲載)。

(41) 前掲注(40)何双全論文。

(42) 曹婉如「有関天水放馬灘秦墓出土地図的幾個問題」『文物』一九八九年一二期、鶴間和幸『始皇帝の地下帝国』講談社、二〇〇一年(一六八〜一七一頁)。

(43) 藤田勝久「戦国秦の領域形成と交通路」『出土文物による中国古代社会の地域的研究』(平成二・三年度文部省科学研究費補助金研究成果)一九九二年。

(44) 二十七年、始皇巡隴西・北地、出雞頭山、過回中。(『史記』秦始皇本紀)

(45) 『史記』蒙恬列伝に「築長城、因地形、用制険塞、起臨洮、至遼東、延袤万余里」とあり、臨洮は西県の西、黄河上流の洮水沿岸に位置する。一般的に長城線は臨洮から東北に建設されていると考えられており、西県はその南に位置する。

第二章　秦の関中平原西部への拡大と地域開発
——西垂から雍城へ——

1、はじめに

周の東遷の際、襄公七（前七七一）年、西垂を拠点に成立した秦国は、それから約百年後の徳公元（前六七九）年、雍城にその中心を遷すこととなる。しかも、遷都は雍城への直線的な移行ではなく、何度もあちらこちらへ移動しながら、最終的に三百年間の国都・雍城におちついたのである。一般的に西垂から雍城へは西垂↓汧邑↓汧渭之会↓平陽↓雍城という移行過程を経ると考えられている。徐衛民氏は雍城に至るまで頻繁に都を遷した理由として、岐山以西の地が戎狄の支配下にあったために基盤を固めながら徐々に東へ勢力を延ばすほかなかったことや占領地が拡大して行く中で都を建設するために理想的な場所を選んでいたことなどを挙げている(1)。しかしながら、戎狄の勢力が強い地域になぜ秦は隴山を越えてまで出て行かねばならなかったのか。また、そのような危険のともなう最前線に秦公が拠点を置く必要はあったのか。遷都の背景には秦の開発の対象が西垂のある黄土高原の西部から、隴山を越えて関中平原西部へと遷ったことと秦国国内の政治闘争がからんでいると思われるのである。

本章では、なぜ秦は西垂から雍城へ都を遷したのかという問題について、黄土高原西部から関中平原西部への秦の拡大と地域開発の過程に焦点をあてて論ずることとしたい。まず、第二節で西垂から雍城への遷都の過程を考察し、第三節では遷都の背景となった関中平原西部の開発の過程を秦による支配の拡大から論じ、さらに、第四節では西垂から平陽・雍城への遷都と秦による関中平原西部開発の関係について考えることとしたい。

2、関中平原西部への遷都過程

まず、本節では襄公から徳公までの関中平原西部への遷都過程を政治的側面から見てみたい。これまでの主な説では西垂から雍城への遷都は西垂→汧邑→汧渭之会→平陽→雍城という移行過程を経ると考えられている。ここではこれら汧邑・汧渭之会・平陽・雍城について遷都の根拠となっている史料を検証しながら遷都の過程について私見を述べたい。

①　汧邑について

西垂のつぎの秦都としてはじめに挙げられるのが汧邑である。その根拠は『括地志』所引『帝王世紀』の「秦襄公二年、徙都汧」という記載である。汧邑は隴山の東を北から南へ流れる汧水のほとりに造られた都市で、漢代にも汧県の記載が見られる。(2)しかしながら、汧を都としたという記述は『史記』に見られず、また、この記載に従えば、秦公に封ぜられた襄公七年以前に汧へ都が徙されたこととなり、いささか疑問を感じざるを得ない。また、当時の秦の政治状況は必ずしも安定していなかった。襄公の立太子に関して、襄公の父、荘公には子が三人おり、世父という人物が長男であった。祖父の秦仲が戎に殺害されたことから、世父は戎討伐にむかい、襄公に太子の地位を譲ったという。(3)ところが、襄公二年に、世父は犬丘を囲んだ戎族の討伐へ向かったが捕虜となり、一年余りして解放されたという。(4)これは前述の『帝王世紀』で汧邑への遷都が行われたとされる年と同じである。国内が戎の攻撃を受け、政情も安定していない状況で遷都が行われたとは考えにくい。ここでは『帝王世紀』に見られる汧邑遷都の記載は、遷都というよりも、あくまでも西垂を中心とした秦が自ら、汧水流域に新たな都市・汧邑を建設し、そこを拠点に春秋早期の秦人が隴山の東西をつなぐ活動をしていたと考えたい(5)。

② 汧渭之会について

汧邑のつぎに都となったとされるのが「汧渭之会」である。時は襄公をついだ子の文公の時代である。『史記』秦本紀には、

三年、文公兵七百人をもって東のかた猟す。四年、汧渭之会に至る。……乃ちこれに居ることを卜し、占して曰く「吉」と。即ち邑をこれに営む(6)。

とあり、文公三年に東へ猟し、四年に「汧渭之会」に至り、そこに邑を営んだという。この記載をもって「汧渭之会」に都を造ったとする研究は多い。「汧渭之会」の具体的位置に関しては古陳倉城であるとする説(7)や、鳳翔原の西端にあたる千河郷魏家崖一帯であるとする説(8)などがある。ただ、「汧渭之会」の示すものは汧水と渭水の合流点付近と言う意味であって、具体的に建設された都市を指すものではない。この記載からは、西垂から隴山を越えて「東猟」した際に、「汧渭之会」までたどりつき、汧水と渭水の間に新たな拠点（邑）を造ったと解釈する方がよいのではないだろうか。また、『史記』秦本紀の文公の条には「元年、居西垂宮」とあり、また、『史記』秦始皇本紀には死後、西垂に葬られたとあることから、文公の在位期間中、拠点は一貫して西垂にあったと考えてよい。つまり、「汧渭之会」も汧邑と同様に秦の都というよりも関中平原西部へ勢力を拡大するための前線拠点と考えるべきである。

③ 平陽遷都について

文公四十八年、太子の静公が卒し、五十年に文公が卒したのをうけ、孫の憲公（『史記』秦本紀では寧公）が即位した。『史記』秦本紀に「寧公二年、公徙居平陽」とあり、これを根拠に平陽が秦都となったと考えられている。また、

「西新邑」とは異なり、憲公二年に平陽に居城を遷したと考えられる。

『史記』秦始皇本紀引『秦紀』では憲公の居城を「西新邑」としており、この「西」を「西垂」とすれば、「西新邑」は西垂から遷って新たに造られた邑のことで、これはまさに平陽のことを示すのである。上述の汧邑や「汧渭之会」とは異なり、憲公二年に平陽に居城を遷したと考えられる。

この平陽の位置については諸説あるが[9]、現在のところ渭水と汧水の合流点の東に位置する秦公鎛・鐘の発見された宝鶏県太公廟村が最も有力な地点である。その理由のひとつは平陽に都を遷した武公期に製作された「秦公」銘のある青銅器が発見されたことである[10]。さらに、この太公廟の附近からは宝鶏県西高泉村春秋秦墓（太公廟の北二㎞）[11]や宝鶏南陽村春秋秦墓[12]などが発見され、平陽付近に身分の高い人々が居住していたことを物語る。

一般的にはその後の武公も『史記』秦本紀に「居平陽封宮」とあることから、憲公から出子・武公まで三十六年間にわたって平陽が秦都であったと考えられている。しかし、憲公と武公の間の出子が平陽を居城としていたかはわからない。この間の政治過程を整理しつつ考察しよう。憲公が秦公となったのは十歳の時のことで、当然のことながら政策決定は秦公周辺の有力勢力が握っており、憲公二年の平陽遷都も秦公の意志によるものとは言えない。この遷都の背景には西垂周辺を基盤とする勢力とは異なる新たな勢力が秦国内で実権を握りつつあったことを反映していると思われる。それは関中平原西部を基盤とした勢力である。しかし、西垂と平陽の対立は続いていた。憲公は即位して十二年すなわち二十二歳で卒した。その子は三人おり、母を同じくする武公・徳公と母を異にする出子であった。憲公死後、大庶長の弗忌・威壘・三父は太子であった武公を廃し、五歳の出子を立てて君主とした。出子の居城は『史記』秦始皇本紀によれば「居西陵」とあり、西陵とは西垂を示すと想定される。そうであるならば、平陽から再び西垂に公の居城が戻ったことになる。これは憲公が基盤としていた関中平原西部の新興勢力に対する西垂の旧勢力による巻き返しと考えてよいだろう。しかし、その後、結局、出子は六年で三父らに殺害されてしまう。次に秦公となったのが武公である。前述したように武公は平陽に居した。以後、西垂は秦国における政治の拠点となることはなかった。この武公の即位に対して、一九七五年に発見された秦公鎛と秦公鐘の銘文に、「我先祖受天命賞宅受国。剌剌卲文公・静公・憲公不㒸于上」[13]とあり、文公→静公→憲公との継承関係が見える。武公はクーデターによって出子から秦公の座を奪ったことの正当性を主張するために、西垂に拠点を置いた文公と平陽に拠点を置いた憲公の双方から正統性を継承したことをアピールしたのである。

④　雍城

武公二十年、武公が卒し、その子の白は立たず平陽に封ぜられることとなった。次に秦公となった徳公はその後二百五十年間秦都となる雍城に居城を定めた。『史記』秦本紀に「徳公元年、初めて雍城大鄭宮に居す。犠三百牢を以て鄜畤を祠す。卜して雍に居す。[14]」という記述がその根拠とされる。雍城は雍水の東、現在の鳳翔県西南に位置する。雍城遺跡の発掘は一九六二年から始まり、一九八五年までにおおよその都市構造が明らかとなっている[15]。

以上の考察により西垂から雍城への遷都はこれまでの西垂→汧邑→汧渭之会→平陽→雍城ではなく、西垂→平陽→雍城という過程であったと考えられる。また、その遷都の背景には関中平原西部における開発の進展と新興勢力の台頭が考えられる。

3、関中平原西部における開発の進展

秦がその中心を東へと遷す西周末期から春秋初期の関中平原西部における開発の進行状況はどうであったのか。ここでは都市の建設（もしくは秦の支配下に属すること）が開発の進展をあらわす指標と考えて論を進めたい（ここであつ

から「都市」とは都城も県城も含むこととし、中国語の「城市」に意味は近い）。考察対象とする都市は『漢書』地理志に記載の在るものとし、ここで言う関中平原西部とは汧水・涇水間の主に渭水北岸の地域を示すこととする。この範囲内でもその中間に位置する漆水を分岐点とし、関中平原西部をA地区（汧水・漆水間）とB地区（漆水・涇水間）に分けて考察したい。関中平原西部の都市のデータをまとめたものが表2―1及び地図2―1である。また、水系とのかかわりを考えるために後の史料ではあるが、詳細な記載の残っている『水経注』も利用することとする。『水経注』の関連箇所をまとめたものが表2―2である。では、各地域の特徴をそれぞれ個別に考えたい。

（1）A地区　汧水・漆水間

この地区の大きな河川は汧水と漆水、そしてそれらを結ぶように東西に流れる雍水がある。『水経注』にしたがって各水系をまとめる。隴山山系に水源を発する汧水は、東南方向に流れて、渭水に注ぐ河川である。現在は千河と称されている。『水経注』によれば、水源は西山（小隴山）という隴山の一部から流れて淵となり、龍魚水（龍魚川）と称される河川で東に流れて汧県の北を経て、さらに白龍泉水を得て東流、東南流して隃麋県の南を経て、郁夷県北、平陽故城の南を経て渭水に入るという。漆水は杜陽山から出る杜水と杜陽県の漆溪から流れ出す漆水が合流した河川で、岐山の西、周城の南を経て、周原の下を過ぎ、北に中水郷成周聚をみて雍水と合流し、渭水に入る。この汧水と漆水の両者を結ぶように流れるのが雍水である。雍水は汧水東の雍山から流れ出し、東南方向に流れ、左陽水・東水・鄧公泉を入れ、北から南流してきた杜水（漆水）と合流し、渭水に流れるという河川である。

この地区に含まれる漢代の都市は十一県あり、そのうち、西周設置が五つ、春秋秦によるものが三つ、漢代が三つである。雍城遷都以前に設置されたもしくは秦の支配下に入ったものは八県ある。汧水流域では四つあり、虢は武公

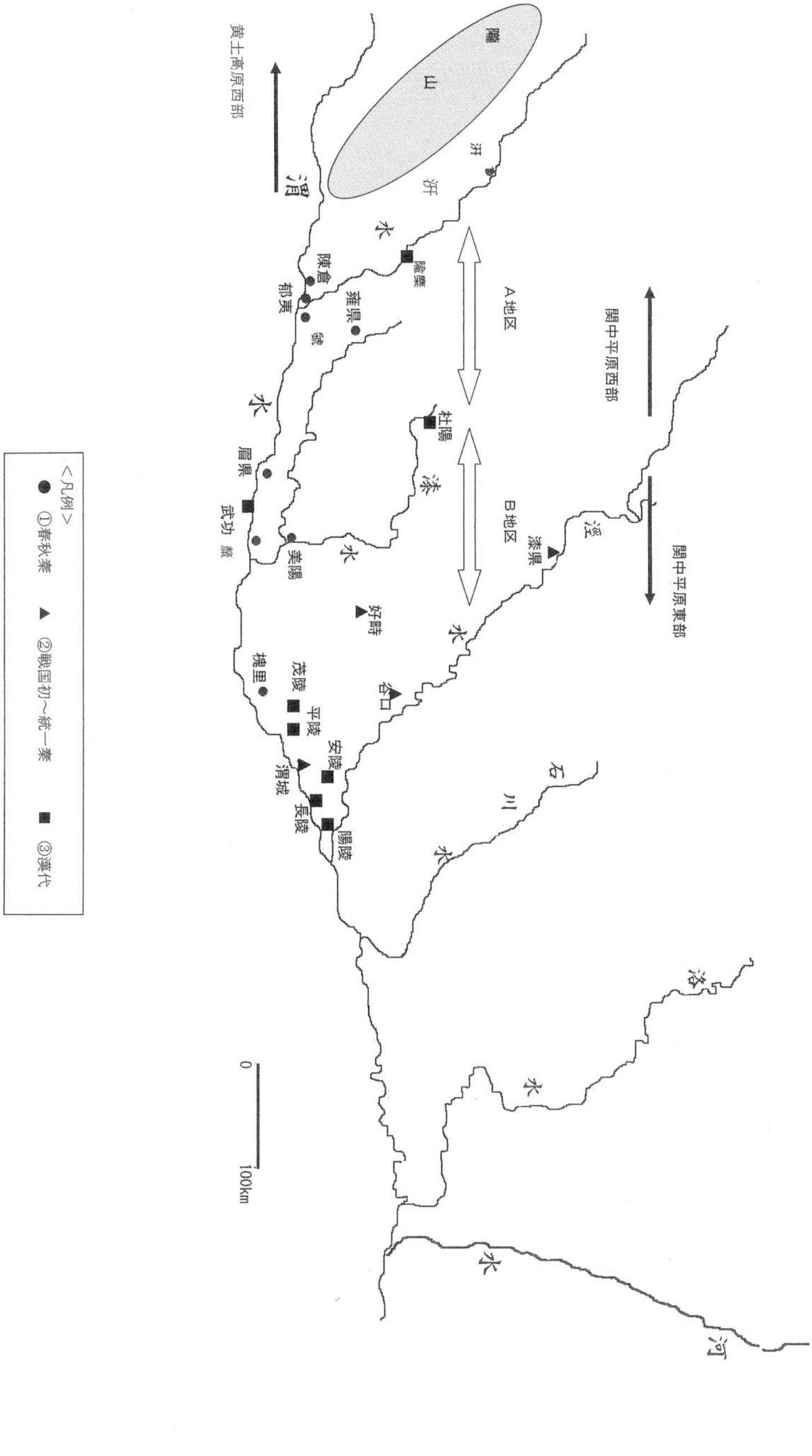

地図２－１　関中平原西部の都市

表２－１　関中平原西部都市

関中平原西部					
漢代行政区分	漢代県名	秦支配開始時期	秦県設置時期	備考	流域河川
汧水・漆水					
右扶風	汧	春秋秦	●秦文公	『史記』秦本紀正義引括地志の帝王世紀に「秦襄公二年徙都汧、即此城」とある記述については疑問を抱かざるを得ないが、その後、文公四年には「至汧渭之會…乃卜居之、占曰吉、即営邑之」（『史記』秦本紀）とあり、「汧渭之會」に邑を築いた。この邑が汧県を示すかはわからないが、汧水と渭水の合流点付近に拠点が置かれたことは確かである。	汧水流域
右扶風	隃麋	漢	■漢代	木村書	汧水流域
右扶風	陳倉	春秋秦	●秦武公	『後漢書』郡国志引三秦記に「秦武公都雍、陳倉城是也」とある。『史記』秦本紀には武公は平陽に居たとあるから、この記載をもって武公と陳倉を結びつけることはできないが、武公期までに平陽・雍・陳倉付近に秦の勢力が伸張してきたことはうかがえる。	汧水流域
右扶風	郁夷	西周	●春秋秦初期	『漢書』地理志引『詩経』小雅四牡に「周道郁夷」とあり。いつ秦県となったかは不明であるが、春秋初期か。	汧水流域
右扶風	虢	西周	●秦武公	西周時代の西虢国。『史記』秦本紀に「（武公）十一年、初県杜・鄭。滅小虢。」とあり。	汧水流域
右扶風	雍	春秋秦	●秦徳公	「徳公元年、初居雍城大鄭宮。以犠三百牢祠鄜畤。卜居雍。」（『史記』秦本紀）鉄官あり	雍水流域
右扶風	杜陽	漢代	■漢代	詩曰「自杜」（『漢書』地理志）とあるのみ。漢県か。	漆水流域

右扶風	美陽	西周	●春秋秦初期	『漢書』地理志には「中水郷、周大王所邑」とあり、周以来の邑であると考えられる。秦県となった時期は不明。春秋秦初期か。	漆水流域
右扶風	郿	西周	●春秋秦初期	周代の郿邑か（『詩経』崧高篇）。近年郿県で周代青銅器群が発見された。秦県設置時期は不明。春秋初期か。	漆水流域
右扶風	斄	西周	●春秋秦初期	周后稷の邰国（『漢書』地理志）。秦県設置時期は不明。春秋初期か。	漆水流域
右扶風	武功	漢	■漢代	木村書では『史記』田叔伝「武功、扶風西界小邑也」の記載を以て秦代の県とするが、まず、この記載は褚少孫の補記部分であること、また武功県は「扶風西界」にはあたらず、『水経注』渭水注の西武功を示すものと考えられる。また、武功県は成国渠との関わりも深く、漢代に設置された可能性が高い。	漆水・成国渠流域
漆水・涇水					
右扶風	漆	統一秦	▲～始皇帝	『漢書』周勃伝に楚漢戦争期の記載として「北救漆、撃章平・姚卬軍」とある。鉄官あり（『漢書』地理志）。	涇水流域
右扶風	好畤	戦国秦	▲～秦王政	『史記』呂不韋伝に「発吏攻（嫪）毐、毐敗亡走、追斬之好畤、遂滅其宗」（秦王政九年の事件）とあることから戦国秦末期には存在していたことがわかる。	漆水流域
左馮翊	谷口	戦国秦	▲～秦昭襄王	『戦国策』秦策に「大王（昭襄王）之国、北有甘泉・谷口、南帯涇・渭、右隴・蜀、左関・阪」とあり。	涇水流域

右扶風	槐里	西周	●春秋秦か？	『漢書』地理志には「周曰犬丘、懿王都之。秦更名廃丘。」とある。いつ秦の県となったかは不明であるが、西周末期～春秋初期の秦の犬丘との関わりを示す記載は多く、すでに春秋初期に秦県となったか。	涇水流域
右扶風	茂陵	漢	■漢武帝	「武帝置」『漢書』地理志。陵邑	成国渠流域
右扶風	平陵	漢	■漢昭帝	「昭帝置」『漢書』地理志。陵邑	成国渠流域
右扶風	安陵	漢	■漢恵帝	「恵帝置」『漢書』地理志。陵邑	成国渠流域
右扶風	渭城	戦国秦	▲秦孝公	故の咸陽。秦孝公十二年咸陽を造り遷都	涇水流域
左馮翊	長陵	漢	■漢高祖	「高帝置」『漢書』地理志。陵邑	涇水流域
左馮翊	陽陵	漢以前か	■漢景帝	『漢書』地理志に「故弋陽、景帝更名」とあるも「弋陽」についてのほかの資料はない。陵邑であり県の設置は漢代か？	涇水流域

〈凡例〉

●①春秋秦　▲②戦国～統一秦　■③漢代

注記：備考中の木村書は木村正雄『中国古代帝国の形成――特にその成立の基礎条件――』（不昧堂、1965年、のち比較文化研究所より新訂版刊行、2003年）を示す

補表２－１　秦東遷過程の世系表・西垂～平陽

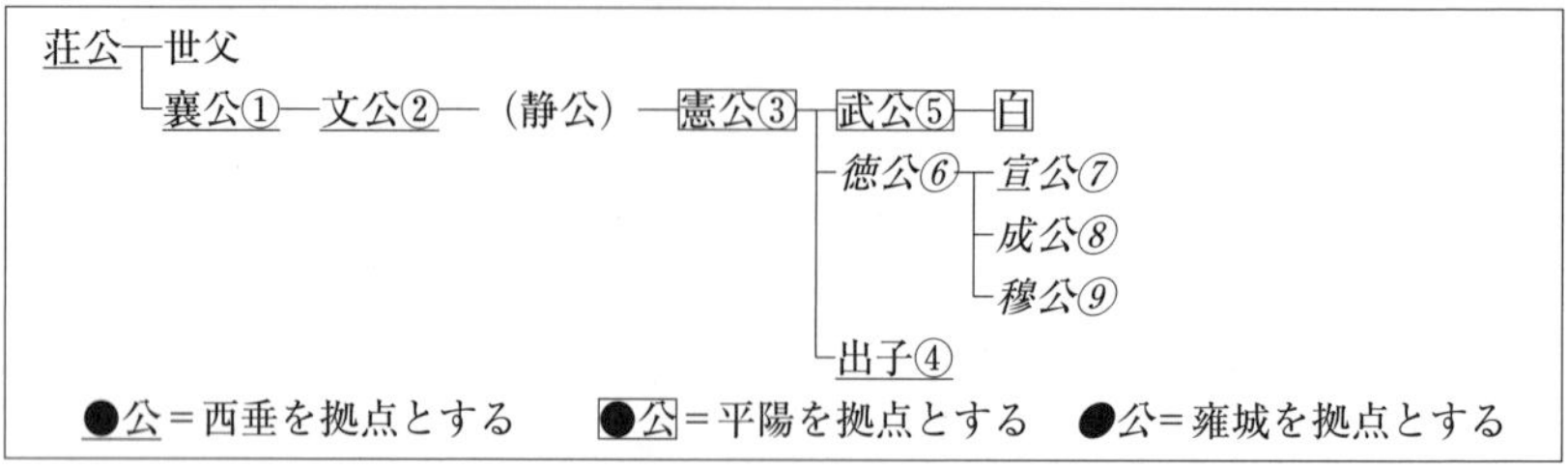

表２－２　『水経注』記載関中平原西部水系史料

（１）渭水・汧水流域（『水経注』巻十七）

渭水	渭水又東南、出石門、度小隴山、逕南由県南、東与楚水合、世所謂長蛇水也。…渭水東入散関…渭水又東逕西武功北…渭水又与捍水合…渭水又東南、右合南山五渓水、夾澗流注之也。…渭水又東逕陳倉県故城北…（陳倉水）(1) …渭水又東与綏陽渓水 (2) 合…渭水又東逕郁夷県故城南。…汧水 (3) 入焉…渭水之右、磻渓水 (4) 注之…渭水又東逕積石原、即北原也。…渭水又東逕五丈原北…渭水又東逕郿県故城南…渭水又東逕郿塢南。
（１）陳倉水	陳倉水出于陳倉山下、東北流注于渭水。
（２）綏陽渓水	（綏陽渓水）其水上承斜水、水自斜谷分注綏陽渓、北屆陳倉、入渭
（３）汧水	（汧水）水出汧県之蒲谷郷弦中谷、决為弦蒲藪。…水有二源、一水出県西山、世謂之小隴山、巖障高険、不通軌轍…其水東北流、歴澗、注以成淵、潭漲不測。出五色魚、俗以為霊、而莫敢採捕、因謂是水為龍魚水、自下亦通謂之龍魚川。川水東逕汧県故城北、…又東歴澤、乱流為一。右得白龍泉 (3-A) …汧水又東、会一水 (3-B) …自水会上下、咸謂之龍魚川。汧水又東南、逕隃麋県故城南。…汧水南歴慈山、東南逕郁夷県北、平陽故城南…汧水又東流、注于渭水。
（３－Ａ）白龍泉水	（白龍）泉徑五尺、源穴奮通。淪漪四泄、東北流、注于汧。
（３－Ｂ）一水	水発南山西側。俗以此山為呉山、三峰霞挙、叠秀雲天、崩巒傾返、山頂相捍、望之恒有落勢。…山下石穴、広四尺、高七尺、水溢石空、懸波側注、漰渀震盪、発源成川、北流注于汧。
（４）磻渓水	（磻渓）水出南山茲谷、乘高激流、注于渓中。渓中有泉、謂之茲泉、泉水潭積、自成淵渚…今人謂之凡谷、石壁深高、幽隍邃密、林障秀阻、人跡罕交、東南隅有石室、蓋太公所居也。水次平石釣処、即太公垂釣之所也。其投竿跽餌、両厀遺跡猶存、是有磻渓之称也。其水清冷神異、北流十二里、注于渭、北去維堆城七十里。

（２）渭水・雍水流域（『水経注』巻十八）

渭水	渭水于県、斜水自南来注之。…渭水又東、逕馬冢北…渭水又逕武功県故城北…渭水又東、温泉水注之。…渭水又東、逕斄県故城南、旧邰城也。…渭水又東、雍水（１）注之。
（１）雍水	（雍）水出雍県雍山、東南流、歴中牢渓、世謂之中牢水、亦曰冰井水、南流逕胡城東、俗名也。蓋秦恵公之故居所謂祈年宮也。孝公又謂之橐泉宮。…而左会左陽水 (1-A)、世名之西水。…雍水又与東水 (1-B) 合、俗名也。…州居二水（西水・東水）之中、南則両川之交会也。世亦名之為淬空水。東流、鄧公泉 (1-C) 注之……雍水又東逕邵亭南、世謂之樹亭川…雍水又東南流、与杜水 (1-D) 合。…而東、会美陽県之中亭川水 (1-E) 也…又南逕美陽県西…其水又南流注于渭。
（１－Ａ）左陽水	（左陽水）北出左陽渓、南流逕岐州城西、魏置岐州刺史治。左陽水又南流、注于雍水。
（１－Ｂ）東水	（東水）北出河桃谷、南流、右会南源、世謂之返眼泉。乱流南、逕岐州城東、而南合雍水。

（１－Ｃ）鄧公泉	（鄧公泉）水出鄧艾祠北、故名曰鄧公泉。数源倶発于**雍県故城**南、県故秦徳公所居也。…雍有五時祠、以上祠祀五帝。…又有鳳台、鳳女祠…鄧泉東流注于雍。
（１－Ｄ）杜水	（杜）水出杜陽山。其水南流、謂之杜陽川。東南流、左会漆水（1-D①）。…自下通得岐水之目、俗謂之小横水、亦或名之米流川。逕岐山西、又屈逕周城南、城在岐山之陽而近西…又歴周原下、北則中水郷成周聚、故曰有周也。水北即岐山矣。…岐水又東、逕姜氏城南為姜水…与雍水合。
（１－Ｄ①）漆水	（漆）水出杜陽県之漆渓、謂之漆渠。…漆渠水南流、大轡水（1-D①a）注之。…二川（漆水・大轡水）并逝、倶為一水。南与杜水合。
（１－Ｄ①a）大轡水	（大轡）水出西北大道川、東南流入漆、即故岐水也。
（１－Ｅ）中亭川水	（中亭川）水発杜陽県大嶺側、世謂之赤泥峴、沿波歴澗、俗名大横水也。疑即杜水矣。其水東南流、東逕**杜陽県故城**…世謂之故県川。又故（杜陽）県有杜陽山、山北有杜陽谷、有地穴、北入、亦不知所極、在天柱山南。故県取名焉、亦指是水而摂目矣。…又東、二坑水（1-E①）注之…又南、**莫水**（1-E②）注之…注雍水、謂之中亭水。
（１－Ｅ①）二坑水	（二坑）水有二源、一水出西北、与瀆魋水合、而東、歴五将山、又合郷谷水、水出郷渓、東南流入杜、謂之郷谷川。
（１－Ｅ②）莫水	（莫）水出好時県梁山大嶺東、南逕梁山宮西…水東有好時県故城…又南逕美陽県之中亭川。

（３）渭水・成国渠流域（『水経注』巻一九）

渭水	渭水又東会成国故渠。
成国渠	（成国）其瀆上承汧水于陳倉東。東逕郿及武功、槐里県北。渠左有安定梁厳冢。碑碣尚存。又東逕漢武帝茂陵南、故槐里之茂郷也…故渠又東逕**茂陵県故城**南…故渠又東逕龍泉北…渠北故坂北即龍淵廟。…故渠又東逕姜原北、渠北有漢昭帝平陵…又東逕**平陵県故城**南…故渠之南有竇氏泉、北有徘徊廟。又東逕漢大将軍魏其侯竇嬰冢南、又東逕成帝延陵南、陵之東北五里、即平帝康陵坂也。故渠又東、逕渭陵南。…又東逕哀帝義陵南。又東逕恵帝安陵南、陵北有**安陵県故城**…渠側有杜郵亭。又東、逕渭城北。…又東逕長陵南、亦曰長山也。…故渠又東逕漢丞相周勃冢南、冢北有弱夫冢、故渠東南謂之周氏曲。又東南逕漢景帝陽陵南、又東南注于渭、今無水。

に滅ぼされた西周の小（西）虢の故地、郁夷も西周期より存在した可能性が高い[16]。汧は前述した秦が新たに建設した汧邑。渭水と汧水の合流点の両岸に位置している陳倉は秦によって建設された。漆水流域では美陽・郿・漦はみな西周期に起源を有するものである。この流域はいわゆる周原にあたり、早くから周の政治・文化の中心であった。美陽は『漢書』地理志に「中水郷、周大王所邑」とあるように西周の中心的な地域を含んだ県であり[17]、郿県では近年大量の青銅器が発見されるなど、ここもまた周の重要な地域であった[18]。郿県は東西を結ぶ渭水と南の秦嶺山脈を越えて巴蜀へと通じる褒斜道との交差点にあたり、西周代から重要な都市として機能していた。雍水流域では現在の鳳翔県西南に雍城が春秋秦により建設された。戦国時代設置と判断されるものはなく、漢代設置のものは汧水流域の隃麋、漆水流域の杜陽、渭南に位置しているが渭北とも関係の深い武功の三県のみである。この地区の特徴は汧水・漆水・雍水流域ともに雍城遷都以前に設置もしくは秦の支配下に入った都市が多い点にある。

（2）　B地区　漆水・涇水間

この地区に含まれる漢代の都市は十県ある。そのうち、秦による支配が始まった時期によって区分すると、春秋秦の県がひとつ、戦国秦によるものが四つ、漢代が五つである。西周時期に建設され、春秋初期に秦の支配下に入ったと考えられるのは槐里県である。『漢書』地理志によると、周の犬丘で秦代には廃丘と称され、漢代に再び槐里と称されたという。項羽の時には雍王となった章邯の都となったが、漢の軍に包囲され、水攻めによって敗れ、章邯はそこで自殺した[19]。渭水のほとりにあり、水攻めをされるほど河川に近い低い土地の小高い丘に建設されたと考えてよいだろう。この都市が古くから設置されたのは、渭水の水上交通において重要な位置を占めていたからにほかならない。また、巴蜀と関中を結ぶ灙駱道[20]と渭水の交差点にもあたる。なお、渭南に位置する盩厔もこの灙駱道沿いに位置し、この県のそばにある長楊宮・射熊館が秦の昭襄王期にはすでにあったことから、少なくとも戦国秦の時期にはこのルートが利用されていたことがわかる。

戦国期〜統一秦に設置されたものは四つ。好時県は嫪毒の乱に関する記載にあり、秦王政時期には存在した。また、『史記』陸賈列伝に「以好時田地善、可以家焉」とあり、肥沃な土地であることが述べられている。東には九嵏山(『漢書』地理志では「垝山」)がそびえ、現在の乾県・礼泉県付近にあたる。また、劉邦が漢中からもどり、関中を攻略する際のルートに位置し、咸陽を防衛するために重要な拠点のひとつであった。谷口県は涇水の西に位置する。『戦国策』の昭襄王時期の記載に初出し、鄭国渠の取水口にあたる瓠口は谷口と考えられている(『史記』河渠書索隠[21])。漆水上流に位置する漆県は秦漢交替期にはあり、漢代には鉄官が置かれた。以上三県は渭水のほとりから離れた丘陵部に位置する。渭城県は秦の咸陽で、秦の孝公により櫟陽から遷都された[22]。南に渭水、東北に涇水が流れ、咸陽原の上に建設された。

茂陵・平陵・安陵(以上、漢代右扶風)、長陵・陽陵(以上、漢代左馮翊)の五つの県はともに漢代皇帝陵の陵邑として建設された、長安を中心とした首都圏の都市である。これらはみな、渭水沿いの咸陽原の上に位置している。この地域は漢代に建設された成国渠によって農地開発がすすめられ、都市が建設された。『漢書』溝洫志には、

而して関中の霊軹・成国・湋渠は諸川を引き、汝南・九江は淮を引き、東海は鉅定を引き、泰山下は汶水を引く。皆渠を穿ち漑田を為す、各万余頃[23]。

とあり、武帝期に諸河川から引水する灌漑が各地で盛んに行われていたことを示す事例の中に関中の成国渠も記されている。『水経注』ではすでに水が枯渇していたので漢代の渠道を正確に記しているかはわからないが、成国渠について、汧水の水を陳倉の東で受け、郿・武功・槐里を経て茂陵・平陵・延陵・康陵・渭陵・義陵・安陵・渭城・長陵・

陽陵を通り渭水に注ぐとある。『水経注』では汧水から引水したことになっているが、これは雍水の河道と混同している部分があると思われる。『漢書』地理志の郿県の条に「成国渠首受渭、東北至上林入蒙籠渠」とあり、郿県で渭水から引水したという。現代の渭高幹渠は渭水から引水して灌漑をすると言う点で現代の成国渠とも言える。渭高幹渠は、渭恵渠として眉県首善鎮北側、渭水北岸の魏家堡村から取水される。そこは渭水がこぶのように北へ突き出した地点で、周原のほぼ真南にあたる。渭恵渠は東へ流れ、扶風県絳帳鎮上宋村で渭高幹渠と分岐する。渭高幹渠は漆河を越え、武功・興平・咸陽の各県・市を流れ、涇陽県涇河郷付近で涇河に流れ込む。[24]今でも漢代皇帝陵の南側には渭高幹渠の渠道を見ることができる。[25]以上から考えると成国渠は漆水のやや西の郿県の取水口から渭水を引き、漆水を越え、漢代皇帝陵の南を東へと流れ、涇水へと入る渠道であったと想定できる。漆水・涇水間の諸都市の多くは成国渠が建設された漢代以降に始まったもので、秦の関中平原東部の進出とは直接関係が無いと考えられる。

以上の考察から、春秋初期の秦が関中平原西部に進出に際してその経済的基盤としたのはA地区汧水・漆水間の土地であったと考えてよい。そして、その多くの土地はもともと周の支配地であり、周原地域の開発方法を秦がどう受け継いだのかということがつぎに問題となるだろう。

4、西垂から雍城へ

ここではまず、関中平原西部の開発のあり方を知るために、周原の開発方法について論じ、その後、西垂から雍城への遷都と関中平原西部の開発について考察したい。

（1）周原開発の方法

周は周原で定住する前、公劉の時に豳で小規模ではあるが農業生産をおこなっていた。豳は涇水上流、現在の陝西省彬県にあたる。『詩経』豳風七月には、著された時代は下るものの、周代の農耕生活のようすが描かれている。そこに見られる作物は、稲・黍（キビ）・稷（ウルチアワ）などの穀物生産のほか、桑・葵（野菜か?）・菽（マメ）・棗（ナツメ）・瓜（ウリ）・壺（ユウガオ）・苴（アサの実）・荼（ニガナ）などの生産がおこなわれ、さらには鬱（ユスラウメ）・薁（エビヅル）・ヤマブドウなどが採取できる森林が周囲に広がっていた。つまり、広大な農地経営による穀物栽培ではなく、小面積多品種の生産方法が採用されたのである[26]。現在の彬県は大きな石山を削って造られた大仏寺で有名な県で、涇水両岸は山が迫っており、さほど広い平原部はない。

古公亶父の時になると薫育なる民族に圧迫され南へ移住する。古公亶父は一族と豳を去り漆水・沮水を渡り、梁山を越えて岐山の麓でとどまった。豳の人々は国を挙げて老人を扶け、子供をつれ、古公を慕って、岐山の下まで来た。さらに、近隣諸国の人も古公の仁を聞いて、古公に帰順した。ここに古公は戎狄の俗をしりぞけ、城郭や家屋を築き、邑を区別して人々を居住させた（『史記』周本紀）[27]。この岐山の南麓がいわゆる周原である。周原には雍城のある雍原や積石原・北原も含まれ、汧水から漆水間の小高い平原部を示す。周王朝は文王時期（前十一世紀半）に豊邑を建設して周原から渭南へ政治的中心を遷すこととなるが、周原遺跡の年代から考えても、周原は周の東遷までは祭祀（文化）の中心として機能していた。それは、古公亶父から周の東遷まで数百年にわたって、周原周辺では多くの人々が生活をしていたことを意味する。なぜそれほどまで長期にわたって周原に定住したのだろうか。周原の自然環境の特徴を考えると、［1］豊富な水［2］森林の存在［3］平原の存在［4］草原の存在の四点が考えられる。以下各々論拠を述べる。

［1］豊富な水

いまや黄砂吹きすさぶ乾燥地帯に位置する周原はかつて水を豊富に有する土地であった。すでに新石器時代の遺跡が周原遺跡のある京当郷の東を流れる王家溝の沿岸には多く発見されており、これは西周以前からこの王家溝が水をたたえていたことをしめすものである。また、現在の黄堆以南、劉家・任家以北は窪地になっており、そこは古代の小規模な藪沢であったと考えられる。人々はこれらの河川や湖泊の水を利用していた(28)。

［2］森林の存在

近年の環境考古学の成果によれば、この土地は古代には緑に覆われていたという。周原礼村における地下層における黄土の変化と文化層の比較から、およそ西周以前には紅褐色頂層埋蔵土、西周以降に褐色頂層埋蔵土へ、さらに戦国秦のころに新近黄土に遷移した。これは周王朝が周原へ移住したころには湖泊も多くあり、針葉樹もしくは針葉樹・広葉樹混交林が広がっていたが、戦国秦へと下るに従って乾燥化したことを示している(29)。

［3］農耕に適した平原の存在

森林の南には「原（塬）」とよばれる黄土高原独特の平原がひろがっており、農耕が盛んにおこなわれていた。『詩経』大雅・緜の記載には古公亶父が岐山の下に至ったときに「周原膴膴」とあり、肥沃な農地であったことがうたわれている。また、時代は下るが孔穎達の詩譜に「周原者、岐山陽、地属杜陽、地形険阻而原田肥美」とあり、周原の原上の田は「肥美」（肥沃）であったという。数百年にわたって農耕をおこないつづけたことから考えれば、大規模な水利灌漑施設ではなく、周囲に分布する湖泊の水や天水を利用した農業がおこなわれていたと考えられる。

［4］牧畜に適した草原

この原では馬を育てることのできる草原が広がっていたと考えられる。西周孝王期にのちに秦邑を賜る非子が王の命で汧渭之間で馬を飼育し、繁殖させた(30)。この汧渭之間とは周原を含む地域と考えられる。また、春秋秦に入った穆公十四年、晋との抗争中にとらわれた穆公が岐山下の馬を食する者三百人に救出され、逆に晋の君主を生け捕りにした事件があった。かつて彼らは岐下で穆公の善馬を盗み食したが、公に赦されたため、その恩に報いて穆公を救った。『史記』ではこの馬を食する者は「岐下の野人」とも記されている(31)。岐山の麓には馬を盗んで食す「野人」がいるほど、馬が多く飼育されていたのである。

以上のような様々な自然環境を基盤として、大規模な農業経営ではなく（豳に比べれば規模は大きかったと思われるが）、森林資源・農業・牧畜の各生業をバランスよくおこなうことにより、長期の開発が可能であったのではないだろうか。

秦は周原を支配する際に、周の人々をその支配下におくことによって同じ開発方法を継承したと考えられる。まず、周の東遷後、襄公は西垂に拠点を置くと同時に、「岐以西之地」を賜っている(32)。しかし、その後も戎がこの付近におり、襄公はその十二年に戎を討伐して岐に至るも、その遠征中に死亡した（『史記』秦本紀）。次の文公は西垂に拠点を保ちながら、汧渭之会に邑を営むなど、関中平原西部への影響力も保持する。そして、文公十六（前七五〇）年、いよいよ戎討伐を敢行する。

十六年、文公兵を以て戎を伐ち、戎敗走す。是に於いて、文公遂に周の余民を収め、これを有し、地は岐に至り、岐以東これを周に献ず(33)。

とある。戎族を伐ったのち、周の遺民を秦の民とし、岐山以西を秦が、以東を周が領有することとなった。この周原に残っていた周の遺民を抱え込むことは、彼らを通して秦国が周原の開発方法を受け継いだことを意味する。その後、憲公が平陽に都を移し、武公は彭戯氏を伐し、華山の下にまで勢力を伸ばし（元年）、邽・冀戎を伐ち、県を置き（十年）、杜・鄭に県を設置し、小虢を滅ぼし（十一年）、一時的ではあるが関中平原東部にまで勢力を伸長させた。それほど西部の支配は安定していたのである。それを引き継いだのが徳公であり、その元年に雍城に都が置かれたのである。文公十六年から七十年、周の民を受け入れ、周と同じ開発方法を継承し、西垂の反抗勢力を抑え、関中平原の東部への足がかりを築いた上で、雍城への遷都が徐々に行われたのである。

（2）西垂から雍城へ

最後にこれまでの成果をふまえつつ、西垂から雍城への遷都と関中平原西部の開発の進展過程についてまとめたい。

すでに前章で見たように、秦がはじめに拠点を置いた西垂は軍事的・文化的交通路としての重要性と塩・鉄・木材などの資源の生産地という二点の特性を有していたため、交通路を通じて様々な文化を受け入れ、資源の生産地として一定の範囲の中で完結した世界を維持することが可能であった。また、西漢水沿いの盆地内部にあり周辺地域から攻められにくいという戦略上の利点もあった。しかしながら、この都市の周辺は山が多く牧畜には適していたが、大きな平原は無く農耕をその中心とする生産様式を展開することは難しかった。こういった自然環境そのものの問題と並行して政治的には西周が東遷することによって関中平原西部への進出が可能となった。襄公の時には汧邑、文公の時には汧渭之会を拠点として建設した。さらに周の遺民を支配下に入れ、その周原の開発方法を継承し、春秋初期までに汧水・漆水間の主な都市を建設もしくは支配下に入れた。そのような状況の中で憲公の時に平陽、そして徳公の時に雍城を都とした。すなわち、西垂→（汧邑・汧渭之会の建設）→周の遺民の収容＝関中平原西部の開発→平陽→西垂→雍城という遷都過程を経たと考えられる。

ただ、周の開発方法を継承したとしても、秦は周が拠点とした周原の岐山下に拠点を置くことはなかった。雍城は周原と同じ原上に位置していたため、周の周原開発の方法が継承できた。つまり、雍城は「周」を継承することのできる位置にあった。ただ、雍城が岐山と異なる点は西と南につながる交通路上の重要地点に位置していた点である。雍城は隴西・蜀の間に位置し、双方の物資を扱う商人が多くいたという（『史記』貨殖列伝）[34]。これは雍城が西は隴西、南は蜀へとつながるルート上にあったことを意味する。蜀へは雍から南下し平陽などの汧水・渭水合流点から南へ向かい大散関を通るルートがあった。多くの金器・玉器が発掘されている秦初期の宝鶏市益門村遺跡[35]はちょうどこの雍と巴蜀を結ぶ交通路上に位置している。隴西へのルートは、現在では宝鶏—天水間の渭水沿いの公路が主要ルートである。ただ、河谷は深く、道は狭く、カーブが多い。古代のメインルートは西垂から渭水北の清水などを通り、隴山を越えて汧邑を経て、雍城へ至るというものであった。汧邑附近の隴県店子秦墓からは東周から統一秦まで長期間にわたる文物が発掘されている[36]が、それはそこが春秋から秦漢にかけて重要な交通路上にあったからにほかならない。つまり、西垂から関中平原西部へと重心を遷したのちでも、西垂とはつながっていた。それは経済的には西垂で産出される塩や鉄、さらには木材を必要としていたとともに、政治的には旧勢力による反抗を阻止するために西垂とつながっていることが必要であった。つまり、雍城は故「秦」も継承できる位置にあったのである。また、雍城から南へ行けば渭水があり、それを東西をつなぐ水路として利用することも可能であった[37]。つまり、周の開発方法を継承し、西垂の秦の故地も保持しつつ、その勢力を関中平原西部へと広げるための中心基地として雍城が都として選定されたのである。

5、おわりに

表2－3　西垂から雍城への過程

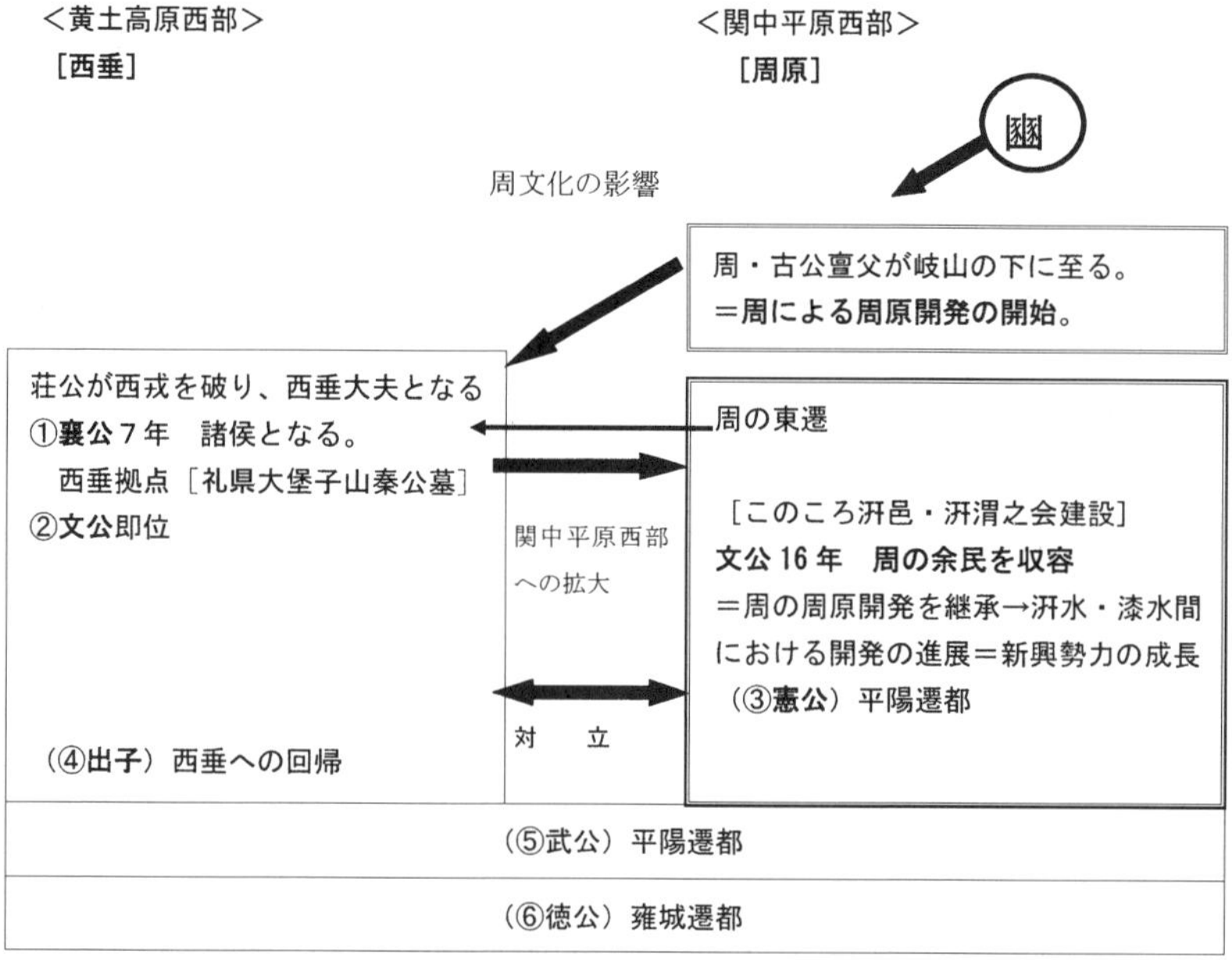

以上で本章の考察を終えることとし、まとめておきたい（表2—3参照）。まず、はじめにこれまでの秦の遷都は西垂→汧→汧渭之会→平陽→雍城という過程を経ると考えられていたが、第二節の考察により、西垂から雍城への遷都は西垂→平陽→西垂→平陽→雍城という経緯であったことが確認された。第三節では関中平原西部への遷都の基盤となった地域を考察するため、都市の建設および秦の支配下に組み込まれた時期を整理した。結果、漆水・涇水間は漢代以降の成国渠建設になりようやく本格的な農業開発が行われたのであって、秦が東遷をする以前に開発がすすんでいたのは汧水・漆水間に限られていたことを指摘した。第四節では汧水・漆水間すなわち周原の自然環境と周の開発のありかたについて論じ、周原には豊富な水・森林・平原・草原などの自然環境が整い、周はそこで大規模な農業経営ではなく、森林資源・農業・牧畜の各生業をバランスよくおこなうことにより、数百年にわたる長期の開発が

可能であった。周の東遷後、秦は文公の時に周の遺民をその支配下に組み入れることで、周の周原開発の方法を継承することができた。以上の考察から関中平原西部への遷都とその開発については西垂→（汧邑・汧渭之会の建設）→周の遺民の収容＝関中平原西部の開発→平陽→西垂→雍城という図式が描ける。そして、秦が岐山下ではなく、雍城を都としたのは周原の開発方法を継承できるということと、西垂と交通路でつながっているためであった。すなわち、秦の関中平原西部への拡大と開発は周と西垂の旧勢力の双方を自らの中に抱え込みつつおこなわれたと言ってよい。

さて、徳公が雍城に遷都する二年前のこととして『史記』秦本紀には「（武公）十九年、晋曲沃始為晋侯」との記述がある。今後、二百年間にわたって宿敵となる晋の力が台頭してきたことが記されている。関中平原西部から東部への拡大、櫟陽・咸陽への遷都はこの晋とその後の魏との抗争の中で行われることとなる。その過程については次章にて見ることとしたい。

注

（1）徐衛民『秦都城研究』陝西人民教育出版社、二〇〇〇年。
（2）汧の都市遺跡はいまだ発掘されていないが、辺家荘の東南三㎞の磨儿塬にある春秋時代の城址ではないかと考えられている。（張天恩「辺家庄春秋墓地与汧邑地望」『文博』一九九〇年五期）。
（3）世父曰「戎殺我大父仲、我非殺戎王則不敢入邑」遂将撃戎、譲其弟襄公。襄公為太子。（『史記』秦本紀）
（4）襄公二年、戎圍犬丘、世父撃之、為戎人所虜。歳余、復帰世父（『史記』秦本紀）。
なお、犬丘の位置については『漢書』地理志槐里県の条に、「周曰犬丘、懿王都之。秦更名廃丘。高祖三年更名」とあることから、一般的には渭水沿岸の槐里県を故の犬丘であったとする。これに対して、王国維は犬丘を西犬丘と同じとして、西垂のことを示すと考えている（王国維「秦都邑考」『観堂集林』巻一二史林四、一九二三年）。

（5）たとえば、隴山東の陝西省隴県の辺家荘秦墓・店子秦墓は春秋早期の秦の活動をうかがうことのできる遺跡である。隴県辺家荘春秋秦国墓は千河（汧水）本流の西、支流の小河溝の南に位置する。一九七九年から一九九〇年まで断続的に調査が行われた。三十三の墓葬が発掘され、八つの墓からは五鼎四簋、三つの墓からは三鼎二簋の青銅器が出土し、春秋早期から中期までの貴族墓と考えられている（前掲注（2）論文参照）。隴県店子秦墓は隴県県城西北三㎞の隴県城関郷店子村にある。一九九一年から九三年にかけて調査が行われ、東周から統一秦にかけての秦文化の墓二百二十四基が発掘された（陝西省考古研究所編著『隴県店子秦墓』三秦出版社、一九九八年）。この遺跡の特徴は副葬品の中で陶器の占める割合が七割と極めて高く、青銅礼器は出土していない。

（6）三年、文公以兵七百人東猟。四年、至汧渭之会。曰「昔周邑我先秦嬴於此、後卒獲為諸侯。」乃卜居之、占曰吉、即営邑之。（『史記』秦本紀）

（7）高次若「先秦都邑陳倉城及秦文公・寧公葬地芻論」『秦文化論叢』第三輯、西北大学出版社、一九九四年。

（8）蔣五宝「〝千渭之会〟遺址具体地点再探」『宝鶏文理学院学報（人文社会科学版）』一九九八年二期。

（9）漢代に平陽県が残存しないために、『史記』秦本紀の注釈の段階ですでにその所在は混乱している。集解では徐廣曰く「郿之平陽亭」とあり、正義では「岐山県有陽平郷、郷内有平陽聚」、括地志では「平陽故城在岐州岐山県西四十六里、秦寧公徙都之処」とある。また、『水経注』渭水注上では「汧水南歴慈山、東南逕郁夷県北、平陽故城南」とみえる。

（10）後に挙げた銘文から、この器の製作年代を武公期とする中国の研究者は多い。ただし、異論もあり、白川静氏は「宋刻本秦公鐘（鎛）」及び「民国初年発見秦公簋」と相同の器型であることから、春秋中期の秦哀公時期に製作されたとする。また、平勢隆郎氏は戦国中期の作とする（『中国古代紀年の研究――天文と暦の検討から』汲古書院、一九九六年）。

（11）宝鶏市博物館・宝鶏県図博館「宝鶏県西高泉村春秋秦墓発掘記」『文物』一九八〇年九期。

（12）宝鶏市考古工作隊・宝鶏県博物館「陝西宝鶏県南陽村春秋秦墓的清理」『考古』二〇〇一年七期。

（13）盧連成・楊満倉「陝西宝鶏県太公廟村発現秦公鐘・秦公鎛」『文物』一九七八年一一期。

（14）徳公元年、初居雍城大鄭宮。以犠三百牢祠鄜畤。卜居雍。（『史記』秦本紀）

(15) 韓偉・焦南峰「秦都雍城考古発掘研究総述」『考古与文物』一九八八年五・六期。
(16) 郁夷については近年「郁夷」瓦当が発見され、漢代の遺跡の位置が確定した。董衛剣・許衛紅「宝鶏陳倉区寧王遺址採集到重要瓦当」『秦陵秦俑研究動態』二〇〇三年四期参照。
(17) 二〇〇四年、岐山県周公廟付近で周公墓と見られる墓群が発掘され、また、付近で発見された水溝古城址は西周初期の城址と考えられている。
(18) 二〇〇三年一月に眉県楊家村から二十七件の西周青銅器が発見された。発見場所は渭水の北、周原の南端にあたり、周原においてこの付近も重要な位置にあったことを物語る。詳しくは楊家村聯合考古隊「陝西眉県楊家村西周青銅器窖蔵発掘簡報」『文物』二〇〇三年六期参照。
(19) 漢王遂定雍地。東至咸陽、引兵囲雍王廃丘……引水灌廃丘、廃丘降、章邯自殺。(『史記』高祖本紀)
(20) 王子今『秦漢交通史稿』中央党校出版社、一九九四年。
(21) 鄭国渠については本書第五章「中国古代関中平原の水利開発と環境」参照。
(22) 咸陽への遷都の過程については本書第三章「関中平原東部への遷都と開発の展開」参照。
(23) 而関中霊軹・成国・湋渠引諸川、汝南・九江引淮、東海引鉅定、泰山下引汶水、皆穿渠為漑田、各万余頃。(『漢書』溝洫志)
(24) 朱道清編『中国水系大辞典』青島出版社、一九九三年。
(25) 鶴間和幸「漢代皇帝陵・陵邑・成国渠調査記――陵墓・陵邑空間と灌漑区の関係――」『古代文化』四一―三、一九八九年。
(26) 豳における農耕のありかたについては原宗子「豳風「七月」に寄せて」『学習院史学』三五号、一九九七年。
(27) 乃与私属遂去豳、度漆・沮、踰梁山、止於岐下。豳人挙国扶老攜弱、尽復帰古公於岐下。及他旁国聞古公仁、亦多帰之。於是古公乃貶戎狄之俗、而営築城郭室屋、而邑別居之。(『史記』周本紀)
(28) 史念海「周原的歴史地理与周原考古」『西北大学学報（哲学社会科学版）』一九七八年二期、のち『河山集　三集』人民出版社、一九八八年所収。

(29) 周昆叔「中国環境考古的回顧与展望」『環境考古研究』第二輯、二〇〇〇年。
(30) 非子居犬丘、好馬及畜、善養息之。犬丘人言之周孝王、孝王召使主馬于汧渭之間、馬大蕃息。(『史記』秦本紀)
(31) 於是岐下食善馬者三百人馳冒晋軍、晋軍解囲、遂脱繆公而反生得晋君。初、繆公亡善馬、岐下野人共得而食之者三百余人、吏逐得、欲法之。繆公曰「君子不以畜産害人。吾聞食善馬肉不飲酒、傷人」乃皆賜酒而赦之。(『史記』秦本紀)
(32) 周避犬戎難、東徙雒邑、襄公以兵送周平王。平王封襄公為諸侯、賜之岐以西之地。(『史記』秦本紀)
(33) 十六年、文公以兵伐戎、戎敗走。於是文公遂収周余民有之、地至岐、岐以東献之周。(『史記』秦本紀)
(34) 及秦文・徳・繆居雍、隙隴蜀之貨物而多賈。(『史記』貨殖列伝)
(35) 宝鶏市考古工作隊「宝鶏益門村二号春秋墓発掘簡報」『文物』一九九三年一〇期。
(36) 前掲注(5)参照。
(37) 前掲注(28)史念海論文も水路としての渭水の重要性を説く。

第三章　関中平原東部への遷都と開発の展開

——雍城から咸陽へ——

1、はじめに

春秋秦の徳公元年（前七世紀初）に遷都された雍城は約三百年もの間、秦の都であった。ところが、前五世紀前半、秦は再び東への遷都を開始する。この過程も西垂から雍城への遷都と同様に、涇陽・櫟陽へ都をつぎつぎとかえ、前三五〇年になりようやく二百五十年間にわたって秦都となる咸陽に都を定めることになった。徐衛民氏は短期間ではあるが都が置かれた涇陽と櫟陽に対して、宗廟が依然として雍城にあったことや、都市の規模が比較的小さく、建築も簡単なものであったことから、「二つの臨時的な都城」と称している。この二都市への遷都は、穆公時代には領有しその後晋に奪われた河西などの地の回復を目的にして行われたという[1]。しかしながら、関中平原東部攻略のために秦公の居住地が最前線に置かれることは戦略的に危険が伴うし、秦公が前線に行かずに、雍城に留まって配下の家臣を派遣することにより、より安全に勢力の拡大が可能となるはずである。なぜ、関中平原東部に都を遷す必要があったのだろうか。また、咸陽に至るまでの遷都過程についても諸議論がある。一般的に雍城から咸陽への遷都は雍城→涇陽→櫟陽→咸陽の順で行われ、涇陽は霊公元年から出公二年までの四十一年間、櫟陽は献公二年から孝公十二年までの三十四年間、都が置かれたと考えられている[2]。それに対して、涇陽・櫟陽は都ではなく、雍城から咸陽へ直接都が遷されたとする説もあり[3]、遷都過程そのものの再検討も必要である。

本章ではなぜ秦は関中平原東部に遷都したのかについて、その開発の展開との関係の中で論ずることとしたい。第二節で雍城から涇陽・櫟陽・咸陽への遷都過程について考察し、第三節では関中平原東部における都市の建設を整理し、第四節では関中平原東部をめぐる秦と晋・魏との抗争の経過をまとめる。第五節ではそれまでの成果を基に雍城から櫟陽・咸陽への遷都の理由について考察する。

2、涇陽・櫟陽・咸陽への遷都

①　涇陽への遷都――霊公

前五世紀前半、懐公はその四年に庶長の鼂と大臣らに攻撃され、自殺に追い込まれた。懐公の子の昭子は早く死んだために、孫の霊公（『史記』秦始皇本紀では粛霊公）が大臣たちに担がれて即位した。(4)『史記』秦始皇本紀引く『秦紀』に「粛霊公、昭子の子なり。涇陽に居し、享国十年」とあり、霊公は涇陽（いまの陝西省涇陽県）を居城としていたと考えられている。(5)涇陽は関中平原の涇水の東、すなわち関中平原東部に位置する。ここにはじめて秦は関中平原西部から東部へと拠点を遷したことになる。ただし、その後の混乱から考えても、雍城には涇陽遷都後も旧勢力が力を持っていたと考えられる。

②　雍城への回帰――簡公・恵公・出公

『史記』秦本紀によれば霊公はその十年に卒し、子の献公は即位できずに、簡公が秦公に即位し、(6)そののちは子の恵公に継承されたという。霊公・簡公・恵公の時代に関する『史記』の記述は簡略で、彼らの関係も異説が多い。(7)非常に政治的に混乱した時期と考えられる。これは依然として雍城に旧勢力が力を有しており、涇陽に拠点を置いていた新興勢力と対立していたためと考えられる。その後の櫟陽遷都に関する『漢書』地理志櫟陽県の条には「秦献公自雍徙。」とあり、涇陽から櫟陽へ遷都したとは書かれていない。つまり、涇陽を居城としたのは霊公一代のものであって、都は再び旧勢力のいた雍城に回帰したと考えられる。本書では簡公から出公までの三十年間は雍城が都となったと考えたい。

③　櫟陽への遷都――献公

恵公ののちに即位した出公は二歳で、官僚勢力の傀儡にすぎなかった。この状況の中で河西に逃げていた霊公の子の献公が出公とその母を殺害し、秦公に即いた。献公は父が基盤としていた関中平原東部の新興勢力を引き継ぎ、雍城から離れ、再び東部の新都・櫟陽を拠点とした。櫟陽は石川水西岸に位置し、その遺跡の調査はすでにおこなわれている。(8) 櫟陽遺跡は陝西省西安市閻良区武屯郷関庄と御宝屯一帯、渭水の北約一五㎞のところに位置し、東には石川河が北から南へ流れている櫟陽城は、東西約二五〇〇ｍ、南北約一六〇〇ｍの長方形を呈していた。『史記』秦本紀に「(献公) 二年、城櫟陽。」(『史記』秦本紀) とあることから献公二年に櫟陽へ遷都したとする。ただし、「城く」は城市建設の意であって、都ではない都市の場合にも使う。また、史料上、櫟陽を都としたとの表記はなく、遷都を疑問視する論もある。ただ、後述する孝公の即位後の言に「献公即位、鎮撫辺境、徙治櫟陽。」(『史記』秦本紀) とあることや、「献公徙櫟邑。」(『史記』貨殖列伝)、「秦献公自雍徙。」(『漢書』地理志櫟陽条) とあることから、少なくとも献公が櫟陽を居城とし、そこを政治的中心地としていたことは確かである。

④　咸陽への遷都

献公を継いだ孝公はその十二年に新たな拠点とすべき都・咸陽を建設した。咸陽への遷都は『史記』秦本紀に「(孝公) 十二年、作為咸陽、築冀闕、秦徙都之。」とあることから明らかである。いわゆる商鞅の第二次変法の一環として行われた。咸陽は渭水の北、涇水と渭水にはさまれたところに位置する。『史記』商君列伝にはこの咸陽遷都について「作為築冀闕宮庭於咸陽。秦自雍徙都之。」と、雍城から直接咸陽に都が遷されたように書かれている。そのため、これをもって櫟陽が都とならなかったとする説もあるが、前述のように櫟陽が秦公の居城となっていたのは明らかであり、すでに政治的には中心となっていた。しかし、やはり雍城旧勢力は残存していた。そして、孝公期に至ってようやく雍城旧勢力を抑え、咸陽に都としての機能を集中させたのである。それは孝公元年に国中に出した以下の令に明らかである。

昔我繆公自岐雍之間、修徳行武、東平晋乱、以河為界、西霸戎翟、廣地千里。……会往者厲・躁・簡公・出子之不寧、国家内憂、未遑外事、三晋攻奪我先君河西地、諸侯卑秦、醜莫大焉。献公即位、鎮撫辺境、徙治櫟陽、且欲東伐、復繆公之故地、脩繆公之政令。（『史記』秦本紀）

ここでは、まず岐山・雍城から東は河水までを領有し、西は戎翟に覇を称した穆公の功績を評価したのち、その後の厲共公・躁公・簡公・出公の時に国が乱れ、三晋が河水西岸へ侵攻することを許したことが書かれている。ここでは厲共公→躁公→簡公→出公という継承を「不寧」の系譜として扱っている。この中に家臣たちのクーデターにあった懐公や涇陽に拠点を遷した霊公が入っていない。さらに、その後の記載には父である献公の功績を評価している。つまり、自らが穆公→（懐公）→（霊公）→献公→孝公という秦公の正統を引き継ぐべき人間であることを高らかに宣言しているのである[9]。これはすなわち雍城から咸陽へすべての首都機能を移転することを意味したのである。

以上から雍城から咸陽へという過程はこれまで言われていた雍城→涇陽→櫟陽→咸陽ではなく、雍城→涇陽→雍城→櫟陽→咸陽というものであったと想定できる。そしてそれは関中平原西部から東部への中心の移動を意味する。

3、関中平原東部の都市建設と河西の抗争

（1）関中平原東部の都市建設

ここでは関中平原西部から東部へ政治的中心が移動した背景について考察したい。そこで前章と同様に、都市の設置時期と秦の支配が及ぶようになった時期を地区ごとに整理することからはじめたい。関中平原東部の渭水北には涇水・石川水・洛水・河水（黄河）が流れており、ここでは渭北平原をA区＝涇水・石川水間、B区＝石川水・洛水間、C区＝洛水・河水間と分け、もう一つ渭水の南すなわち渭南をD区として、四地区について考えることとしたい。整理した関中平原東部都市のデータは表3―1に示した。また、そのデータは地図3―1に反映させているので、参照されたい。

【A区　涇水・石川水間】

この地区の漢代の県は七つ。このうち咸陽遷都以前に秦の支配下に入ったのは池陽と櫟陽及び万年県の三県。池陽は戦国秦の涇陽で涇水東岸に位置し、霊公の時に建設され、一時的に都となった。櫟陽は石川水西岸で献公が都としたところ。それぞれの遷都の政治的背景については前節で述べたところである。万年県は高祖七年に櫟陽城内を分割して設置された県である。つまり、秦の支配下に入ったのは櫟陽が建設された献公期と言えるだろう。咸陽遷都後から秦末までに秦の支配下に入ったのは高陵・栒邑・雲陽の三県が確認できる。高陵は『戦国策』の昭襄王時の記載に、涇陽と並んで見られる。栒邑は西周の都であった豳にあたるが、いつ秦の支配下に入ったかは不明。秦漢交替期には見られ、統一秦には県となっていたようである。雲陽は始皇帝が建設した河套平原に至る直道の南端の都市。『史記』

表３－１　関中平原東部の都市

漢代行政区分	漢代県名	都市建設時期	秦による支配開始時期	備考
〈涇水・石川水〉				
右扶風	栒邑	西周	▲秦始皇帝	『漢書』地理志に「有豳郷、詩豳国、公劉所都」とあるが、秦の支配下にいつ組み込まれたかは不明。『史記』酈商伝の「周類軍栒邑」とあり、秦末には入っていた。
左馮翊	雲陽	統一秦	▲秦始皇帝	三十五年、除道、道九原抵雲陽、塹山堙谷、直通之。(『史記』始皇本紀)
左馮翊	雲陵	漢	■漢昭帝	昭帝置也。(『漢書』地理志)
左馮翊	池陽	漢	◎秦霊公	池陽は「惠帝四年置」(『漢書』地理志)。秦代の涇陽、霊公の居城。
左馮翊	高陵	戦国秦	▲秦昭襄王	秦王（昭襄王）懼、於是乃廃太后、逐穰侯、出高陵、走涇陽於関外（『戦国策』秦策）
左馮翊	櫟陽	戦国秦	◎秦献公	秦献公自雍徙。(『漢書』地理志)
左馮翊	万年	漢	◎秦献公	「高帝置」(『漢書』地理志）とあるが、櫟陽県県城を分けて置いたものであるから、秦の支配下に入ったのは櫟陽と同時。
〈石川水・洛水〉				
左馮翊	殺栩	漢	■漢景帝	(景帝二年）置南陵及内史・殺栩為県。(『史記』孝景本紀)
左馮翊	頻陽	戦国秦	◎秦厲公	(厲共公）二十一年、初県頻陽。(『史記』秦本紀)
左馮翊	蓮勺	漢	■漢代設置か	木村書。鄭国渠建設と関係
京兆尹	下邽	漢	■漢代設置か	『史記』秦本紀に「(武公）十年、伐邽・冀戎、初県之」とあり、その集解は「地理志隴西有上邽縣」とし、この邽は「上邽」を指すとする。しかし、木村書では『漢書』地理志の応劭注に「秦武公伐邽戎、置有上邽、故加下」から武公が「下邽」を置いたと解釈する。ここでは前者を採用することとし、「下邽」は漢代設置と考えたい。
左馮翊	重泉	戦国秦	◎秦簡公	簡公六年、令吏初帯剣。塹洛。城重泉（『史記』秦本紀)
左馮翊	褱徳	統一秦	▲～秦末漢初	還定三秦、至秦、賜食邑懷徳（『史記』周勃世家)
左馮翊	粟邑	漢	■漢代設置か	木村書
左馮翊	翟道	漢	■漢代設置か	木村書
〈洛水・河水〉				
左馮翊	鄜	戦国秦	▲戦国秦	木村正雄は『史記』始皇本紀の「蒙驁・王齮・麃公等為将軍」の集解に應劭曰く　「麃　、秦邑。」とあることから、麃を鄜と解し、戦国秦の県と考える。これより前、『史記』秦本紀に「(文公）十年、初為鄜畤、用三牢」とあり、そ

				の集解に徐廣曰く「鄜県属馮翊」とあるが、当時の秦の勢力範囲から考えて、鄜畤と鄜県は別と考えるべきとする。(木村書)
左馮翊	衙	春秋秦	●秦景公	『史記』秦本紀に「(穆公三十四年) 繆公於是復使孟明視等将兵伐晋、戦于彭衙。秦不利、引兵帰」とあることから、穆公期に衙県付近に都市が建設されていた。秦の支配下に入った時期は次の徴の説明にあるように少なくとも景公三十六年は確実である。
左馮翊	徴	春秋秦	●秦景公	『左伝』文公十年（前617年）に「夏、秦伯伐晉取北徴」とある。『国語』楚語上には「其在志也、国為大城、未有利者。…秦有徴・衙…秦徴・衙寔難桓・景、皆志於諸侯、此其不利者也」とあり、その韋昭注に「徴・衙、桓公之子・景公之弟公子鍼之邑。」とある。公子鍼については『史記』秦本紀に「(景公三十六年) 景公母弟后子鍼有寵、景公母弟富、或譖之、恐誅、乃奔晋、車重千乗」との記載があり、徴は少なくとも景公三十六年（前541年）には一時的であるにせよ秦の支配下に入った。
左馮翊	臨晋	戦国秦	●秦厲共公	故の大茘。『史記』秦本紀に「(厲共公) 十六年(前461年)、壍河旁。以兵二万伐大茘、取其王城」とあり。また、『史記』六国年表には「(魏文侯) 十六伐秦、築臨晋・元里」とあることから魏が臨晋という名称を使い始めたことがわかる。
左馮翊	夏陽	春秋秦	●秦穆公	故の少梁。梁は穆公二十年（前640年）に滅ぼされた（『史記』秦本紀）。『史記』秦本紀には「(康公) 四年（前６１７年)、晋伐秦、取少梁」とあることから、梁を滅ぼしてから早い時期に少梁城を設置したと考えられる。秦恵文王十一年に夏陽と更名。鉄官あり。
左馮翊	郃陽	戦国魏	▲戦国秦？	『史記』魏世家に「(魏文侯十七年) 西攻秦、至鄭而還、築雒陰・合陽」とあるが、秦の支配下にいつ入ったかは不明。遅くとも咸陽遷都から恵文君時期までには支配下に入ったか。

〈渭南〉				
右扶風	盩厔	戦国秦	▲秦昭襄王	『漢書』地理志に「長楊宮・射熊館、秦昭王起」とあることから、この付近が昭襄王期には秦の支配下に入っていたことがわかる。漢の上林苑内。
右扶風	鄠		▲秦文王	古国。『漢書』地理志に「萯陽宮、秦文王起」とある。漢の上林苑内。

京兆尹	奉明	漢	■漢宣帝	『漢書』宣帝紀に「夏五月、立皇考廟。益奉明園戸為奉明県」とあり、その師古注には「奉明園即皇考史皇孫之所葬也、本名広明、後追改也」とある。 広明は戻太子の葬地。
京兆尹	長安	統一秦	▲秦始皇帝	『漢書』地理志には「高帝五年置」とあるが、都市としては始皇帝の統一後に建設された興楽宮などの宮殿区の基礎を再利用して建設された。
京兆尹	霸陵	戦国秦	▲秦昭襄王	『漢書』地理志には「故芷陽、文帝更名」とある。『史記』秦本紀には「(昭襄王) 四十年、悼太子死魏、帰葬芷陽」とある。
京兆尹	南陵	漢	■漢文帝	「文帝七年置」(『漢書』地理志)。陵邑
京兆尹	杜陵	春秋秦	●秦武公	『漢書』地理志に「故杜伯国、宣帝更名」とあり。『史記』秦本紀に「(武公) 十一年、初県杜・鄭」とあり、武公期に秦の県となった。
京兆尹	藍田	戦国秦	◎秦孝公	「秦孝公置也」(『漢書』地理志)
京兆尹	新豊	戦国秦	▲秦王政	『漢書』地理志には「故驪戎国。秦曰驪邑。高祖七年置」とあり、『史記』秦始皇本紀に「(秦王政十六年) 秦置麗邑」とある。
京兆尹	鄭	春秋秦	●秦武公	『漢書』地理志には「周宣王弟鄭桓公邑」とあり。『史記』秦本紀に「(武公) 十一年、初県杜・鄭」とあり、武公期に秦の県となった。鉄官あり。
左馮翊	武城	春秋秦	●秦康公	「(秦康公) 二年、秦伐晋、取武城」(『史記』秦本紀) とあり、その後も晋・魏との抗争の場となった。
左馮翊	沈陽	漢	■漢代設置か	木村書。漕渠の建設と関係。
京兆尹	華陰	戦国秦	▲秦恵文王	『漢書』地理志に「故陰晋、秦恵文王五年更名寧秦、高帝八年更名華陰」とあり、『史記』秦本紀には「(恵文君) 六年、魏納陰晋、陰晋更名寧秦」とある。陰晋→寧秦→華陰と名称がかわった。遺跡あり。
京兆尹	船司空	漢	■漢代設置か	木村書。漕渠の建設と関係。

〈凡例〉

●①春秋秦　◎②春秋末・戦国初～咸陽遷都　▲③咸陽遷都～統一秦　■④漢代

注記：本表内の木村書とは木村正雄『中国古代帝国の形成――特にその成立の基礎条件――』(不昧堂、一九六五年、のち比較文化研究所より新訂版刊行、二〇〇三年) を示す。

補表3－1　秦東遷過程の世系表・雍城～咸陽

厲共公⑰┬躁公⑱
　　　　└懐公⑲┬昭子―霊公⑳―献公㉔―*孝公*―*恵文君*┬*武王*
　　　　　　　　│　　　　　　　　　　　　　　　　　　　└*昭襄王*―*孝文王*―*荘襄王*―*政*
　　　　　　　　└簡公㉑―恵公㉒―出公㉓

●公＝雍城を拠点とする　●公＝■陽を拠点とする　●公＝櫟陽を拠点とする

●公＝咸陽を拠点とする

地図3－1　秦東遷過程の世系表・雍城～咸陽

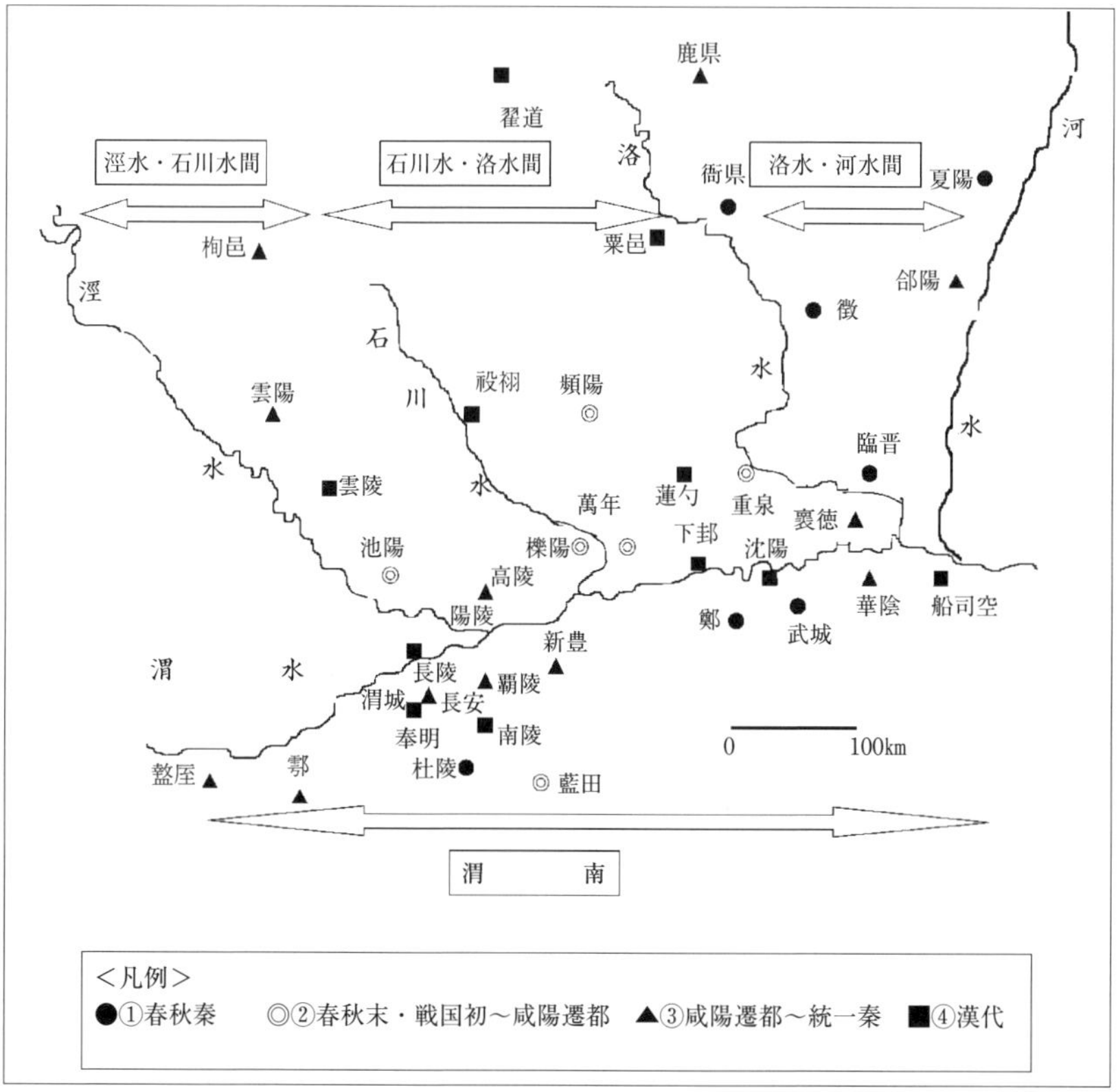

始皇本紀に「因徙三万家麗邑、五万家雲陽、皆復不事十歳。」とあるように、多くの人々が移住させられた。後述するように麗邑が秦王政によって新たに建設した都市であることから雲陽も始皇帝時期に建設された新都市であったと考えられる。秦代には甘泉宮、漢代には雲陽宮が建設された。漢代設置の県は一県。雲陵は雲陽の南にあり、昭帝期に設置された。

【B区　石川水・洛水間】

この地区の漢代の県は八つ。このうち咸陽遷都以前に秦の支配下に入ったのは頻陽と重泉の二県。ちょうど石川水と洛水の中間、関中平原部北端の頻山の南に位置する頻陽は厲公二十一年に秦県となった。洛水西岸に位置する重泉は簡公六年に塹洛長城とともに建設された。褱徳（懐徳）県は秦漢交替期に見られることから、おそくとも統一秦期には存在した。そのほかの五県は漢代設置と考えられる。殺栩は現在の耀県付近の県。蓮勺は重泉の西に位置し、『漢書』宣帝紀に「常困於蓮勺鹵中」とあり、また、その如淳注に「蓮勺県有塩池。」とあることから、塩類集積地が分布しているところであった(10)。下邽は石川水と渭水の合流点付近、粟邑・翟道は洛水上流沿岸。

【C区　洛水・河水間】

この地区の漢代の県は六つ。このうち咸陽遷都以前に秦の支配下に入っていたのは衙・徵・臨晋・夏陽の四つ。衙・徵はともに洛水中流東岸にあり、公子鍼の邑として秦本紀の記載に見られる。公子鍼はのちに晋へ亡命するが、これは衙・徵が秦晋の抗争の中で重要な境界線となっていたことを示している。なお、徵には漢代に「徵邑漕倉」という倉が置かれ、洛水を利用した匈奴戦線・長安への食糧漕運拠点となった(11)。臨晋は洛水と河水の中間。臨晋はもとの大茘で河水の渡し場となっていたため、秦晋の抗争の重要地点であった。漢代には龍首渠がこの周辺を灌漑するために建設された(12)。夏陽は現在の韓城市南。韓城の北には河水が渓谷から平原に出る龍門があり、ここは古くから河水を渡る地点であった。現在も鉄道が龍門にかかる橋を通って山西と陝西省を結んでいる。龍門の東は汾水が河水へと流れ込む地点で、汾水をさかのぼると晋の新田（絳）、韓の平陽へと至る。郿と郃陽の二県は戦国秦代には存在が確認できるが、秦の支配下に入った時期は不明。郿は洛水上流、現在の洛川県東南に位置する。郃陽は河水の西岸、現在の合陽県東にあたる。

【D区　渭南】

この地区の漢代の県は十四ある。このうち咸陽遷都以前もしくは同じころに秦の支配下に入ったのは杜陵と鄭・武城・藍田の四つ。杜陵は滻水西岸に位置し、もとの杜県で、漢代には宣帝杜陵の陵邑となった。鄭は現在の華県付近。杜陵（杜県）と鄭は武公のころに県が設置された東方の重要拠点であった。武城は鄭の東、秦の康公期にはその名が見られ、その後も秦晋間の抗争でたびたび記載がある。藍田は咸陽に都を遷した孝公の時期に設置された。藍田は玉の生産地というだけでなく、咸陽から武関を経て南陽へとつながる交通路上に位置する重要都市であったため、咸陽遷都とともに設置されたのだろう。戦国秦期に支配下に入ったものは盩厔・鄠・霸陵・新豊・華陰の五県。盩厔県・鄠県は長安の西、上林苑の西端にあたる。霸陵は霸水東岸、戦国秦の葬地であったもとの芷陽である。[13] 漢代には文帝霸陵の陵邑として利用された。新豊は秦の麗邑で、始皇帝陵の陵邑として建設された。始皇帝陵と魚池の北に位置し、都市水利の水源は魚池によってまかなわれていた。[14] 華陰県は晋の陰晋→秦の寧秦→漢の華陰と名称が時代によって変化した。秦の寧秦城遺跡は城壁が残存している。[15] また、漢代には京師倉（華倉）としても利用された。長安は統一後に拡大した咸陽渭南地区の興楽宮を再利用して建設された。[16] 漢代に設置されたものは奉明・南陵・沈陽・船司空の四県。奉明・南陵は陵邑として造られた。沈陽・船司空は東方大平原との漕運による物資輸送の拠点として漕渠の建設とともに設置されたと考えられる。

以上の考察から咸陽遷都以前に秦の支配下に組み込まれたものはA区の涇陽と櫟陽・万年、B区の頻陽と重泉、C区の衙・徴・臨晋・夏陽、D区の杜陵と鄭・武城・藍田の十三県である。いずれも秦と晋・魏との抗争地点であり、秦の関中平原東部への遷都と開発の拡大は対晋抗争の過程の中から生まれてきたものと考えることができる。次節では関中平原東部における秦対晋・魏の抗争ついて整理したい。

（2）　河西をめぐる秦と晋・魏の抗争

ここでは河西と呼ばれる洛水・河水間（C区）における秦と晋・魏との抗争を整理する。秦と晋との争いが顕著となったのは秦の穆公時期からである。以下、表3―2を参照しつつ両者の抗争についてまとめることとしたい。特にその抗争の性格から四期に分けて考えたい。

【Ⅰ期　秦穆公による覇権獲得】

秦・晋間でこの地域の支配権争いが激しくなるのは秦穆公期（前七世紀後半）からである。穆公十五年に晋恵公と韓（いまの韓城）で戦い、穆公は晋軍に包囲されたが、岐山の三百数人の野人に救われ、逆に晋公を捕らえた。これによって晋は河西の地を献じ、一時的ではあるが秦は河水までを領土とする。さらに二十年には梁と芮を滅ぼし、河水西岸の覇権を握った。その後の晋文公期には穆公がその擁立を助けたこともあり、両者の関係は良好であった。ところが、晋襄公の時には再び対立し、穆公三十四年には孟明視らに命じて晋を伐たせ、彭衙で交戦した。秦康公時期に入ると康公二年には渭水南の武城を攻略したが、四年には少梁を奪取されるなど晋の霊公との間で抗争が続いた。しかし、その後四十年間は晋において趙の勢力が拡大したことなどから、大規模な戦争には至らなかった。

【Ⅱ期　晋の攻勢――桓公・景公】

秦の桓公と景公の時期（前六世紀前半）、秦は晋の厳しい攻撃を受けて、涇水の西まで敵軍が侵攻するという事態に見舞われた。桓公二十六年には晋厲公の軍が涇水にまで侵攻し[17]、景公十八年には晋悼公が侵攻し、涇水を渡り、棫林まで攻め込んだ[18]（『史記』秦本紀）。このように桓公・景公期には晋の勢力が六卿を軸として復活し、関中平原西部に侵攻してくるほど危機的な状況にまで追いつめられた。また、景公三十六年には河西の徴と衙を有する公子鍼が晋へ出奔し、晋が河西の支配権を握った。

【Ⅲ期　休戦時期――哀公・恵公・悼公】

秦の哀公期に入ると、晋国内で六卿すなわち韓・魏・趙・中行・范・智氏による内紛が激しさを増したために、約百年間（前六世紀後半～前五世紀半）に渡って晋との抗争はほとんど無かった。

【Ⅳ期　長城の建設――厲共公・霊公・簡公・恵公・出公】

春秋秦末期の厲共公時期、晋では魏が勢力を伸ばしてきた。これ以後、魏との抗争になる。ちょうどそのころ抗争のあり方が変化し、都市を奪い合うのではなく、河川沿いに塹壕を建設するという塹壕形式の長城が建設され、長期間の地域支配をはかるようになった。厲共公十六年には河水沿いに塹壕を造り[19]、洛水沿岸の大茘（現在の陝西省大茘県付近）を伐った。また、二十一年には石川水・洛水間の頻陽に県を設置した。霊公時期になると、さらに活発な抗争が繰り広げられ、六年には晋（魏）が少梁（韓城市南）に築城したのに際して、これを攻撃し、十年には籍姑（韓城市北）に城を築き（『史記』秦本紀）、また繁龐（韓城市東）を修築した（『史記』六国年表）。また、霊公八年には「城塹河瀕」（『史記』六国年表）とあり、ここでも魏に対処するために河水沿いに塹壕を築いた。その後、簡公六年には、洛水に塹壕を掘り、重泉に城を築いた（『史記』秦本紀。六国年表では七年）。洛水沿岸に築かれた塹壕はいわゆる塹洛長城と呼ばれるものである[20]。重泉は現在の大茘県西北で、洛水西岸に位置する。これに対して魏も盛んに河水西岸に勢力を広げようとした。魏文侯十六年には臨晋・元里に城を築き（『史記』魏世家）、十七年には秦を伐ち、鄭に至り（『史記』六国年表）、洛陰・合陽に城を築いている（『史記』魏世家）。ちょうど秦では雍城と関中平原東部の新興勢力との間で抗争が続いており、魏の侵攻を許すこととなった。出公のころまでの状況を『史記』秦本紀では「秦以往者数易君、君臣乖乱、故晋復彊、奪秦河西地。」とし、献公即位前には河西すなわち洛水・河水間が晋（魏）の支配下にあったことを指摘している。

【V期　献公・孝公】

櫟陽に遷都した献公は十九年に韓・魏を洛陰に破り（『史記』六国年表）、二十三年には魏と少梁で戦い、公孫痤を捕虜とした。さらに孝公期に入り、二年に魏は鄭から洛水沿いに北へ長城を築いたが（『史記』秦本紀）、八年には魏と元里（陝西・澄城）で戦い、少梁を取り、十年には河水を越えついに魏の都・安邑を落とした。十一年には魏が築いた固陽を商鞅が攻略した（『史記』六国年表）。このような魏との抗争の中で、十二年、咸陽へ遷都し、東は洛水を渡るまでの地に三十一県を置いた（商鞅第二次変法）。そしてついに二十二年には、魏は都・安邑が秦に近いことから、秦の圧迫を避けるように都を黄河下流の大梁へと遷した(21)。これ以後、洛水・河水間は秦による安定支配に入ることとなり、その最終的な仕上げの段階が恵文君六年から恵文王改元元年までの一連の動きである。恵文君六年には魏が陰晋を秦に入れ、陰晋を寧秦と改める。八年には魏が河西の地を秦に入れ、九年には秦が河を渡り汾陰と皮氏を攻略、十年には魏が上郡十五県を秦に入れ、十一年には少梁を夏陽に改め、十三年には陝県を取った。これ以降、洛水・河水間は秦の安定支配の及ぶ地域となった。

以上の経過と秦の遷都の関係を考えると、涇陽・櫟陽への遷都は魏による河西への攻撃がたびたび行われた時期におこなわれ、咸陽遷都は鄭や臨晋などの地を抑え、安邑を一時的に攻略し、河西における支配の主導権を握ったのち

表3—2　秦と晋・魏の抗争年表

Ⅰ期				
穆公・恵公の争い	穆公12 穆公14 穆公15 穆公20	飢饉になった晋に食糧を援助する。 秦に飢饉があり晋に援助を求める。 晋と戦う。穆公が負傷するも、かつて岐山麓で良馬を盗食した三百数人の野人に救われる。晋公を捕らえる。 梁と芮を滅ぼす。	恵公3 恵公4 恵公5 恵公6	秦から食糧援助を得る。 秦に穀物援助をせず、伐つ。 秦と韓原で戦い、晋公が捕らえられる。晋と王城で会盟して晋公を帰す。
秦晋和平期	穆公24 穆公25 穆公30	晋文公の即位を助ける。 晋が襄王を周に入れるのを助ける。 晋の文公を助けて鄭を囲む。	懐公元・文公元 文公2 文公7	懐公を高梁で殺し、文公立つ。 晋が襄王を周に入れる。 秦の穆公とともに鄭を包囲する。
穆公・襄公の争い	穆公33 穆公34 穆公36 穆公37	鄭討伐に向かう途中、晋の辺邑の滑を落とすも、晋の反撃にあい殽で敗れる。 孟明視らに命じて晋を伐たせ、彭衙で戦うも戦功なし。 孟明視らに命じて晋を伐たせ、王官・部を攻略する。 穆公、由余の策を用いて戎王を伐ち十二国を併せて西戎の覇者となる。	襄公元 襄公4 襄公5	秦を殽で伐つ。 秦の孟明視が晋を伐ち、汪を奪回する。秦が黄河を渡り王官を取る。 晋は秦を伐ち、新城を取る。
康公・霊公の争い	康公元 康公2 康公4 康公6	晋と令狐に戦い敗れる。 晋と武城に戦い勝利する。 晋が秦を伐って少梁を取る。 秦が晋を伐って羈馬を取り、河曲で戦い大いに晋を破る。	霊公元年 霊公4 霊公6	秦と令狐に戦い勝利する。 秦を伐ち少梁を取る。 秦が晋を伐って羈馬を取り、河曲で大いに戦う。
Ⅱ期				
桓公・	桓公26	晋、諸侯を率いて秦を伐ち涇水まで攻める。	厲公3	晋、諸侯を率いて秦を伐ち涇水に至り、麻隧で破り、

	厲公／景公・悼公の争い	景公15	秦は鄭を援護し、晋を櫟に破る。晋の悼公が諸侯の盟主となる。	悼公11	成差を虜とする。秦が晋の櫟を取る。
		景公18	晋悼公、秦軍を追って涇水を渡り、棫林まで攻め込む。	悼公14	晋悼公、六卿に命じて秦軍を伐たせ、涇水を渡り棫林まで攻め込む。
Ⅳ期	秦魏抗争	厲共公16	黄河に沿って溝を掘り、二万の兵で大茘（臨晋）を伐ち王城を取る。		
		厲共公21	はじめて頻陽を県とする。晋が武城を取る。		
		霊公6	晋（魏）が少梁に城を築き、秦はこれを攻める。	魏文侯6	魏が少梁に城を築く。
		霊公8	河水に沿って塹壕を築く。（城塹河瀕）	魏文侯8	また少梁に城を築く。（六国年表）
		霊公10	籍姑（陝西韓城）に城を築く。（秦本紀）龐城を補修する。（六国年表）		
		簡公2	晋と戦い鄭下で敗れる。（六国年表）	魏文侯13	魏が公子撃に繁龐を包囲させる。
		簡公6	洛水に塹壕を掘り、重泉に城を築く。（六国年表は七年）	魏文侯16	秦を伐つ。臨晋・元里に城を築く。
				魏文侯17	秦を伐ち、鄭に至る。（六国年表）洛陰・合陽に城を築く。
		簡公14	魏を伐ち陽狐に至る。（六国年表）	魏文侯24	秦が魏を伐って陽狐に至る。
Ⅴ期		献公2	櫟陽に城く。		
		献公11	櫟陽を県とす。（六国年表）		
	秦魏抗争	献公19	韓・魏を洛陰に破る。（六国年表）	恵成王5	韓・魏の軍が秦に敗れる。
		献公21	晋と石門山で戦い、首級六万を挙げる。		
		献公23	魏と少梁で戦い公孫痤を捕らえる。（秦本紀には献公二十四年あり）	恵成王9	秦と少梁で戦い公孫痤が捕らえられる。秦の献公死去。
		孝公2	魏が鄭から洛水沿いに長城を築く。		

	孝公8	魏と元里（陝西・澄城）で戦い、少梁を取る。	恵成王17	17秦と元里で戦う。秦は魏の少梁を取る。
	孝公10	魏の安邑を囲み、降す。	恵成王19	19長城を築き、固陽に要塞を築く。
	孝公11	商塞に城を築く。商鞅が固陽を囲む。（六国年表）		
	孝公12	咸陽へ遷都。三十一県を置く。洛水に至るまでの河西の地を取る。（商鞅第二次変法）	恵成王21	秦と彤で会見。
秦魏抗争	孝公19	武城に城を築く。		
	孝公22	衛鞅が魏を撃ち、魏の公子卬を捕虜とする。	恵成王31	秦・趙・斉の連合軍が魏を攻撃。商鞅が魏の公子卬を偽って破る。都を大梁に遷す。
	孝公24	晋と岸門（河南省・許昌）で戦い、晋将・魏錯を捕虜とする。	恵成王33	秦の孝公没。
	恵文君6	魏が陰晋を秦に入れ、寧泰と改名する。		
	恵文君7	魏・公孫衍と戦い、魏将・龍虎を捕虜として、敵首八万を斬った。		
	恵文君8	魏が河西の地を秦に入れる。	恵成王改元5	秦が魏の龍賈の軍四万五千を雕陰で破り、魏の焦・曲沃を包囲。秦に河西の地を与える。
	恵文君9	黄河を渡って、汾陰・皮氏を取り、魏王と応で会合する。焦を囲み降す。	恵成王6	秦が魏の汾陰・皮氏・焦・曲沃を取る。
	恵文君10	張儀が宰相となる。魏が上郡の十五県を秦に入れる。	恵成王7	魏が上郡の十五県を秦に入れる。秦が魏の蒲陽を下した。
	恵文君11	戎国の義渠を県とす。魏に曲沃と焦を返す。少梁を夏陽と改める。	恵成王8	魏に曲沃と焦を返す。
	恵文君13	張儀に陝を攻略させ、陝人を追い出して魏に与える。		

＊本年表は秦と晋魏との抗争を示す記事を時系列に配列したものである。『史記』秦本紀・晋世家・魏世家に記載された記事を比較し、同内容のものがあれば並べた。ただし、すでに平勢隆郎氏が研究をおこなっているように、『史記』の各本紀・世家・表は異なった正統観（称元法や暦法の利用の差違など）を有する複数の史料を後代に配列したものであるため、『史記』のとおりに配列してもそこにずれが生じてしまう。また、本年表のⅣ期に関して、平勢氏は竹書紀年の記事から敬公を挿入しており、年代のみならず、君主名にもずれが生ずることとなる。本表はあくまでも『史記』の記事をそのまま配列したものである。なお、平勢氏の見解については『新編史記東周年表』（東京大学出版会、一九九五）等を参照のこと。

におこなわれたと考えられる。ただし、雍城遷都が周原における開発方法を周から継承し、支配の安定化がなされたのちにおこなわれたものであったの対し、涇陽・櫟陽・咸陽への遷都は晋・魏との抗争の中で軍事戦略上おこなわれたもので、関中平原東部の開発が進むのは咸陽遷都以後のことであった。

4、雍城から咸陽へ

前節までの考察によって次のような遷都過程が想定できる。春秋初期の隴西から関中平原西部への拡大では西垂→関中平原西部の開発（周からの継承）→平陽→西垂→雍城という過程であったが、関中平原西部から東部へは雍城→涇陽→雍城→櫟陽→咸陽→関中平原東部の開発（都市建設）という遷都過程を経たと考えてよい。では、開発を伴う遷都でないとすれば、なぜ涇陽・櫟陽・咸陽に拠点が遷されたのだろうか。結論から言うとその理由は三つある。それは対晋・魏戦の交通路としての重要性・関中平原東部における軍事力の増大化・関中平原西部とのつながりを維持することである。

（1）対晋・魏戦の交通路としての重要性

河水の東を拠点とする晋・魏と戦うためには雍城から各都市を結ぶ交通路の確保が重要であった。とくに秦と三晋地域との間には洛水・河水が自然の要害となっており、そのため交通路の数は限られてしまう。前節で見たように夏陽（韓城）と臨晋（大茘）の二ヶ所は攻防が最も激しい場所で、そこには河水を越える渡し場があった。夏陽（韓城）を通るルートは韓城市南で河水を渡り、東の河東郡汾陰へとつながる。[22]臨晋（大茘）を通るルートは現在の陝西省大茘県の東と山西省の永済の西で河水を渡るもの。(23)漢代では河水の西が臨晋、東が蒲坂県にあたる。これらのルートに関して『史記』淮陰侯列伝に、

其の八月、信を以て左丞相と為し、魏を撃たしむ。魏王は兵を蒲坂に盛り、臨晋を塞ぐ。信乃ち益疑兵を為し、船を陳べ臨晋を度らんと欲す、而して伏兵夏陽従り木罌缻を以て軍を渡し、安邑を襲う。(24)

とあり、韓信の魏侵攻に対して魏王は兵を蒲坂に増員し、臨晋の渡しを塞いだ。これに対処するため韓信は船を並べて臨晋の渡しから河水を渡ろうと見せかけつつ、伏兵が夏陽から木罌缻（甕を木でまとめた筏のようなものか）(25)で河水を渡り安邑を攻略したという。この記載より、臨晋と夏陽で河水を越え、汾水沿岸の安邑へ至るルートがあったことがわかる。

臨晋・夏陽と櫟陽の関係については、『史記』貨殖列伝に「献公櫟邑に徙る。櫟邑北は戎翟郤し、東は三晋に通じ、亦た多く大賈あり。(26)」とあり、櫟陽は三晋と交通路を通じていたという。上記のように三晋と通じるための河水の渡し場は臨晋と夏陽に限られるのだから、当然両都市と櫟陽は各々交通路でつながっていたと考えられる。これは商業面について述べた記述であるが、それは戦時には軍事上の重要な交通路となることを意味している。高祖が長安へ遷都する以前、櫟陽を拠点としていたこともその軍事的重要性を認識していたからにほかならない。

ところが、洛水・河水間の攻防の中で、魏の中心地が汾水流域から黄河下流域へと遷る。安邑から大梁への遷都は『史記』魏世家では恵王三十一年とあり、咸陽遷都後のこととなっているが、『竹書紀年』では恵王六年と秦の咸陽遷都よりも早い。どちらが正しいかは別として、咸陽遷都前後に魏は汾水流域から黄河下流域へと重心を遷し、秦・魏の抗争は洛水・河水間から渭水・黄河合流点の付近が中心となった。これに対応するように櫟陽から咸陽への遷都が行われたのである。咸陽は渭水という自然の防衛線を南に有するとともに、渭南平原を東へ行くことにより渭水・黄

河合流点へ、さらに洛陽そして黄河下流域へとつながっていた。この交通路上に位置する漢代の華陰県は秦の支配時には寧秦、魏の支配時には陰晋と呼ばれ、両者の抗争の中心地であった。渭水と秦嶺山脈に挟まれた渭南の標高四〇〇m以下の平原部はいまの西安市付近では南北一五㎞ほどの広さがあるが、東へ行き驪山をすぎ華陰市付近では五㎞程度しかない。この地形を利用して、この東には孟嘗君の「鶏鳴狗頭」の故事で有名な戦国秦の函谷関が建設され[27]、後漢以降になるとその西に潼関が設置され[28]、戦国から漢にかけてこの交通路は関中平原と東方大平原とつなぐ中心的なルートとなった。それは軍事的なものにとどまらず、物資の輸送路としても極めて重要であった。秦が成皐県に造った敖倉や華陰県に造られた漢の華倉（京師倉[29]）はみなこのルート上にあり、また、それは水運路としても機能し、現在の三門峡は漢代に底柱と称され水運の重要地点として認識され、長安から黄河・渭水合流点にかけての渭水沿いには漕渠が建設された。すなわち、魏の中心が汾水流域から黄河下流へと移行したことは涇陽―櫟陽―頻陽―洛水・河水間（夏陽・臨晋）―河水―汾水流域（安邑など）というルートから咸陽―鴻門―寧秦―函谷関―洛陽―大梁へと主要交通路が変化することを誘発し、それは秦の拠点が櫟陽から咸陽へと移動する契機となったのである。

（２）関中平原東部における軍事力の増大化

関中平原西部の旧勢力と対立するためには東部にもそれなりの軍事力が必要であったはずである。晋・魏との抗争を続けている以上、多くの兵を東部へと送っていたことは容易に想像がつくが、なかでも櫟陽遷都直前に特徴的な軍事行動は長城の建設である。それは軍の長期に渡る、また広い範囲に渡る駐屯を意味する。この時期の長城には二種類あり、いわゆる版築工法によるものと、塹壕形式のものがある。版築の長城としては韓城の南を通って河水に至る戦国魏の長城が建設された。塹壕形式の長城はいわゆる塹洛・塹河長城と呼ばれ、この塹壕形式の長城は厲共公の時からはじまり、霊公・簡公・献公期に建設された。陝西省白水県の東一〇㎞あまりにある白水塹洛長城遺跡は洛水の河岸に石を敷き詰めた長城である。これは秦簡公の時（前五世紀前半）に建設されたと考えられている。洛水は戦国秦と魏の境界線で、双方が沿岸に長城を築いた。洛水は両岸が非常に高く、それ自体が自然の長城の呈をなしており、この長城は河岸を削り取って築かれたものが主で、一般に見られる人工的に高く壁を築くようなものではない。この長城は洛水の河道に沿って築かれ、南は渭水南の華陰市から北は黄陵県まで断続的に四〇〇㎞続いている。対岸には対抗して造られた魏の長城がある。このような長城の建設によって、秦・晋間の攻防戦のあり方は都市を一時的に支配するものから、より広い範囲を長期に渡って支配するものへと変質した。それは長城線に常に兵を配備することを意味し、自ずと関中平原東部に軍事力がつぎ込まれることとなった。それは関中平原東部勢力の増長の軍事的基盤となり、西部の旧勢力に対抗しうる力を得たと考えられる。

（3）関中平原西部とのつながりを維持

ところが、関中平原東部に政治的な拠点を遷したにもかかわらず、雍城を中心とした関中平原西部と分離し、新たな政権を樹立するという動きはおこらなかった。それは食糧生産の問題があると考えられる。すでに見たように関中平原東部の政治的安定化は恵文王の時である。ただ、『商君書』徠民編を見る限り開発はそれほど進まなかったと考えざるをえない。『商君書』徠民編はその記述の内容から昭襄王期の秦の状況について述べられていると考えられている。その記載をまとめれば、秦の有する方五千里の土地のうち、十分の二しか穀物を生産しておらず、うまく土地が利用されていない。秦に隣接する韓・魏では土地は狭く、民は多い。そこで、三晋の民に田宅を与え、三代に渡って兵役を免除することとして、秦の地に赴かせ、農耕に従事させようと建言した。そして、もとからの秦の民を兵とし、三晋から来た新たな民は農業に従事させ、軍事・食糧生産両面から秦の充実をはかろうとしたという。この記載を事実とすれば、昭襄王期における秦の農地開発はまだそれほど急激には進んでいなかったと考えてよいだろう。これはおそらく関中平原東部の状況を示しているに違いない。そうなると、関中平原東部の食糧需要は雍城を中心とした関中平原西部における生産に依存していたのではないか。それゆえ、東部は西部から乖離することなく、常に雍城勢力を巻き込むように政権を握ろうとしていたのである。その点、咸陽は陸路でも渭水の水運でも雍城とつながっているという点で関中平原西部と東部を結びつけた新たな秦の都にはふさわしい場所であったと言えよう。

5、おわりに

以上で本章の考察をおえる。本章は秦が雍城から咸陽への遷都と関中平原東部の開発との関係について考察した。第二節ではこれまで通説となってきた秦の雍城から咸陽に至る遷都過程を再度考察し、雍城→涇陽→雍城→櫟陽→咸陽という過程を経たと結論づけた。第三節では遷都の背景となったであろう関中平原東部の開発過程を考察するために、関中平原東部の都市の建設と秦の支配について整理し、咸陽遷都以前に設置された県はいずれも秦と晋・魏との抗争地点で、主に河西と称される洛水・河水間に位置していた。つぎに、河西における秦と晋・魏の抗争ついて整理し、それは秦の穆公のころ（前七世紀）からはじまり、最終的に秦が河西における安定支配を達成したのは恵文王元年のころであったとした。つまり、関中平原西部から東部へは雍城→涇陽→雍城→櫟陽→咸陽→関中平原東部の開発（都市建設）という遷都過程を経た。第四節では開発が進展する以前に関中平原東部へ都が遷都された背景を以下のように考えた。まず、涇陽・櫟陽・咸陽の都市は対晋・魏戦の重要な交通路上に位置しており、塹洛長城の建設に見られるように関中平原東部には長期に渡り、広大な地域に軍事力が集められ、その軍事力を背景に雍城の旧勢力から実権を手に入れる。しかし、食糧供給は関中平原西部に依存しており、そのため雍城とのつながりを維持する必要があった。それゆえ、関中平原西部と黄河下流域の両方に至る交通路上に位置した咸陽が都として選択された。以上のような背景から咸陽への遷都がおこなわれた。

注

（1）徐衛民『秦都城研究』陝西人民教育出版社、二〇〇〇年。
（2）前掲注（1）ほか。
（3）王子今「櫟陽非秦都考弁」『考古与文物』一九九〇年三期。
（4）懐公四年、庶長鼂与大臣囲懐公、懐公自殺。懐公太子曰昭子、蚤死、大臣乃立太子昭子之子、是為霊公。霊公、懐公孫也。（『史記』秦本紀）
（5）王国維「秦都邑考」『観堂集林』ほか。
（6）霊公卒、子献公不得立、立霊公季父悼子、是為簡公。簡公、昭子之弟而懐公子也。（『史記』秦本紀）
（7）簡公の出自については、『史記』秦本紀では「昭子の弟、懐公の子」、『史記』秦本紀索隠では「懐公の弟、霊公の季父」、『史記』始皇本紀引く『秦紀』では「霊公の子、晋より来る」とあるように一定していない。とりあえず、本章の世系表では『史記』秦本紀の説をとった。
（8）陝西省文物管理委員会「秦都櫟陽遺址初歩勘探記」『文物』一九六六年一期および中国社会科学院考古研究所櫟陽工作隊「秦漢櫟陽城遺址的勘探和試掘」『考古学報』一九八五年三期。ただし、調査はボーリング調査のみで本格的な発掘調査はまだ行われていない。
（9）このように特定の系譜を記して自らの正統性を宣言することは本書第二章「秦の関中平原西部への拡大と地域開発」で見

た秦公鎛・鐘の文公→静公→憲公→武公という系譜に出子の名が除かれているのと同じ構図である。

(10) 蓮勺の塩類集積については本書第五章「中国古代関中平原の水利開発と環境」参照。

(11) 「徵邑漕倉」瓦当の発見及びその意義については、彭曦「陝西洛河漢代漕運的発現与考察」『文博』一九九四年一期、蒲城県志弁公室「蒲城県発現澂邑漕倉遺址」（『考古与文物』一九九四年四期）参照。本書第五章「中国古代関中平原の水利開発と環境」も言及する。

(12) 龍首渠については本書第五章「中国古代関中平原の水利開発と環境」参照。

(13) 芷陽の秦墓群は秦の東陵と呼ばれ、発掘作業がおこなわれている。張海雲「芷陽遺址調査簡報」『文博』一九八五年三期、程学華・林泊「秦東陵第一号陵園勘査記」『考古与文物』一九八七年一期、同「秦東陵第二号陵園調査鉆探簡報」『考古与文物』一九九〇年四期、陝西省考古研究所秦陵工作隊「秦東陵第四号陵園鉆探与試掘簡報」『考古与文物』一九九三年三期ほか参照。

(14) 麗邑と魚池との関係については本書第四章「中国古代関中平原の都市と環境」参照。

(15) 一九九八年八月、文部省科学研究費国際学術研究「中国黄土地帯の都城と生態環境史の研究」（代表者：妹尾達彦氏）の調査において寧秦城遺跡や「徵邑漕倉」瓦当、さらに韓城に残る戦国魏長城などを調査した。調査内容については『アジア遊学二〇　特集：黄土高原の自然環境と漢唐長安城』勉誠出版、二〇〇〇年を参照。

(16) 咸陽から長安への過程は本書第四章「中国古代関中平原の都市と環境」参照。

(17) 二十六年、晋率諸侯伐秦、秦軍敗走、追至涇而還（『史記』秦本紀）。なお、『史記』晋世家には「(三年) 因与諸侯伐秦。至涇、敗秦於麻隧、虜其将成差」とある。

(18) 十八年、晋悼公彊、数会諸侯、率以伐秦、敗秦軍。秦軍走、晋兵追之、遂渡涇、至棫林而還（『史記』秦本紀）なお、『史記』晋世家には「十四年、晋使六卿率諸侯伐秦、度涇、大敗秦軍、至棫林而去」とある。

(19) 塹河旁。以兵二萬伐大荔、取其王城。（『史記』秦本紀）

(20) 「塹洛」長城に関しては、史念海「洛河右岸戦国時期秦長城遺跡的探索」（『河山集　三集』人民出版社、一九八八年、北京）

ほか参照。

(21) (魏恵王三十一年) 秦用商君、東地至河、而斉・趙数破我、安邑近秦、於是徙治大梁 (『史記』魏世家)。なお、『水経注』引『竹書紀年』には「梁恵成王六年、四月甲寅、徙都于大梁」とある。

(22) なお、『陝西通志』(雍正十三年巻十七関梁二) では少梁渡、王子今『秦漢交通史稿』(中央党校出版社、一九九四年) では汾陰津と称している。

(23) 本文中の『史記』淮陰侯列伝のほかにも臨晋の渡し場についての記載は多い。春秋期には『春秋左氏伝』文公三年に秦の穆公が秦を攻撃したときの記載に、「秦伯晋を伐つ、河を済り、舟を焚く。王官及び郊を取る」とあり、これが臨晋の渡し場であると考えられている (前掲注 (22) 王子今書)。戦国期には秦と魏、秦と韓が臨晋で会盟をおこなったとあり、また『史記』秦本紀には「(昭襄王五十年) 初作河橋」とあり、その正義に「此橋在同州臨晋県東、渡河至蒲州、今蒲津橋也」とあることから、昭襄王の時に臨晋の渡しに架橋されたことがわかる。また、秦漢交替期には臨晋関 (『史記』曹相国世家) が置かれた。

(24) 其八月、以信為左丞相、撃魏。魏王盛兵蒲坂、塞臨晋、信乃益為疑兵、陳船欲度臨晋、而伏兵従夏陽以木罌缻渡軍、襲安邑。(『史記』淮陰侯列伝)。

(25) 木罌缻については『史記』淮陰侯列伝注に、服虔曰「以木押縛罌缻以渡」とある。

(26) 献公徙櫟邑、櫟邑北卻戎翟、東通三晋、亦多大賈 (『史記』貨殖列伝)。

(27) 函谷関は秦以前は三門峡の西にあったが、漢の武帝の元鼎三年に新安県に遷された。

(28) 『史記』封禅書注に応劭云「在潼関北十余里」とあることから後漢には確かに存在していたようである。なお、現在残っている潼関遺跡は唐代以降のものである。

(29) 陝西省考古研究所『西漢京師倉』文物出版社、一九九〇年。

第四章　中国古代関中平原の都市と環境
――咸陽から長安へ――

1、はじめに

関中平原は現在の中国陝西省中部に位置し、その中央を渭水が西から東へ流れ、その北は渭北、南は渭南と呼ばれる。関中平原は秦代に咸陽、漢代に長安が置かれ、古代中国における中心地域の一つであった。特に漢の都・長安は考古発掘の進展によって未央宮(1)や桂宮(2)などの宮殿区や市場・手工業区(3)の配置が明らかになりつつあり、さらに文献史料を利用しておおよその都市内部の構造が復原できるようになった。そのため、考古学・文献学の側からの長安に関する都市研究は都市内部の構造や城郭の形状(4)に重心が置かれ、そのプランも戦国の諸都市との継承関係(5)や思想的側面(6)から考察するものが目立つ。こういった研究に対し、近年は史念海・馬正林氏らによる歴史地理学研究の蓄積を踏まえた関中平原全体から長安を見る試みとしての環境史的な方法が注目されつつある(7)。特に一九九八年に刊行された史念海主編『漢唐長安与黄土高原』（陝西師範大学歴史地理研究所、一九九八年）(8)は黄土高原の環境と長安の関係に着目しており、今後の長安の環境史的研究はこの書を起点に進展すると思われる。そこで本章では史念海氏らの研究を継承し、関中平原に国都を建設する際に周囲の環境とどのように向きあってその設計の構想をしたのかという環境史的なアプローチから長安の建設プランを考察したい。もちろん、環境という概念が中国古代に存在していたわけではないから、都市プランと環境との関係を示す直接的な史料を求めることは難しいが、都市の人々が暮らす上で必要な飲料水・生活用水のいわゆる都市水利[9]を通して都市がどのように周囲の環境を見て設計されたかを考えることができるだろう。その際、長安はもとより、その前身である咸陽も考察する必要がある。咸陽は南半分が渭水の浸食によって破壊されていることや、発掘が咸陽宮[10]と手工業区[11]程度しか行われていないことから、その全貌は明確にはわからない。そのため、咸陽に関する都市研究も長安に比して多くなく[12]、また、咸陽と長安を比較した研究[13]も少ない。だが、本章の問題を解決するためには「咸陽から長安へ」の過程を考えることは重要であり、また、環境史的方法を利用すれば考察は可能であると思われる。

まず、咸陽・長安の建設過程とその都市水利を比較し、つぎに渭北・渭南の自然環境の相違点を整理し、さらに、一九九八年に現地調査を行った魚池と麗邑をモデルケースとして渭南の陂池と都市の関係を導き、最後に「咸陽から長安へ」の過程とともに、周辺の環境への認識から渭南に建設された都市の設計構想を考えることとしたい。

2、咸陽と長安の都市水利

（1）咸陽・長安の建設

地図4—1は史念海主編『西安歴史地図集』（西安地図出版社、一九九六年）をもとに作成したもので、現在の陝西省西安市西北に点在する秦漢時代の咸陽・長安の都城および周辺の遺跡を示したものである。北から俯瞰すると咸陽原の北には漢高祖の長陵や恵帝の安陵とその陵邑があり、その南の咸陽原上に秦が統一の過程で滅ぼした六国の宮殿を模倣したとされる倣六国宮、その南に咸陽宮がある。さらに咸陽原の下には手工業区が発見されている。渭水をはさんで南には漢の長安城があり、その内部には西北部に西市・東市・手工業区が配置されている。手工業区があったと

地図４－１　咸陽・長安城付近図

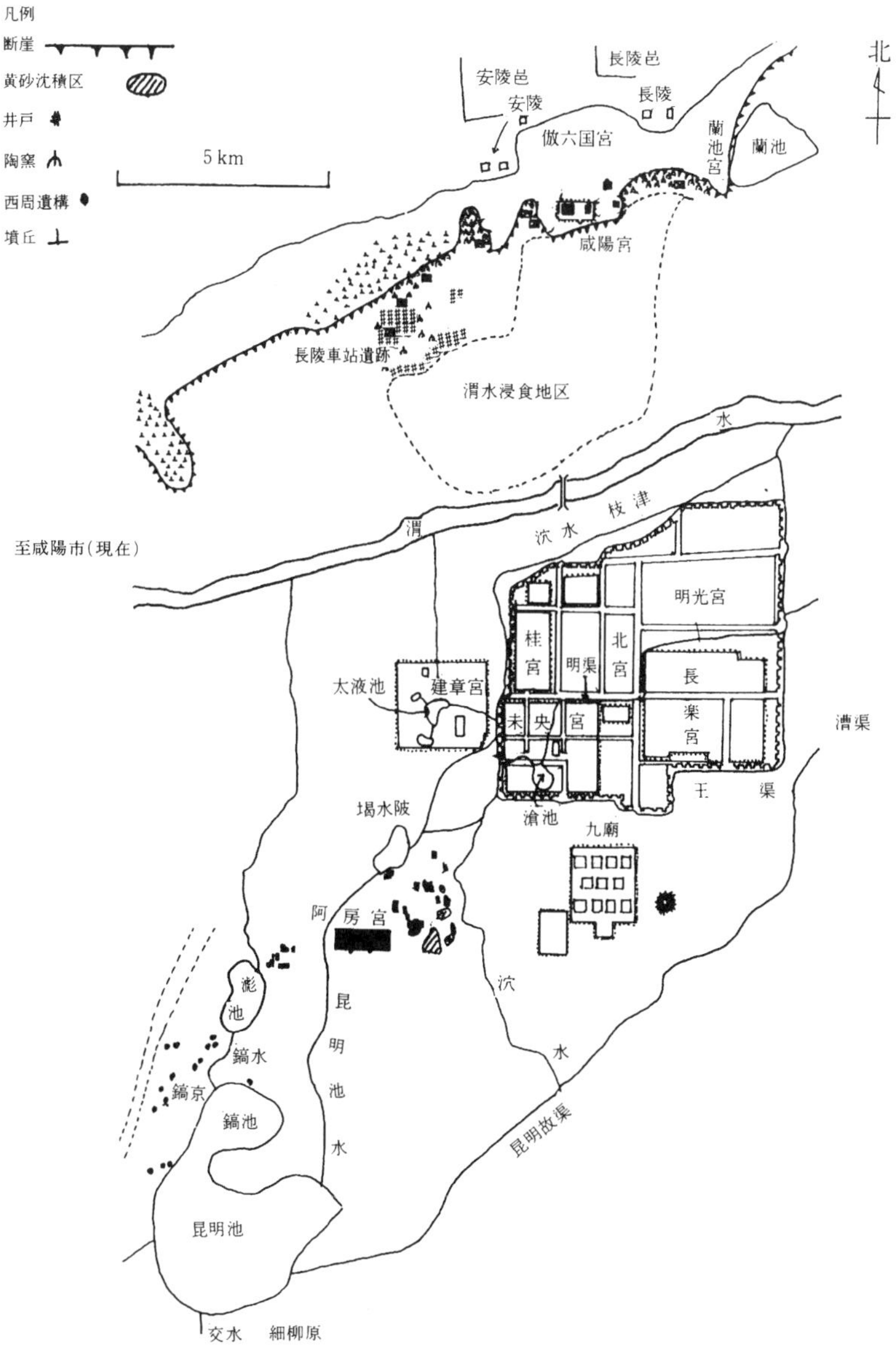

史念海主編『西安歴史地図集』（西安地図出版社、一九九六年、西安）・西安市文物処・西安市文物保護考古所「秦阿房宮遺址考古調査報告」（『文博』一九九八年一期）をもとに作成。

される現在の六村堡付近の畑では今も陶俑の破片を掘り出すことができる。長安城の西部には発掘作業がすすめられている桂宮・北宮・未央宮があり、東部には長楽宮・明光宮が建設された。長安城全体は城壁で囲まれ、南側の城壁は現在も残っている。城壁の東南部には王渠と呼ばれる堀があり、今の地図でも団結水庫としてその面影を残している。長安城の西には内部に太液池を持つ建章宮があり、その西南には阿房宮前殿遺跡とそれに付随する遺跡が点在している。阿房宮前殿は『史記』秦始皇本紀に、「東西五百里、南北五十丈、上は以て万人を坐すべし、下は以て五丈の旗を建つべし」とあるように壮大で、残存している遺跡は東西約一三二〇m、南北約四二〇m余りで大・小古城村と趙家堡・聚駕荘という現在の四つの村落にまたがるほどである。その西の豊水両岸には西周の豊京・鎬京遺跡がある。こうして見ると、この渭水両岸地域は西周から漢代にかけてのまさに歴史の表舞台であったと言えよう。

さて、このように遺跡を並べてみると、咸陽から長安への遷都は単に渭水の北から南へ移ったように見えるかもしれない。しかし、時間を追ってその建設過程を見ると、そう単純に移動したわけではない。秦が関中渭北平原中央部の石川水のほとりに位置する櫟陽から渭水北岸の咸陽に遷都したのは孝公十二（前三五〇）年のことであった（『史記』秦本紀）。その後、秦は次々に六国を併合し、秦始皇二十六（前二二一）年に天下を併せ、これにともなって、首都としての咸陽の人口は増加することとなる。具体的な咸陽の人口はわからないが、咸陽への徙民者は十二万戸にのぼることから（『史記』秦始皇本紀）、かなり人口密度の高い都市となっていたのであろう。統一後、始皇帝は始皇二十六年に章台宮、二十七（前二二〇）年に信宮などの宮殿を渭南に建設し始めた（『史記』秦始皇本紀）。そして、始皇三十五（前二一二）年には、「始皇以為えらく、咸陽人多く、先王之宮廷小なり」（『史記』秦始本紀）とあるように、始皇帝は増加した人口に比べて咸陽宮は小さすぎると考え、渭南の地において阿房宮の建設に着手し、これと並行して驪山陵建設も始めた（『史記』秦始皇本紀）。ただし、阿房宮建設が始まっても、渭北の宮殿区は依然として国都の中心として機能していたから、渭北から渭南へ国都が移動したわけではなく、咸陽が渭南へ拡張されたと見るべきであろう。すなわち、統一後、秦は渭北の咸陽を徐々に渭南へ拡大し、阿房宮はそのメインとして建設が進められたのである。しかし、始皇帝の死、陳勝・呉広の乱により秦は滅亡し、さらに楚の項羽によって阿房宮・咸陽・始皇帝陵など秦の遺産は焼かれることとなった。その後の楚漢戦争を漢の劉邦が制し、統一がなされると、高祖七（前二〇〇）年には、焼け残った秦の興楽宮を長楽宮として再利用して長安に都を定めたのである（『三輔黄図』）。これまでの発掘により未央宮の下には秦の基壇が確認され、(14) 桂宮殿東北角の東二〇mの地点から秦の封泥が発見されている。(15) これらは新都・長安の主要な建築物がいずれも秦の建築の上に造られたことを示すものであり、漢長安は統一秦が拡張した咸陽の渭南部分を再利用して建設されたことになる。そして、前漢末には人口八万八百戸、二十四万六千二百人が居住する大都市へと長安は成長することとなった。漢の統一後、咸陽渭北地区は高祖元年に長安から分割され新城となり、高祖七年には長安に併合されたものの、武帝元鼎三年には再び長安と切り離され、渭城県となった（『漢書』地理志）。つまり、漢代に入ってからの咸陽渭北地区は首都機能の中心とはならなかったのである。

以上の考察から、戦国秦は渭水北岸の咸陽（以下、咸陽渭北地区と称する）を都とし、統一秦になって都は渭水南の咸陽（以下、咸陽渭南地区）へ拡大され、漢は咸陽渭南地区のみを継承して長安を建設したのである。すなわち、咸陽から長安への移行過程は咸陽と長安という二項対立的に見てゆくのではなく、咸陽渭北地区・咸陽渭南地区・漢長安の三つの時期・地域に区分して考えてゆく必要がある。

（2）　咸陽渭北地区・咸陽渭南地区・漢長安の都市水利

ここでは咸陽渭北地区・咸陽渭南地区・漢長安における都市水利を概観したい。すでに馬正林氏(16)・鶴間和幸氏(17)は咸陽が井戸中心、長安が池・渠中心の都市水利構造であることを指摘している。ただ、その中間にあたる咸陽渭南地区についてはふれられていない。そこで、近年の考古発掘の成果も含め、井戸・陂池を軸に三地域の水利構造を考えてみたい。

まず、咸陽渭北地区については咸陽原の南、すなわち原の下にある手工業区の咸陽長陵車站一帯遺跡で井戸が八十一個発見されている(18)。渭水のほとりにある今の灘毛村では現在も陶器が重層的に積まれている陶圏井と呼ばれる井戸の跡が見られる。咸陽原上の宮殿区には未だ井戸が発見されていないが、『水経注』引『三秦記』に、

長安城北に平原有り、広さ数百里。民井もて汲み巣居す、井の深さ五十丈(19)。

とあり、また、『元和郡県志』巻一畢原の条に、

原は南北数十里、東西二三百里、山川陂湖無し、井の深さ五十丈。亦た之を畢陌と謂う、漢氏諸陵其の上に並びて在り(20)。

とあり、咸陽宮のある原上では陂池がなく、井戸に頼っていたことがわかる。また、咸陽原の下には蘭池があるが（『三輔黄図』）、それは咸陽よりも渭水下流に位置する現在の柏家嘴南に比定される(21)。この池がどのように利用されていたかは不明だが、咸陽よりも下流にあることから、池の水をわざわざ咸陽に揚げることは考えにくく、生活用水・飲料水として利用されたものではないだろう。渠に関しては、漢代に成国渠が造られた。これは『漢書』地理志に「成国渠首、渭を受け、東北して上林に至り蒙籠渠に入る。」とあるほか、『水経注』に記載がある程度で、詳細は分からない。ただ、長陵・安陵の南を通り、咸陽原下の農地を灌漑することを目的としていたと考えられる(22)。これは渭水の水を直接引いて利用するものであり、陂池に一旦溜めて流す方法ではなかった。このように、咸陽渭北地区では陂池を利用して都市内に水を送ることはせず、井戸の水を生活・飲料水として主に利用していたのである。

それに対して、長安城では井戸が未央宮に五つ[23]、桂宮に一つ[24]しか発見されておらず、これは咸陽渭北地区と大きく異なる。もちろん今後の発掘次第で井戸数は増える可能性はあるが、長安には井戸ではなく昆明池を中心とした都市水利構造を文献から想定することができる。昆明池は長安城の西南、豊水の東岸近くにあり、現在そこは周囲よりも低く、陥没しているが、水は枯れて農地となっており、牛郎・織女の石像が残されている[25]。その開削は武帝元狩三（前一二〇）年に、南方の昆明国を伐つための水上戦訓練用としてつくられたものである（『三輔黄図』）。ただし、首都・長安のすぐ西南に戦争訓練のためだけに、大きな池を掘るとは思えなし、後述するように昆明池から出た渠道が長安城内を通っていることは長安に生活する人々に対してこの池が多大な利益をもたらしていたことを想定させる。そこで昆明池と長安の関係を復原したいのだが、漢代の史料では詳細はわからないため、北魏の『水経注』を利用して考えたい。『水経注』の記載は大河を軸として、その支流を大河と合流する順に述べたものであるため、テキストそのままでは支流ごとの記載は読みにくい。そこで、長安に関係する記載を支流ごとに**表4—1**として整理した。まず、昆明池へ入る水は樊川・御宿諸水の水流を承けた交水が西流し石堨で分水されたのち、北流して細柳原を通って昆明池へ入るルートのみである。それに対して昆明池から出る水は三つのルートをとる。第一のルートは昆明池東北から出る昆明池水で、その水は堨水陂に一旦溜められ、そこから堨水陂水を通り、東南から流れてきた泬水に合流する。泬水は三つに分かれ、一つは泬水本流として建章宮に入って太液池を経て渭水に入るルート、第二は泬水枝津として長安城と建章宮の間を通過し渭水・藕池に入るルート、第三は泬水枝渠として未央宮内に入り蒼池を経て、明渠となり、長楽宮の北を通って昆明故渠・渭水に入るものである。これらを昆明池水ルートと称することとする。第二の昆明池の出水ルートとしては昆明池東から出る昆明故渠で、明堂の南を経て、王渠に入り、泬水枝渠を受け渭水に入るか、漕渠として東へのびる渠道で、昆明故渠ルートと称す。第三は昆明池西から出る昆明池水で、そのまま豊水に流れ込

表4―1　『水経注』所載長安都市水利関連史料

〈昆明池への入水〉	交水又西南流、与豊水支津合、其北又有漢故渠出焉、又西至石堨、分為二水、一水西流注豊、一水自石堨経細柳諸原、北流入昆明湖。	『長安志』巻12引『水経注』
〈昆明池からの出水〉		
(1) 昆明池水ルート 昆明池～泬水	(昆明池水) 水上承池于昆明台、…池水北逕鎬京東、秦阿房宮西。…其水又屈而逕其北、東北流注堨水陂。陂水北出、逕漢武帝建章宮東、于鳳闕南、東注泬水。(①・③)	『水経注』巻19渭水注
①泬水本流	(泬水)…又北逕鳳闕東…泬水又北、分為二水、一水東北流(②)、一水北逕神明台東、泬水又逕漸台東。…泬水又北流注渭、亦謂是水為潏水也。	①泬水本流
②泬水枝津	(泬水枝津) 水上承泬水、東北流逕鄧艾祠南、又東分為二水。一水東逍遙園、注藕池。其一水、北流注于渭	②泬水枝津
③泬水枝渠	(泬水枝渠) 渠上承泬水于章門西。飛渠引水入城。東為倉池、池在未央宮西。…又東逕未央宮北…逕北通桂宮。故渠出二宮之間、謂之明渠也。又東歴武庫北…明渠又東逕漢高祖長楽宮北…故渠又東出城、分為二渠…一水逕楊橋下、即青門橋也。側城北、逕鄧艾祠西、而北注渭、今無水。其一水、右入昆明故渠。	③泬水枝渠
〈昆明故渠ルート〉	(昆明故渠) 渠上承昆明池東口、東逕河池陂北、亦曰女観陂。又東合泬水、亦曰漕渠。又東逕長安県南、東逕明堂南、旧引水為辟雍處、在鼎路門東南七里。…故渠又東而北屈、逕青門外、与泬水枝渠会。…東逕奉明県廣城郷之廣明苑南。…故渠東北逕漢太尉夏侯嬰冢西…故渠又北、分為二渠、一水東逕虎圏南、而東入覇、一水北合渭、今無水。	『水経注』巻19渭水注
退水ルート	豊水出豊渓、西流分為二水、一水東北流為支津、一水西北流、又北交水自東入焉、又北昆明池水注之。	『長安志』巻12引『水経注』

むものである。これは昆明池が増水した場合に余分な水をながすもので、退水ルートと呼びたい。以上、昆明池出水ルートは大まかには三ルート、細かくいえば五つのルートがあることがわかる。この内、昆明池水ルートには建章宮を縦断するものや、未央宮・長楽宮などを経過して長安城内を東西に貫くものがあり、長安城の都市水利機能の中枢をなしていたといえる。それは明渠の名からもわかるとおり、土むき出しの土渠である。ただ、これとは別に地下に埋めら

れていた排水管が発掘されていることから、(26)昆明池水ルートを流れる水は生活用水・飲料水として利用されていたと考えられる。また、東城外で漕渠と連結していることから、水運にも利用されていた。つまり、長安城内及びその付近の都市水利構造は昆明池から出る渠水がはりめぐらされることによって形成されていたと言える。以上の分析から、咸陽渭北地区は井戸を中心とし、長安は陂池（昆明池）を中心とした都市水利構造であったことが確認できた。

では、統一秦によって拡大された咸陽渭南地区はどうであったのだろうか。前述のように昆明池は武帝期に完成したものである。ただし、武帝期に突然大きな池を長安の西南に造ったわけではなく、昆明池の北には鎬池と呼ばれる池が存在していた（『三輔黄図』引『廟記』）。この池は『史記』秦本紀に「鎬池君」の名がみえることから、すでに秦代には存在しており、昆明池はこの鎬池を拡大利用したものと考えられる。それゆえ、鎬池への入水は昆明池と同様、交水であった。一方、鎬池から出た水は、鎬水を通り北流して清冷台の西、磁石門の西を通り、渭水に注いでいた。磁石門とは夷狄が拝謁してきたとき、磁石によって武器の所持をチェックする門であった（『水経注』渭水注下）。その位置は文献史料では阿房宮の北闕にあたることしかわからないが、近年の阿房宮発掘では阿房宮前殿から東北へ約二kmの現在の武警学院遺跡にあたると比定している。(27)それが正しいとすれば、一旦鎬池に溜められた鎬水の水は、阿房宮内及びその付近に流れたことになる。また、近年の阿房宮の大がかりな発掘から前殿遺跡を中心とした阿房宮区の全貌が明らかになりつつあるが、なかでも、窪地と五ヶ所の黄砂沈積区の発見(28)は当時の周辺の環境を考える上で重要なヒントとなる。窪地は水を溜めた痕跡で、その位置は阿房宮の北の堨水陂に比定される場所とほぼ一致する。また、黄砂沈積区とはかつてここに湖沼があったことを物語っており、陂池があった証拠となろう。すなわち、阿房宮はこれらの陂池を周辺または内部に持つ都市であったことがわかる。また、地図4―1に見られるように漢代の昆明池から昆明池水・堨水陂を通って長安城に至る昆明池水ルートが阿房宮付近を通過することや、それが流れ込む未央宮・

長楽宮などは秦代の建築を再利用して造られたものであることから、漢長安城の昆明池水ルートの原型は少なくとも阿房宮建設時にはできていたと想定できる。すなわち、阿房宮と鎬池の考察から、咸陽渭南地区は長安城同様、陂池（鎬池）を中心とした水利構造であったと言える。

以上、咸陽渭北地区から咸陽渭南地区・漢長安への拡大・移動とは都市水利の面に焦点を絞れば、井戸中心から陂池中心へと転換される過程であった。では、この井戸と陂池はその建設できる環境に違いはあるのだろうか。また、そのことと都市の設計構想との間にどのような関係が見いだせるのだろうか。

3、関中平原の自然環境と陂池・都市

（1）渭北と渭南の自然環境

本節では咸陽渭北地区と咸陽渭南地区・漢長安に関して、その位置する渭北と渭南の自然環境の差異を井戸・陂池との関係から考えたい。まず、井戸に関して。井戸は地下水位の高さによってその掘削しなければならない深さが決められる。よって、渭北と渭南における当時の地下水位の深さがわかれば、井戸掘削に適しているか否かの判断はできるのだが、文献史料からそれを知ることはできない。そこで、考古発掘された井戸の深さから大約の地下水位を推測できると考えた。両者を比較してみると、咸陽渭北地区については前述の咸陽長陵車站一帯遺跡に分布する井戸深さが一・〇二～三・五三mで[29]、長安城については未央宮の中央官署建築遺址で七・一m、椒房殿建築遺址で八・三m[30]、桂宮では五mである[31]。これらを比較すれば、渭北に比べ渭南のほうが地下水位は深いと考えられる。ただ、渭北については、咸陽長陵車站一帯遺跡が咸陽原の下に位置していること、また前述の『水経注』や『元和郡県志』記載にみ

写真４－１　渭北の河川（洛水中流）（一九九八年八月八日）

写真４－２　渭南の河川（豊水上流）（一九九八年八月二十四日）

られる咸陽原上における井戸の深さは五〇丈と深いこと、渭南に関しては、長安城で深さのわかる井戸が三例と資料が少ないこと、また、長安の未央宮等の宮殿区は龍首原の上に建設されたもので、原の下のさらに渭水に近い手工業区の地下水位の状況はわからないこと、などから一概に渭南は渭北よりも地下水位が深かったとは言い切れず、地下水位のみから渭北が井戸に適した地理環境にあったかは即断しかねる。

一方、陂池について見てみたい。その建設には井戸のように地下水位が問題にはそれほどならず、その溜める水の質に大きく左右される。現在、渭北と渭南を歩くと、その河水の色が明らかに違うことに気付く（写真４―１・写真４―２参照）。渭北の水は黄濁色の濁水なのに対して、渭南の水は無色透明の清水である。河川そのものの風景も渭北では黄土の段丘が川に迫るようにあるのに対して、渭南では丸い石が河底や河岸にごろごろしていて、日本の河川によく似ている。現在、渭北の水が黄濁色を呈しているのは黄土の泥が多く含まれるからである。このような状況は漢代から既に見られ、「涇水一石、其の泥数斗」（『漢書』溝洫志）などと歌われていた。この泥水を池に溜めれば泥が沈殿して池底が上昇し、池が機能しなくなってしまうことは想像できよう。もちろん、清水である泉水を利用すれば問題ないが、鄭国渠・白渠から現在の涇恵渠に至るまで、当該地を灌漑するほとんどの水利施設が涇水を水源としていることから考えれば、泉水は涇水の水に比べて水量が相対的に少なく、

表4―2　渭南の陂池（『三輔黄図』、『水経注』より）

所在地	陂池
未央宮	滄池
建章宮	太液池　唐中池　琳池
長楽宮	酒池　魚池
城内	影娥池　百子池　佽飛外池
長安北	藕池
長安西南	昆明池　鎬池　滮池（冰池）　揭水陂　河池陂（女観陂）
長安西	牛首池　鶴池　盤池　渼陂
長安東南	皇子陂
長安東	魚池
長安南	西陂池　郎池
上林苑	初池　麋池　蒯池　積草池　東陂池　当路池　大壹池

あまり有効利用できなかったと考えられる。[32]さらに、渭北の大部分の土地はアルカリ土壌で、水を滞留させると、地下水位が上昇し塩害が起きるという土壌の再生鹽鹹化にも気を付けねばならない。[33]現在の涇恵渠・洛恵渠において完成当初は劇的な灌漑効果があがったが、しばらくすると塩害になってしまった。今では地下水位の上昇を防止するための排水溝の整備が行われている。[34]また、前述の『元和郡県志』に「山川陂湖無し」とあるように、陂池はあまり建設されておらず、渭北平原は人工的に陂池を建設することに適していない土地であった。

それに対して、渭南には表4―2のような陂池がかなり広範な地域に建設された。『西都賦』でも「源泉灌注して、陂池交々《こもごも》属《つづ》く」とあり、多くの陂池が渭南に存在していたことを記している。このように清水が豊富にある渭南では陂池が多く建設された。だが、単に水質だけが陂池建設の条件ではない。陂池が存続できる立地条件・自然環境が必要であり、また都市水利として利用される以上は都市と陂池との関係も重要となる。

（2）　渭南の自然環境と渭南型都市
――魚池と麗邑をモデルとして――

写真４―３　魚池（一九九八年八月二十六日）

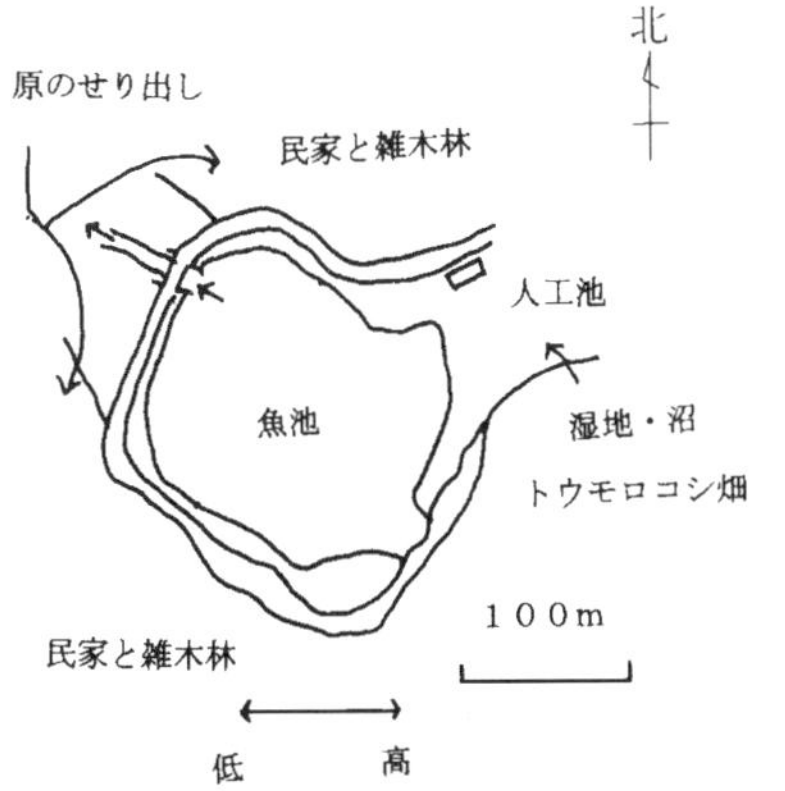

地図４―２　魚池概略図（一九九八年八月二十六日筆者現地調査ノートから）

ここでは渭南における陂池と都市の関係を明らかにするために、一九九八年八月の関中平原調査で実見した魚池（写真４―３）とその北の都市・麗邑をモデルケースとして考察したい。(35)

西安市臨潼区の秦始皇帝陵から東北へ二kmほど行くと魚池堡という集落にたどり着く。道路の西北には東西二km・南北五〇〇m、面積一〇〇万㎡の魚池遺跡があり、戦国晩期から統一秦にかけての歩寿宮と考えられている。(36)道路の西には雑木林があり、その間にトウモロコシ畑が作られている。その薄暗い林の中を西へ抜けると、突然視界が開け、池が現れる。魚池である。そのおおよその形は地図４―２のように楕円形である。現在は直径二五〇ｍほどの池で、調査当日は雨天であったため、出水路から水が勢い良く池よりも低い西北方向へ流れ出ていた。『水経注』渭水注によれば、

始皇陵を造るに土を取る、其池汚深にして、水積して池成る。池は秦皇陵東北五里に在り、周囲四里。(37)

とあり、始皇帝陵を作る時、土を取った所に水が溜まってできた池と伝えられている。この縁起がどれだけ史実を伝えているかわからないが、この池が始皇帝陵の北につくられ、しかも現在まで同じ位置にあり、農民の生活に利用されていることの理由を考える必要はある。

『水経注』渭水注には、

（魚池）水は麗山東北より出で、本は源を導きて北流す、後に秦始皇は山北に葬らる、水過ぎて曲行し、東して注ぎ、北に転ず。……池水西北流し、始皇冢の北を逕る。……池水又鴻門の西を逕て、又新豊県故城の東を逕る。故の麗戎の地なり。……其の水城北に際して出で、世是の水を陰槃水と為すと謂う、又北して漕渠を絶して、北して渭に注ぐ。(38)

とあり、この池の水源は魚池水で驪山から北へ流れ始皇帝陵の東（史念海主編『西安歴史地図集』では兵馬俑坑と始皇帝陵の間）を通り、魚池に入り、魚池からは鴻門の西を経て新豊県故城を通り漕渠を横断して渭水に入るという河川であった。この記載のうち注目すべき点は魚池の水が新豊県故城を通ることである。新豊県故城とは漢の新豊県で、秦代は麗邑と呼ばれ、高祖十年に新豊県に改められた。(39)驪山は秦嶺山脈が北へ突出した部分で、その北の渭水沖積平原は長安付近に比べ狭くなっており、新豊県付近を通らなければ長安へは行くことができず、すぐ東の鴻門で劉邦と項羽が会談を開いたことからもわかるように、新豊県は東西交通の要衝であった。近年の発掘調査によると、新豊県の城壁は麗邑と同じ秦代のものであったが、都市内部は漢代の遺物が発見されたことから、城壁を継続利用しながら、内部を改造したことがわかった。(40)これは『漢書』地理志応劭注に

太上皇東帰せんと思う、是に於いて高祖は城寺街里を改築し以て豊を象《かたど》る。豊の民を徙し以て之を実す。故に新豊と号す。(41)

とある記載を補うものである。つまり、故郷に帰ることを思った父のために、劉邦は麗邑の内部を故郷の沛県豊邑を模倣して改装したのである。これらは新豊県と麗邑の位置が同じであったことを示しており、麗邑も魚池水の通過点にあったことになる。この始皇帝陵・魚池・麗邑の付近を復原したものが地図4―3で、それらがかなり狭い範囲に建設されたことはその密接な関係を想定させる。

さて、魚池と麗邑の関係を考えるために、魚池の機能とその立地を考えたい。魚池の機能に関しては次の二点が挙げられよう。第一は生活用水・飲料水のための貯水池という機能である。魚池水は麗邑を通っており、都市内部の排水は別に排水管が発見されていることから、(42)魚池水は生活用水・飲料水として利用されていたと考えられる。関中の降水量は月・年によってかなり差があるため、渇水の場合には魚池に溜められていた水を麗邑に流し都市の水需要に答えていたものと思われる。第二は防水害のための貯水池という機能である。始皇帝陵東南には西南から東北方向へ全長三・五km（現存は一km）、はば四〇〇m、残存する高さ二～八mの堤防が発見されている。(43)この堤防は『史記』秦始皇本紀正義引『関中記』に「始皇陵、驪山に在り。泉本は北流するも、障使もて東西に流る」とある記載と合致する。この堤防は魚池水が始皇帝陵園内に浸水することを防ぐために築かれたものである。さらに、堤防がかなり高いことから考えれば、驪山から流れ出した魚池水の流量は洪水を起こすほど多かった。そうであれば、一旦増水した魚池水が流れ込む下流の麗邑も洪水の被害を受けるはずである。このような災害に対処するため、魚池水を一旦遊水池としての魚池に貯水し、流出量を調節することによって、麗邑に必要以上の水が流れないようにし、洪水の発生を防いでいたのである。つまり、魚池は生活用水・飲料水と防水害のための貯水池機能を持っていたと言える。

次に、魚池の立地条件について考えたい。今回、魚池周辺を実際歩くことにより次の二点を見出すことができた。それは高台に立地していることと、雑木林が存在していることである。あくまでも、これらは現在の魚池に関してではあるが、秦漢期の状況を史料から導き出すことはできる。まず、一点目の高台に立地していることは前述の貯水池としての機能を考えれば、その水が流れ込む都市よりも池が高い位置にあることは当然である。魚池の流出口にあたる西北端に立ち、その先を眺めると、急に四～五mほど落ち込み、勢い良く水が高台の下に流れ出していた。その流出路の両岸には魚池と同じ高さの高台がせり出しており、それは東西に延びていた。この高台は渭水の浸食によって形成された黄土地帯独特の地形で、「黄土原（黄土塬）」とよばれるものである。現在、魚池から東の鴻門にかけては一つの原の上にあり、渭水のほとりの新豊鎮よりも高い位置にある。『後漢書』郡国志注引『関中図』に「新豊県の南に新豊原あり」とあり、魚池のある「黄土原」は漢代に新豊原と呼ばれていた。つまり、魚池は新豊原の北端に位置し、その原の下に麗邑（新豊県）が造られたことになる。

次に二点目の雑木林が存在していることについて。現在の渭南を含めた関中平原の多くの土地は見渡す限り、小麦やトウモロコシの畑として切り開かれて利用されるか、何も植物が生息していない裸地で、秦嶺北麓を除いて、森林は全くと言っていいほど残っていない。しかし、魚池周辺は状況が少々異なり、雑木林が茂っていた（写真4―3参照）。この林が古くから存在しているものなのか、植林されたものなのかは不明であるが、このような池の周辺にある林とは陂池の保水能力を維持するために必要なもので、もしこの林がなければ池の水は保持されず流れ去ってしまうのである。このような池と森林との関係は『西都賦』に「林麓・藪澤・陂池、蜀漢に連なる」と並列されているように、古代でも密接な関係があると認識されていた。秦漢期に魚池周辺に森林があったことを直接示す史料はないが、始皇帝陵の墳丘の土を盛る時に、その上に「草木を樹えて以て山を象《かたど》る」（『史記』秦始皇本紀）とあり、このことは当時の状況を示すヒントになる。始皇帝陵は驪山から新豊原までの緩斜面を利用して建設されたものであり、魚池はその陵園の北端に位置している。この「山」とは始皇帝陵背後の驪山であり、「山」を象《かたど》って「草木」を植えたのだから驪山は草木茂る森林ということになるだろう。さらに、秦漢驪山湯遺跡での発掘報告には秦漢時代の地層は「灰黒色」とある。(44) これは現在の中国の土壌用語では「灰黒土」と呼ばれる土壌である。灰黒土は現在では大興安嶺などにしか確認できないが、(45) 灰黒色とは腐植を示すものであり、これは秦漢時代の驪山の麓に森林があったことを想定させるものである。そうであれば、驪山からそれに続く新豊原の上も森林があったと考えてよい。以上、原と森林が魚池

地図４－３　始皇帝陵・麗邑付近図

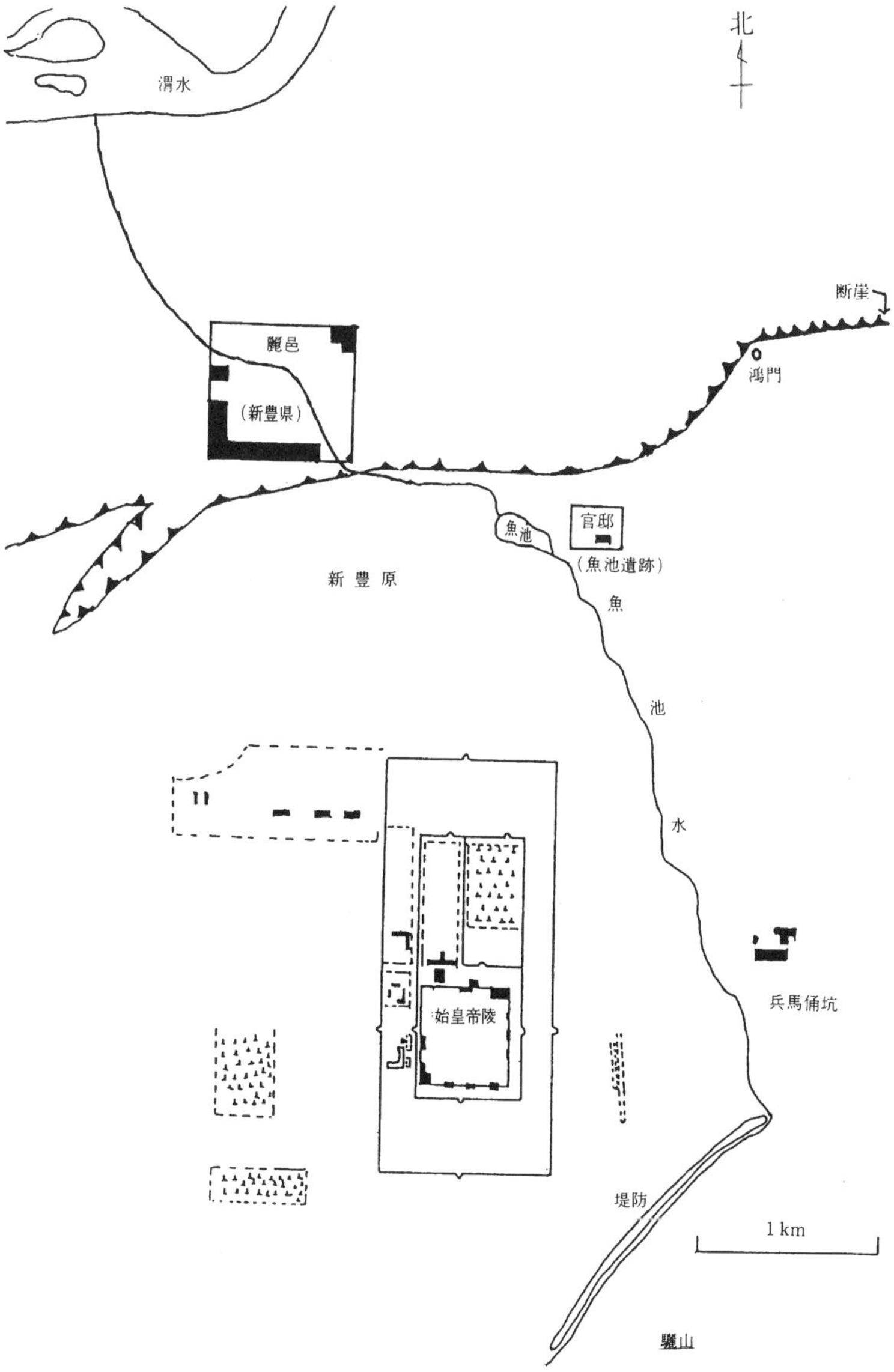

史念海主編『西安歴史地図集』(西安地図出版社、一九九六年、西安)・林泊「陝西臨潼漢新豊遺址調査」(『考古』一九九三年一〇期) をもとに作成。

建設のために必要な環境であることを導き出した。

では、その原と森林は渭南全体にあったのだろうか。まず、原に関して。現在、長安から渭南を縦断してみると、南北にかなり距離のある平坦な台地を幾つも抜け、高い秦嶺北麓に至ることとなる。これが原で、渭南に多くの原が存在していることを実感できる。渭南における原についての史料をまとめたものが表4―3である。長安南には未央宮から唐の大明宮に至る龍首原があり、さらに南には高陽原・細柳（諸）原、東には驪山の西に銅人原、また前述の新豊原がある。東南には薄太后南陵の白鹿原があり、その西には唐の曲江池のある鳳棲原・唐長安城内の東南部にあたる楽游原がある。最も南にあるものとしては少陵原・神禾原などがあり、北へ突き出すように秦嶺山脈から延びている。このような原が渭南では秦嶺北麓のへりから渭水にかけて段階的に存在し、その上には漢代の陵墓・陂池・唐代の都市が造られた。これに対して、渭北に原がないわけではない。むしろ、数としては多く[46]、「原隰龍鱗（原と谷が龍の鱗ように広がっていること）」（『西都賦』）の状態で存在する。ただし、渭北の原は面積が広く平坦で、渭水の支流によって分断されて不連続で南北に長い渭南の原とは形状が全く異なる[47]。そのような高低差のほとんどない原の上に黄土を多く含んだ河川の水を貯水すると泥が堆積してしまうため、陂池建設には適していない。それに対して、渭南は秦嶺から渭水までの高低差が大きく距離が短いため、水流は速く、一旦陂池に水を溜めなければ、都市に大量の水が流れ込んでしまう。それゆえ、原と都市・陂池との関係は密接となる。

次に森林について。上述のように現在の関中平原では秦嶺北麓を除いて森林はほとんど見られず、やせた土地を梯田として利用している光景が特徴的である。しかし、このような肥沃とは言えない大地は太古からの土壌そのものの性質というわけではなく、人間が森林を伐採したのち、長年にわたり耕作したために起きた現象なのであって、秦漢時代にはこの地に多くの森林が残っていたのである[48]。その証拠に秦漢時代、渭南には上林苑とよばれる禁苑区があっ

表4−3　渭南の原

原名	史料	出典
龍首原	営未央宮、因龍首山以制前殿。	『三輔黄図』
高陽原	泬水又西北、左合故渠、渠有二流、上承交水、合于高陽原、而北逕河池陂東、而北注泬水。	『水経注』巻十九渭水下
細柳原（細柳諸原）	交水又西南流、与豊水支津合、其北又有漢故渠出焉、又西至石掲、分為二水、一水西流注豊、一水自掲石経細柳諸原、北流入昆明湖。	『長安志』引『水経注』
銅人原	葬於万年県銅人原	「郭敬善墓誌」『隋唐五代墓誌　編』（陝西巻）第一冊
新豊原	新豊県南有新豊原	『後漢書』郡国志注引『関中図』
陰槃原	冷水…北会三川、統帰一壑、歴陰槃・新豊両原之間、北流注于渭。	『水経注』巻十九渭水下
白鹿原	驪山有白鹿原、周平王時有白鹿出此原、故名之。	『太平御覧』巻五十七引『関中記』
鳳棲原	葬於万年県棲鳳原	柳宗元「先侍御史府君神表」（『全唐文』巻五八八）
風涼原	麗山之西、川中有阜、名曰風涼原、在磈山之陰、雍州之福地。	『水経注』巻十九引『関山図』
鳳凰原	京兆尹昭応県有清虚原、本鳳凰（原）	『新唐書』巻三十七地理志
楽游原	楽游原在北	『史記』司馬相如列伝注引『三輔旧事』
少陵原（鴻固原）	講武於少陵原。	『周書』巻五武帝紀
神禾原	葬於長安県御宿川神禾原	「裴氏小娘子墓誌銘」『隋唐五代墓誌匯編』（陝西巻）第二冊
畢原	武王墓在雍州万年県西南二十八里畢原上也	『史記』巻四周本紀正義引『括地志』

史念海「黄土高原的演変及其対漢唐長安城的影響」（『漢唐長安与黄土高原』三〇～三二頁）を参考とした。

た。その範囲は『漢書』楊雄伝に

武帝上林を広く開き、南は宜春・鼎胡・御宿・昆吾、旁の南山に至る。西は長楊・五柞に至り、北は黄山を繞る、渭に瀕して東す。周袤数数百里。(49)

とあるように、秦嶺の麓から西は周至県・東は藍田県にまたがる渭南のほぼ全域にあたる。また、漢の上林苑は秦の旧苑を利用したものである（『三輔黄図』）。上林苑には樅（もみ）・栝（びゃくしん）・椶（しゅろ）・柟（くす）・梓（あずさ）・棫（ははそ）・楩（くすのき）・楓（ふう）などが生息し（『西京賦』）、また竹林・果園・芳草・甘木が茂る（『西都賦』）、いわば森と緑の広がる未開発地区であった。このように渭南には原・森林という陂池建設のために必要な自然環境が揃っていたのである。

以上、麗邑と魚池との関係から陂池の機能には生活用水・飲料水と防水害のための貯水池機能があり、その建設のための立地条件としては原と森林が必要であることがわかった。そして、渭南の自然環境はその条件を満たすものであった。そこで、仮にここでは新豊原・森林—魚池—麗邑のような原・森林—陂池—都市という要素を持つ都市を「渭南型」都市と名づけることとする。

4、咸陽から長安へ——その設計の構想と環境——

ここでは咸陽渭南地区・長安と関中平原の環境について再び立ち返ることとしたい。まず、昆明池を主水源としていた長安から。昆明池への入水について、交水は石堨から北して細柳諸原を経て、北流し昆明池に入っていた（『長安志』引『水経注』）。この細柳諸原の大きさはよくわからないが、現在の地図をみると、昆明池付近は阿房宮や未央宮のある龍首原よりも一段高い原の上に位置している。『雍録』巻六の昆明池の条には「昆明の基高く、故に其の下流は、尚お激を壅ぐべし、以て都城の用と為る（昆明基高、故其下流、尚可壅激、以為都城之用）」とあり、昆明池が都市長安より高い位置にあり、洪水防止の役割を担っていたことがうかがえる。よって、昆明池は細柳諸原の上、その北縁にあると考えられよう。また、昆明池は上林苑内にあり、『西都賦』に「茂樹蔭蔚として、芳草堤を被う」と詠われるほど、木々が鬱蒼と茂っていた森林の中にあった。

つぎに咸陽渭南地区について。その主水源たる鎬池は昆明池の前身であったから、昆明池と同じく、細柳諸原の上で上林苑の内部に位置していた。また、阿房宮自体も「乃ち朝宮を渭南上林苑に営作す。先ず前殿を阿房に作る」（『史記』秦始皇本紀）とあるように上林苑という森林の中に造られた都市であった。このように、咸陽渭南地区・漢長安の都市と周辺の環境との関係は細柳原・上林苑─鎬池─咸陽渭南地区、細柳原・上林苑─昆明池─漢長安と示すことができ、麗邑に見られたような原・森林─陂池─都市という構造を見出すことができ、両者とも「渭南型」都市と言えよう。なお、魚池と同様、鎬池・昆明池も渇水時に水を供給し、増水時に洪水を防ぐ機能を持っていたと考えられる。

では、「咸陽から長安へ」という過程はその設計の構想と環境という観点から見直すとどう考えることができるのであろうか。戦国秦は西方の雍城から石川水沿岸の櫟陽そして渭水北岸の咸陽渭北地区へと関中渭北平原の範囲内で都を遷した。咸陽渭北地区は井戸を中心とした都市水利構造をもっており、井戸は都市内部の手工業区に集中していた。つまり、都市の人々の生活を支える水源を咸陽渭北地区は都市内部に持っていたことになる。ところが、統一秦になると、咸陽は統一国家の国都となり、戦国秦の領域外から人口が流入した。より多くの人口を維持するためには都市民の水需要に答えるだけの豊富な水源と都市生活・手工業・銅銭鋳造などの燃料として、また建築材として利用するための木材を供給する森林が必要であった。関中渭北平原は戦国秦により国都の建設や鄭国渠の開削などにみられるように、すでに開発が進んでおり、その過程でかなりの森林が伐採されたと考えられる。そこで、森林が鬱蒼とし、水を豊富に湛える未開発の地であった渭南に咸陽渭南地区として都を拡大した。その都市水利は都市の中心から外れた西南郊外にある鎬池から水を引くもので、これは都市内部に水源を持っていた渭北地区とは異なり、咸陽渭南地区が都市の外に水源を持っていたことを示している。このような都市水利を維持するためには、都市内部のみならず、陂池の立地条件たる原・森林を含めた周囲の自然環境をも人間が管理しなければならなかった。森林の伐採は原の侵食と陂池の流失を招くからである。表4―3に挙げた原の名称は『史記』『漢書』の本文にはなく、魏晋期以降の記載に見られるもので、時代を下るにつれてその数が多くなる。これはすでに史念海氏が指摘しているように、森林伐採によって黄土の浸食が進行したため、もともと一つであった大きな原が小さな原に分断され、各々に名称がつけられたからである。(50) つまり、民が勝手に侵入し、乱開発をしたならば、陂池によって保持されてきた都市水利は崩壊してしまうのである。よって咸陽渭南地区は陂池と渠という都市水利を通じて渭南の自然環境を都市の付随する施設として取り込み、一体化する建設構想を持つ必要があった。この構想は上林苑内部に建設された阿房宮について、「周馳閣道を為り、殿の下より直ちに南山に抵る。南山の顚を表し以て闕と為す」（『史記』秦始皇本紀）とあることからも読みとれる。阿房宮からの閣道は真っ直ぐ南山すなわち秦嶺北麓にまで伸び、周囲には城郭・城門を作らず、南山の頂上を門闕としたのである。このことは、阿房宮が城壁という枠から解放され、前殿から秦嶺の山並みまでの渭南の自然環境をも包括することを意味するのである。このような意識は始皇帝陵建設の際、驪山陵に「草木を樹えて以て山を象る」（『史記』秦始皇本紀）ことにより背後にそびえ立つ驪山、さらにはそれに連なる秦嶺山脈の森林と皇帝陵を一体化させようとしたことにも見られるのである。

咸陽渭南地区を継承した漢の長安城にも多くの人口が流れ込み、それを支えるために城壁外にある水源の昆明池から都市に水が供給された。それは昆明池の立地条件である細柳原と上林苑という自然環境を維持するような都市の建設構想が必要であったことをも意味する。その一環として、周囲の森林は上林苑として水衡都尉によって管理され（『漢書』百官公卿表、武帝元鼎二年初置）、周囲に垣がめぐらされ（『漢書』東方朔伝）、また十二の門が造られ（『長安志』引『関中記』）、禁苑として、災害の救済以外には民の侵入を許さない地区となった。このように上林苑として森林を管理することによって、都市民による乱開発は防止され、都市水利を保持することが可能になったのである。つまり、咸陽渭南地区・漢長安は陂池を水源として利用することにより、都市外の環境との関係がより親密になり、また都市水利を維持するためにも、渭南の自然環境全体を都市に付属する施設として管理することが必要だったのである。すなわち、咸陽渭南地区・漢長安は渭北地区のように都市内部で完結する世界ではなく、渭南の自然環境全体を都市が包括しようとする構想のもとで、建設された都市であったと言える。

以上の考察から、咸陽渭南地区・漢長安ともに森林・原―陂池―都市という構造をもった「渭南型」都市であり、それを建設する契機は東方からの人口流入による水・木材の確保であった。陂池を都市水利として利用することは、水源を都市外部に求めることになり、それはまた周辺の自然環境をも管理することを必要とした。その意識は阿房宮建設や上林苑の経営に現れている。つまり、咸陽渭南地区・漢長安は都市の内部構造にとどまらず、より大きな視野から、渭南の自然環境全体を包括しようとする設計構想をもった都市であった。

5、おわりに

最後に本章の考察をまとめておきたい。まず、第一節で関中平原に咸陽・長安という国都を建設する際、周囲の環境にどのように向きあってその設計の構想をしたのかという問題を提起した。第二節では咸陽から長安への過程は単に渭北から渭南への都市の移動ではなく、戦国秦の咸陽渭北地区、統一秦が拡大した咸陽渭南地区、それを継承した漢長安の三時期・地域にわけて考える必要があるとした。さらに、各々の都市水利構造を検討し、咸陽渭北地区は井戸中心であり、咸陽渭南地区は鎬池、漢長安は昆明池という陂池を中心とした構造であると論じた。第三節ではまず、渭北と渭南の自然環境を水利施設との適性から比較し、渭北平原は人工的に陂池を建設することに適していないこと、渭南には陂池がかなり広範に建設されたことを確認した。つぎに、渭南の都市と陂池のモデルケースとして麗邑と魚池との関係を分析し、原と森林の存在が陂池の立地条件であることをと導き、さらに渭南の自然環境がそれを満たすことを確認し、原・森林―陂池―都市という要素を持つ都市を「渭南型」都市と名づけた。第四節では、咸陽渭南地区・漢長安が「渭南型」都市であることを確認し、都市民の生活を支える水・木材を得るために渭南に遷都し、陂池を維持するためにその立地条件である森林・原も都市の一部として管理されたことを導いた。そして咸陽渭南地区・漢長安が都市の外部に広がる自然環境全体を都市の一部として包括しようとする設計構想を持っていたと結論づけた。

いまの西安附近の風景から森と緑に囲まれた漢長安城など想像することはできないが、現在とは異なる自然環境の中で人間がどのように生活していたのかを考えることは今後の中国都市史の研究で重要な観点となるだろう。

注

（1）中国社会科学院考古研究所漢城工作隊による一連の発掘報告は、中国社会科学院考古研究所『漢長安城未央宮　一九八〇〜一九八九年考古発掘報告』（中国大百科全書出版社、一九九六年）に収集されている。なお、近年の長安の考古学的成果をまとめたものとして、劉慶柱・李毓芳『漢長安城』（文物出版社、二〇〇三年）が出版された。

（2）桂宮については日中の共同発掘調査が一九九六年から二〇〇〇年におこなわれた。その成果として、中国語では中国社会科学院考古研究所・日本奈良国立文化財研究所中日連合考古隊「漢長安城桂宮二号建築遺址発掘簡報」（『考古』一九九九年一期）、「漢長安城桂宮二号建築遺址B区発掘簡報」（『考古』二〇〇〇年一期）、「漢長安城桂宮三号建築遺址発掘簡報」（『考古』二〇〇一年一期）、「漢長安城桂宮四号建築遺址発掘簡報」（『考古』二〇〇二年一期）中国社会科学院考古研究所・日本奈良国立文化財研究所中日連合考古隊「漢長安城桂宮二号建築遺址発掘簡報」（『考古』一九九九年一期）によって報告がなされた。日本側の報告は『奈良国立文化財研究所年報』一九九八―一・一九九九―一・二〇〇〇―一・二〇〇一年に掲載されている。

（3）中国社会科学院考古研究所漢城工作隊「漢長安城一号窯址発掘簡報」（『考古』一九九一年一期）「漢長安城二一―八号窯址発掘簡報」（『考古』一九九二年二期）「漢長安城窯址発掘報告」（『考古学報』一九九四年一期）「漢長安城二三―二七号窯址発掘簡報」（『考古』一九九四年一一期）、劉慶柱「漢長安城陶俑窯址」（『中国考古学年鑑一九九二』文物出版社、一九九二年）、李毓芳「漢長安城的手工業遺址」（『文博』一九九六年四期）などがある。

（4）長安の都市構造に関する近年の論文としては、劉慶柱「再論漢長安城布局結構及其相関問題――答楊寛先生」（『考古』一九九二年七期）「漢長安城的宮城和市里布局形制述論」（『考古学研究』一九九三年）「漢長安城的考古発現及相関問題研究――紀念漢長安城考古工作四十年――」（『考古』一九九六年一〇期）、劉運勇「再論西漢長安布局及形成要因」（『考古』一九九二年七期）、楊寛『中国古代都城制度史研究』（上海古籍出版社、一九九三年）、佐原康夫「漢長安城再考」（『日本中国考古学会会報』五号、一九九五年）、李毓芳「漢長安城的布局与結構」（『考古与文物』一九九七年五期）などがある。

（5）五井直弘「比較都市論」（『アジアの中の日本史Ⅰ　アジアと日本』東京大学出版会、一九九二年）など。
（6）陳力「漢長安城の建設プランの変遷とその思想的背景」（『阪南論集（人文・自然科学編）』三一—三、一九九六年）など。
（7）近年の両氏の長安に関する論文としては、馬正林「論西安城址選択的地理基礎」（『陝西師範大学報（哲社版）』一九九〇年一期）「漢長安城形状弁析」（『考古与文物』一九九二年五期）「漢長安城総体布局的地理特徴」（『陝西師範大学報（哲社版）』一九九四年四期）史念海「論西安周囲諸河流量的変化」（『陝西師範大学報（哲社版）』一九九二年三期）「環繞長安的河流及有関的渠道」（『中国歴史地理論叢』一九九六年一輯）「西安付近的原始聚落和城市的興起」（『中国歴史地理論叢』一九九六年四輯（史先智氏と共著））「漢唐長安城与生態環境」（『中国歴史地理論叢』一九九八年一輯）「漢代長安城的営建規模——謹以此文恭賀白寿彝教授九十大寿」（『中国歴史地理論叢』一九九八年二輯）などがある。
（8）漢長安城に関するものとしては以下の論文が掲載されている。史念海「黄土高原的演変及其対漢唐長安城的影響」、李健超「漢唐長安城地下水的汚染与黄土地帯国都的生態環境嬗変」、朱士光「漢唐長安城的興衰与黄土高原地区社会経済発展与生態環境変遷的影響」、鶴間和幸「漢長安城的自然景観」、楊文秀「漢長安城的緑化」。
（9）黄盛璋「西安城市発展中的給水問題以及今后水源的利用与開発」（『地理学報』一九五八年四期、のち『歴史地理論集』人民出版社、一九八二年、所収）。藤田勝久「漢唐長安城の都市水利」（『中国水利史研究』二二号、一九九二年）。また、前掲注（7）の各論文参照。
（10）陝西省社会科学院考古研究所渭水隊「秦都咸陽故城遺址的調査和試掘」（『考古』一九六二年六期）、陳国英「秦都咸陽考古工作三十年」（『考古与文物』一九八八年五・六期）ほか。なお、二〇〇四年になり陝西省考古研究所『秦都咸陽考古報告』（科学出版社）が出版され、宮殿の壁画など新たな考古資料が提示されている。
（11）陳国英「咸陽長陵車站一帯考古調査」（『考古与文物』一九八五年三期）。
（12）近年の咸陽の都市構造に関するものとしては、劉慶柱「論秦咸陽城布局形制及相関問題」（『文博』一九九〇年五期）、王育龍「秦咸陽城墻存否存疑」（『青海師範大学学報（哲社）』一九九一年二期）、雷依群「秦都咸陽」（『文史知識』一九九二年六期）、王丕忠「秦咸陽宮位置推測及其他問題」（『秦文化論叢』一集、一九九三年）、呂卓民「秦咸陽城若干問題研究」（『中国歴史地理論叢』一九九四年四輯）、李令福「秦都咸陽形制若干問題的探索」（『漢唐長安与黄土高原』陝西師範大学歴史地理研究所、一九九八年）などがある。

（13）池田雄一「咸陽城と漢長安城——とくに漢長安城建設の経緯をめぐって——」（『紀要（中央大学文学部）』七六号、一九七五年）、鶴間和幸「秦漢比較都城論——咸陽・長安の建設プランの継承——」（『茨城大学教養部紀要』二三号、一九九一年）など。

（14）前掲注（1）参照。

（15）当初、秦封泥は長安の手工業区から発掘されたものと報じられたが、二〇〇〇年におこなわれた発掘報告では桂宮東北角東二〇ｍと記されている。（劉慶柱・李毓芳「西安相家巷遺址秦封泥考略」、中国社会科学院考古研究所漢長安城工作隊「西安相家巷遺址秦封泥的発掘」『考古学報』二〇〇一年四期）。この報告以前の一九九〇年代後半にはすでに長安城遺跡出土の秦封泥が流出し、北京古陶文明博物館・西安書法芸術博物館・西北大学歴史博物館・西安市文物保護考古研究所が収蔵していたため、秦封泥そのものの研究は進展していた。周暁陸・路東之「秦代封泥的重大発現——夢斉蔵封泥的初歩研究」（『考古与文物』一九九七年一期）からはじまり、『西北大学学報』一九九七年一期では「封泥」特集が組まれるなど秦漢史研究で最も注目される史料のひとつとなり、その後、周暁陸・路東之『秦封泥集』（三秦出版社、二〇〇〇年）が出版された。

（16）前掲注（7）馬正林「論西安城址選択的地理基礎」参照。

（17）前掲注（8）鶴間和幸「漢長安城的自然環境」参照。

（18）前掲注（11）参照。

（19）長安城北有平原、広数百里。民井汲巣居、井深五十丈。（『水経注』引『三秦記』）

（20）原南北数十里、東西二三百里、無山川陂湖、井深五十丈。亦謂之畢陌、漢氏諸陵並在其上。（『元和郡県志』巻一畢原の条）

（21）史念海主編『西安歴史地図集』（西安地図出版社、一九九六年）。

（22）鶴間和幸「漢代皇帝陵・陵邑・成国渠調査記——陵墓・陵邑空間と灌漑区の関係」（『古代文化』四一—三、一九八九年）。

（23）前掲注（1）参照。

(24)　前掲注（2）参照。
(25)　胡謙盈「漢昆明池及有関遺存踏察記」（『考古与文物』一九八〇年一期）。
(26)　前掲注（1）参照。
(27)　西安市文物局文物処・西安市文物保護考古所「秦阿房宮遺址考古調査報告」（『文博』一九九八年一期）。
(28)　前掲注（27）参照。
(29)　前掲注（11）附「水井登記表」参照。
(30)　前掲注（1）参照。
(31)　前掲注（2）参照。
(32)　鄭国渠・白渠をはじめとしたいわゆる「引涇灌漑工程」については、本書第五章「中国古代関中平原の水利開発と環境」参照。
(33)　原宗子「いわゆる〝代田法〟に関する一解釈」（『史学雑誌』八一編一一号、一九七五年）及び本書第五章を参照。
(34)　《涇恵渠志》編写組『涇恵渠志』（三秦出版社、一九九一年）および濱川栄「涇恵渠調査記」（『アジア遊学二〇　特集：黄土高原の自然環境と漢唐長安城』勉誠出版、二〇〇〇年）参照。
(35)　一九九八年八月、文部省科学研究費国際学術研究「中国黄土地帯の都城と生態環境史の研究」（代表者：妹尾達彦氏）の調査に参加し、関中渭北平原の水利施設を調査した。その際、漢長安城・秦咸陽城・秦始皇帝陵とともに魚池付近を調査した。
(36)　始皇陵秦俑坑考古発掘隊「陝西臨潼魚池遺址調査簡報」（『考古与文物』一九八三年四期）。
(37)　始皇造陵取土、其池汙深、水積成池、謂之魚池。池在秦皇陵東北五里、周囲四里。（『水経注』渭水注）
(38)　水出麗山東北、本導源北流、後秦始皇葬于山北、水過而曲行、東注北転。……池水西北流、逕始皇冢北。……池水又逕鴻門西、又逕新豊県故城東、故麗戎地也。……其水際城北出、世謂是水為陰槃水、又北絶漕渠、北注于渭。（『水経注』渭水注）
(39)　麗邑から新豊県への改名は『史記』では「高祖十年」、『漢書』地理志では「高祖七年」となっている。これに関して近年発見された江陵張家山漢簡『奏讞書』の案件十五では「高祖七年」のこととして「麗邑建成里に居す」とあることから、『史記』が正しいことがわかる。江陵張家山漢簡整理小組「江陵張家山漢簡《奏讞書》釈文（二）」（『文物』一九九三年八期）参照。
(40) 林泊「陝西臨潼漢新豊遺址調査」（『考古』一九九三年一〇期）。
(41) 太上皇思東帰、於是高祖改築城寺街里以象豊、徙豊民以実之、故号新豊。（『漢書』地理志応劭注）
(42) 前掲注（40）参照。
(43) 袁仲一「秦始皇陵考古紀要」（『考古与文物』一九八八年五・六期）、王学理『秦始皇陵研究』（上海人民出版社、一九九四年）など参照。
(44) 唐華清宮考古隊「秦漢驪山湯遺址発掘簡報」（『文物』一九九六年一一期）。
(45) 熊毅・李慶逵（主編）『中国土壌（第二版）』（科学出版社、一九八七年）。
(46) 胡渭『禹貢錐指』「原隰龍鱗底績至于豬野」の条には史料に見られる原の名称がまとめられており、渭北には三十八、渭南には十一の原があるという。
(47) 史念海「古代的関中」（『河山集』生活・読書・新知三聯書店、一九六三年）。
(48) 史念海「歴史時期黄河中游的森林」（『河山集二集』生活・読書・新知三聯書店、一九八一年）、「黄土高原及其農林牧分布地区的変遷」（『歴史地理』創刊号、一九八一年）、「黄河中游森林的変遷及其経験教訓」（『紅旗雑誌』一九八一年五期）ともにのち『河山集三集』（一九八八年、人民出版社に所収）などを参照。
(49) 武帝広開上林、南至宜春・鼎胡・御宿・昆吾、旁南山而西、至長楊・五柞、北繞黄山、瀕渭而東、周袤数百里。（『漢書』楊雄伝）
(50) 注（7）史念海「漢唐長安城与生態環境」ほか参照。

第五章　中国古代関中平原の水利開発と環境
——鄭国渠から白渠へ——

1、はじめに

陝西省渭水（渭河）両岸に広がる関中平原は秦漢時代の政治経済の中心地であった。この関中平原は涇水（涇河）を境に西部と東部に分けられる。涇水は寧夏回族自治区涇源県・固原県から発し、東南流して、咸陽の北を通り、渭水へと流れ込む河川である。この涇水を利用する涇恵渠は、現在、関中平原東部を灌漑する主要な水利施設である。「引涇灌漑システム」と総称される灌漑渠は、秦の鄭国渠から始まり、漢の白渠、唐の鄭白渠・三白渠、宋の豊利渠、元の王御史渠、明の広恵渠、清の龍洞渠、そして涇恵渠至るまで、実に二千年間にわたって修築・利用されてきた。なかでも、鄭国渠は始皇帝による秦帝国の形成、白渠は武帝による漢帝国の隆盛を支える重要な水利施設として『史記』や『漢書』に記述が残され、古代帝国成立の基礎条件の観点から近年でも多くの研究成果が公表されている(1)。確かに、鄭国渠と白渠は涇水を利用するという点では同じ灌漑渠と言える。しかし、『史記』『漢書』の記載からは二つの違いを見いだすことができる。第一の相違点は鄭国渠が涇水から石川水（石川河）を経て、洛水（洛河）までを灌漑対象としているのに対して、白渠は涇水から石川水までの間のみ対象にしている点である。つまり、鄭国渠は白渠に比べて灌漑範囲が広いのである。第二の相違点は、鄭国渠が灌漑する土地は「漑澤鹵之地四万余頃」（『史記』河渠書）とあり、「澤鹵の地」を対象としているのに対して、白渠は「漑田四千五百余頃」（『漢書』溝洫志）と「田」を対象としていることである。この「鹵地」と「田」の違いは何か。鄭国渠の灌漑範囲が広いことと「鹵地」とは関係があるのだろうか。本章ではこの二点の史料上の差違に着目し、鄭国渠から白渠への展開とそこから読み取れる秦と漢の関中平原における環境利用の変化を考えたい。なお、漢武帝期に関中平原東部に建設された龍首渠にも「重泉以東万余頃故鹵地」（『史記』河渠書）と「鹵地」の記述があり、鄭国渠・白渠の比較材料として検討したい。なお、龍首渠は洛水を水源とする水利施設で、鄭国渠・白渠とも対象区は重複しない。

本章では、まず文献史料や現地調査から鄭国渠・白渠の水利施設の灌漑対象区を復原し、比較する。次に、関中平原北部における「鹵地」の分布を歴代の史料を用いて確定する。その結果をもとに最終的に「鄭国渠から白渠へ」という過程の中で関中平原東部の環境利用がどのように変化していったのかを考察する。

2、鄭国渠と白渠

本節では秦の鄭国渠と漢の白渠の建設過程、灌漑効果、灌漑区域に関する史料を整理し、比較する。

（1）鄭国渠

鄭国渠の建設は秦王政元（前二四六）年に始まる（『史記』六国年表）。当時、強大な勢力となりつつあった秦に対して、東方の韓は秦が大規模工事を好むと聞き、秦に工事をおこなわせ、その国力を疲弊させることによって、東方への攻撃を鈍らせようとした。そこで韓は水工の鄭国を間諜として派遣した。鄭国は秦王を説得し、工事を開始した。ところが、秦王政十（前二三七）年、鄭国が韓の間諜であると発覚し、秦王は鄭国を処刑しようとした。鄭国は「自分は間諜ではありましたが、渠が完成すれば秦の利益になるでしょう」と説いた。秦王はその言を容れ、工事を続行し、完成をみた(2)。このような経緯で完成した鄭国渠の効果について『史記』河渠書には、

渠就り、用て塡閼の水を注ぎ、澤鹵の地四萬餘頃を漑し、収は皆畝ごとに一鐘なり。是に於いて関中沃野と為り、凶年無し。秦以て富彊たり、卒に諸侯を并す、因りて命じて鄭国渠と曰う(3)。

とあり、渠が完成し、そこに涇水の泥を多く含んだ「塡閼の水」を注ぎ、「澤鹵の地」四萬余頃を灌漑し、収穫は畝ごとに一鐘となった。関中は沃野となり、凶年はなくなった。秦は富強となり、ついに諸侯を併呑した。これによって鄭国渠と命名されたという。ここに「澤鹵の地」を灌漑したと記されている。鄭国渠の灌漑対象区について鄭国は次のように述べている。

涇水を鑿ちて中山の西より瓠口に邸るまで渠を為り、北山に並して東して洛に注ぐこと三百余里、以て田に漑せんと欲す(4)。

涇水の河岸を掘削し、中山の西から瓠口に至るまで渠を建設し、北山に沿って東に流れて洛水に注ぐまでの三百余里の施設としている(5)。つまり、鄭国渠は涇水と洛水の間を結ぶ渠道であった。では、その間のルートはどこを通っていたのか。平原部に出てからの鄭国渠の渠道は高低差〇・六‰とほとんど落差がなく、多量の黄土が堆積し、また、後代の水利施設が何度と無く流路を変えたため、その渠道の遺構を現在確認することはできない。そこで秦漢時代以降、最も古い具体的な渠道の記載を残している北魏時代の『水経注』を材料に考えてみたい。『水経注』のうち、鄭国渠にかかわる記事は沮水注にある。沮水注には陝西省北部の子午嶺から発し、東へ流れ直路県（現在の黄陵県）を経て洛水に入るものと西南に流れ宜君水と名付けられ現在の銅川市へと入るものの二つの沮水が記されている。このうち鄭国渠と関わるものは後者である。『水経注』沮水注の記述を整理したものが表5―1である。渠首から洛水に至る

表5－1　『水経注』沮水注鄭国渠関連史料

《鄭国渠》		出典
①鄭渠ルート（渠首～濁水合流点）	（沮水東注鄭渠）…渠首上承涇水于中山西瓠口、所謂瓠中也。…渠瀆東逕宜秋城北、又東逕中山南。…鄭渠又東、逕捨車宮南、絶冶谷水。鄭渠故瀆又東、逕截薛山南、池陽県故城北、又東絶清水、又東逕北原下、濁水注焉。自濁水以上、今水無。	『水経注』沮水注
②石川水ルート（濁水・漆水・漆沮水・櫟陽渠・石川水）	濁水上承雲陽県東大黒泉、東南流、謂之濁谷水。又東南、出原注鄭渠…又東歴原、逕曲梁城北、又東逕太上陵南原下、北屈、逕原東、与沮水（③）合、分為二水。一水東南出、即濁水也、至白渠与澤泉（②—1）合、俗謂之漆水、又謂之為漆沮水。絶白渠、東逕万年県故城北、為櫟陽渠、城即櫟陽宮也。…其水又南屈、更名石川水。又西南、逕郭狼城西、与白渠枝渠合、又南、入于渭水也。	
②—1　澤泉水（漆水・漆沮水）	（澤泉）水出沮東澤中、与沮水隔原、相去十五里、俗謂是水為漆水也。東流、逕薄昭墓南、冢在北原上。又逕懐徳城北、東南注鄭渠、合沮水。又自沮直絶、注濁水、至白渠合焉、故濁水得漆沮之名也。	
③沮水ルート	其一水東出、即沮水也。東与澤泉合。沮循鄭渠、東逕当道城南。城在頻陽県故城南。…又東逕蓮勺県故城北…沮水又東、逕光武故城北、又東、逕粟邑県故城北、其水又東北流、注于洛水。	

までの鄭国渠の渠道は①鄭渠ルート②石川水（濁水）ルート③沮水ルートの三つに分けられる。まず、①鄭渠ルートは鄭国渠首から濁水との合流点までの区間を指す。鄭国渠は渠首で涇水を受け、東へと流れ、宜秋城の北・中山の南・捨車宮の南を経て、冶谷水と絶する（交差する）[6]。さらに東流して、截薛山の南・池陽県故城の北を経て清水と絶する。また東に流れ、北原の下を経て、濁水が鄭渠に注ぐまでが「鄭渠ルート」である。ただ、『水経注』には「自濁水以上、今水無」とあり、北魏時代には渠首から濁水合流点までの「鄭渠ルート」は利用されていなかったと考えられる。すなわち、北魏時代にまで残っていた秦代の鄭国渠の渠道は濁水との合流点以降ということになる。②石川水（濁水）ルートはその名を濁水・漆水・漆沮水・櫟陽渠・石川水と変えながら渭水へと流れる。濁水は雲陽県東の大黒泉から発し、東南流して濁谷水と称され、東南に流れて原に出て①の「鄭渠ルート」と合流したのち、さらに東流し原・曲

梁城の北・太上陵南原の下を経て、北に屈曲し、原東の東を経て沮水と合流する。その後、沮水と再び分かれ、東南に流れ、白渠付近で澤泉水と合流する。ここで合流する②―1の澤泉水は沮東澤（富平県付近か）から発し、沮水と原を隔てて流れる河流で漆水と呼ばれる。東に流れ、薄昭墓の南・懐徳城の北を経て東南流して鄭渠に注ぎ沮水と合流したのち、白渠付近で濁水と合流する。そのため、濁水は漆水や漆沮水とも呼ばれる。②のルートに戻り、濁水は白渠を絶し、東に流れ万年県故城の北を経て、櫟陽渠となり、南に屈曲し、石川水と名を変え、西南に流れ郭狼城の西で白渠枝渠と合流し、南に流れて渭水に入る。③沮水ルートは濁水（石川水）と合流・分流したのち、澤泉水と合流し、沮水が鄭国渠の流れに従って（「沮循鄭渠」）、東流し当道城（頻陽故城南）の南・蓮勺故城の北・光武故城の北・粟邑県故城の北を経て、東北流して洛水に注ぐ。ただ、③の記載の通りに沮水が流れると入洛点が洛水のかなり上流部にあることになり、相当な高さを沮水が昇らねばならなくなる。[7] また、「沮循鄭渠」の解釈について「沮水と鄭国渠との並行関係をあらわしている」とする説[8]や「沮循鄭渠」を鄭国渠の一段の名称ととらえる説[9]などがあるが、ここでは「沮は鄭渠に循（したが）う」と読み、「沮水がすでに廃されたかつての鄭国渠の渠道に従って流れていた」と解釈したい。関中平原の自然河流は清水や石川水などのように北から南へ流れるのが一般的であり、『水経注』にあるような東西を横断するような沮水の河道は考えにくい。そこで、沮水の河道と考えられる部分の地形を見ると、石川水・洛水間には東西に広がる北原と呼ばれる黄土原があり、その原の断崖を沮水の河道、すなわちすでに廃されてしまった鄭国渠の渠道として認識したのではないだろうか。石川水と分かれ、東へと流れた沮水の河道も『水経注』時代には「水無し」の状況であったのであろう。つまり、①鄭渠ルート③沮水ルートはともに水は無く、②石川水（濁水）ルートのみ水が流れていたことになり、『史記』にあるような涇水から洛水へ入るような鄭国渠の渠道は『水経注』の時代にはなかったのである。[10]

(2) 白渠

白渠は漢武帝太始二（前九五）年、趙の中大夫白公が再び渠を穿つことを上奏したことによって開削されたもので、その規模とルートは『漢書』溝洫志に、

涇水を引き、首は谷口より起こし、尾は櫟陽に入り、渭中に注ぐ、袤さ二百里、田四千五百餘頃を溉し、因りて名づけて白渠と曰う。(11)

とある。鄭国渠と同じように涇水から引水し、渠首は谷口からはじまり、櫟陽を通り、渭水に入る長さ二百里の水利施設で、四千五百頃の「田」を灌漑した。白公よって開削されたので白渠と名付けられたという。ここで「鹵地」ではなく「田」を灌漑したとしていることが鄭国渠と異なる点である。渠首は鄭国渠口遺跡上流一二九七m（現在の涇河張家山水文站大断面下三〇〇m付近）の涇河左岸第二段丘にある人工的な渠口と比定され、その東には上部の幅一七m、底部の幅五m、深さ五mの故渠道の遺跡が発見されている。(12)

つぎに渠首の谷口から櫟陽そして渭水に至るまでのルートはどこを通っていたのであろうか。ここでも再び『水経注』渭水注の記載を参照したい（表5―2参照）。白渠は①白渠本流②白渠枝瀆③白渠枝渠の三つの渠道に分かれて渭水に流れ込む。①白渠本流は鄭渠の南に出て、(13)東流して宜春城の南を経て東南して池陽城の北を過ぎ、白渠枝瀆が分かれ、さらに東流して白渠枝渠が分かれ、秦孝公陵の北を通り、東南流して居陵城の北・蓮芍城の南を経て、また東流して金氏陂に注ぎ、東南流して渭水に流れ込むものである。②白渠枝瀆は池陽城の北から分流し東南流して藕原の下を通り、東流して郿県故城の北を経て、東南流して渭水に入るもの。③白渠枝渠は枝瀆が分流した後、本流から分かれ、東南流し、高陵県故城の北を通り、東流して北魏櫟陽城（現在の臨潼県櫟陽鎮で秦漢櫟陽城よりも南）の北を経て、

東南流し石川水に注ぐ。この合流点は沮水注の②石川水ルートの「（石川水）逕郭狼城西、与白渠枝渠合」の地点であり、合流したのち、南へ流れて渭水に入る。このうち①②には「今無水」（北魏時代には水が無い）とあるが、③に水があったならば、①には渠首から白渠枝渠の分岐点までは水があったと考えることが自然であり、①のうち白渠枝渠と分かれて渭水に入るまでの間は「今無水」の状態であったと考えられる。漢代の白渠は谷口から櫟陽を経て渭水に入るとあり、②は櫟陽の手前で渭水に入り、③は北魏櫟陽城の北を通り、石川水に入ることから、おそらくは①が漢代の白渠の故渠道であろう。(14) ①の渭水との合流点（白渠口）は石川水を少し越えて、隋の下邽県にあった金氏陂の東南に位置した。

以上、鄭国渠と白渠の建設の経緯、灌漑効果、灌漑対象区を見た。鄭国渠は涇水から石川水を経て洛水まで、白渠は涇水・石川水間を灌漑対象としていたと言える。

さて、漢の武帝の時代、関中平原東部にはもうひとつ、特色ある灌漑施設建設の試みがなされていた。龍首渠である。鄭国渠・白渠よりも東に展開した施設であるが、今後の比較検討のために、ここで龍首渠の経緯・効果・灌漑対象区の検討もしておきたい。

表5－2　『水経注』渭水注白渠関連史料

		出　典
《白渠》		
①白渠本流	（渭水又東得白渠口）…（白渠引涇水、首起谷口）、出于鄭渠南…東逕宜春城南、又東南逕池陽城北、枝瀆出焉（②）。…白渠又東、枝渠出焉（③）。…白渠又東、逕秦孝公陵北、又東南逕居陵城北、蓮芍城南、又東注金氏陂、又東南注于渭。…今無水。	『水経注』渭水注
②白渠枝瀆	東南逕藕原下、又東逕鄗県故城北、東南入渭。今無水。	
③白渠枝渠	東南逕高陵県故城北、…又東逕櫟陽城北。…又東南注石川水。	

（3）龍首渠

龍首渠について、『史記』河渠書に次のような史料が残されている。

その後、荘熊羆言う「臨晋の民、洛を穿ち以て重泉以東万余頃の故の鹵地を漑す。誠に水を得れば、畝ごと十石にならしむ可し」と。是に於いて、為に卒万余人を発して渠を穿つ。徴自り洛水を引き、商顔山の下に至る。岸善く崩れ、乃ち井を鑿つ、深さは四十余丈なり。往往して井を為り、井の下は相い水通行す。水積以て商顔を絶し、東のかた山嶺十余里の間に至る。井渠の生ずること此自り始まる。渠を穿ち龍骨を得る、故に名して龍首渠と曰う。これを作ること十余歳にして、渠頗る通るも、猶ほ未だ其の饒なるを得ず。(15)

漢武帝期に荘熊羆（『漢書』溝洫志では厳熊）が「臨晋の民のために洛水を掘って重泉以東の万余頃のもとの「鹵地」を灌漑する。これによって実際に水を得ることができれば、一畝あたり十石の収穫を得るようになるだろう」と上奏し、それに基づき、人民一万人あまりが徴発され渠の掘削が開始された。徴県（現在の澄城県）から洛河を引水し、商顔山の下まで引く。ところが、渠道を建設する場合、渠道の岸が崩落しやすかったため、深さ四十丈あまりの竪穴（井）を掘り、井戸の下に水を通した。水は商顔山の地下を流れ、山の東から十里あまりの地域に至った。井渠という工法（いわゆるカナート）はこの工事から始まったもので、渠を掘った際、龍骨が出てきたため、龍首渠と名付けられた。ところが、このような困難な工事を十年あまりおこない渠は通じたものの、それによって豊饒とはならなかったという。ここでは鄭国渠と同じように「鹵地」を灌漑していたことを確認しておきたい。龍首渠のルートは、徴県に建設された渠首(16)から洛水の水を承けた龍首渠は洛水の東を洛水と並行して南流し、洛河東岸の標高四〇〇mの丘陵が龍の尾の様に西に延びている丘陵、すなわち商顔山（現在の鉄鎌山）にぶつかる。洛水はこの丘陵に沿って西流し、丘陵の西端で流れを南へ変えた後、東流して臨晋の南を流れる。龍首渠は臨晋県付近に向かうため、商顔山の西北から東南へトンネルを掘ることが必要であった。現在の洛恵渠も五号隧洞を通じて商顔山の下を流れている。しかし、臨晋付近はアルカリ度が強く、排水なしで大規模な灌漑を行ってしまうと、後述のような再生塩鹹化が起こりやすい。現在の洛恵渠でも地下水が上昇して塩類集積が起こることを防ぐために、排水溝の整備が施されている。[17] 龍首渠も大規模な灌漑によって土壌の再生塩鹹化が発生したため、完成しても「猶ほ未だ其の饒なるを得ず」というように効果が上がらなかったのであろう。[18] 以上、龍首渠は「鹵地」を灌漑するために、徴県から洛水を得て、商顔山を暗渠で越えて、洛東全体に水を送る、すなわち、洛水・黄河間を灌漑区としていた。

以上の整理・考察のように、関中平原東部は、Ⅰ区：涇水―石川水間（鄭国渠・白渠灌漑区）、Ⅱ区：石川水―洛水間（鄭国渠のみの灌漑区）、Ⅲ区：洛水―黄河間（龍首渠灌漑区）の三地区に区分できる。

3、関中平原東部の環境――鹵地を中心に――

（1）鹵地とは何か

では、鄭国渠と龍首渠の史料にみられる「鹵地」とは何なのか。『説文解字』には「鹵は鹹なり。東方はこれを斥と謂い、西方はこれを鹵と謂う」とあり、鹵は鹹、すなわち塩を示す。「鹵地」は現代的に言えば、塩類土壌を意味する。「鹵地」は原生塩鹹地と再生塩鹹化地の二つに分けられる。[19] 原生塩鹹地は窪地で塩類が集積する慢性的塩地であり、それは史料のなかに「塩池」として現れる。再生塩鹹化地は大規模な灌漑が行われた後、十分に排水が施されず地下水位が上昇し、地下水中の塩類が土壌表面に集積するために起こるものである。一九三〇年代の涇恵渠では灌漑開始後、しばらくは生産量があがったものの、排水溝が完備されていなかったため、地下水位が上昇し、塩害が発生した[20]。これが再生塩鹹化または再生アルカリ化である。古代においてもメソポタミアなどで再生塩鹹化は発生している[21]。では、鄭国渠が灌漑対象とした「鹵地」は原生塩鹹地と再生塩鹹化地のどちらであったのか。鄭国渠が建設される以前、櫟陽・咸陽遷都以前にも関中平原東部の農地開発は進行していたが、大規模な灌漑事業は鄭国渠が最初である。つまり、鄭国渠の目的が再生塩鹹化地の灌漑であったとは考えにくい。すでに恒常的に塩類が地表に現れている原生塩鹹地から塩類を除去し、農耕可能にすることを目的としていたと考えるのが自然であろう。

鄭国渠の塩類土壌の改良の方法は、「用て塡閼の水を注ぎ、澤鹵の地四萬餘頃を漑す」（『史記』河渠書）とあり、『漢書』溝洫志の師古注には「塡閼は壅泥なり。淤濁之水を引きて鹹鹵之田を灌すを言う」とある。つまり、塡閼の水、すなわち泥を多く含んだ涇水の水を引いて、鹵地を灌漑したのである。これは泥土を塩類土壌にかぶせるようにして、塩害を防いだことを意味する。ところが、古代の灌漑施設では排水の機能はなく、しばらくすると再生塩鹹化がおこり、生産力は低下し、泥の堆積などとあいまって度々の渠道の変更・改修などがおこなわれることとなったのである[22]。

（2）　各地区の環境――塩池を中心に――

では、関中平原東部のどこに原生塩鹹地が分布していたのであろうか。原生塩鹹地は周囲よりも低い窪地に塩類を集積する性質をもち、そこには塩池が形成される。塩池の所在を確認することによって原生塩鹹地のおおよその位置が確定できるだろう（地図5―1）。塩池は人工的な水利施設によって排泄されない限り、農地として改造されず、また原生塩鹹地以外の土地で人工的に新しく形成されることもないから、清代の史料であっても、その存在が確認でき

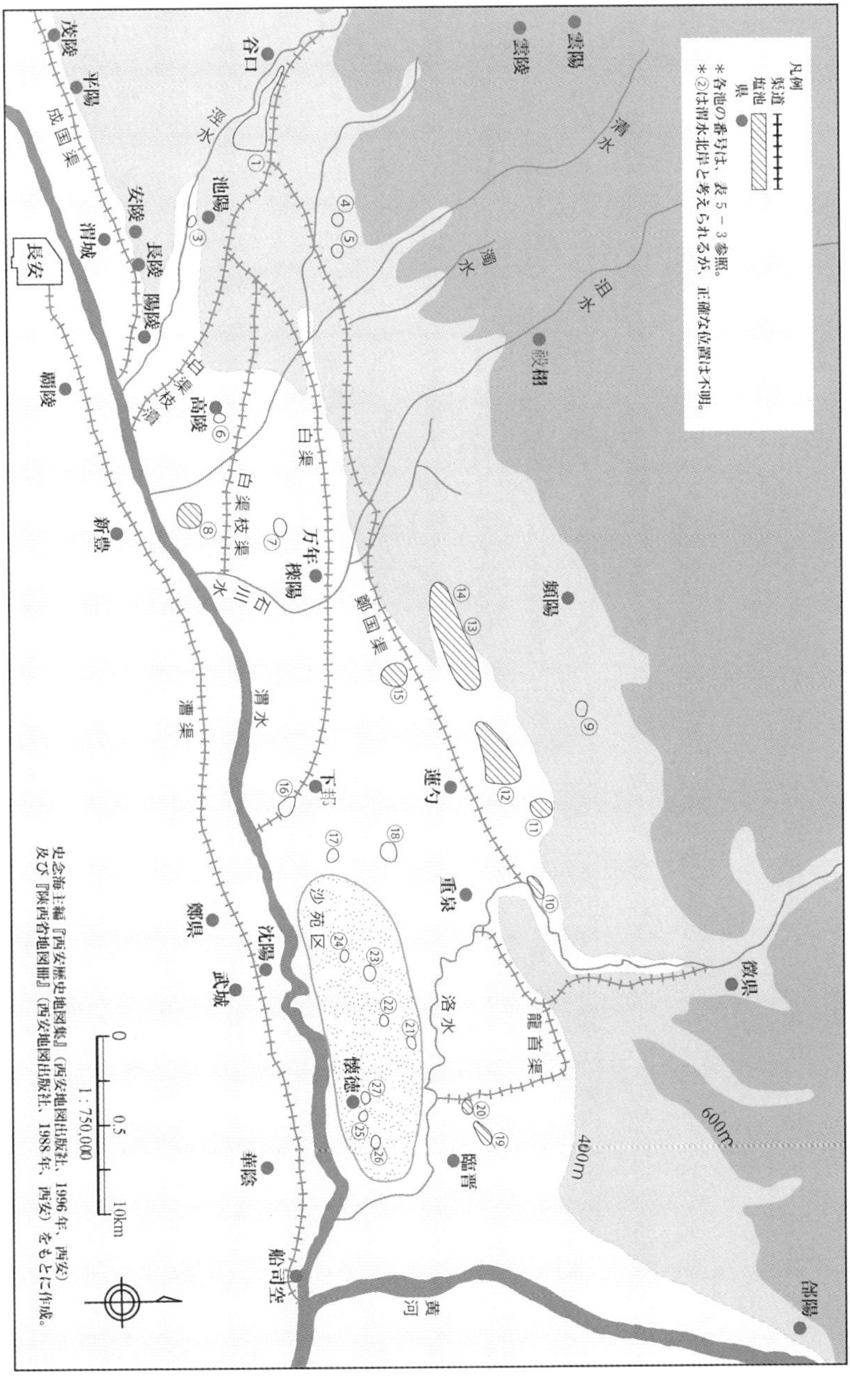

地図5－1　古代関中平原水利施設

れば、秦漢期にも塩池が存在していたか、少なくとも原生塩鹹地がそこにあったと考えられる。歴代の関中平原東部の陂池を整理したものが表5—3である。次に前章でまとめた三地区に即して考察したい。

① Ⅰ区　涇水~石川水

この地区は涇水が西北の黄土高原から東南流して渭水へと流れ込む地域で、西北から東南に向かって傾斜している。漢代には谷口・池陽・高陵・櫟陽・万年の五件が置かれた。谷口は鄭国渠・白渠の渠首の建設地にあたり、周代には十藪の一つである焦穫澤が存在した（『水経注』沮水注）。池陽は涇水沿岸、高陽・櫟陽は白渠の本流・枝渠の沿岸にある。万年は漢高祖十（前一九七）年に櫟陽から分置された県である。櫟陽は献公二年から咸陽遷都の孝公十二年まで戦国秦の都が置かれ、関中平原東部の中心都市であった。この地区には焦穫澤・蒲池・龍泉陂・流金泊・涵碧池・蓮池・清泉陂・煮塩澤の八つの池澤が確認できる。このうち焦獲澤・流金泊・涵碧池の三ヶ所は標高四〇〇m以上の河谷地帯に位置し、山間部の泉水が集積した淡水池である(23)。また、谷口よりも下流の涇水付近にある龍泉陂・蓮池・清泉陂は、「蓮」という名称や「多蒲魚利」「多水族之利」等の記載から、蓮・蒲・魚などが生きる淡水池であったと考えられる。これに対して、煮塩池は苻秦の時に塩を煮たとあるように塩池である。北魏時代の櫟陽の南、『水経注』の白渠枝渠・清水・石川水・渭水に挟まれた場所にある。ただし、漢代の白渠は『水経注』の白渠本流であり、煮塩池付近は灌漑されず、秦漢以前は原生塩鹹地のまま放置されていたと考えられる。以上、この地区は涇水上流の河谷部と涇水下流に淡水池が七ヶ所、石川水の入渭点の西に塩池が一ヶ所確認された。

② Ⅱ区　石川水~洛水

この地区は北から南へ流れる大きな河川はなく、漢代に設置された県は標高六〇〇mに近い地点の山間部に頻陽、渭水沿岸に下邽、その中間の鄭国渠南に蓮勺の三つの県が距離をおいて設置されているのみであり、Ⅰ区ほど開発が

表5－3　関中平原東部歴代陂池表

					出典
〈I区　涇水~石川水〉					
涇陽県	1	○	焦穫澤	周有焦穫。	『爾雅』
	2	○	蒲池水	五帝廟南臨渭、北穿蒲池溝水。	『史記』封禅書
	3	○	龍泉陂	在県南三里。周回六里、多蒲魚之利。	『元和志』
	4	○	流金泊	県東北三十里、嵕山南。	『陝西通志』
	5	○	涵碧池	西園在三原県西北二里、有草亭・後楽亭・三愛圃、涵碧池。	『陝西通志』
高陵県	6	○	蓮池	元至元中県令王珪引昌連渠入城注之。在県治東偏。	『西安府志』（乾隆四十四年）
臨潼県	7	○	清泉陂	櫟陽西南十里。多水族之利。	『元和志』
	8	●	煮塩澤	櫟陽南十五里。澤多塩鹵。苻秦時於此煮塩。周廻二十里。	『元和志』
				今走馬村水多鹹或即其地。	『臨潼縣志』（乾隆四十一年）
〈II区　石川水~洛水〉					
蒲城県	9	○	漫浴池	在県西十五里…其水微山南入賈曲灌葦田数頃。	『長安志』
	10	●	晋王灘	在県東南三十里、洛水北岸有泉二、旧灌葦田十余頃、今甚微、惟灘地熬鹵兼与昔同。	『蒲城県新志』（光緒三十一年）
	11	●	東鹵池（安豊灘）	奉先県有鹵池二。	『新唐書』地理志
				大歴十二年東池生瑞塩後勅禁不復生。	『蒲城県新志』
				県南二十里。	『長安志』
	12	●	西鹵池	西南四十里。明斗村之高春渚池。遇旱不涸。郷人取水熬塩供一方用。	『蒲城県新志』
				在県南四十里。与甘池八公灘通西連高春渚産硝。東南数里、有溝間両崖土可煎塩鹵水泛溢池於此。	『蒲城県新志』
富平県	13	●	鹵泊灘	頻陽有塩池一名塩池澤。	『魏書』地形志
				富平有塩池澤。	『新唐書』地理志
				塩池澤在県東南二十五里、周回二十里。	『元和志』
				在県東即塩池。	『陝西通志』（雍正十三年）
				鹵泊灘一名明水灘一名東灘。冬夏不竭可煮塩。	『富平縣志』（乾隆四十三年）

県	番号	種別	名称	記述	出典
渭南県	14	●	咸村灘	県西二十里為咸村灘、歳旱其土可煎塩。謂之西灘。	『富平縣志』
	15	●	塩池	東北六十里。	『陝西通志』
	16	○	金氏陂	白渠…逕居陵城北蓮勺城南、東注金氏陂、又東南注于渭。	『水経注』
				下邽有金氏陂。	『隋書』地理志
				武徳二年引白渠水灌下邽金氏陂。	『新唐書』地理志
				漢昭帝時以金日磾有功賜其地因名。	『太平寰宇記』
				在県北三十里。	『渭南縣志』（乾隆四十四年）
	17	○	古湫池	在渭南県城東北五十里交斜鎮。	『渭南縣志』
	18	○	蓮花池	在県東北来化鎮即蓮勺県故址	『渭南縣志』
〈Ⅲ区　洛水～黄河〉					
大荔県	〈洛東地区〉				
	19	●	通霊陂	在（朝邑）県北四里二百三十歩。開元初姜師度為刺史、引洛水及堰黄河以灌之、種稲田二千余頃。	『元和志』
				今東塩池窪。	『洛恵渠志』
	20	●	小塩池	（朝邑）県有小池有塩。	『新唐書』地理志
				在（朝邑）県西北十五里。	『朝邑縣志』
	〈沙苑区〉				
	21	○	九龍池	在（大荔）県城南八里沙苑。泉有九穴同為一注。因名九龍。今謂之鵝鴨池。	『太平寰宇記』
	22	○	白馬池	（大荔県）西南三十里。	『大荔縣志』
	23	○	清池	（大荔県）西南四十里。	『大荔縣志』
	24	○	蓮花池	（大荔県）西南四十五里。	『大荔縣志』
	25	○	太白池	（朝邑）県西南四十里周十里。池多蓮。開時遊覧不絶。	『朝邑縣志』（康熙五十一年）
	26	○	麻子池	（太白池）北五里有麻子池。	『朝邑縣志』
				（大荔県）東南二十五里。	『大荔縣志』（乾隆五十一年）
	27	○	蓮花池	（太白池）西北蓮華池為風沙所没。	『朝邑縣志』

●＝塩池　○＝淡水池　数字は地図5―1と対応

進展していた地域ではない。下邽・頻陽は春秋・戦国秦の時代に造られ、蓮勺は漢初に置かれた。この地区には漫浴池・晋王灘・東鹵池（安豊灘）・西鹵池・鹵泊灘・咸村灘・塩池・金氏陂・古湫池・蓮花池の十の池澤が確認できる。標高四〇〇m以上の地区には、漫浴池があり、南の蒲城県賈曲の葦田を灌漑する淡水池である。また、白渠の渠道中の下邽南の金氏陂は渠水を承けているため淡水池である。Ⅲ区の沙苑地区の西には古湫池・蓮花池が分布する。ともにその名から淡水池と考えられる。一方、標高四〇〇mラインに沿って富平県東に鹵泊灘（塩池澤・明水灘・東灘とも言う）、その西に西灘、蒲城県南には東鹵池・西鹵池、その東には晋王灘があり、東西に直線的に分布している。これらは塩池である。鹵泊灘は東西二五里と最も大きく、富平県東の北鹵原と八公原に挟まれた谷間に形成している（『富平県志稿』巻一山川）。ソープは関中平原の渭北ではあまり塩害を憂慮する必要はないが、山谷の間は塩害が起こりやすいと述べているように[24]、ここは典型的な谷間の原生塩鹹地である。その一部にあたる現在の蒲城県荊姚鎮西南には、今も鹵陽鹽工場がある。最も東に位置し、洛水沿岸にあるのが晋王灘（蒲城県平路廟西南）である。ここは史念海説による鄭国渠の入洛点にあたる。このほか、渭南県東北六十里にある鹽池は上の五ヶ所の位置する標高四〇〇mラインよりも少し南、鄭国渠故渠道の南側にあったと考えられる。以上、塩池は六ヶ所あり、標高四〇〇mの等高線沿い、もしくはその少し南、すなわち石川水以東の鄭国渠故渠道沿いに分布している。四〇〇mライン付近に漢代の蓮勺県が位置している。『漢書』に「常に蓮勺の鹵中に困る」（『漢書』宣帝紀）とある。この鹵中について、如淳は「蓮勺県に鹽池あり、縦広さ十余里」、顔師古は「今の櫟陽県の東にあり」と注釈をしており、鹵中とは四〇〇mラインに分布していた塩池群すなわち原生塩鹹地全体を示していると考えられる。以上、この地区には四〇〇mラインに塩池が六ヶ所、その北と南に淡水池が四ヶ所確認された。

③　Ⅲ区　洛水~黄河

この地区は洛水以東の臨晋県が位置する洛東区と洛水南の沙苑区に分けられる。洛東区は現在では洛恵渠灌漑の恩恵を受け、小麦・綿花・リンゴの生産が盛んな地区である。漢代には龍首渠の渠首付近に徵、洛水が東へ屈曲する地点の南に重泉、洛水の東に臨晋、黄河の西岸に郃陽が置かれた。徵は春秋秦の邑、重泉・臨晋・郃陽は戦国秦の簡公六（前四〇九）年前後に戦国期の秦魏抗争の最前線都市として設置された。沙苑区は、更新世には湖泊であった場所がその後の洛水・渭水の河道変動に伴って砂が堆積し、沙阜（砂丘）や沙窪等となった砂漠地帯である。(25) 漢代には秦代に設置された懐徳県が設置された。この地区全体では通霊陂・小塩池・九龍池・白馬池・清池・蓮花池（大茘）・太白池・麻子池・蓮花池（朝邑）の九つの池澤が確認できる。このうち、沙苑区には九龍池から蓮花池（朝邑）までの七つの淡水池が分布し、洛東区には通霊陂・小鹽池の二つの塩池があった。ともに臨晋県（現在の朝邑鎮）の北に並んでいて、西の小さいものが小鹽池、東の大きいものが唐代の通霊陂で、現在では塩池窪と呼ばれ、洛恵渠排幹溝によって黄河に排塩が行われている。(26) 以上、この地区では洛水南の沙苑区に淡水池が七ヶ所、洛東区の臨晋県北に塩池が二ヶ所確認された。

以上の考察からⅠ区は渭水沿岸の煮鹽澤を除き淡水池が分布しており、山間部とほとんどの平地は鹵地ではない。Ⅱ区は四〇〇ｍの等高線に沿って東西に塩池が分布し、その南に蓮勺が設置された。Ⅲ区の洛水から黄河までの地区には臨晋の北に二つの大きな塩池窪がある。すなわち、『史記』にある鹵地とは鄭国渠ではⅡ区の東西に広がる塩池分布区を指し、龍首渠ではⅢ区の臨晋北の塩池窪を指している。

4、鄭国渠から白渠へ——その開発と環境利用——

鄭国渠・白渠の灌漑区と鹵地との関係をまとめると、戦国秦が建設した鄭国渠は涇水から洛水までのⅠ区・Ⅱ区を灌漑区とし、涇水より引水し、涇水・石川水間の灌漑、さらに石川水・洛水間の鹵地の灌漑をおこなった。それに対して、漢の武帝期に建設された白渠は鹵地ではない涇水から石川水までのⅠ区のみを灌漑区とした。白渠と同じ武帝期に建設された龍首渠は洛水から黄河までのⅢ区を灌漑区とし、臨晋の北の鹵地を含めた洛東全体の灌漑を目的としていた。このように、鄭国渠と白渠では灌漑対象区の環境が大きく異なっていたのである。これは戦国秦から漢代にかけて、関中平原東部に分布する鹵地という環境の利用方法が変化したことを示すものである。「鄭国渠から白渠へ」という過程を関中平原東部の環境利用という観点から考えてみたい。

（1）戦国秦による関中平原東部の開発と環境

春秋末から戦国初期にかけて隣国の晋における六卿の内紛が激しさを増すなか、秦は関中平原西部から東部へと徐々に進出した。前五世紀半頃の厲共公十六年には河水沿いに塹壕を造り、洛水流域の大茘を伐ち、その王城（漢代の臨晋）を奪取した。[27] 二十一年には石川水・洛水間の頻陽に県を設置した。前五世紀後半には霊公が即位し、関中平原西部の雍城から東部の涇陽へと秦都が遷された。[28] 霊公の時代には黄河沿岸の現在の韓城付近に魏が少梁を築城し、秦は籍姑・繁龐を築城・修築した。秦と魏による洛水・河水間の争奪戦が繰り返され、霊公八年には魏に対処するため、河水沿いに塹壕が築かれた。[29] 簡公六年には、洛水に塹壕を掘り、重泉に城が築かれている。[30] この塹壕は「塹洛長城」と呼ばれ、両岸から丘陵がせまる自然環境を利用した石積みの防禦壁である。[31]

春秋時代の秦晋（魏）の抗争は都市という「点」を取り合うものであったが、前五世紀半以来の秦の関中平原東部への進出からは、河水流域での塹壕、洛水流域での「塹洛長城」、頻陽・重泉・涇陽などの新たな都市の建設など関中平原東部という「空間」を領域として組み入れようとした秦の意識を読み取ることができる。その間の雍城旧勢力との抗争を経て、献公二（前三八三）年には櫟陽へ、さらに、孝公十二（前三五〇）年には咸陽へと秦都が遷された。[32]咸陽遷都は商鞅の第二次変法のなかで実施され、同時に関中平原東部に県が設置された。『史記』秦本紀に、

（孝公）十二年、咸陽を作為り、冀闕を築き、秦徙りて之に都す。諸の小郷聚を并せ、集めて大県と為し、県に一令とし、四十一県なり。田を為り、阡陌を開く。東の地、洛を渡る。[33]（『史記』秦本紀）

とある。商鞅の補佐のもと、孝公は咸陽を建設し、そこに雍城から秦都を遷し、諸々の小集落をあわせて県とし、県ごとに県令を置いた。全部で四十一県であった（『史記』商君列伝では三十一県）。田を開墾・整備し、その東の地は洛水を渡るまで広がっていたという。秦は洛水の東側にまで県を設置したのである。戦国秦の限られた領域のなかで、関中平原東部の涇水から洛水までの空間全体を県制による直接的支配下に置き、農地開発をすすめ、その環境を利用しようとしていたという意思を読み取ることができる。雍城を中心とした西部の旧勢力への対抗と東の魏との抗争という時代背景のなかで関中平原東部の開発は最も重要な案件であった。しかし、関中平原東部に大きな平原が広がっているとは言っても、石川水から洛水の間は「鹵地」＝原生塩鹹地であり、農地開発は困難なものであった。この開発問題をクリアする土木工事が、前二四六年に鄭国の提案した鄭国渠の建設であった。鄭国渠によって涇水から水を引き、洛水までの間を灌漑し、鹵地を「無理に」農地化することができたのである。鄭国が間諜として韓から派遣され、鄭国渠の建設が秦の疲弊を目的としたものであったことが発覚した後でも、秦が工事を続行したのは、涇水から洛水までの関中平原東部の空間全体を開発・利用するという秦の長年の課題に適合していたためと考えることができる。

（2）統一秦・漢の関中平原の開発と環境

鄭国渠を原動力として、前二二一年、秦は天下を統一する。これによって秦は関中平原という限られた空間だけではなく、かつて東方六国が存在した黄河・淮河・長江下流域にあたる東方大平原をもその領域に組み込み、食糧供給地を関中平原東部から東方大平原にまで広げることができるようになったのである。統一秦が東方大平原の諸河川とつながる鴻溝付近に敖倉を置いたことや、武帝時期に漕渠を開削したことは、この状況を示している。戦国秦という限られた領域内の食糧生産地として重要視された関中平原は、秦・漢が天下を併せたことにより中国全体の統一システムのなかに組み込まれ、東方大平原にその地位を奪われることになったのである。そのような変化のなかで農耕可能な涇水から石川水の間は白渠を建設し灌漑を継続し、農耕に不適当な鹵地が広がっていた石川水から洛水の間は新たな大規模水利施設が造られることなく、「常に蓮勺鹵中に困る」状態で半ば放棄された。

白渠・漕渠と同じ武帝期に建設された龍首渠が対象とした洛水・黄河間では戦国秦以前に大規模灌漑が行われることはなかった。この地区の重泉・臨晋・郃陽の各県は紀元前五世紀末の戦国秦と魏の抗争のなかで設置された最前線の軍事都市であった。その後、漢代に入り統一システムが完成すると、この地域への眼差しも変化した。洛水上流から「漖邑漕倉」瓦当が発見されたことや[34]、漢代の洛水が渭水に流れ込み[35]、その合流点の近くの船司空から京師倉が発見されていることから[36]、洛水→重泉→臨晋→渭水→京師倉→漕渠→長安という漕運ルートを想定することができる。このルートでは、臨晋はその中間点に位置し、長安への食糧供給地であるとともに、洛水を遡り黄土高原の長城ラインへと至る対匈奴戦のための北方への食糧供給地となった。臨晋を含めた洛東地区は戦国秦の辺境の軍事都市から国都・長安のみならず長城へ食糧を送る農耕都市へと変化する必要があった。それゆえ、龍首渠を建設し、洛水・黄河間の灌漑を目指したのである。

さて、三国時代になると、漢代に放棄された石川水・洛水間と関わる「蓮勺鹵鹹督印」「蓮勺鹵督印」等の官印が発見されている。(37) 蓮勺には三国以降、塩官が置かれ、塩生産の管理が行われていたのである。つまり、農業から塩業への転換がはかられた。これは原生塩鹹地という環境を無理に農耕化して利用する、つまり環境と対抗しようという開発から、すでにある「塩」を利用すること、すなわち環境を受け入れようという開発方法に変化したことをも示すのである。

5、おわりに

これまで見てきたように、鹵地の利用という観点から「鄭国渠から白渠へ」という水利開発の歴史的過程を整理すると、関中平原東部の環境利用の方法が戦国秦から統一秦・漢時代へと大きく変化することがわかった。すなわち、領域に限界のあった戦国秦では、関中平原全体を開発して生産力を上げることが求められた。そのため農地に適していない石川水・洛水間の鹵地を無理に農耕化することを目的に鄭国渠を建設した。統一秦漢時代になると東方大平原をその領域に加え、東方の食糧を得ることとなった。そのため、関中平原東部のうち農耕に適していた涇水・石川水間には白渠を建設し、農地化に不適当な石川水・洛水間の開発は放棄した。洛水・黄河間は洛水が漕運路として重視されたため、龍首渠によって軍事都市から長安・長城戦へ食糧を送る都市へと移行しようとしたが、失敗した。漢代に放棄された石川水・洛水間は再び領域が縮小した三国時代の魏によって別の観点から重視されることとなった。ただ、その利用法は戦国秦のような鹵地という環境に対抗する農耕化ではなく、鹵地という環境を上手く利用する塩業への転換というものであった。

戦国秦から統一秦・漢へという過程の中で、このように関中平原東部の環境利用の方法が変化したのと並行して、東方大平原の開発も進展し、その中心地も河北平原から淮北・淮南へと移っていった。(38)

注

(1) 日本における鄭国渠・白渠に関する主な論文として以下の論著を挙げておく。木村正雄「鄭国渠の開設とその意義——特にその成立の基礎条件——」(『中国古代帝国の形成』不昧堂、一九六五年、のち、比較文化研究所より新訂版二〇〇三年刊行)、鶴間和幸「漳水渠・都江堰・鄭国渠を訪ねて——秦帝国の形成と戦国期の三大水利事業」(『中国水利史研究』一七号、一九八七年、のち、同『秦帝国の形成と地域』汲古書院、二〇一三年所収)、佐竹靖彦「鄭国渠と白渠」(『栗原益夫先生古稀記念論集　中国古代の法と社会』、汲古書院、一九八八年)、藤田勝久「関中地域の水利開発——鄭国渠・成国渠の水利遺跡をめぐって——」(『「社会科」学研究』二一号、一九九一年)、中善寺慎「漕運の側面より見た鄭国渠開鑿の意義について」(『茅茨』五号、一九九二年)、原宗子「中国環境史の方法・試論——「地域」の概念設定に関わって」(『東洋文化研究』五号、二〇〇三年、のち、同『「農本主義」と「黄土」の発生——古代中国の開発と環境2』研文出版、二〇〇五年に「大規模渠水灌漑の成立事情と有効性」と改題して所収)、濱川栄「鄭国渠の灌漑効果とその評価をめぐる問題について」(『中国古代の社会と黄河』、早稲田大学出版会、二〇〇九年。本論文の中国語版は『漢唐長安与関中平原』陝西師範大学出版部、一九九九年刊行)、大川裕子「中国古代の灌漑事業をめぐる研究の現状と課題——戦国三大水利事業を中心として——」『中国史学』一七号、二〇〇七年などがある。また、本書第十八章「陝西省関中三渠をめぐる古代・近代そして現在」では、近現代の涇恵渠・渭恵渠・洛恵渠と古代の三つの渠水の比較をした。

(2) 而韓聞秦之好興事、欲罷之、毋令東伐、乃使水工鄭国間説秦、……中作而覚、秦欲殺鄭国。鄭国曰「始臣為間、然渠成亦秦之利也」秦以為然、卒使就渠。(『史記』河渠書)

（3）渠就、用注塡閼之水、漑澤鹵之地四万余頃、収皆畝一鐘。於是関中為沃野、無凶年、秦以富彊、卒并諸侯、因命曰鄭国渠。（『史記』河渠書）

（4）令鑿涇水自中山西邸瓠口為渠、並北山東注洛三百余里、欲以漑田。（『史記』河渠書）

（5）鄭国渠の渠首について、秦中行「秦鄭国渠渠首遺址調査記」（『文物』一九七四年七期）は現在の木梳湾村から西南二里の黒石湾付近、涇水北岸の第二段丘上にある広さ二四・五m、土手の高さ三m、深さ一〇mの故渠道であるとする。『中国文物地図集 陝西分冊』（西安地図出版社、一九九八年）は涇陽県上然村北の全長二六五〇m、幅一五〇m、高さ六～八mのダム遺構を渠首とし、涇水から引いた水を一旦ダムに集水してから配水する方法であったとする。《涇恵渠志》編写組編『涇恵渠志』（三秦出版社、一九九一年、西安）ではダム形式ではなく、涇水の二つの渠首から直接引水して鄭国渠に水を流すという説をとる。

（6）「絶」については濱川栄「『水経注』に見える「絶」について――漢～北魏時代の黄河下流域の環境と社会」（『黄河下流域の歴史と環境――東アジア海文明への道』東方書店、二〇〇七年、のち、『中国古代の社会と黄河』、早稲田大学出版会、二〇〇九年所収）。

（7）史念海「古代的関中」（『河山集』、三聯書店、一九六三年）では鄭国渠の入洛点を、洛水が南流から西流に変化し、再び南へ屈曲する部分に比定している。

（8）前掲佐竹靖彦「鄭国渠と白渠」。

（9）前掲木村正雄「鄭国渠の開設とその意義――特にその成立の基礎条件――」。

（10）いつ鄭国渠が廃されたかという問題について、濱川栄氏は十年ほどで鄭国渠は使用不能となると論じている。（濱川栄「鄭国渠の灌漑効果とその評価をめぐる問題について」（『中国古代の社会と黄河』、早稲田大学出版会、二〇〇九年）参照。

（11）引涇水、首起谷口、尾入櫟陽、注渭中、袤二百里、漑田四千五百餘頃、因名曰白渠。（『漢書』溝洫志）

（12）前掲『涇恵渠志』。なお、秦中行は涇水沿いの鄭国渠首よりも上流に東西に並んだ井渠（暗渠）を発見して白渠首とした（前掲秦中行「秦鄭国渠渠首遺址調査記」）。葉遇春はそれを清代のものとして、白渠首を井渠よりも北にあるとした（葉遇春

「歴代引涇灌漑工程再探」一九八六年十月霊渠開催中国水利史研究会大会報告、前掲鶴間「漳水渠・都江堰・鄭国渠を訪ねて」参照)。

(13) 歴代の引涇灌漑工程では涇水が河底を浸食し、渠首の位置が涇水の水面よりも高くなってしまうことから、上流すなわち北に新しい渠首をつくることが普通である。ところが、『水経注』には「出于鄭渠南」とあり、白渠渠首は鄭国渠首よりも南、すなわち下流にあることとなる。これはおそらく前述したようにすでに北魏時代には鄭国渠は廃されており、渠首の位置がわからなかったのではないかと考えられる。

(14) 漢代の白渠の故渠道は秦漢櫟陽城遺跡の北に発見されている(陝西省文物管理委員会「秦都櫟陽遺址初歩勘探記」『文物』一九六六年一期)。

(15) 其後荘熊羆言「臨晋民願穿洛以漑重泉以東万余頃故鹵地。誠得水、可令畝十石」於是為発卒万余人穿渠、自徴引洛水至商顔山下。岸善崩、乃鑿井、深者四十余丈。往往為井、井下相通行水、水穨以絶商顔、東至山嶺十余里間。井渠之生自此始。穿渠得龍骨、故名曰龍首渠。作之十余歳、渠頗通、猶未得其饒。(『史記』河渠書)

(16) 渠首については、李儀祉が造った洛恵渠の渠首である龍首覇(現在の洑頭大壩)にあったとする説(徐象平「西漢龍首渠的歴史地理及其有関問題」『西北史地』一九九四年二期)や、洑頭大壩よりも上流の避難堡にあったとする説、洑頭大壩よりも下流の洛水西岸に掘削された人工的な溝(ともに本書第十九章「洛恵渠調査記」参照)など諸説がある。

(17) 洛恵渠の排水工程に関しては《洛恵渠志》編纂委員会『洛恵渠志』(陝西人民出版社一九九五年)一一五〜一三四頁および本書第十九章「洛恵渠調査記」参照。

(18) 原宗子「いわゆる〝代田法〟の記載をめぐる諸解釈について」(『史学雑誌』八一—一一、一九七五年)参照。

(19) 原生塩鹹地は単に塩鹹地とも言う(熊毅・李慶逵主編『中国土壌(第二版)』科学出版社、一九八七年、北京)。なお、日本語では含塩アルカリ地と訳す(川瀬金次郎・菅野一郎訳『中国土壌:改良利用・性質・肥沃度・生成分類』博友社、一九八三年。これは中国科学院南京土壌研究所主編『中国土壌』、科学出版社、一九七八年、北京(すなわち第一版)の邦文訳)。再生塩鹹化は次生塩鹹土化(ソープ『支那土壌地理学——分類・分布文化的意義』、伊藤隆吉・保柳睦美等訳、岩波書店、一九四〇年）、次生塩漬土化（『中国土壌（第二版）』）ともいう。なお、日本語では二次的含塩アルカリ化とも訳す（『中国土壌』邦文訳）。

（20）『涇恵渠志』一三五頁および本書第十九章「洛恵渠調査記」。

（21）湯浅赳男『環境と文明――環境経済論への道』（新評論、一九九三年）「第Ⅱ章オリエント文明と環境」。

（22）一九九八年八月に実施した科研費「中国黄土地帯の都城と生態環境史の研究」（代表：妹尾達彦）の涇恵渠・洛恵渠調査にて洛恵渠排水溝を見学し、土がむきだしたままの深さ二〜三ｍの排水溝をはりめぐらし、農地の下の水が自然に切れ込みから浸透して溝へ流れ出すようにして、地下水位を一・五から二ｍに保ち、塩類を含んだ地下水が毛細管現象によって上昇し土壌表面に塩分が噴き出すのを防いでいるという話を聞き、現代に至るまでこの地域での塩分排泄が重要であることを認識した。（本書第十九章「洛恵渠調査記」参照）。

（23）歴代の引涇渠は涇水の大量の泥の堆積に対する浚渫作業の困難さが問題となっていた。明万暦年間に袁化中が「専用泉水之議」を建議し、清代の乾隆年間になり「拒涇引泉」の考えのもと、泉水を利用した龍洞渠が建設された（「乾隆二年増修龍洞渠堤、始断涇水疏泉溉田」宣統三年『重修涇陽県志』巻四水利志）。このような泉は谷口よりも高地に多くあり、その泉水が集積した淡水池が分布していた。この龍洞渠をめぐる引涇と引泉の環境史的な研究としては、Pierre-Étienne Will（魏丕信）"Clear Waters versus Muddy Waters: The Zheng-Bai Irrigation System of Shaanxi Province in the Late-Imperial Period."（Mark Elvin, Sediments of Time, CAMBRIDGE UNIVERSITY PRESS, 一九九八　所収）がある。

（24）前掲ソープ『支那土壌地理学』。

（25）大茘県地方誌編纂委員会編・張青山主編『大茘県志』（陝西人民出版社、一九九四年、西安）参照。洛恵渠管理局の話によれば、洛恵渠の灌漑システムをこの沙苑区にまで広げることが今後の目標であると言う（本書第十九章「洛恵渠調査記」）。

（26）『洛恵渠志』一二九頁。

（27）『史記』秦本紀に「十六年、塹河旁。以兵二万伐大茘、取其王城」とあり、集解に「徐広曰「今之臨晋也。臨晋有王城」とある。

(28)『史記』秦始皇本紀引『秦紀』に「粛霊公、昭子子也。居涇陽、享国十年」とある。これをもって秦が拠点を涇陽に遷したとする。通説では、その後、秦都は涇陽から櫟陽、咸陽へと遷ったと考えられている。本書第三章「雍城から咸陽へ」では、霊公の死後、簡公・恵公・出公時代は雍城に秦の拠点が回帰し（『史記』秦始皇本紀引『秦紀』に「出公自殺、葬雍」とある）、献公二年に雍城から櫟陽に秦都が遷ったと論じた（『漢書』地理志櫟陽県条に「秦献公自雍徙」とあることなどから）。

(29)『史記』六国年表に「城塹河瀕」とある。

(30)『史記』秦本紀に「塹洛城重泉」とある。六国年表は七年とする。

(31)塹洛長城については、史念海「洛河右岸戦国時期秦長城遺跡的探索」（『河山集』三集、人民出版社、一九九八年、北京）、彭曦「秦簡公「塹洛」遺跡考察簡報」（『文物』一九九六年四期）、鶴間和幸「秦長城建設とその歴史的背景」（『学習院史学』三五号、一九九七年）等参照。

(32)『史記』秦本紀に「（献公）二年、城櫟陽」とある。ただし、「城く」は都とは限らず城市建設の意であり、『史記』商君列伝には「居三年、作為築冀闕宮庭於咸陽、秦自雍徙都之」と雍から咸陽に遷ったとあることから、櫟陽は秦都ではなかったという説もある（王子今「櫟陽非秦都考弁」『考古与文物』一九九〇年三期）。また、櫟陽は咸陽に都が移ってからも軍事拠点として特に重視された（藤田勝久「中国古代の関中開発――郡県制形成過程の一考察――」『中国水利史論叢』国書刊行会、一九八四年）。

(33)『史記』秦本紀に「十二年、作為咸陽、築冀闕、秦徙都之。并諸小郷聚、集為大県、県一令、四十一県。為田開阡陌。東地渡洛」とある。なお、『史記』商君列伝には「居三年、作為築冀闕宮庭於咸陽、秦自雍徙都之。……而集小（都）郷邑聚為縣、置令・丞、凡三十一県。為田開阡陌封疆、而賦税平」とあり、県の設置と洛水との関係は見えない。

(34)彭曦「陝西洛河漢代漕運的発現与考察」（『文博』一九九四年一期）、蒲城県志弁公室「蒲城県発現漑邑漕倉遺址」（『考古与文物』一九九四年四期）。

(35)洛水の河道変動に関しては王元林「隋唐以前黄渭洛匯流区河道変遷」（『歴史地理論叢』一九九六年三期）参照。

(36)陝西考古研究所『西漢京師倉』（文物出版社、一九九〇年、北京）。

(37) 羅福頤主編『漢魏六朝官印徴存』(文物出版社、一九八七年、北京)。

(38) 淮水流域の陂池開発については、本書第七章「魏晋期淮北平原の地域開発」および第八章「漢代淮北平原の地域開発」参照。

第二部　淮北平原の開発——漢から魏晋へ——

第六章　中国古代の山林藪澤
——人間は自然環境をどう見たか——

1、はじめに

中国古代において人間は自然環境をどのように認識し、開発の対象を選択したのかという問題について、本章では「山林藪澤」と総称される自然環境に焦点をあてて考察することとしたい。山林藪澤はこれまでの中国古代史研究のなかで、古代帝国の経済的基盤を支える場として重視されてきた。加藤繁氏は漢代の財政収入を国家財政と帝室財政に区別し、山林藪澤は帝室財政の収入として漢代の専制権力の経済的基盤となったと論じた(1)。さらに、増淵龍夫氏は、春秋中期以降から顕著となった君主による山林藪澤の家産化を背景として、そこから得られる山澤の税や公田・苑囿の収入が戦国期の専制君主権力を支える経済的基盤となったとする。このような山林藪澤からの収入は漢代の専制権力、さらに後の中国における国家権力の経済的基盤の重要な構成要素となったと言う(2)。これら山林藪澤と専制国家形成との関係についての議論はいまでも中国古代史研究において重視されている問題のひとつである。しかしながら、そのような古代帝国論のなかで指摘される人間と山林藪澤との関係はそれらの関係性の一部をとりあげたに過ぎないとも言える。つまり、国家という枠組みの中での人間の思考のありかたに固執するあまり、その背後にある自然環境と人とのかかわりかたというより大きな枠組みを考えることがほとんどなかった。そこで、本章では山林藪澤とはどのような自然環境を指すもので、それと人間がどのようにかかわってきたのかという問題について考えてみたい。まず、第二節で山林藪澤とは何かについて具体的な事例にそって簡潔に整理する。つぎに第三節では山林藪澤への関わり方について、対象とする山林藪澤への距離感をポイントとして具体的な事例から考える。山林藪澤を軸とした環境史的な方法論に依ることによって、これまで個別におこなわれてきた政治史・財政史・儀礼史・法制史・民俗史・園林史などの諸分野を緊密に関連づけて研究することができると思われる。

2、山林藪澤とは何を示すのか

まず山林藪澤とは何を示すのかについて簡潔に整理する。このうち山は特に述べるまでもないだろう。別に岳・嶽・陵・梁といった記載もこの類に含まれる。林は雑木林から広大な森林までを示す。藪は日本語では主に草木が群がり茂っている所、林とほぼ同義という意味で多く用いられ、それはニュアンス的には「藪から棒」という慣用句もあるように、あまりよい意味では用いられない。古代中国では後漢中期の『説文解字』に「藪、大澤也」とあることから澤とほぼ同義のものとして認識されていた。澤は後述するように低湿地を示す。ところが、後漢後期の『周礼』地官・司徒の鄭玄注では「澤は水鍾《あつま》る所なり。水希きは藪と曰う（澤水所鍾也。水希曰藪。）」とあり、さらに唐の孔頴達による『礼記』月令・正義（七世紀）に至ると「以て水有るの処はこれを澤と謂い、旁の水無きの処はこれを藪と謂う（以有水之処謂之澤、旁無水之処謂之藪）」と説明されている。これはもともと澤とほぼ同じ自然環境を指していた藪が漢・魏晋期に徐々に開発され、低湿地から陸地へと変化したことを示している。つぎに澤について。現代日本語の澤《さわ》では澤登りや澤づたいと言うように、源流に近い山間部の谷川を意味する場合が多い。しかし、古代中国においては、前述の「水の鍾《あつま》る所なり」とあるように、池や湖の点在する水がたまった低湿地を示す。『説文解字』の記事からわかるように、もともと藪と澤はほぼ同じ地形・地勢にあった。

では、なぜこのように様々な生態系を含む自然環境を「山林藪澤」と総称したのだろうか。澤の形成過程から考えてみたい。漢代淮北平原に位置した澤に関する史料を表6―1として挙げる。(3) これを見てみると、澤の形成過程には次のようなかたちがある。ひとつは谷部から平原部への出口で自然堤防からあふれて形成されたもの。これは淮北地

表6―1　主な淮北平原の澤（『漢書』地理志・『後漢書』郡国志より）

	所在地	史料	出典・備考
〈平原部出口〉			
馮池	河南郡滎陽	卞水・馮池皆在西南。	『漢書』地理志。『水経注』では「李澤」
滎（熒）澤	河南郡滎陽	有熒澤	『後漢書』郡国志
圃田澤	河南郡中牟	圃田澤在西、豫州藪。	『漢書』地理志
		有圃田澤	『後漢書』郡国志
逢池（逢澤）	河南郡開封	逢池在東北、或曰宋之逢澤也	『漢書』地理志
制澤	河南郡開封	有制澤	『後漢書』郡国志
長垣澤	陳留長垣	（呉祐）常牧豕於長垣澤中。	『後漢書』呉祐伝。『水経注』では「長羅澤」
牧澤	陳留浚儀	県西有牧澤	『太平御覧』引『郡国志』
〈山東丘陵西〉			
蒙澤	梁国蒙	有蒙澤	『後漢書』郡国志
盟諸澤	梁国睢陽	禹貢盟諸澤在東北。	『漢書』地理志。孟豬澤・明都澤
大澤	沛国豊	西有大澤、高祖斬白蛇於此。	『後漢書』郡国志。『水経注』では「豊西澤」
雷澤	濟陰郡成陽	禹貢雷澤在西北。	『漢書』地理志
		有雷澤	『後漢書』郡国志
荷澤	濟陰郡定陶	禹貢荷澤在定陶東。	『漢書』地理志
大壄澤（鉅野澤・大野澤）	山陽郡鉅壄	大壄澤在北、兗州藪。	『漢書』地理志
	山陽鉅野	有大野澤。	『後漢書』郡国志

域では黄河の屈曲点南の開封付近にあった熒澤・圃田澤などがそれである。もうひとつは平原を流れる河川が丘陵部に遮られた地区。淮北地域では黄河が山東丘陵に遮られた地区に形成される鉅野澤や雷澤・荷澤などがこれにあたる。隋の大運河はこれらの澤をつなげて建設されたものであるし、現在もそこには徽山湖などがある。このように澤の周囲には山岳・丘陵が存在した。さらに、湿地の周囲には保水機能を果たした森林が分布している。これらの森林が農地開発のため伐採されると、澤は陸地へと変わってしまうのである。すなわち、山や森林・湿地を含む複合生態系を山林藪澤と総称したのである。山林藪澤からは金・木・竹の矢、亀・珠・角・歯・皮・革・羽・毛などの森林・鉱物資源、金や武器の材料、燃料などを得ることができた（『国語』楚語下）(4)。

以上、山林藪澤とは何かという問題について、それぞれの自然環境の定義および澤の形成過程から山林藪澤と総称される所以について整理した。

3、中国古代の人間と山林藪澤

上記のような山林藪澤に対して、古代の人々はどのようにかかわったのだろうか。中国では古くから表6―2のように全国の山林藪澤を九澤や十藪・九藪というようにまとめて表記してきた。それぞれの文献によってグループ分けは異なっているが、それは文献の書かれた時代的背景に左右されると考えられる(5)。ただし、みな「某国（州）の某澤（藪）」とあり、春秋戦国各国の中心地もしくは勢力範囲内にあった山林藪澤にその国（州）名を附している。つまり、このように表記されている山林藪澤は国家（人間）が把握できるほど近くにあるものと考えられる。しかし、山林藪澤と称されるような自然環境は都市部に居住する人間の近くにあるものだけとは限らないはずである。そこで、人間と山林藪澤との距離とその見方（認識）に着目したい。ここでは両者の関係を以下の三つのパターンで考える。①人間に近い自然②人間に近いが、国家権力の及ばない自然③人間と離れた自然の三つである。

（1）　人間に近い自然

まずは、人間に近い自然について考察したい。ここでは人の住む集落に近接する人が住む「里地」と近接する山林藪澤と人間とのかかわり方をいくつかに分類して考察することとするが、その手がかりとして、まず政に関する月ごとの行事を示した『礼記』月令の記載のなかに見られる山林藪澤もしくはそれと関連のある史料から始めたい。月令の関連記事を月順に配列したものが表6―3の上側である。ここから読みとれる『礼記』「月令」における山林藪澤に対する見方は［1］禁令［2］祭祀［3］徴税の三つに分類できる。

表6―2　藪・澤の総称

澤・藪名	『爾雅』釈地	『淮南子』墜形訓	『周礼』職方氏
	十藪	九藪	九澤
大野	魯有大野		兗州・大野
大陸	晉有大陸	晉之大陸	
楊陓・陽紆・楊紆	秦有楊陓	秦之陽紆	雍州・楊紆
孟諸・望諸	宋有孟諸	宋之孟諸	青州・望諸
雲夢	楚有雲夢	楚之雲夢	荊州・雲夢
具区	呉越之間有具区	越之具区	揚州・具区
海隅	斉有海隅	齊之海隅	
昭余祁	燕有昭余祁	燕之昭余	并州・昭余祁
圃田	鄭有圃田	鄭之圃田	豫州・圃田
焦穫	周有焦穫		
弦蒲			雍州・弦蒲
鉅鹿		趙之鉅鹿	
貕養			幽州・貕養

［1］「禁令」は一月から十一月まで見られる。六月までは木々が成長する時期であるため、森林の伐採が禁じられた。それは「禁止伐木」（一月）、「毋焚山林」（二月）、「無伐桑柘」（三月）、「継長増高……

毋伐大樹」(四月)、「乃命虞人、入山行木、毋有斬伐」(六月)、「山林藪澤、有能取蔬食、田獵禽獣者、野虞教道之。」(十一月)と記されている。このような禁止事項と対応して、「納材葦」(六月)、「伐薪為炭」(九月)、さらに「伐木取竹箭」(十一月)との記載が見られるが、伐採禁止の解禁という意味からここでは禁令のカテゴリーに含めた。

[2]「祭祀」に含まれるものとしては「命祀山林川澤」(一月)、「為民祈祀山川百源」(五月)、「以共皇天上帝・名山大川・四方之神」(六月)、「祈祀四海大川名がみられ、山川が四神や皇天上帝とともに祀られている。

[3]「徴税」には「乃命水虞漁師、収水泉池澤之賦」(十月)の一例が見られる。これら『礼記』月令の事例は総じて民の生活というよりも、為政者の側の年中行事を示したものである。

では、このような「月令」の細かい条文は行政組織の末端にいる農民たちにまで浸透していたのであろうか。そのことを今に伝える史料が近年、敦煌懸泉置遺跡の壁からあらわれた。(6)『月令詔條』と称される壁に書かれた文字は多くの部分が『礼記』月令と重なっている。そのうち山林藪澤に関するものを抽出したものが表6―3の下側で、三ヶ月分が『礼記』と対応している。両者を比較すると以下の二点が指摘できる。一つ目は、『礼記』月令の記載のうち、為政者が執り行う「祭祀」・「徴税」のものは『月令詔條』には無い。二つ目は「禁令」の事例のうち、野虞・澤人といった官吏が執り行う行事は『月令詔條』には無い。すなわち、農民たちが知る必要のある事項のみが抽出され、書かれている。さらに、各条文の下には解説が施されており、最終的には口伝えで末端の農民にまで情報が伝わるようになっていた。『月令詔條』は前漢平帝の元始五年に義和となった劉歆によって中央から出されたもので、発見された敦煌懸泉置遺跡はいわゆる駅亭遺跡であることから、長安から出された詔が網の目状に広がる駅伝の情報網に乗って四方の辺境にまで広まったものと言ってよい。このような年中行事に関する史料としては、後漢時代に著された崔寔の『四民月令』があるが、そこでは農作業の技術的なものが内容のほとんどを占め、祖先祭祀の儀礼方法の記載はあるものの、山林藪澤の祭祀に関するものはない。秦漢時代には年中行事にみられるような木材伐採禁止の「禁令」に関連する具体的な律もみられる。『雲夢睡虎地秦簡』の田律では二月、(7)『張家山漢簡』二年律令・田律では春・夏に木材の伐採を禁じている。(8)また、一年にわたり、月を限定せずに木材伐採や侵入が禁止されている苑囿が支配者によって設定された。特に都市に近い自然は皇帝（もしくは王）の田猟の場として機能した。その歴史は古く殷周時代から見られ、その伝統は秦漢時代にまで引き継がれる。殷周から戦国・秦漢期までの苑囿の事例を表6―4として挙げる。これらの場所を分類すると①首都圏（長安・洛陽）②北方の官牧③黄河下流・淮北平原（黄河と淮河にはさまれた平原部）の山林藪澤にわけられよう。最大のものは漢の長安の南に建設された上林苑である。それは渭水の南を中心に秦嶺山脈にいたるまでの地域であった。この苑囿の中には宮殿、観（物見台）、昆明池などの池や河川のほか、狩りのための虎圏・獣圏・獅子圏などの小動物園も備えていた。上林苑の周囲には生け垣がめぐらされ、外からの侵入を禁じていた。(9)このような苑囿は自由に中に入り木々を伐採し、山林藪澤の資源を勝手に採取することは許されなかった。『雲夢睡虎地秦簡』秦律十八種・田律には禁苑に関する記載があり、民の犬までもが禁苑内に侵入して獣を捕獲することが禁じられていた。(10)さらに、近年発見された龍崗秦簡の禁苑律にも同様の記載がある。南方の雲夢で発見されたにもかかわらず、北方の沙苑に関する記載があることなどから、この律が全国的に適用されていたと考えてよいだろう。(11)苑囿が開放されるのは災害によって多くの民が飢え、流民化した場合に限られていた。(12)

以上のように『礼記』月令の山林藪澤に関する記載をてがかりに、人間と人間に近い自然（山林藪澤）との関係について禁令・祭祀・徴税の三つのキーワードを導き出した。しかし、『礼記』の史料的性格から考えて、これらは為政者の年中行事における山林藪澤へのかかわり方を示していたにすぎない。それに対して被支配者たる農民たちにとっ

表6－3　『礼記』月令山林藪澤関連記事

	史料『礼記』月令	出典	分類	その他の史料	出典
一月	命祀山林川澤、犠牲毋用牝。	『礼記』月令巻14	【祭祀】	・禁止伐木。（・謂大小之木皆不得伐也、尽八月。草木零落、乃得伐其當伐者。）	『敦煌懸泉月令詔条』
	禁止伐木、毋覆巣、毋殺孩蟲胎夭飛鳥、毋麛、毋卵、毋聚大衆、毋置城郭、掩骼埋胔。	『礼記』月令巻14	【禁令】	・毋擿剿。（・謂剿空実皆不得擿也。空剿尽夏、実者四時常禁。） ・毋殺□蟲。（・謂幼少之蟲、不為人害者也、尽九［月］。） ・毋殺殆。（・謂禽獣六畜懐任有殆者也、尽十二月常禁。） ・毋夭蜚鳥。（・謂夭蜚鳥不得使長大也、尽十二月常禁。） ・毋麑。（・謂四足……及畜幼少未安者也、尽九月。） ・毋卵。（・謂蜚鳥及雞□卵之属也、尽九月。） ・毋聚大衆（・謂聚民繕治之、尤急事若（?）追索□捕盗賊之属也、□下…追捕盗賊、尽夏。其城郭宮室壊敗尤甚者、得繕補□。） ・毋築城郭（・謂毋築起城郭也、…三月得築、従四月尽七月不得築城郭。） ・瘞骼貍骼（・骼謂鳥獣之□也、其有肉者為骼、尽夏。）	
			【禁令】	自正月以終季夏、不可以伐竹木、必生蠹蟲。	『四民月令』
二月	毋竭川澤。毋漉陂池。毋焚山林。	『礼記』月令巻15	【禁令】	・毋□水澤、□陂池、□□。（・四方乃得以取魚、尽十一月常禁。） ・毋焚山林（・謂焼山林田獦、傷害禽獣□蟲草木…［正］月尽…）	『敦煌懸泉月令詔条』
			【禁令】	春二月、毋敢伐材木山林及雍（壅）隄水。不夏月、毋敢夜草為灰、取生荔・麛卵鷇、毋□□□□毒魚鼈、置穽網、到七月而縦之。唯不幸死而伐綰（棺）享（槨）者、是不用時。	『雲夢睡虎地秦簡』秦律十八種・田律
			【禁令】	春夏毋敢伐材木山林、及雍隄水泉、燔草為灰、取産麛卵鷇。毋殺其繩重者、毋毒魚。	張家山漢簡『二年律令』田律
三月	命野虞無伐桑柘。	『礼記』月令巻15	【禁令】		
四月	継長増高。毋有壊墮、毋起土功、毋発大衆、毋伐大樹。	『礼記』月令巻14	【禁令】	・継長増高毋有壊隋（・謂垣牆□…□気也。） ・毋起土功（・謂掘地【［深三尺］以上者也、尽五［月］】） ・毋発大衆（・謂聚□【□非尤急事…為務非繕…之属也】…伐（?）…） ・毋攻伐□□。（・謂□…） ・駆獣［毋］害五穀（・謂□…） ・毋大田獦（・盡八（?）月。）	『敦煌懸泉月令詔条』

五月	命有司、為民祈祀山川百源。	『礼記』月令巻16	【祭祀】		
六月	命漁師、伐蛟取鼉、登亀取黿、命澤人、納材葦。	『礼記』月令巻16	※【禁令】		
	命四監、大合百縣之秩芻、以養犧牲、令民無不咸出其力、以共皇天上帝、名山大川、四方之神、以祠宗廟社稷之靈、以為民祈福。	『礼記』月令巻16	【祭祀】		
	樹木方盛。乃命虞人、入山行木、毋有斬伐。	『礼記』月令巻16	【禁令】		
九月	草木黄落。乃伐薪為炭。	『礼記』月令巻17	※【禁令】		
十月	乃命水虞漁師、收水泉池澤之賦。	『礼記』月令巻14	【税】		
十一月	天子命有司、祈祀四海大川名源淵澤井泉。	『礼記』月令巻17	【祭祀】		
	山林藪澤有能取蔬食、田獵禽獸者、野虞教道之。其有相侵奪者、罪之不赦。	『礼記』月令巻17	【禁令】		
	日短至、則伐木取竹箭。	『礼記』月令巻17	※【禁令】	可醸醢、伐竹木。	『四民月令』
十二月	乃畢山川之祀及帝之大臣天之神祇。	『礼記』月令巻17	【祭祀】		
	命宰、歴卿大夫至于庶民土田之数、而賦犧牲以共山林名川之祀。凡在天下九州之民者、無不咸獻其力以共皇天上帝社稷寢廟山林名川之祀。	『礼記』月令巻	【祭祀】		
	乃命四監、收秩薪柴、以共郊廟及百祀之薪燎。	『礼記』月令巻	【祭祀】		

表６－４　中国古代の主な苑囿

	①首都圏〈長安周辺（含関中）〉		
1	霊囿	（文）王在靈囿、麀鹿攸伏	『詩経』大雅
2	具囿	鄭之有原圃猶秦之有具囿。	『春秋左氏伝』僖公三十三年伝
3	秦五苑	秦大饑、應侯請曰五苑之草著蔬菜橡果棗栗足以活民請発之。	『韓非子』外儲説右下
4	宜春下苑	以黔首葬二世杜南宜春苑中。	『史記』秦始皇本紀。『三輔黄図』「宜春下苑在京城東南隅梨園」
5	果園鹿苑	恵帝安陵去長陵十里……安陵有果園鹿苑。	『三輔黄図』
6	思賢苑	文帝為太子、立思賢苑、以招賓客。	『西京雑記』
7	上林苑	武帝広開上林、南至宜春・鼎胡・御宿・昆吾、旁南山、而西至長楊・五柞、北繞黄山、瀕渭而東、周袤数百里。	『漢書』揚雄伝
8	甘泉苑	武帝置。縁山谷行至雲陽三百八十一里、西入扶風。凡周囲五百四十里。	『三輔黄図』
9	御宿苑	在長安城南御宿川中。漢武帝為離宮別館。	『三輔黄図』
10	御羞苑	御羞・宜春、皆苑名也。	『漢書』百官公卿表「水衡都尉」の条、如淳注引『三輔黄図』
11	博望苑	初、上年二十九乃得太子……及冠就宮、上為立博望苑。	『漢書』武五子伝。『三輔黄図』「博望苑在長安城南杜門外五里有遺址」
12	長門園	足下何不白主献長門園。	『漢書』東方朔伝。注如淳曰「竇太主園在長門。長門在長安城東南」
13	西郊苑	西郊則有上囿禁苑、林麓藪澤、陂池連乎蜀・漢、繚以周牆、四百餘里。	『後漢書』班固伝
14	楽遊苑	（宣帝神爵三年）起楽遊苑。	『漢書』宣帝紀。『三輔黄図』「杜陵苑・樂遊苑在杜陵西北」
15	黄山苑	多従賓客、張圍獵黄山苑中。	『漢書』霍光伝。『漢書』地理志の右扶風槐里の条「有黄山宮」
	〈洛陽付近〉		
16	廣成苑	（永初元年）二月丙午、以廣成游獵地及被灾郡国公田假與貧民。	『後漢書』安帝紀。注「廣城、苑名、在汝州西」
17	西苑	（陽嘉元年）是歲、起西苑、修飾宮殿。	『後漢書』順帝紀
18	梁冀苑囿	梁冀起兔苑於河南。	張璠『後漢記』質帝紀
19	鴻徳苑	六月、洛水溢、壊鴻徳苑。	『後漢書』桓帝紀
20	顯陽苑	（延熹二年）秋七月、初造顕陽苑、置丞。	『後漢書』桓帝紀
21	畢圭苑	（霊帝光和三年）是歲、作畢圭・霊昆苑。	『後漢書』霊帝紀。注「畢圭洛陽宣平門外」
22	霊昆苑		
23	平楽苑	有平楽苑・上林苑	『後漢書』楊震伝注引『洛陽宮殿名』

24	濯龍園	濯龍亦園名、近北宮。直里亦園名也、在雒陽城西南角。	『続漢書』百官志本注
25	直里園		
	〈黄河下流・淮北地域〉		
26	沙丘苑	（帝紂）益廣沙丘苑臺、多取野獸蜚鳥置其中。	『史記』殷本紀
27	原圃囿	鄭之有原圃猶秦之有具囿。	『春秋左氏伝』僖公三十三年伝
28	鹿囿	（八月）築鹿囿。	『春秋左氏伝』成公十八年経
29	郎囿	冬築郎囿。	『春秋左氏伝』昭公九年経
30	梁囿	周君反見梁囿而樂之也	『戦国策』周策
31	温囿	綦母恢謂周君曰「温囿不下此、而又近。臣能為君取之」	『戦国策』周策
32	桑林之苑	東取成皋・宜陽、則鴻臺之宮、桑林之菀、非王之有已。	『戦国策』韓策。『太平御覧』巻一九六引『戦国策』は「楽林之苑」
33	梁孝王東苑	於是孝王築東苑、方三百餘里。	『史記』梁孝王世家。『西京雜記』に「築兎園」とあり。
34	淇園	（元封二年）是時東流郡焼草、以故薪柴少、而下淇園之竹是以為楗。	『史記』溝洫志。注に「晉灼曰衛之苑也」とあり。
	〈北方〉		
35	呼池苑	元始二年、罷安定呼池苑、以為安民縣。	『漢書』平帝紀
36	三十六苑	漢儀注太僕牧師諸苑三十六所、分布北辺・西辺。以郎為苑監、官奴婢三萬人、養馬三十萬疋。	『漢書』景帝紀注
37	涼州諸苑	（永元五年）二月戊戌、詔有司省減内外廐及涼州諸苑馬。	『後漢書』和帝紀
	〈南方〉		
38	長洲之苑	修治上林、雑以離宮、積聚玩好、圈守禽獣、不如長洲之苑。	『漢書』枚乗伝。注に孟康曰「以江水洲為苑也」とあり。
39	長利苑	（永初）六年春正月庚申、詔越巂置長利・高望・如昌三苑、又令益州置萬歳苑、犍為置漢平苑。	『後漢書』安帝紀
40	高望苑		
41	如昌苑		
42	萬歳苑		
43	漢平苑		

ては、駅舎の壁に書かれた年中行事の『月令詔条』、月・季節によって木材伐採を禁止する法律、非常事態以外は進入できない苑囿を設定されることにより、自由に入ることが許されない「禁令」の対象としての山林藪澤が身近に存在することとなった。

さて、農民による森林伐採が禁じられていても、山林藪澤に居住する人々はいた。「虞」とよばれる人々である。『史記』貨殖列伝には山西の材・竹・穀（紙の材料）・纑（布の材料）・旄（牛の尾）・玉石、山東の魚・鹽・漆・絲・聲色（美女）、江南の枏（くすのき）・梓（あずさ）・薑（はじかみ）・桂（ニッキ）・金・錫・連（なまり）・丹沙（水銀）・犀（角）・瑇瑁（鼈甲）・珠璣（真珠）・歯（象牙）・革（皮）、龍門・碣石の北の馬・牛・羊・旃（毛織物）・裘（かわごろも）・筋・角のほか各地の山の銅・鉄など、国内の各地で産出される特産物が挙げられている。これら山林藪澤で生産される物資を農民は食し、虞はそれを産出し、工はそれを加工し、商はそれを流通させたという。(13) この史料から「虞」と呼ばれる人々は山林藪澤に住み、そこから様々な生産資材を産出し、農・工・商の人々に提供することを生業としていたことがわかる。つまり、木こりや漁労民を指す。生業のグループ化は、古代の農民たちに、自分たちとは異なる人々が山林藪澤で生活していることを認識させたに違いない。

（2）人間に近いが、国家権力の及ばない自然

ここでは政治的イデオロギーを表現する場や国家とは切り離された自然について見てみよう。それは人間社会の近くにあるものの、国家の権力が及ばない山林藪澤で、王朝転換期における反乱の拠点や俗世と乖離した人々の生活の場として機能した。まず、反乱の拠点としての山林藪澤については表6―5【反乱の拠点】にまとめた。最も有名なものは秦末の陳勝・呉広の乱の大澤、劉邦の豊西澤や彭越の鉅野澤などの事例、さらには両漢交替期や後漢末三国に

表6－5　反乱の拠点・隔世の場としての山林藪澤

【反乱の拠点】			
1	沛郡蘄	秦二世元年七月、陳渉等起大澤中。	『史記』項羽本紀
2	沛郡沛	（高祖）到豊西澤中、止飲、夜乃解縦所送徒。曰「公等皆去、吾亦従此逝矣」徒中壮士願従者十余人。	『史記』高祖本紀
3	沛郡芒・梁国碭	高祖即自疑、亡匿、隠於芒・碭山澤巌石之間。	『史記』高祖本紀
4	山陽郡鉅野	（彭越）常漁鉅野澤中、為群盗。…居歳余、澤間少年相聚百余人、往従彭越、曰「請仲為長」越謝曰「臣不願与諸君」少年強請、乃許。	『史記』彭越伝
5	青・冀州	（建武）八年、潁川桑中盗賊群起、宗将兵撃定之。後青・冀盗賊屯聚山澤、宗以謁者督諸郡兵討平之。	『後漢書』張宗伝
6	真定国	黄巾起、燕合聚少年為群盗、在山澤間転攻、還真定、衆万余人。	『三国志』魏志・張燕伝
7	魏郡黎陽	（程）昱収山澤亡命、得精兵数千人、乃引軍与太祖会黎陽、討袁譚・袁尚。	『三国志』魏志・程昱伝
8	上谷郡昌平	（昌平）是時、辺民流散山澤、又亡叛在鮮卑中者、処有千数。	『三国志』魏志・牽招伝
【隔世の場】			
9	東萊郡黔陬	（王莽末、淳于恭）後州郡連召、不応、遂幽居養志、潜於山澤。挙動周旋、必由礼度。建武中、郡挙孝廉、司空辟、皆不応、客隠琅邪黔陬山、遂数十年。	『後漢書』淳于恭伝
10	安定郡臨涇	（李恂）遷武威太守。後坐事免、歩帰郷里（安定臨涇）、潜居山澤、結草為廬、独与諸生織席自給。	『後漢書』李恂
11	陳留郡東昏	（楊倫）陳留東昏人也。…遂去職、不復応州郡命。講授於大澤中、弟子至千余人。	『後漢書』儒林・楊倫伝
12	太原郡	仲叔同郡（太原郡）荀恁。…資財千万、父越卒、悉散与九族。隠居山澤、以求厥志。	『後漢書』周黄徐姜申屠列傳
13	任城国	（魏応）任城人也。…後帰為郡吏、挙明経、除済陰王文学。以疾免官、教授山澤常数百人。	『後漢書』魏応伝
14	陳留郡長垣	（呉祐）常牧豕於長垣澤中、行吟経書。	『後漢書』呉祐伝
15	弘農郡黽池	（周）黨遂隠居黽池、著書上下篇而終。邑人賢而祠之。	『後漢書』逸民・周党伝
16	?	冑字世威、奉世之後也。慕周伯況・閔仲叔之為人、隠処山澤、不応徴辟。	『後漢書』李郃伝
17	濟陰郡成武	孫期字仲彧、済陰成武人也。…家貧、事母至孝、牧豕於大澤中、以奉養焉。	『後漢書』儒林列伝・孫期伝

表6－6 『水経注』記載塢関連記事

1	五龍塢	河水又東、逕五龍塢北。塢臨長河。	河水 5
2	鍾繇塢	湨水又東逕鍾繇塢北、世謂之鍾公壘。	濟水 1
3	白騎塢	(同水) 水出南原下、東北流逕白騎塢南、塢在原上、為二溪之会、北帯深隍、三面阻險、惟西版築而已。	濟水 1
4	大柵塢	索水又北、逕大柵城東。晋滎陽民張卓、董邁等遭荒、鳩聚流雑堡固、名為大柵塢。	濟水 1
5	永豊塢	(清水) 而東周永豊塢、有丁公泉、発于焦泉之右。	清水
6	新豊塢	清水又東、周新豊塢、又東注也。	清水
7	東塢	(汙水) 水出東塢南、西北流逕沙野南、北人名之曰沙。	濡水
8	呂泉塢	(呂泉水) 水出呂泉塢西、東南流屈而東逕塢南、東北流、三泉水注之。	濡水
9	檀山塢	洛水又東逕檀山南、其山四絶孤峙、山上有塢聚、俗謂之檀山塢。	洛水
10	金門塢	(金門溪) 水南出金門山、北逕金門塢、西北流入于洛。	洛水
11	一全塢	洛水又東逕一全塢南、城在川北原上、高二十丈、南、北、東三箱、天險峭絶、惟築西面即為固、一全之名、起于是矣。	洛水
12	雲中塢	渠谷水出宜陽県南女几山、東北流逕雲中塢、左上迢遰層峻、流煙半垂、纓帯山阜、故塢受其名。	洛水
13	合水塢	洛水又東、合水南出半石之山、北逕合水塢、而東北流注于公路澗。	洛水
14	零星塢	(休水) 又東屆零星塢、水流潜通、重源又発、側緱氏原。	洛水
15	百谷塢	洛水又東逕百谷塢北、戴延之『西征記』曰塢在川南、因高為塢、高十余丈。	洛水
16	白馬塢	(白馬溪) 水出嵩山北麓、逕白馬塢東、而北入羅水。	洛水
17	袁公塢	其水東北流、入白桐澗、又北逕袁公塢東、蓋公路始固有此也、故有袁公之名矣。	洛水
18	盤谷塢	(洛水) 又逕盤谷塢東、世又名之曰盤谷水。	洛水
19	塢	伊水歷崖口、山峽也。翼崖深高、壁立若闕、崖上有塢、伊水逕其下、歷峽北流、即古三塗山也。	伊水
20	范塢	(康水) 水亦出狼皋山、東北流逕范塢北与明水合。	伊水
21	楊志塢	(大戟) 水出梁県西、有二源、北水出広成澤、西南逕楊志塢北与南水合。	伊水
22	白超塢	穀水又逕白超壘南。…壘側旧有塢、故冶官所在。	穀水
23	郿塢	渭水又東逕郿県故城南…渭水又東逕郿塢南。	渭水
24	馬領塢	洧水東南流、逕一故台南、俗謂之陽子台。又東逕馬領塢北、塢在山上、塢下泉流北注、亦謂洧別源也、而入于洧水。	洧水
25	零鳥塢	(零鳥) 塢側有水、懸流赴壑、一匹有余、直注澗下、淪積成淵、嬉遊者矚望、奇為佳観、俗人覩此水挂于塢側、遂目之為零鳥水。	洧水
26	雞絡塢	潧水出鄶城西北雞絡塢下。東南流逕賈復城西。	潧水
27	黄蒿塢	汳水又東逕寧陵県之沙陽亭北、…汳水又東逕黄蒿塢北。	汳水
28	周塢	汳水又東逕周塢側、…自彭城縁汳故溝、斬樹穿道七百余里、以開水路、停薄于此、故茲塢流稱矣。	汳水
29	神坑塢	汳水又東逕神坑塢、又東逕夏侯長塢。…汳水又東逕梁国睢陽県故城北、而東歷襄郷塢南。	汳水
30	夏侯長塢		
31	襄郷塢		
32	蟻塢	俗謂之小濉水、水出魯陽県南彭山蟻塢東麓、北流逕彭山西。	濉水
33	土塢	(江水) 又東得清揚土塢二口、江浦也。	江水 3
34	朱室塢	江之西岸有朱室塢、句踐百里之封、西至朱室、謂此也。	漸江水
35	諸塢	(澤蘭) 山中有諸塢、有石楗一所、右臨白馬潭、潭之深無底。	漸江水

事例が見られる。これらは王朝転換期における政治的混乱を背景とした反乱・自営集団とみなす事ができよう。また、近年発見された江陵張家山漢簡『奏讞書』の案件十七には南方の反乱征伐のため徴兵された現地の民が逃げ出し山間部に潜んでいたという記載もある。(14) これも同様に国家権力から離れて、山林藪澤で集団を形成したものとみなしてよい。また、後漢代以降になると史料に「塢」とよばれる小型の城壁を有する独立自営集団が多く見られるようになる。『水経注』にも塢の記載があり、その記事を整理したものが表6―6で、多くの塢が山林藪澤の中に建設されていることを確認できる。後代になっても、『水滸伝』で宋江のもとに百八人の豪傑があつまった梁山泊はまさに山林藪澤であった。そこは農業を軸にして民を支配した国家権力の手が届かない反国家権力の象徴としての自然環境であったといえる。

つぎにもうひとつのかたちとしては、反乱の拠点ではなく、俗世と乖離した人々の生活の場として機能した山林藪澤を考えたい。古くは『史記』の伯夷・叔斉が武王の克殷に反対して飢え死にしたのは首陽山であった。その後もいくつか事例があるが、特に多くなるのが後漢時代の史料である。それをまとめたものが表6―5【隔世の場】の九～十七の事例である。このなかには仕官せずに、澤でブタを飼育したり、澤中で寺子屋のように講義をして弟子をあつめたりしているものもいた。とくに黄河下流・淮北平原の山間部の澤で事例が多い。

（3）　人間と離れた自然

さらに人間と離れた遠い世界には魑魅魍魎が「生きる」山林藪澤もある。それはまさに、中国古代の「奥山」である。例えば、『春秋左氏伝』宣公三年には楚王が鼎の軽重を問う逸話の中で、徳があることによって民が山林で魑魅魍魎とあわなかったことが述べられている。(15) 一般の農民は普段入ることのない山林藪澤で魑魅魍魎と会うことを恐れていた。さらに、このような人と離れた自然には多くの妖怪が生息していた。前漢代には成立していたとされる『山海経』は山を中心に書かれた地理書であるが、この書が著名となったのは、そこに多くの奇怪な妖怪たちが描かれているからである。例えば、いまの山西省中西部に位置する景山は、南に鹽販之澤、北に少澤のあるまさに山林藪澤である。そこには蛇の形状をして、四つの翼、六つの目、三つの足を持つ酸與という名の怪鳥がおり、その鳴き声はさけぶようで、見ると人々は恐怖におののくほどだという（『山海経』北山経）[16]。このように人々が近づくことのできない山林藪澤のなかには奇怪な動物たちが多くいると人々は思っていたのである。伊藤清司氏によれば、『山海経』のうち山経が対象としているのは中国世界の人々の生活領域以外の空間であったと言う[17]。まさに、普段は農耕民が生活をしていない山林藪澤のすがたを描いたものにほかならない。さらに、北魏の『水経注』にも、甘粛省天水市北の山奥の霊泉池は深さがわからないほど、本当に霊験あらたかな池で、何人もの訪問者が死体にたたられたという（『水経注』巻十七渭水上）[18]。このように、古代を通じて農耕をおこなう人間たちが近寄り難いほどの山林藪澤も存在していたのである。

4、おわりに

以上見てきたように、これまで歴史学が対象としてきた国家権力の基礎条件としての「山林藪澤」と人間のかかわりかたはその一部のすがたでしかないことが確認できたであろう。いま一度まとめてみるならば、山林藪澤は①人間に近い自然、②人間に近いが、国家権力の及ばない自然、③人間と離れた自然に大別できる。①の人間と「人間に近い山林藪澤」との関係を示す史料として『礼記』月令を挙げ、「禁令」「祭祀」「徴税」の三つのキーワードを導き出した。ただし、これら三つは為政者の山林藪澤へのかかわり方を示したもので、農民の生活にとっては年中行事・法律そして苑囿という具体的なかたちでかかわってくる「禁令」対象としての山林藪澤が存在していた。それは農民たちに対して山林藪澤は自由に入ることのできない世界、別の生業に従事する人々が住む世界としての認識をうえつけた。②の人間に近いが、国家権力の及ばない自然は王朝交替期の反乱や反権力の拠点としてのすがたと俗世と乖離した世界として人々の前にあらわれる。③の人間と離れた自然は山奥の魑魅魍魎の住む世界である。このうち、これまでの専制国家成立過程を扱う研究が主に対象としてきた山林藪澤とは①のみであったと言える。

最後に、私たちが常に参考とする地図に復旦大学歴史地理研究所の譚其驤氏によって編纂された『中国歴史地図集』（地図出版社、一九八二年）がある。この地図には戦国時代以降、各郡や県の境界線がはっきりと書かれている。果たして当時の空間認識はどうだったのだろうか。確かに遊牧という異なった外の世界との境界は万里の長城という防御壁を築くことにより、一応認識していたことがわかる。では、中国というまとまりという中ではどうだったのだろうか。為政者の側からすれば「天下を併す」（『史記』始皇本紀）とか「普天の下、王土に非ざるはなし」（『詩経』小雅）という表現により、まとまったことがアピールされている。[19]しかし、それは今回見た山林藪澤の事例で言えば、①のカテゴリーしか国家の側からは把握されていないことに気づくだろう。そのほかの②③はすくなくとも「王土」ではなかった。そのような意味では歴史地図集のような明確な郡や県の境界線は引くことはできず、その地図はまだら模様になるのではないだろうか。

ただし、人間の山林藪澤とのかかわり方は固定化されたものではない。政治的・社会的状況、時代によってそれは常に変動する。その関係性の変動をある程度長期にわたる時間のなかで見てゆくことが、人間と自然の関係史としての環境史のありかたではないかと思う。そこで、第七章〜九章では漢から魏晋・北魏の約七百年間にわたる淮水流域を舞台として、手つかずの自然環境を示す山林藪澤と人工的な水利施設を示す陂の分布とその変遷について考察することとしたい。

注

（1）加藤繁「漢代における国家財政と帝室財政との区別並に帝室財政一斑」『東洋学報』八―一・九―一・二、一九一八・一九一九年（のち『支那経済史考証』上、東洋文庫、一九五二年所収）。

（2）増淵龍夫「先秦時代の山林藪澤と秦の公田」中国古代史研究会編『中国古代の社会と文化』東京大学出版会、一九五七年（のち、『中国古代の社会と国家』弘文堂、一九六〇年、および『新版　中国古代の社会と国家』岩波書店、一九九六年所収）。

（3）各々の澤に関する検討は本書第八章「漢代淮北平原の地域開発」参照。

（4）（楚）又有藪曰雲、連徒洲、金・木・竹箭之所生也。亀・珠・角・齒・皮・革・羽・毛、所以備賦、以戒不虞者也。（『国語』楚語下）

（5）平勢隆郎『世界の歴史2　中華文明の誕生』中央公論社、一九九八年。

（6）月令詔條の釈文については中国文物研究所・甘粛省文物考古研究所編『敦煌懸泉月令詔條』中華書局、二〇〇一年を参照した。

（7）春二月、毋敢伐材木山林及雍（壅）隄水。不夏月、毋敢夜草為灰、取生荔・麛卵鷇、毋□□□□□□毒魚鱉、置穽網、到七月而縱之。唯不幸死而伐綰（棺）享（槨）者、是不用時。（『雲夢睡虎地秦簡』田律）

（8）春夏毋敢伐材木山林、及壅隄水泉、燔草為灰、取産麛卵鷇。毋殺其繩重者、毋毒魚。（『張家山漢簡』二年律令・田律）

（9）外部から上林苑への侵入を禁止した理由のひとつには、上林苑には長安の人々の生活を支える水源・昆明池があり、その池の蓄水能力を保持するためには周囲に森林の存在が不可欠であったということが挙げられる（本書第四章「中国古代関中平原の都市と環境」参照）。

(10) 邑之近皂及它禁苑者、麛時毋敢将犬以之田。百姓犬入禁苑中而不追獸及捕獸者、勿敢殺。其追獸及捕獸者、殺之。河禁所殺犬、皆完入公。其它禁苑殺者、食其肉而入皮。（『雲夢睡虎地秦簡』秦律十八種・田律）

(11) 龍崗秦簡については中国文物研究所・湖北省文物考古研究所編『龍崗秦簡』中華書局、二〇〇一年参照。

(12) 例えば、前漢末の初元二年には首都・長安付近の水衡禁囿・宜春下苑・少府佽飛外池・厳籞池田などの苑囿が開放され、貧民に仮与するという詔が発せられた（『漢書』元帝紀）。これは前年に関東の十一の郡国で発生した水害によって、東方大平原から関中平原への食糧供給が不足したためと考えられる。

(13) 夫山西饒材・竹・穀・纑・旄・玉石、山東多魚・鹽・漆・絲・聲色、江南出枏・梓・薑・桂・金・錫・連・丹沙・犀・瑇瑁・珠璣・齒革、龍門・碣石北多馬・牛・羊・旃裘・筋角、銅・鉄則千里往往山出棊置、此其大較也。皆中国人民所喜好、謠俗被服飲食奉生送死之具也。故待農而食之、虞而出之、工而成之、商而通之。（『史記』貨殖列伝）

(14) 新黔首恐、操其假兵匿山中、誘召稍来、皆揺恐畏、其大不安、有須南郡復者即来捕（『張家山漢簡』奏讞書案件十八）。なお、本案件の訳注としては学習院大学漢簡研究会「秦代盗牛・逃亡事件——江陵張家山漢簡『奏讞書』を読む——」『学習院史学』三八号、二〇〇〇年がある。

(15) 昔夏之方有徳也、遠方図物、貢金九牧、鋳鼎象物、百物而為之、備使民知神姦、故民入川澤山林、不逢不若螭魅罔兩、莫能逢之、用能協于上下以承天休（『春秋左氏伝』宣公三年伝）

(16) 又南三百里、曰景山、南望鹽販之澤、北望少澤、其上多草・藷藇、其草多秦椒、其陰多赭、其陽多玉。有鳥焉、其状如蛇、而四翼・六目・三足、名曰酸與、其鳴自詨、見則其邑有恐。（『山海経』北山経）

(17) 伊藤清司『中国の神獣・悪鬼たち　山海経の世界』東方書店、一九八六年。

(18) 『開山図』所謂霊泉池也、俗名之為萬石瀵。淵深不測、実為霊異、先後漫遊者多離其斃。（『水経注』巻十七渭水上）

(19) 村松弘一「秦「統一」の虚像と実像」『アジア遊学』五六、勉誠出版、二〇〇三年参照。

第七章　魏晋期淮北平原の地域開発
――咸寧四年杜預上疏の検討――

1、はじめに

陂とは人工的に造られた貯水池のことである。貯水池にはほかに塘とよばれているものもあり、西山武一氏は陂を傾斜地で谷川を堰き止めるダム形式の貯水池、塘を平地の凹所に周辺から流れ落ちる水を貯水する溜め池とし、一般に渠・陂・塘はこの順に規模が小さくなるが、それでも陂のうちのあるものは、かなりの大きさをもつという(1)。だが、安徽省寿県にある芍陂のように対岸が見えないほど巨大なものであっても時代によっては安豊塘や芍陂塘などと呼ばれているように、その大きさによって名称は必ずしも決定されていない。歴史的に、陂池は春秋時代から見られるが、漢代以前は治水・軍事・天然物採取（陂中に生息する魚など）に用いられることが多く、前漢武帝期より灌漑機能を重視されるようになり、後漢期には南陽盆地や淮北平原などにおいて盛んとなったことが知られている(2)。また、陂と呼ばれるものであっても、その形式は地理的環境によってことなり、①丘陵段丘上の小溜め池②平野出口の谷締切型貯水池③平野部での自然堤防型貯水池と三つに分類できる(3)。

このように、陂は時代により、地域によりさまざまな型式・名称をたどりながら建設が進められてきたのである。陂の建設もしくは破壊の歴史をたどることは人がある地域の環境に対してどのように向き合い、それを開発したのかということを知る手がかりとなるはずである(4)。そこで、本章では古代において陂が最も多く建設された淮北平原を対

地図7－1　漢代淮北平原の河川と都市

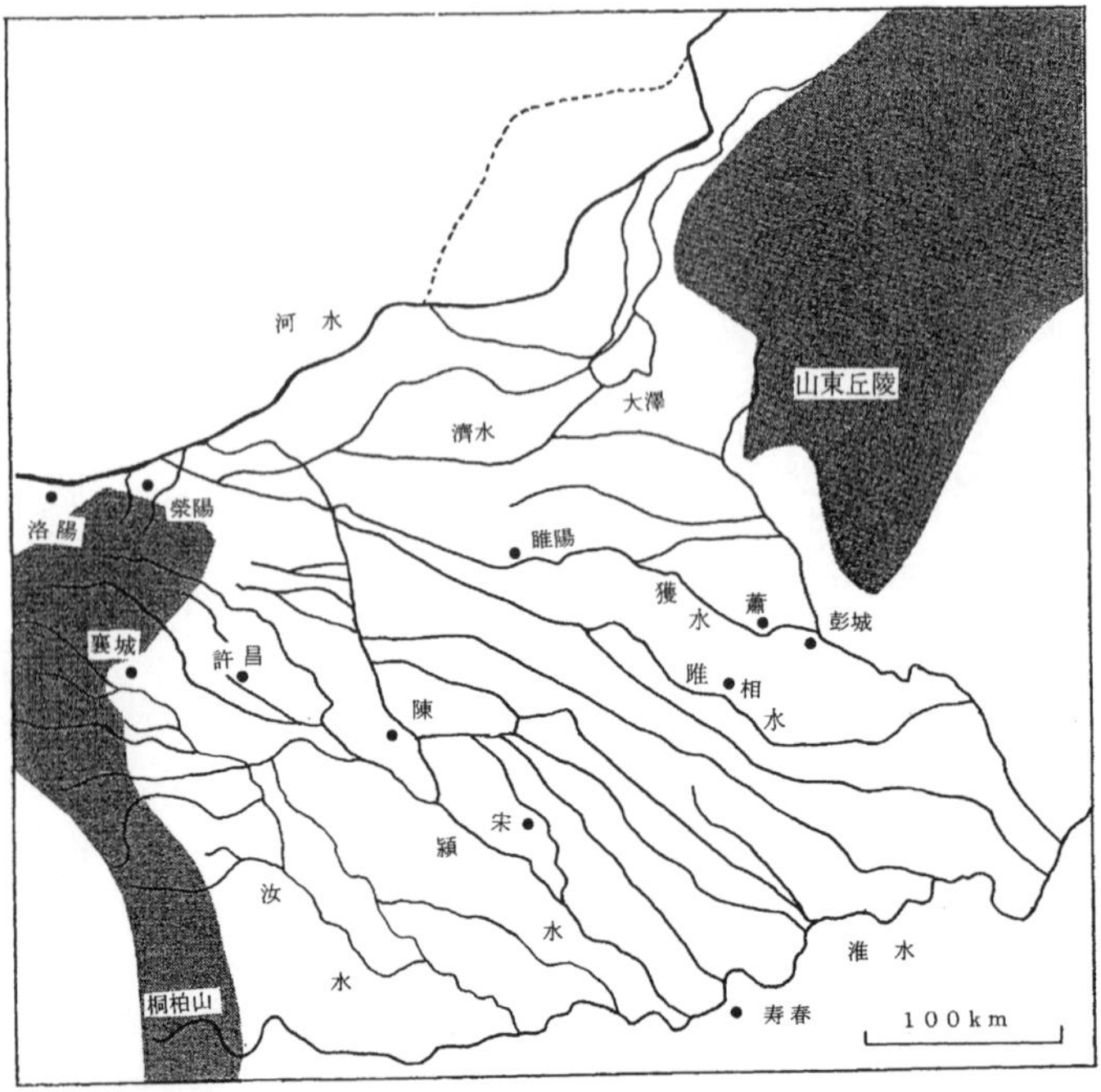

象地域として論ずることとしたい。淮北平原とは北に黄河、南に淮水、西は秦嶺山脈から続く嵩山より南に走る淮水水源の桐柏山の山系、東は山東半島西部の山東丘陵に挟まれた東西約三〇〇km、南北約三〇〇kmのなだらかな平原である（地図7－1参照）。ここでは大規模な「自然堤防型貯水池」と類型される陂が造営された[5]。その陂の分布について、漢代は正史などの史料により、北魏は『水経注』により、体系的に整理することは可能である。しかし、その中間期にあたる魏晋期はわずかな水利事業を知ることしかできず、平原全体の分布状況などを把握することはできない。まさに、史料的空白期なのである。そのような魏晋期における陂開発の状況を伝える重要な史料として『晋書』食貨志に記載された咸寧四（二七八）年の杜預上疏がある。従来の研究においてもこの史料は魏晋期の「火耕水耨」や晋の屯田制を伝える数少ない史料として社会経済史・農業史・水利史の分

野で利用されてきた(6)。ただし、それらの論考は各々の問題意識にのっとり、その断片を抽出して検討をしたものがほとんどで、上疏全体の解釈は施されてこなかったと言ってよい。この上疏は当時淮北平原に続いていた水害の防止対策として陂を破壊するよう要求したものである。陂の破壊については漢代にも淮水と汝水の間に位置する汝南郡の鴻隙大陂（鴻郤陂）が成帝期に横溢して被害をもたらしたことから翟方進の上奏により破壊された例がある（『漢書』翟方進伝）。だが、杜預上疏が翟方進の上奏と異なるのは杜預が個別の陂の破壊を求めたのではなく、淮北平原の地域全体の開発方法に対して提言をおこなった点にある。そこで、本章ではまず、上疏が出されたころの社会的背景と杜預の立場を概観したのち、杜預上疏の解釈を試み、魏晋期の淮北平原における陂の建設を中心とした地域開発の状況、さらには杜預がなぜこの上疏で示したような提言をおこなったのかを考えてみたい。

2、杜預上疏の歴史的背景

杜預は京兆杜陵の出身で、曹魏が成立したすぐ後の二二二年に生まれた（表7—1参照）。祖先は前漢の御史大夫の杜周である。この杜周は漢武帝のころ、南陽から長安西北の陵邑である茂陵に徙民された(7)。その子の杜延年の時に長安東南に位置する杜陵に徙された。その子には杜緩・杜欽などがおり、後漢時代にはいると杜篤が出て（『後漢書』文苑伝）、河水の津を絶したことで知られている（『後漢書』王景伝）。祖父の杜畿は後漢末から曹操の華北平定に大功を立てて、魏の河南太守などを歴任し、尚書僕射にのぼった人物で、豊楽亭侯に封ぜられた。父の杜恕は『体論』を著し、幽州刺史になったが、司馬懿とそりがあわず死んでしまったため、杜預はしばらく登用されなかった。その後二五六年に司馬昭が司馬師の死をうけて輔政を嗣いだことから、司馬昭の妹・高陸公主を妻としていた杜預の出世が三

表7―1　杜預及び西晋関連年表

西暦	元号	事項
二二〇	黄初元年	魏の文帝（曹丕）即位。（三国時代の始まり）
二二二	黄初三年	杜預生まれる。
二四九	正始十年	司馬懿のクーデター。（司馬氏専権の始まり）
二五一	嘉平三年	司馬懿没。
二五五	正元二年	毌丘倹・文欽の反乱。司馬師没。
二五六	甘露元年	司馬昭輔政。尚書郎となる。
二五七	甘露二年	諸葛誕の反乱（～二五八年）。
二五九	甘露四年	参相府軍事。
二六〇	甘露五年	後廃帝のクーデター失敗。
二六三	景元四年	蜀遠征。鎮西長史。蜀の滅亡。
二六四	景元五・咸熙元年	鍾会の反乱。司馬昭晋王となる。
二六五	泰始元年	司馬昭没。晋の武帝（司馬炎）即位。（西晋の成立）
	〈泰始中〉	河南尹
二六八	泰始四年	晋の泰始律令完成。
二七〇	泰始六年	安西軍司・秦州刺史
		度支尚書
	〈咸寧中〉	『暦論』を著す。
二七八	咸寧四年	上疏。鎮南大将軍・都督荊州諸軍事
二七九	咸寧五年	対呉戦争開始。
二八〇	咸寧六・太康元年	杜預江陵を攻略。呉の滅亡。西晋の統一。当陽侯。『春秋釈例』・『春秋経伝集解』を始めておえる（『春秋経伝集解後序』による）。
	〈太康中〉	司隷校尉・特進
		南陽で邵信臣の遺跡を修める。
二八四	太康五年	杜預病没。
二九〇	永熙元年	楊駿専権（～二九一年）
二九一	元康元年	賈皇后専権（～三〇〇年）
三〇〇	永康元年	八王の乱勃発（二九一年とも）
三一六	建興四年	西晋滅亡

十六歳にしていよいよ始まった。まず、尚書郎となり、祖父が持っていた豊楽亭侯を世襲した。在職すること四年で参相府軍事に転じ、鄧艾とともに対蜀戦争の中心であった鍾会の軍に参加し、鎮西長史となった。この時、投降してきた姜維を厚遇した鍾会は長史の杜預に対して「伯約（姜維）を以て中土の名士と比ぶるに、公休（諸葛誕）、太初（夏侯玄）は勝るあたわざるなり」と言ったという逸話が残っている（『蜀志』姜維伝）。蜀平定後、鍾会が反乱を起こした際には、その周辺の部下たちはみな迫害されたが、杜預は失脚を免れた。その後、車騎将軍の賈充を中心として晋王司馬昭の命令で開始された律令の制定に中軍将軍羊祜らとともに参加した。この律令は晋の武帝の泰始四（二六八）年になり完成したため、晋の泰始令と呼ばれる(8)（『晋書』刑法志）。時に、杜預は河南尹となっており、この律令の注解をつくった。なお、『隋書』刑法志には杜預律本二十一巻、『新唐書』芸文志二に賈充・杜預刑法律本二十一巻とある。このころ杜預は官吏の考課も論じている。泰始六（二七〇）年、鮮卑を隴右に討つため安西軍司・秦州刺史となり、長安に行ったが、司隷校尉の石鑒と合わず、免職を上奏された。しかし、杜預が皇室と姻戚関係にあり、豊楽侯であったため、罪を贖われた。その後、度支尚書となり辺境開発に関する施策を行ったが、また石鑒とあらそい免官させられた。数年して再び度支尚書となり、咸寧中には『暦論』を著し、さらに二元乾度暦を奏上し、それは世に通行した。そして、咸寧四（二七八）年秋、前年の長雨のため水害がおこり、蝗害までも発生したため、次節で検討する杜預の上疏がおこなわれることとなったのである。

ちょうど、この上疏が行われた頃は、まさに対呉戦争を行うかどうかが建議されているところであった。咸寧四年十一月、度支尚書であった杜預はともに早期に対呉戦争を始めるべきとの意見を持っていた征南大将軍羊祜が死去したことから、鎮南大将軍・都督荊州諸軍事となり、さっそく呉の西陵の督であった張政を襲った。その後、呉攻略を帝に提言し、咸寧五（二七九）年十一月いよいよ対呉戦争が開始され、杜預は江陵へ出兵する。次の年、太康元（二八〇）年正月に江陵に到着し、二月には江陵を攻略。呉の江陵督であった伍延を斬った。その年の三月、遂に呉の孫晧が降り、呉は滅亡し、五月に杜預は対呉戦争の功績により当陽侯に封ぜられた。その後、杜預は賈充らの勢力の圧力におされて、平呉の功績に比して不遇な時代を送ることになるが、司隷校尉となり、加えて特進の位を受け、太康五（二八四）年鄧県に行く途中、六十三歳で病死した。

さて、このころ杜預の著した『春秋経伝集解後序』によれば、「太康元年三月、呉の寇始めて平らぎ、余江陵より襄陽に還り、甲を解き兵を休める。乃ち旧意を申し抒べ、『春秋釈例』及び『経伝集解』を修成すること始めて訖う」とあり、ちょうど咸寧四年の上疏が行われる頃には『春秋釈例』や『春秋経伝集解』の編修作業もほぼ終えていたのであろう。『春秋釈例』では左伝に記載される地名を晋の時代のものに比定している。これを書くにあたり、おそらく『水経』のように何らかの地図を作製したと思われ、また、淮北平原西部に位置する汝南の地方誌である『汝南記』を著したことからも(9)、杜預は当時の地理や地勢に精通していたと考えられる。それゆえ、上疏の中で、淮北平原における漢代と魏晋期の土地利用について述べている内容はかなり信憑性の高いものであったに違いない。このように杜預は武官として蜀・隴右・呉の征伐に携わり、文官として律令・暦・春秋さらには地理の知識を修めるなど、晋の成立と統一の時代にまさに文武にわたる活躍を見せた人物であった。

ここで扱う咸寧四年の上疏は対呉戦争を開始する直前、その最前線にあたる淮北平原の水害をどのように防ぐか、ということが主題となっている。すなわち、この杜預上疏は晋統一前夜という歴史的に極めて重要な時期における淮北平原の地域開発に関する提言であったと言える。果たして、当時、度支尚書の立場にあった杜預はどのような水害対策をとるべきであると考えたのだろうか。

3、水害対策としての陂の破壊——杜預上疏の検討（1）——

さて、咸寧四年に出された杜預上疏の検討に入りたい。『晋書』食貨志では漢末董卓の乱ののち、魏においておこなわれた水利等の様々な経済政策に続けて、この杜預上疏が掲載され、その後には「戸調之式」のくだりが続いている。この上疏は大きく二つの内容から構成されており、前段は水害に対する杜預の対策が述べられ、その提言に対して反対者から意見が出されたのち、それに答えるかたちで後段の上疏が出されたものと考えられる。ここでは便宜的に前段の水害対策を第一上疏、後段の反論部分を第二上疏と称することとする。

咸寧三年、その年の長雨は激しくさらに蟲災まで発生し、潁川・襄城では、春からほとんど下種できず、深く憂慮すべき事態に陥っていた。こういった情況に対して次の咸寧四年秋に杜預の上疏がおこなわれることとなる。

杜預上疏して曰く「臣輒《すなわ》ち思惟するに、今者、水災東南特に劇《はげ》しく、但だに五稼収めざるのみならず、居業并《なら》べて損なわれ、下田の汙の停なる所在り、高地皆磽埆を多くし、此れ即ち百姓の困窮は方に来年に在り。詔書して切に長吏二千石に告してこれが為に計を設けんと雖も、大制を廓開せず、その趣舎の宜しきを定むるも、徒に文具なるを恐れ、益す所蓋し薄からん。当今秋夏蔬食の時、百姓已に贍《ゆた》かならざる有りて、前《すす》みて冬春に至らば、野に青草無くんば、則ち必ず官穀以て生命を為さんことを指仰せん。此れ乃ち一方之大事なるも、豫め思慮を為さざるべからざる者なり。[10]」

（杜預が上疏して言うことには、このごろ水害は東南で激しく、その災害により今年の五稼の収穫ができないだけでなく、居住地や生業も損害をこうむり、低い田には水がとどまり、高い土地には水がなく石ばかりでやせたところが多くなってしまいました。このことにより人々の困窮は来年も続いてしまうのです。詔書を出して長吏二千石にこのための対策を作らせようとしても、国の大制を広げることはなく、その取捨すべきことを定めるのにも、ただ空論を唱えるだけであることを恐れ、現実の利益となることはあまりないと思います。現在の秋・夏の草や木の実を食べる時においても人々にそれは足りず、この先さらに冬・春になれば野に青草がなく、官の保有する穀物を要求して生きて行くしかありません。これは一地方の大事ではありますが、あらかじめ国として対策を考えておかねばならないことであります。）

上疏の出された咸寧四年以前、水害は東南に起きていたという。ここで言う東南とはどこを示すのか。魏晋期における東南の用例としては、魏代に鄧艾が諸水利事業を治めた際に「東南に事有る毎に、大軍出征し、舟を汎《う》かべて下り、江淮に達し、資食儲有りて、水害無し、艾の建つる所なり」[11]（『晋書』食貨志）という例があり、ここでは淮北平原を中心として江淮の間をも含めた対呉国境地帯を意味している。この杜預上疏の言う東南も同様に淮北平原と淮南の一部を指すものと思われるが、その対象とする中心は前に咸寧三年に潁川・襄城郡の状況を述べ、次の文に「兗・豫州の東界」とあることなどから考えれば、都・洛陽の東南という意味で、淮北平原を示すのであろう。それゆえ、ここでは上疏の対象とした東南地域を淮北平原と限定した上で、以後の論を進めて行きたい。上疏によれば、この淮北平原で起きた災害は今年の収穫ができないだけではなく、翌年以降の人々の生活にも影響を及ぼすものであり、貧困の中で人々は官の穀物を必要とするであろうから、これを一地方の問題とするだけでなく、国として根本的な対策をとらなければならないと、事の重大さを述べている。そこで、杜預は水害対策として三段階の方法を主張する。

臣愚謂らく、既に水を以て困と為し、当に魚菜螺蜯に恃《たよ》るべきなるも、洪波汎濫し、貧弱なる者は終《つい》に得るあたわず。今者、宜しく大いに兗・豫州東界の諸陂を壊し、その帰する所に随いて、宣しくこれを導くべし。交《こもごも》に饑えたる者をして尽く水産の饒を得せしむれば、百姓は境界の内を出ずして、旦暮に野食す。此れ目下の日給の

益なり。(12)

(私が思いますに、人々は水害によって困窮となり、魚や貝類などの水産物にたよるべきであるのだが、洪水・氾濫がおきて、貧弱な者はその水産物さえも得ることができません。そこで今、兗・豫州東界の諸陂を破壊して、水流の本来流れる方向にしたがって、河川の流れを導きます。その後はまず、順番に水産物を飢えた人々に取らせるべきです。これによって人々は境界を出ず（流民化することなく）、朝夕とりあえず野に食料を得ることができます。これが目下の毎日供給することのできる利益です。)

ここでは、災害対策の第一段階として兗・豫州東界に建設されていた諸陂を破壊することにより、飢えた民に水産物を食べさせるという急場しのぎの方法を述べている。陂の破壊は以下に述べられている災害対策の大前提となっている。陂の破壊とは陂がもともと池の堤防を示す語であることから、陂の蓄水池部分をとり囲む堤防の破壊を意味すると思われる。破壊したのちは、水が本来流れるべき方向に河道を修正し、河岸の堤防を修復工事する必要がある。上疏にはさらに、

水去りしの後は、塡淤の田にして、畝ごとに数鍾を収む。春に至り大いに五穀を種えれば、五穀必ず豊かならん。此又た明年の益なり。(13)

(水が去ったあとは肥沃の田となり収穫量が増加するから、次の年の春に五穀を播種すれば必ず豊饒となります。これが来年の利益となるのです。)

とあり、ここでは水災が収拾したのち、翌年の春に五穀を植えれば豊作となると説く。これが第二段階である。第一段階で陂を破壊したのだから、この第二段階では陂をともなわない五穀耕作を示している。なお、ここで言う五穀について西嶋氏は春まきの陸田作物で麦は含まれないと限定を加えている。(14) さらに、杜預は数年後の淮北平原の経営方

法について続ける、

臣前に啓す。典牧の種牛耕駕に供せず、老いて鼻を穿たざる者に至りては、用うるに益無く、而して徒に吏士穀草の費有り、歳ごとに送任の駕は甚だ少なし、尚お復た調習せず。宜しく大いに出賣し、以て穀に易えて賞直と為すに及ぶべしと。詔して曰く『孳育の物、宜しく減散すべからず』と。事遂に停寝す。(15)

(私は前に次のように申し述べたことがございます。典牧の所有する種牛は農耕や車をひくことに利用されることはなく、年老いて鼻に穴をあけてもいない牛に至っては何も利用価値がなく、さらに、ただ養うための吏士や穀草の費用ばかりがかさみ、毎年送任の駕をする機会は大変少なく、さらに調教することもしていません。よって、これらを大いに売り出して穀物にして賞直とするべきですと。しかし、『子を産み育てるものは減らしてはいけない』と詔が出されたため、私の提言は沙汰やみとなってしまいました。)

ここではかつて杜預が上申した内容を述べている。それは費用がかさむだけで利用されない典牧の所有する種牛を売り出して穀物にかえるべきだというものであった。しかし、それは杜預の意見と相反する「子を産む種牛などを減らしてはいけない」という詔が出されたため、実現されなかった。だが、水害を打開する今こそ、この無駄に飼われている典牧の種牛を別の方法で利用するべきであるということがつぎに提言されている。

主者に問うに、今、典虞・右典牧の種産牛、大小相い通ずること、四万五千余頭有り。苟も世の用に益せざれば、頭数雖《ただ》多く、其の費日ごとに広たり。古は匹馬匹牛、居れば則ち以て耕し、出れば則ち以て戦い、猪・羊の類の如きにあらざるなり。今、徒に宜しく用うべきの牛を養うは、終に無用の費を為し、甚だ事宜を失う。東南は水田を以て業と為すも、人に牛犢無し。今、既に陂を壊し、種牛三万五千頭を分かちて、以て二州の将吏士庶に付し、春耕に及ばしめ、穀登《みの》りしの後、頭ごとに三百斛を責すべし。(16) 是れ無用の費を化《あらた》むるを為し、水次に運ぶを得て、穀七百万斛と成る。此れ又た数年の後の益なり。加えて百姓丘を降り土に宅すを以て、将来公私の饒たるは乃ち計るべからず。其の留まる所の好種万頭は、即ち右典牧都尉の官属をしてこれを養わしむべし。人多く畜少なきは、並な牧地に佃り、其の考課を明らかにすべし。此れ又た三魏近甸は、歳ごとに当に復た数十万斛の穀を入るるべし。牛は又た皆調習に当て、動《やや》すれば駕用すべし。皆今日の全うすべきものなり。(17)

（責任者に問うたところ、現在典虞・右典牧が所有する種産牛は大小あわせて四万五千頭あまりいるそうです。もしこれらが世の中のためにならないならば、数がただ多いだけで、その費用は日に日にかさみます。昔、ウマ・ウシは内に居る時は耕作させ、外に出た時は戦闘に用い、その利用法はブタ・ヒツジの類とは違っていました。いま、利用すべき牛をただ養っているだけでは、結局不必要な費用をかさませることになり、それは良いことではありません。東南地域では水田を生業としておりますが、人々には牛犢がございません。そこで、今陂を壊し、典虞・右典牧が所有する牛のうち三万五千頭を兗・豫二州の将吏士庶に分け与え、春の耕作にあたらせ、収穫ののち、一頭あたり三（二）百斛を支払わせればよいのです。これはそれまでの不必要な費用をあらためることになり、それを河川沿いの倉に運んで集積することにより全体で穀物七百万斛となるのです。それは数年後の利益となります。さらに、人々を丘から平地に住まわせれば、将来公私ともに豊饒となることは計ることができないほどです。分け与えない残りの牛数万頭は右典牧都尉の官属に養牧させます。人が多く牧畜が少ないところでは、牧地を農地としてしまって、その租税の考課を明らかにするべきでしょう。これにより三魏の近郊では歳ごとに数十万斛の穀物収入が得られることとなります。牛は調教して、ともすれば車を引くことに用いることができましょう。これらのことは皆今日、行わなければならないことであります。）

ここでは杜預の水害対策の第三段階が述べられている。(18) それは前段で無駄に典虞・右典牧が所有しているとした種牛を兗・豫二州の将吏士庶に配給して耕作に利用させ、そのかわり一定の穀物を納めさせるという方法である。これにより年間七百万斛の穀物を得ることができるというものである。すなわち、この第三の対策を行えば民のみならず国家財政も潤うこととなるのである。

以上の第一上疏をまとめると、陂の破壊→水産物の配給（目下日給之益）→五穀の播種＝豊饒（明年益）→典牧の種牛の分配＝春に牛耕＝一頭ごとに三（二）百斛を支払わせる（数年後之益）ということになる。つまり、杜預の水害対策の前提は陂の破壊であり、陂の破壊無しには以下の三段階の対策は機能しないのである。また、この第一の上疏に述べられている対策では陂を破壊することは主張されているが、水田を畑作に転換すべきであると述べていないことは注意されるべきである。

4、淮北平原における陂池開発——杜預上疏の検討（2）——

さて、前節で検討した杜預上疏には、反対者から異論があがった。その内容は明らかになっていないが、この地域の開発の方法としては陂をともなう水田耕作が最善であると考える人々から反論が出たと考えられる。その反対意見に対する杜預の反論がこの第二上疏である。まず、

預又た言う。諸《およ》そ水田を修めんと欲する者は皆火耕水耨を以て便と為す。爾ざるにあらざるなり。然れども、此の事、新田草萊、百姓の居と相絶離なる者に施すのみ。往者、東南は草創人稀にして、故に火田の利を得。頃より戸口日に増し、而して陂堨歳ごとに決し、良田変じて蒲葦を生ず。人は沮澤の際に居し、水陸は宜しきを失い、放牧は種を絶やし、樹木は立ち枯るる。皆陂の害なり。陂多ければ則ち土薄く水浅く、潦あるも下潤せず。故に水雨有る毎に、輒《すなわ》ち復た横流し、延びて陸田に及ぶ。言う者は其の故を思わず。因りて此の土、陸種すべからざ

ると云う。臣、漢の戸口を計り、以て今の陂の処を験《しら》ぶるに、皆陸業なり。其れ或いは旧陂旧堨有らば則ち堅完修固せん。今謂う所の当に人害を為すべき者にあらざるなり。(19)

(杜預はまた上言した。およそ水田を修めようとする者はみな火耕水耨を便利であるという。確かにそうではないわけではありません。しかし、この火耕水耨というものは、新田や草地が人々の居住地と離れている場合にのみ実施可能なものなのです。かつてこの東南地方は開発が進んでおらず、人口が少なかったために火田（焼き畑）の利益を得ることができました。しかし、このごろは戸口が日に日に増してゆき、陂堨が毎年決壊し、良田は蒲や葦が生育するところに変わってしまいました。人が沮澤のすぐそばで居住するようになり、水と陸地はそのバランスを失い、放牧も種を絶やし、樹木は立ち枯れてしまいました。これらはすべて陂の害であります。陂が多ければ土が薄く水が浅く、雨水は土の下までしみ込むことがありません。よって雨が降るたびに、横流して、その水は陸田に及んでしまいます。反対者（水田を修めようとする者）はこういった理由を考慮しておりません。だから彼らはここでは陸種すべきではないと言うのです。私は漢代の戸口を計り、今の陂のある処を調べてみましたところ、すべて陸業でありました。それに対して、旧陂旧堨があった所では、堅固に補修して引き続き利用します。このような旧陂旧堨は今私が言っているような人害を起こすようなものではないのです。)

この部分は淮北平原における水害に対する理論的な説明部分である。まず、杜預は当該地における水田を押し進めようとする人々が「火耕水耨」がもっとも便利であると考えているとしている。「火耕水耨」についてはこれまでに漢代の注釈などからその農法が一年休閑作か連作かなど様々な意見もあるが、(20) この上疏の文からはそういった農法に対する杜預の見解は明らかにされていない。ただ、ここで言う「火耕水耨」は前の第一上疏に反対意見を持つ人々の意見の中に示されていることに注目すべきである。前節で見たように、第一上疏が主張するところは第二上疏に見られるような陸田転換論ではなく、陂の破壊にある。そうであれば、ここで問題となっている「火耕水耨」は農法自体がどうであれ、陂をともなう耕作を意味していることだけは確かである。

さて、杜預の第一上疏に反対したのは誰であったのか。史料にはその名は記されていないが、前述したようにこのころの政治の最重要懸案は対呉戦争を開始するか否かということであった。杜預は羊祜とともに早々に呉を討伐すべきであるとの主戦論を展開していた。これに対して時期尚早と反戦論を問いた中心人物は賈充であった。この賈充という人物は平陽襄陵の人で、父は魏の豫州刺史となった賈逵である。この賈逵は魏の初期に淮北平原に陂を建設した人物である。『魏志』賈逵伝に延興元（二二〇）年のこととして、

（賈逵）鄢・汝を遏して新陂を造り、又た山溜長谿水を断じて小弋陽陂を造り、又た運渠二百余里を通す。所謂賈侯渠なる者なり。(21)

とある。このうち新陂は『晋書』食貨志に「堨汝水、造新陂」とあることから、汝水を堰き止めて造ったもので、汝水下流地域に位置すると思われる。(22)小弋陽陂は淮南に造られ、賈侯渠は淮北に建設された水運用の渠道である。つまり、対呉戦争論において杜預と対立していた賈充がその父の行った陂建設の政策を批判する杜預の上疏に反論したと考えてよいだろう。実際、この新陂は『水経注』に記載がなく、この杜預上疏によって廃止された可能性が高いと考えられる。

さて、上疏は次にこの陂をともなう「火耕水耨」が未開発地において効果を期待できる農法で、実際に漢代のこの地方は開発が進んでおらず、人口密度が低かったために便利であったのだと言う。つまり、杜預も開発途上段階における「火耕水耨」農法の利用に一定の評価を下しており、これがその前に「非不爾也」と述べる理由になっているのである。すでに『史記』貨殖列伝には「これを総じて、楚越の地、地広く人希、稲を飯として魚を羹とし、或いは火耕して水耨す(23)」という記載があるのだから、「火耕水耨」が漢代のこの地域で盛んに行われたことを杜預も当然認識

していたはずである。ところが、魏になると人口が増加し、それにともなって過剰な陂池の開発が進んだ。しかし、急速な乱開発によって建設された陂は毎年のように決壊し、漢代に良田であった田も水生植物であるガマやアシが生育するという状態になってしまった。さらに、人々は沮澤のそばに居住するようになり、水と陸の良いバランスが崩れてしまったという。澤とは池・沼などの低湿地を中心としてその周辺に森林や草地も分布している複合生態系の環境を示すものである。そこはそれまで人の手が入らなかった未開発の土地と考えてよいだろう。人口が増えて澤の周辺に人々が居住するのに従って、澤周辺の放牧のための草地や森林が農地として開拓されることとなり、放牧も絶えて、木々も枯れてしまったのである。さらに、上疏は「陂多則土薄水浅、潦不下潤」と続ける。「土薄水浅」は『春秋左氏伝』成公六年に「郇瑕氏土薄水浅」とあり、これに対して杜預は「土薄きは地下なり」と注を付している。このつまり、上疏文の「土薄水浅」も土層が薄く、地下水が浅いと言う意味であろう。つまり、低湿地ということになる。つまり、そこは雨水が浸透しない、水はけが悪い土地であった。それゆえ、雨が降るたびに横溢して、陸田まで水が及ぶことになってしまったのである。

また、上疏中に陸田・陸種・陸業の語があるが、陸田の事例は晋以前ではこの杜預上疏が初出である。一般的に水田は稲作、陸田はアワもしくは麦作の農地と解することもあろうが、少なくともここでは作付けする作物は限定されていない。この上疏の文脈ではその農地が陂を伴うか伴わないかが問題なのである。つまり、陂を伴う農地が水田、伴わないものが陸田と表記されているにすぎない。高い土地を示す「陸」とあることからも陸田は河岸に広がる自然堤防などの微高地に造られたものであろう。つまり、漢代は水はけの良い自然堤防上に陸田を造り、天水もしくは河川を直接引いて灌漑していたのである。ところが、魏になるとその微高地に陂が建設されてしまい、それにともなって陸田が削られて減少した。それが杜預の言う「以て今の陂の処を験ぶるに、皆陸業なり」ということなのである。

実際、魏では自然堤防上の微高地ではなく、より低い澤付近の湿地にまで農地を拡大し、それにともなって灌漑用・防水害用の陂が造られた。陂は対象とする農地よりも高い位置に建設されなければならないから、陸田を削減してそこに陂がつくられたのである。たとえば、鄭陂は陽平・沛郡太守の鄭渾により魏の文帝期に造られたもので、『魏志』鄭渾伝に、

陽平・沛郡二太守に遷る。郡界下溼にして、水潦の患いありて、百姓飢乏す。渾、蕭・相二県の界に陂遏を興し、稲田を開く。郡人皆以て不便と為す。渾曰く「地勢洿下なれど、宜しく漑灌すれば、終に魚稲経久の利有らん、此れ民を豊かにするの本なり」と。遂に躬ら吏民を率いて、功夫を興立し、一冬の間に皆成る。比年大収して、頃畝歳ごとに増す、租入倍常たり。民其の利に頼り、石に刻してこれを頌し、号して鄭陂と曰う。(24)

とあり、沛郡が低湿地にあり、水害が発生していたため、鄭陂が蕭・相二県に建設されたという。蕭県と相県は獲水・睢水という河川に挟まれた窪地で、そこに両河川からの水が一度に流入しないように、獲水・睢水の河岸の自然堤防上に陂を建設し、水量を調節して両県の間の窪地を灌漑したと考えて良いだろう。杜預上疏からすると、この付近の低湿地では漢代に農地開発が行われていなかったが、魏の時代に入り新たに水田が造られたと考えられよう。杜預は後文にあるようにこの鄭陂のような魏以降造られた陂の破壊を要求したのである。

こういった魏の時期に新たに造られたものは破壊の対象としたが、古い陂や堨は災害原因にならないから修復して継続利用すべきであるという。すでに見たように杜預は未開発地域での陂をともなう「火耕水耨」には一定の理解を示しており、漢代以前の陂を破壊する必要は無いわけである。さて、つぎに彼は自説を補強するため、かつての陂破壊要求の事例を挙げた。

臣前に尚書胡威の宜しく陂を壊すべしと啓すを見る。其の言懇至なり。(25)

（私は前に尚書の胡威が陂を破壊すべきと申し上げたことを見ました。その発言は十分にゆきとどいたものでした）

ここで杜預以前にも陂の破壊を提言した人物がいたことがわかる。淮南寿春出身の胡威は父の胡質とともに清慎として世に知られた人物で、魏の曹操の頃から出仕し、豫州刺史や尚書、青州刺史などを歴任し、太康元年卒した（『晋書』胡威伝）。かつて、杜預とともに皇太子除服を奏議したこともある。彼の陂破壊の上言は史料に残っていないが、豫州刺史の任にあったときに出されたものかもしれない。さらに、杜預はもう一つ例を挙げる。

臣の中《なかごろ》者又見るに、宋侯相の應遵、便宜を上し、泗陂を壊し、運道を徙さんことを求む。時に都督・度支の共に当る処に下すも、各見る所に拠りて、遵の言に従わず。臣、遵の上事を案ずるに、運道東して寿春に詣《いた》るに、旧渠有りて、泗陂によらざるを可とす。泗陂、遵の地の界に在りて、地を壊すこと凡そ万三千余頃、成業を傷敗す。遵の県領応に二千六百口を佃るべし。至少と謂うべきなれど、猶お地狭く、力を肆くすに足らざるを患う。此れ皆水の害を為すところなり。共に恤す所に当たれども都督・度支方に復た異を執り、見る所の難にあらず。直だ不同を以て理を害するなり。人心見る所既に同じからず、利害の情も又た異有り。軍家の郡県と、士大夫の百姓と、其の意同じ者有ることなし。此れ皆、其の利を偏らせ以て其の害を忘るる者なり。此れ理の未だ尽くせざる所以にして、事多く患うるの所以なり。[26]

（私はその後また次のようなものを見ました。それは宋県の侯相であった應遵が便宜をはかるように上言して、泗陂を壊し、運道を徙すことを求めたものであります。時に都督・度支が共に担当しているところに命令を下しましたが、それぞれの見解から彼らは遵の上言には従いませんでした。遵の上言を考えてみますと、運送道は東の寿春にまで至りますが、そこにはもともと旧渠があり、泗陂を経由する必要はありません。泗陂は應遵の治める地にあって、それはその地の万三千余頃の土地を破壊しており、それによって当地の人々の生業も傷ついております。應遵の治める県の領地では二千六百口分を耕作しなければなりません。それは非常に少ないと言えます。ただ、それでもなおその土地が狭く、人々が力をつくして耕作しても足りず、それがうれいとなっているのです。ここはみな水が災害をおこしているところであります。共に人々を救恤する立場にありながら、都督と度支は県に異論を唱えましたが、それは見解の相違などではありません。ただ、立場が異なることから道理を害しているのです。人の心や見解は同じではありません、利害の情も人によりまた異なっています。軍家（都督と度支）と郡県、士大夫と百姓はその意見が同じことなどないのです。これはみながその自らの利益に偏り、その本当の害を忘れたものなのであります。これは道理が未だつくされない理由であって、物事のうれいが多くなっている理由であります。）

ここで應遵が破壊を求めている泗陂は宋県が潁水・夏肥水間にあることから考えると、その付近に造られた陂と考えられる。この陂は漢代の史料に記載が無く、また杜預は後述するように魏以降に造られた陂の破壊を求めているのだから、この泗陂も魏代に建造されたものと思われる。この應遵による陂破壊の提言は都督・度支と県との間に利益の摩擦が生じて、結局実現されなかった。杜預は陂の破壊に一定の理解を示しているものの一方的に應遵の肩を持っているわけではない。杜預は泗陂を破壊すること自体には賛成しているが、應遵が運道の変更を破壊の理由としている点には納得がいかない。泗陂を破壊しなくても旧渠を通れば寿春へと物資を輸送できるからである。杜預が廃止を求める理由は、陂の建設により土地が万三千余頃も削られていることにある。そのため、人口の少ない県でありながら、必要な食料も収穫できず、民衆は貧しかったのである。すなわち、ここで陂の建設→農地の削減→収穫量減少→民衆の貧困というシナリオをこの宋県の事例から主張しようとしているのである。この論理を豫州全体で考えて次のように言う。

臣又案ずるに、豫州界二度支[27]の領し佃す所の者は、州郡大軍の雑士なりて、凡そ水田七千五百余頃を用いるのみ。計るに三年の儲は、二万余頃に過ぎず。常理を以てこれを言わば、多く無用の水を積すること無からん。況んや今に於いてをや、水澇瓫溢して、大いに災害を為す。臣以為らく、其の失当与《よ》りは寧ろ之を瀉《なが》し、滀せざらんと。(28)

(私が考えることには、豫州の度支が領有して農耕を行うのは州郡大軍の雑士であり、それは水田七千五百余頃を利用しているだけです。そしてそれが三年であげる儲けを計算してみると、それは二万余頃に過ぎないのです。一般の道理にてらして言うならば、無用の水を多く蓄積するべきではないでしょう。ましてや今では長雨で溢れてしまい、それが大きな災害を招いているのです。私は陂のうち道理にあわないものをそのままにするよりは、むしろそれを流し、蓄水しないほうがよいと思います。)

杜預はここでは、前段を受けて、豫州で度支の領有する地では陂が多く建設され、農地が削減されているために、水田による収穫はあまり期待ができないことを指摘する。だから、陂によって蓄水しても無駄であるし、さらに今ではそれが横溢して災害の原因となっている。それゆえ、これまで彼が繰り返し主張してきたように陂を破壊するべきであると述べている。そして、最後にその旨の詔を出すよう要求する。

宜しく明詔を発して、刺史二千石に勅ぐべし。其れ漢氏の旧陂旧堨及び山谷私家の小陂は、皆当に修繕して以て水を積すべし。其れ諸そ魏氏以来造立する所及び諸そ雨に因りて決溢する蒲葦馬腸陂の類は、皆決してこれを瀝さん。長吏二千石は躬親ら功を勧め、諸そ食力の人並《み》な一時功令に附し、水凍るに及ぶ比《ころ》、粗《ほぼ》枯涸するを得て、其の功実を修めし所の人皆以て之に俾《したが》う。其の旧陂堨溝渠の補塞する所有るに当たる者は、皆微跡を尋求せん。一に漢時の故事の如きは、豫は部と為るに分けて上に列せらる。冬東南兵を休め交代するを須《ま》ち、各一月留まりて、以て之を佐《たす》けん。夫れ川瀆には常流有り、地形には定体有り。漢氏の居人衆多なれども、猶お以て患い無し。今、其の患う所に因りて宜しくこれを寫《なが》すべし。古事を跡ねて以て近を明らかにするは大理顕然なり。坐論して得るべきなれど、臣愚意に勝えず。竊に謂えらく最も是れ今日の実益なりと。[29]

（詔を出して刺史二千石の役人たちに次のように告げるべきです。漢代からある旧陂旧堨と山谷私家の小陂は、修繕して蓄水すべきである。魏代以降造られたものと雨がふると決溢する蒲葦が生育し馬の腸のように長くなってしまった陂の類は決壊して流してしまいなさいと。長吏二千石は自ら工事に励み、はじめ庶民がみな三ヶ月工事について、水が凍って水がほぼ枯涸したころには、工事の実績のある人を工事に従事させるようにします。旧陂堨溝渠の補完して塞ぐべき所はわずかな漢代の跡でもそれをさがさせます。漢の先例では、豫州は州部となるときに上位に列せられています[30]［ですから漢のころのように戻せば必ず災害はなくなるはずです］。さらに冬になって東南で兵を休めて交代するのをまって、兵を一月ここに滞在させて、工事を助けさせます。そもそも川瀆には常流があり、地形には定体があります、漢代の居住民は多かったけれども、災害はありませんでした。今、その災害の発生した所では、水を陂によってとどまらせずに、流してしまうべきです。古きをたずねて今のことを明らかにすることが大いに道理にかなっていることは明らかであります。議論してよりよき方法を得るべきではありますが、私は他の人の愚かな意見にたえられません。私は私が申し上げました方法が最も今日の実益となるものと思うのであります。）

ここは杜預上疏の結論部分である。杜預は詔で次の二つの方向性を示すよう言う。まずひとつは、漢代の陂堨及び丘陵にある個人経営の小さな陂は修繕し、継続して利用すべきであるとする。すでに見てきたように、彼は開発があまり進んでいないころの陂をともなう水田農法である「火耕水耨」に対しては一定の評価をしており、漢代の陂は水害の原因となるものではないと考えている。第二は曹魏以降造られた陂及び大雨がふるとすぐに決壊してしまうような蒲葦が生育し馬の腸のように長く延びた浅い陂の類は破壊すべきであるとする。まさに魏以来、平原部で過剰なまでに乱開発された陂が水害の原因で、それを破壊することが重要であると考えているのである。この指針に則り長吏二千石が中心となってつぎのような具体的な工事を進める。①食力の人＝三ヶ月破壊工事に従事②水が凍るころ、水が枯渇→工事に実績のある者＝河道修繕工事③冬に交代する兵＝一ヶ月淮北の工事現場にとどめ作業を補助させるという三段階を経て完成する。兵を利用することにより工事の迅速化が図られることになる。前述したようにこの地方は対呉戦争の最前線にあたり、できるだけ早急に工事を完成する必要があった。また、修繕すべき陂についてはかつてのすがたに戻すため、わずかな過去の痕跡までも調査することが求められた。以上が前後二度にわたる杜預上疏の内容である。

さて、これまで見てきた杜預の上疏に対して『晋書』食貨志ではその直後に「朝廷これに従う」と記されている。これについてはどれだけ効果があったのか疑問視されてきた(31)。具体的に淮北平原で魏晋期（後漢末曹操専権期も含む）に造られた陂を史料でみてみると四つだけ確認することができる。このうち、賈逵の新陂、鄭渾の鄭陂、宋侯相であった應遵が破壊を求めた泗陂はすでに言及したものである。もうひとつは、後漢末、曹操がすでに実権を握っていた興平元（一九四）年に陳留・濟陰太守であった夏侯惇が太寿水を断じて作った夏侯長塢の陂（『魏志』夏侯惇伝）である。このほか、具体的な名称はわからないが、司馬懿の命で豫州刺史の鄧艾が正始年間に潁水の北・南に陂を治めたことが知られている（『魏志』鄧艾伝・『晋書』食貨志）。具体的に名称のわかる前の四つの陂について、『水経注』には、鄭陂以外は「昔」時のこととしての記載が全くなく、北魏時代までに全て利用されなくなったと思われる。つまり、これら魏晋期に建設された陂はここで検討してきた杜預上疏によって破壊されてしまった可能性がある。これらの事実は一定程度、杜預の意向が実行に移されたことを物語るものである。ただし、それにもかかわらず『水経注』では依然として淮北平原に多くの陂が分布していることも事実である。このことに関しては陂の建設される地理的環境と関連付けて別に本書第九章において検討を加えたい。

5、おわりに

以上、晋統一前夜に度支尚書の杜預によって提出された淮北平原における陂の破壊を要求する上疏の内容を検討してきた。ここで彼の上疏から時間軸に沿って淮北平原の開発の有り様を復原してみたい。まず、漢代以前、この地域は未だ開発の進んでいないところで、陂をともなう水田耕作である「火耕水耨」が行われ、微高地では陸田が造られていた。そのバランスはうまく調和しており、水害の原因とはならなかった。ところがその後、魏の時代に入るとこの地域の戸口が増加し、それに応じて漢代に陸田であった所にまでも陂が加速度的に建設された。人々はそれまで農地として利用していなかった澤の付近に居住し、生態系のバランスが崩れ、放牧は絶え、樹木は枯れてしまった。そういった状況の中で過剰なまでに建設された陂の周辺は徐々に水はけが悪くなり、毎年のように決壊するようになり、周辺の陸田をも水没させるまでに至ってしまった。さらに、陂を建設することにより農地が削られ、生産量が減少する。このような中で、役人の中には陂を破壊するよう求めた者もあらわれたが、結局実行には移されなかった。

魏の成立から約六十年、晋王朝の中央では対呉戦争を開始すべきか否かが討議されている最中、紛争の最前線にあたる淮北平原では上記のような人為的な生態環境の変化により毎年のように水害が発生した。その被害は五穀の収穫ができないだけでなく、彼らの生業をも奪ってしまうほどで、当年のみならず、その後にまで影響を与えるほどのものであった。この事態に対して対呉戦争開戦賛成派の杜預が水害の原因を陂の乱開発に求め、提出されたのが本章で扱った上疏なのである。そこに述べられた対策は陂を破壊し、河川の水を本来の流れのなすがままにし、その後は陂をともなわない五穀栽培を行い、さらに典牧の所有する種牛を農民に配分し、耕作に利用させ、牛の貸与金を支払わせるというものである。これにより百姓も国も潤うことになるのである。さらに、対呉戦争に備えてできるだけ早く工事を完了するため、郡県の民のほかに兵士に作業を補助させようとした。

上疏の中で注目すべき点がある。それは杜預がすべての陂を破壊せよとは主張していないことである。彼が破壊を求めたのは曹魏以降造られた陂、大雨がふるとすぐに決壊してしまうような蒲葦が生育し馬の腸のように長く延びた陂の類であり、漢代の陂堨及び丘陵にある個人経営の小さな陂は修繕し、継続して利用すべきであるとしたのである。つまり、水と陸のバランスが保たれるように建設されていた漢代の陂は水害の原因ではないと考えたのである。それゆえ、工事においても、それは破壊するのではなく、漢代の跡を探索し、それに基づいて修復することが求められた。それは「古事を跡ねて以て近きを明らかにす」という西晋統一以前に生きた杜預自身の信念から出た考えではなかったのだろうか。漢代に災害がなかったのだから、その時代と同じような環境利用の方法に戻せば、災害がおこることはないと言おうとしているように思われる。そのことは呉を平定した後にも実践されている。南方の南陽盆地に行き水利事業を行ったときのことである。

又、邵信臣の遺跡を修め、激して滍淯諸水を用いて、以て原田万余頃を浸す。彊を分けて石に刊し、定分有らしめ、公私利を同じくす。衆庶これに頼り、号して「杜父」と曰う。(32)（『晋書』杜預伝）

邵信臣は南陽太守として南陽郡穰・新野・朝陽一帯を灌漑する六門陂（鉗廬陂）を造り(33)、民のために「均水約束」を作った人物である（『漢書』循吏列伝）。杜預はこの六門陂を復興させたと思われる。すなわち、漢代の陂池を修治・利用し、水争いが起こらないように水の配分の取り決めを行ったのである。これは淮北平原で漢代に造られたものは修復するように求めた時の杜預の理念と一致した行動である。漢代の先例を参考にしながら、地宜に適った水利方法を行うべきだと考えたのである。まさに、「古事を跡ねて以て近きを明らかにす」ることを実践しているのである。

すでに度々上疏の中で見てきたように、杜預は災害が少なかった漢代へ水利開発の方法を戻そうと主張してきた。彼は魏以来の新たなる過剰な乱開発が国家分裂の状態を続けさせていると考えたのかもしれない。後漢末の黄巾の乱から約百年後、戦乱時代しか知らない杜預は魏以来変化してしまった水利環境開発の方法を漢代のものに回帰させることによって再び平和な統一時代を迎えることができると考えていたのではないだろうか。

注

（1）西山武一「中国における水稲農業の発達」（『農業総合研究』三―一、一九四九年。のち『アジア的農法と農業社会』東京大学出版会、一九六九年所収）。
（2）佐藤武敏「古代における江淮地方の水利開発」（『人文研究』一三―七、大阪市立大学文学会、一九六二年）、「江淮地方の水利開発」（『歴史教育』一六―一〇、一九六八年）など。
（3）福井捷朗「火耕水耨の議論によせて――ひとつの農学的見解――」（『農耕の技術』三号、一九八〇年）。
（4）本書第四章「中国古代関中平原の都市と環境」では咸陽から長安への遷都について、陂池と都市水利との関係を軸に論じた。
（5）前掲注（3）福井論文。
（6）杜預上疏を利用した屯田制研究としては西嶋定生「魏の屯田制――特にその廃止問題をめぐって――」（『東洋文化研究所紀要』一〇号、一九五六年、のち『中国経済史研究』東京大学文学部、一九六六年に補訂所収）があり、火耕水耨については西嶋定生「火耕水耨について」（『和田博士還暦記念東洋史論叢』講談社、一九五一年、のち前掲『中国経済史研究』に新訂所収）、米田賢次郎「応劭『火耕水耨』注より見たる後漢江淮の水稲作技術について」（『史林』三八―五、一九五五年）「陂渠灌漑下の稲作技術」（『史林』六四―三、一九八一年、ともにのち『中国古代農業技術史研究』同朋舎出版、一九九一年所収）などがある。また、水利史の方面からは佐久間吉也「晋代の水利について」（『福島大学学芸学部論集』一七―一、一九六四年、のち『魏晋南北朝水利史研究』開明書院、一九八〇年所収）も利用している。

（7）漢代に江淮地域の豪族が多く関中の陵邑に徙民されたことは鶴間和幸「漢代における関東・江淮豪族と関中徙民」（中嶋先生古稀記念事業会『中嶋敏先生古稀記念論集』上、汲古書院、一九八〇年）ほか参照。

（8）晋の泰始律令については堀敏一「晋泰始律令の成立」（『東洋文化』六〇号、一九八〇年、のち『律令制と東アジア世界』汲古書院、一九九四年所収）ほか参照。

（9）文廷式『補晋書芸文志』ほか。

（10）以下、特別な変更点がない限り、中華書局本『晋書』食貨志に基づき、上疏文の原文を示す。

杜預上疏曰「臣輒思惟、今者水災東南特劇、非但五稼不收、居業并損、下田所在停汙、高地皆多磽埆、此即百姓困窮方在来年。雖詔書切告長吏二千石為之設計、而不廓開大制、定其趣舎之宜、恐徒文具、所益蓋薄。当今秋夏蔬食之時、而百姓已有不贍、前至冬春、野無青草、則必指仰官穀、以為生命。此乃一方之大事、不可不豫為思慮者也。（『晋書』食貨志）

（11）毎東南有事、大軍出征、汎舟而下、達于江淮、資食有儲、而無水害、艾所建也。（『晋書』食貨志）

（12）臣愚謂既以水為困、当恃魚菜螺蜯、而洪波汎濫、貧弱者終不能得。今者宜大壊兗・豫州東界諸陂、随其所帰而宣導之。交令饑者尽得水産之饒、百姓不出境界之内、旦暮野食、此目下日給之益也。（『晋書』食貨志）

（13）水去之後、填淤之田、畝収数鍾。至春大種五穀、五穀必豊、此又明年益也。（『晋書』食貨志）

（14）前掲注（6）西嶋「火耕水耨について」。

（15）臣前啓、典牧種牛不供耕駕、至於老不穿鼻者、無益於用、而徒有吏士穀草之費、歳送任駕者甚少、尚復不調習、宜大出売、以易穀及為賞直。詔曰「孳育之物、不宜減散」、事遂停寝。（『晋書』食貨志）。

（16）「三百斛」について。七百万斛を得るためには牛三万五千頭に一牛あたり「二百斛」を課することにしないと計算があわなくなることから『晋書斠注』では「二百斛」とする。

（17）問主者、今典虞右典牧種産牛、大小相通、有四万五千余頭。苟不益世用、頭数雖多、其費日広。古者匹馬匹牛、居則以耕、出則以戦、非如猪羊類也。今徒養宜用之牛、終為無用之費、甚失事宜。東南以水田為業、人無牛犢。今既壊陂、可分種牛三万五千頭、以付二州将吏士庶、使及春耕。穀登之後、頭責三百斛。是為化無用之費、得運水次成穀七百万斛、此又数年後之益也。加以百姓降丘宅土、将来公私之饒乃不可計。其所留好種万頭、可即令右典牧都尉官属養之。人多畜少、可並佃牧地、明其考課。此又三魏近甸、歳当復入数十万斛穀。牛又皆当調習、動可駕用。皆今日之可全者也。(『晋書』食貨志)

(18)　渡辺信一郎「火耕水耨の背景――漢・六朝の江南農業――」(『日野開三郎博士頌寿記念論集中国社会・制度・文化史の諸問題』中国書店、一九八七年)は「東南以水田為業、……此又数年後之益也。」の部分を引用し、前段から続く詔の一部であるとするが、ここでは杜預の主張する陂の破壊を前提とする春の耕作に牛を利用することが述べられており、また、「数年後之益」という語が前の「目下日給之益」「明年益」と対応していることから、ここではこれは杜預上疏の続きであると判断した。なお、中華書局本『晋書』でも詔は「孳育之物、不宜減散」の部分のみとしている。

(19)　預又言、諸欲修水田者、皆以火耕水耨為便。非不爾也、然此事施於新田草萊、与百姓居相絶離者耳。往者東南草創人稀、故得火田之利。自頃戸口日増、而陂堨歳決、良田変生蒲葦。人居沮澤之際、水陸失宜、放牧絶種、樹木立枯。皆陂之害也。陂多則土薄水浅、潦不下潤。故毎有水雨、輒復横流、延及陸田。言者不思其故、因云此土不可陸種。臣計漢之戸口、以験今之陂処、皆陸業也。其或有旧陂旧堨、則堅完修固、非今所謂当為人害者也。(『晋書』食貨志)

(20)　たとえば、前掲注(6)西嶋「火耕水耨について」は一年休閑作とし、米田「陂渠灌漑下の稲作技術」と前掲注(18)渡辺論文は連作とする。

(21)　(賈逵)遏鄢・汝造新陂、又断山溜長谿水、造小弋陽陂、又通運渠二百余里。所謂賈侯渠者也。(『魏志』賈逵伝)

(22)　『三国志集解』には「汝寗府東」とあり、漢代の汝南県の東ということとなる。

(23)　総之、楚越之地、地広人希、飯稲羹魚、或火耕而水耨(『史記』貨殖列伝)。この記載に基づいて、鶴間和幸氏は漢代の楚は淮北地域を示すことから、「火耕水耨」が漢代淮北で行われていたとする(「漢代豪族の地域的性格」『史学雑誌』八七―一二、一九七八年)

(24)　遷陽平・沛郡二太守。郡界下溼、患水澇、百姓飢乏。渾於蕭・相二県界、興陂遏、開稲田。郡人皆以為不便、渾曰「地勢洿下、宜溉灌、終有魚稲經久之利、此豊民之本也。」遂躬率吏民、興立功夫、一冬間皆成。比年大收、頃畝歳増、租入倍常、民頼其利、刻石頌之、号曰鄭陂。（『魏志』鄭渾伝）

(25) 臣前見尚書胡威啓宜壊陂、其言懇至。（『晋書』食貨志）

(26) 臣中者又見宋侯相應遵上便宜、求壊泗陂、徙運道。時下都督度支共処当、各拠所見、不従遵言。臣案遵上事、運道東詣寿春、有旧渠、可不由泗陂。泗陂在遵地界壊地凡万三千余頃、傷敗成業。遵県領応佃二千六百口、可謂至少、而猶患地狭、不足肆力、此皆水之為害也。当所共恤、而都督度支方復執異、非所見之難、直以不同害理也。人心所見既不同、利害之情又有異。軍家之与郡県、士大夫之与百姓、其意莫有同者、此皆偏其利以忘其害者也。此理之所以未尽、而事之所以多患也。（『晋書』食貨志）

(27) 前掲注（6）西嶋「火耕水耨について」は「二」を「中」の誤りと推測している。

(28) 臣又案、豫州界二度支所領佃者、州郡大軍雑士、凡用水田七千五百余頃耳、計三年之儲、不過二万余頃。以常理言之、無為多積無用之水、況於今者水潦瓮溢、大為災害。臣以為与其失当、寧瀉之不滀。（『晋書』食貨志）

(29) 宜発明詔、敕刺史二千石、其漢氏旧陂旧堨及山谷私家小陂、皆当修繕以積水。其諸魏氏以来所造立、及諸因雨決溢蒲葦馬腸陂之類、皆決瀝之。長吏二千石躬親勧功、諸食力之人並一時附功令、比及水凍、得粗枯涸、其所修功實之人皆以俾之。其旧陂堨溝渠当有所補塞者、皆尋求微跡、一如漢時故事、豫為部分列上、須冬東南休兵交代、各留一月以佐之。夫川瀆有常流、地形有定体、漢氏居人衆多、猶以無患、今因其所患而宣写之、跡古事以明近、大理顕然、可坐論而得、臣不勝愚意、竊謂最是今日之実益也。（『晋書』食貨志）

(30) 『漢書』地理志に「荊・河は惟れ豫州。……厥の土惟れ壌にして、下土は墳壚なり。田は中の上、賦上の中を錯む」とあり、その地の賦は「上の中」であることから、上疏に「上に列せらる」とあるのであろう。

(31) 岡崎文夫「支那古代の稲米稲作考」（『南北朝に於ける社会経済制度』弘文堂、一九三五年）において「併し果してどの程度迄実行せられたる乎。之を西晋一般の政情に照らして疑いなき能わず」とし、佐久間吉也「晋代の水利について」（『福島大学学芸学部論集』一七—一、一九六四年。のち『魏晋南北朝水利史研究』開明書院、一九八〇年所収）もこれに従う。また前掲注（6）西嶋「火耕水耨について」は「その詳細は判明しない」と言う。

（32）又修邵信臣遺跡、激用滍淯諸水以浸原田萬餘頃。分疆刊石、使有定分、公私同利。衆庶頼之、号曰「杜父」。（『晋書』杜預伝）

（33）この水利施設は後漢時代にも杜詩という人物によって修治されたことが知られている。『後漢書』杜詩伝に、「七年、遷南陽太守。……又修治陂池、廣拓土田、郡内比室殷足。時人方於召信臣、故南陽為之語曰『前有召父、後有杜母。』」とある。『晋書』杜預伝で杜預を「杜父」と号したのはこの杜詩を「杜母」と呼んだことに由来しているのかもしれない。

第八章　漢代淮北平原の地域開発
——陂の建設と澤——

1、はじめに

三国鼎立以来分裂していた中国を西晋が統一する直前の咸寧四（二七八年）年、当時度支尚書の立場にあった杜預は淮北平原において毎年続く水害の対処策を上疏した。この上疏で彼は水害の原因が淮北平原における陂池の乱開発にあり、その原因たる陂池を決壊させることが重要であると述べている。つまり、この水害が人為的な災害であるとの認識を示したのである。しかしながら、杜預はすべての陂池を破壊せよと言っているわけではない。彼は漢代以前の陂と魏以降建設された陂に分け、漢代からの旧陂旧堨と山谷私家の小陂は修繕して蓄水すべきであるが、魏代以降造られたものと雨がふると決溢する蒲葦が生育し馬の腸のように長くなってしまった陂の類は決壊して流すべきであると主張している。漢代は水陸のバランスをうまく保つように陂が建設されていたが、魏以降はそのバランスを失わせるほど過剰な乱開発が行われ、その結果、水害が発生したと考えた。そこで、彼は再び統一王朝を達成させるためにも、漢代の地域開発の方法へと回帰すべきであると主張したのである。(1)

果たして、この杜預上疏における漢代に建設された陂に関する分析はどれほど漢代の実状を示したものであろうか。そして、彼が主張するように漢代の淮北平原における地域開発の方法は地域の環境に適合したものだったのだろうか。本章ではこのような問題について検討するために、前章で主題とした杜預上疏が提出された魏晋期から時間軸を戻し、漢代における淮北平原の地域開発について陂の建設を中心として考察することとしたい。陂とは人工的に河流を堰き止めて造られたダム型式の貯水池を示す[2]。すなわち、陂は自然環境に人間が手を加えて建設されたものである。これに対して澤は自然の貯水池を中心として、周辺の森林や沼などの低湿地をも含めた複合的な生態系で、人の手が加えられていないところ、すなわち開発が進んでいない地区と考えてよい[3]。従来の研究では陂池開発は漢代より本格的に始まり、後漢時代にはその規模を拡大させたこと、淮北平原と南陽盆地に多くみられること、また、その分布地は後漢以後、豪族が台頭する地域と一致することなどが明らかにされている[4]。ここでは陂を社会関係や権力の経済的基盤として見るのではなく、人間が如何に周囲の自然環境を利用してきたのか、もしくは利用しなかったのかを示す史料として考察をすすめたい。それはある環境に対して当時の人々がいかなる認識をもって開発をすすめていったのかを示すこととなる。

そこで、本章ではまず、第二節で人間による開発を示す陂の分布を整理し、第三節では未開発地域を示す澤の分布を整理する。第四節ではこの陂と澤の分布地区の相違についてそれぞれの形成・建設過程と周囲の生態環境との関係を考察したい。

2、漢代淮北平原の陂池建設

淮北平原は北を河水（黄河）、南を淮水、西を嵩山―桐柏山山系（豫西丘陵）、東を山東丘陵に挟まれた平原である。現在の河南省東部・安徽省北部・山東省西部にあたる。高低差約二〇ｍのこの平原では春秋時代に鄭・衛・宋・陳・蔡などの国々がしのぎをけずり、戦国時代には魏・楚・宋・斉などが攻防を繰り返し、秦末の陳勝・呉広や劉邦もここから蜂起した。また、漢代には多くの諸侯国が置かれた地域でもある。

さて、ここでは漢代の淮北平原に分布した陵を整理したい。漢代に史料上存在していた陵は八件みられる。それらを整理したものが表8—1、地図8—1である。[5] おおよそ、その分布地域は汝南・潁川郡と下邳国（臨淮郡）の二つの地域に区分できる。以下、各々の陵の履歴について分析する。

地図8－1　漢代淮北平原陵澤地図

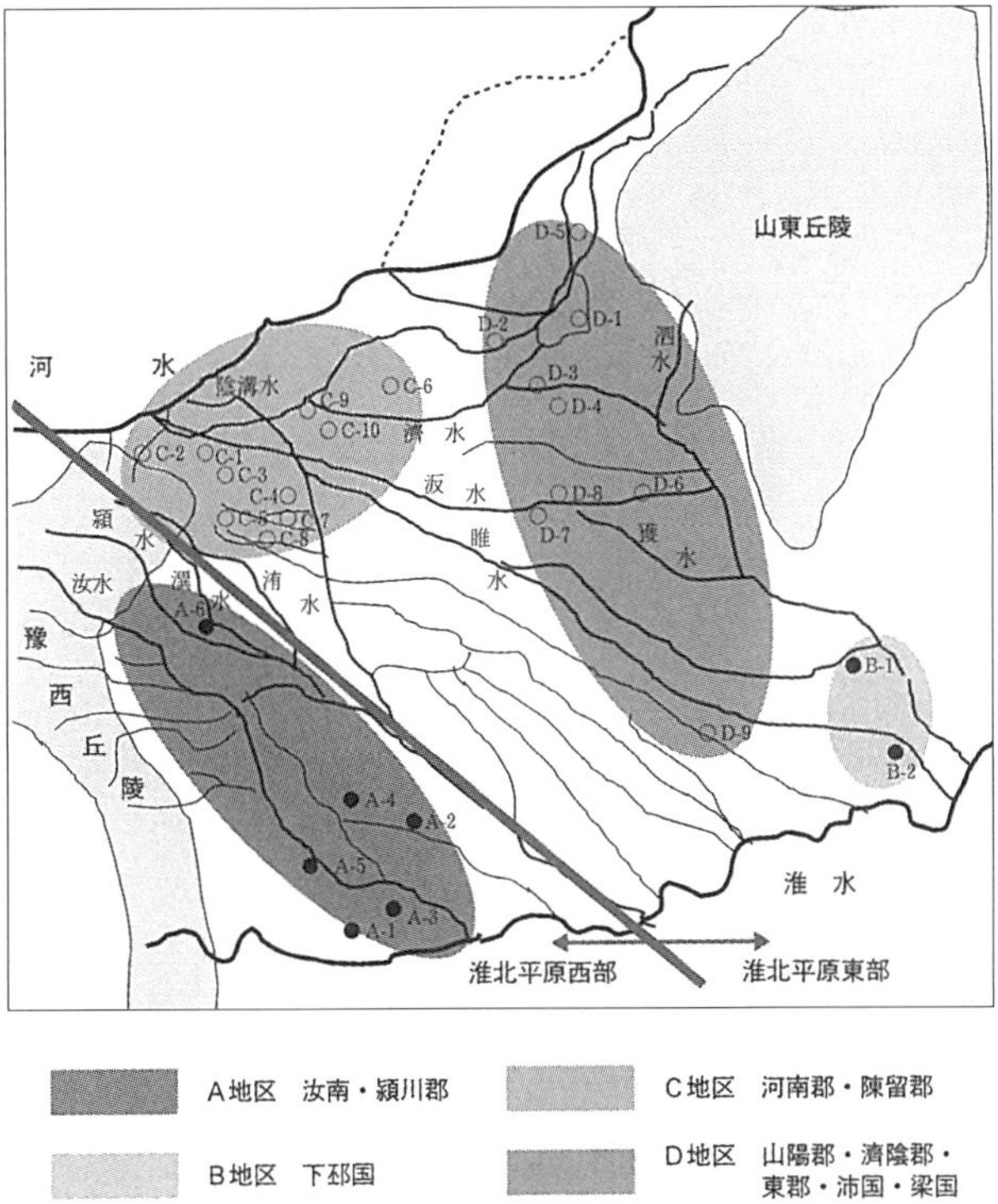

【A地区　汝南・潁川郡】

汝南郡は西に豫西丘陵地帯、南に淮水流域の低地が広がり、西北から東南へむかってなだらかに傾斜する地形である。汝水とその支流の潤水、そして潁水が東南流して淮水に流れ込む。郡治は前漢・後漢ともに平輿県に置かれた。なお、ここには特に多くの陂が複雑に分布するため、『水経注』の記載で補いながら位置を確かめたい。汝南郡内に分布する陂に関する『水経注』記事を表8—2として挙げる。また、地図8—2は楊守敬『水経注図』の汝南郡の部分を一部改変したものである。

表８－１　漢代淮北平原陂澤分布表

	名称	所在地	引用史料出典
	陂		
	〈A地区　汝南郡・潁川郡〉		
①	鴻郤陂（鴻隙大陂）	汝南郡安陽・慎陽・新息	『漢書』翟方進伝・『後漢書』鄧晨伝・方術伝
②	鮦陽陂（鮦陽渠・三丈陂）	汝南郡鮦陽	『後漢書』何敞伝・『北道書鈔』引華嶠『後漢書』・『水経注』
③	青陂	汝南郡新蔡	『水経注』汝水注
④	葛陂	汝南平輿・鮦陽	『後漢書』費長房伝・『三国志』魏志・許褚伝
⑤	周氏陂	汝南郡安城	『後漢書』周爕伝
⑥	灌夫陂池	潁川郡潁陰	『史記』魏其武安侯列伝
	〈B地区　下邳国〉		
①	蒲姑（如）陂	下邳国取慮	『後漢書』郡国志・『春秋左氏伝』杜預注
②	蒲陽陂	下邳国徐	『後漢書』張禹伝・『後漢書』張禹伝注引『東観漢記』
	澤		
	〈C地区　河南・陳留郡〉		
①	滎（熒）澤	河南郡熒陽	『後漢書』郡国志
②	馮池	河南郡滎陽	『漢書』地理志・『水経注』
③	圃田澤	河南郡中牟	『漢書』地理志・『後漢書』郡国志
④	逢池（逢澤）	河南郡開封	『漢書』地理志
⑤	制澤	河南郡開封	『後漢書』郡国志
⑥	長垣澤	陳留郡長垣	『後漢書』呉祐伝
⑦	牧澤	陳留郡浚儀	『水経注』渠水注引『陳留風俗伝』
⑧	長楽廏大澤	陳留郡尉氏県	『水経注』渠水注引『陳留風俗伝』
⑨	黄池	陳留郡平丘	『後漢書』郡国志
⑩	東昏大澤	陳留郡東昏県	『後漢書』儒林・楊倫伝
	〈D地区　山陽・濟陰郡・沛国・梁国〉		
①	鉅野澤（大壄澤・大野澤）	山陽郡鉅壄	『史記』夏本紀集解・『漢書』地理志・『後漢書』郡国志
②	雷澤	濟陰郡成陽	『漢書』地理志・『後漢書』郡国志
③	荷澤	濟陰郡定陶	『漢書』地理志
④	成武大澤	濟陰郡成武県	『後漢書』儒林列伝・孫期伝
⑤	河澤（東阿大澤）	東郡東阿	『春秋左氏伝』杜注
⑥	豊西澤（大澤）	沛国豊	『後漢書』郡国志
⑦	蒙澤	梁国蒙	『後漢書』郡国志
⑧	盟諸澤	梁国睢陽	『漢書』地理志。孟豬澤・明都澤
⑨	大澤（郷）	沛国蘄県	『後漢書』郡国志

表8－2　『水経注』記載汝南郡陂池史料

	史料	出典
(1) 慎水	(慎) 水出慎陽県西、而東逕慎陽県故城南…慎水又東流、積為燋陂。陂水又東南流為上慎陂、又東為中慎陂、又東南為下慎陂、皆與鴻郤陂水散流。其陂首受淮川、左結鴻陂…陂水散流、下合慎水、而東南逕息城北、又東南入淮、謂之慎口。	『水経注』淮水注
(2) 申陂水	(申陂) 水上承申陂于新息県北、東南流分為二水。(一水は2―①へ) 一水逕深丘西、又屈逕其南、南派為蓮湖水、南流注于淮。	『水経注』淮水注
(2)―①申陂枝水	(申陂枝) 水首受 (申) 陂水于深丘北、東逕釣臺南。…又東逕陽亭南、東南合淮。	『水経注』淮水注
(3) 青陂水	(青陂) 水上承慎水于慎陽県之上慎陂、左溝北注馬城陂、陂西有黄邱亭。陂水又東、逕新息亭北、又東為綢陂。陂水又東逕新息県、結為牆陂。陂水又東、逕遂郷東南、而為壁陂。又東為青陂。…陂水又東、分為二水、一水南入淮、一水東南逕白亭北、又東、逕呉城南。…又東北屈逕壺邱東、而北流注于汝水。	『水経注』汝水注
(4) 汶水	(汶) 水首受慎水于慎陽県故城南陂。陂水両分、(一水は (4)―①へ) 自陂東北流、積為同陂。陂水又東北、又結而為陂、世謂之窖陂。…陂水又東南流、注壁陂。陂水又東北為太陂。陂水又東入汝。	『水経注』汝水注
(4)―①北陂水	(汶水より分流した) 一水自陂北、慎陽城四周城塹…塹水又自瀆東北流、注北陂。…(北) 陂水上承慎陽県北陂、東北流、積而為土陂。陂水又東為窖陂。	『水経注』汝水注
(5) 澺水	(澺) 水上承汝水別流于奇額城東、東南流為練溝、逕邵陵県西、東南流注、至上蔡西岡北、為黄陵陂。陂水東流于上蔡岡東為蔡塘。又東逕平輿県故城南…澺水又東南、左池為**葛陂**。陂方数十里。…(葛) 陂水東出為鮦水、俗謂之三丈陂、亦曰三巌水。水逕鮦陽県故城南…鮦陂東注為富水 (**富陂**) …澺水自葛陂東南、逕新蔡県故城東、而東南流注于汝水。	『水経注』汝水注
(6) 潤水	(潤) 水首受**富陂**、東南流為高塘陂、又東、積而為陂水、東注焦陵陂。…焦湖東注、謂之潤水、逕汝陰県東、逕荊亭北、而東入淮。	『水経注』淮水注
(7) 焦陵陂水	(焦陵) 陂水北出為鮦陂、陂水潭漲、引瀆北注汝陰、四周隍塹、下注潁水。	『水経注』淮水注

(下線部は陂。太字は漢代より存続したと考えられる陂) 淮水沿岸から潁水沿岸方面へ東北方向に配列した

A―①鴻郤陂（鴻隙大陂）　汝南郡慎陽・安陽・新息

初め汝南旧鴻隙大陂有り、郡以て饒為り。成帝の時、関東数水あり、陂溢れて害と為る。（翟）方進相と為り、御史大夫孔光と共に掾を遣わし行視せしめ、以為えらく「陂水を決去せしむれば、其の地肥美となり、堤防の費を省き、而して水憂無からん」と、遂に奏してこれを罷む。(6)（『漢書』翟方進伝）

翟方進は前漢成帝期の人。鴻郤陂（鴻隙大陂）はすでに成帝以前に造られていたが、成帝期の大雨により度々陂が横溢して水害を発生させた。これをうけて丞相の翟方進は陂を決壊させれば水害の憂いは無くなると上奏し、陂を破壊した。しかし、そののち陂による貯水ができなくなり、王莽期には常に旱魃が発生するようになり、人々は翟方進を怨んで童謡を作ったという。(7)このような状況のなかで、後漢初期、鄧晨なる人物がこの陂の修復をおこなった。

『後漢書』鄧晨伝に

（建武十三年）復た汝南太守と為る……（建武十八年）（鄧）晨、鴻郤陂の数千頃の田を興し、汝土以て殷たり、魚稲の饒は它郡に流衍す。(8)

とある。鄧晨は南陽新野の出身で、光武帝の姉を娶った人物。王莽末年から光武帝に従軍し、建武二十五年に卒した。建武十三年に汝南太守となった彼は鴻郤陂を修復し、それによって数千頃の田が灌漑され、そこから生産される魚・稲はほかの郡にも流通したという。さらに、この修復工事では翟方進の破壊によりすでにかつての鴻隙大陂の水利施設の構造がわからなくなってしまっていることから、現地の水脈に詳しい許楊なる人物が指揮に当たった。許楊は同じ汝南郡の平輿県の出身。年少から術数を好み、漢末に王莽のもとで酒泉都尉になったが、新の滅亡後には郷里に戻っていた。ちょうどその時、この鴻郤陂の修復工事が行われたのである（『後漢書』方術・許楊伝）。(9)この陂の所在地については正史では汝南としか記されていないが、『水経注』淮水注には、慎陽県故城の南を過ぎた慎水が燋陂・上慎陂・

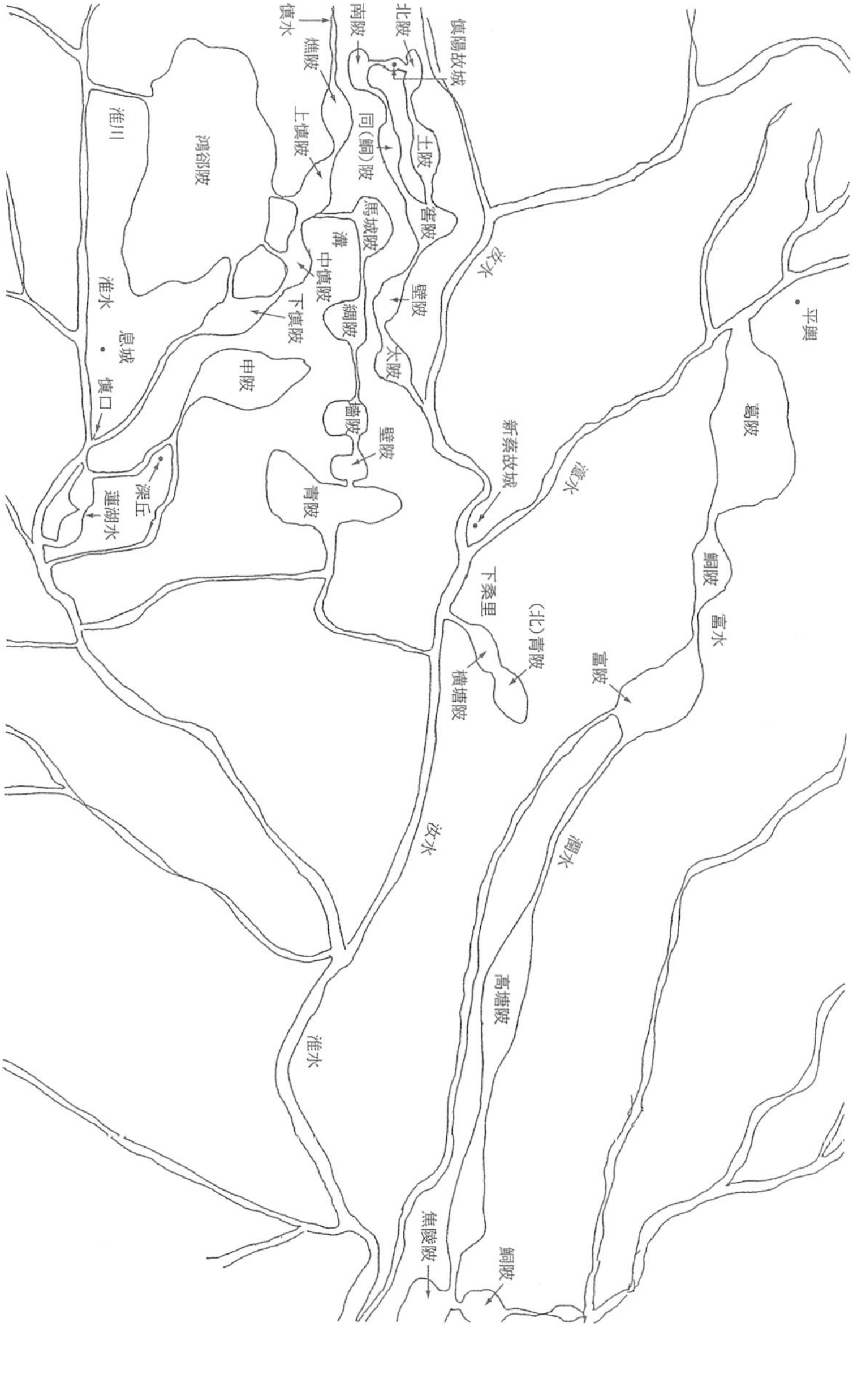

地図８－２『水経注図』汝南郡周辺（一部改変）

中慎陂・下慎陂を形成し、その水が鴻郤陂に散流すると記載があり、慎陽県の東南にあると考えられる（表8―2慎水参照）。また、楊守敬『水経注図』では汝水と淮水の間、汝南郡安陽・慎陽・新息の間に示されている。(10)

A―②鮦陽陂　汝南郡鮦陽

何敞汝南太守と為る、鮦陽の旧陂を修治して、溉田万頃、墾田三万余、咸《み》な其の利に頼る。吏民石に刻して、敞の功徳を頌す。(11)

（『北堂書鈔』巻七四引華嶠『後漢書』何敞伝）

何敞は扶風平陵の出身。その六世の祖先である何比干は汝南郡汝陰県の人で、本始元年に扶風平陵に徙民された（『後漢書』何敞伝注引『何氏家伝』）。何敞が汝南太守になったのは永元年間以前、後漢安帝期である。鮦陽陂は『後漢書』では「鮦陽旧渠」、『水経注』汝水注では「三丈陂」「三厳水」と称されている。汝水と潁水の中間を流れる葛陂水沿いに位置し、南岸に鮦陽県がある（『水経注』汝水注、表8―2濦水参照）。

A―③青陂　汝南郡新蔡

漢霊帝建寧三年、新蔡長河南緱氏李言、青陂を修復せんことを上請す……灌漑すること五百余頃。(12)

（『水経注』汝水注）

李言は河南尹緱氏県出身で、後漢末期の霊帝時期には汝南郡新蔡県長となった人物。彼の在任中、青陂の修復を上奏し、その結果、五百余頃が灌漑されたという。青陂は慎陽県の上慎陂を水源として次々と小規模な陂を経由して汝水・淮水へと入る陂で、新蔡県の東南に位置する（表8―2青陂水参照）。

以上三件の陂は主に灌漑用水のために造られたものである。次に挙げる例は世俗社会から離れて生活する場としての陂である。

A―④葛陂　汝南平輿・鮦陽

（費）長房辞して帰るに、翁は一竹の杖を与えて曰く「此れに騎して之く所に任せば、則ち自ら至らん。既に至らば、杖を以て葛陂の中に投ずべきなり」と。[13]（『後漢書』方術・費長房伝）

費長房は汝南の出身で、薬を売る翁とのやりとりのなかでこのような一節が記されている。葛陂の位置は『後漢書』注には「陂は今の豫州新蔡県西北に在り。」とあり、また、『水経注』汝水注によると、汝水の東を東南方向に流れる澺水という河川が平輿県の南で分流して、左手に滞留した貯水池が葛陂であるという。この葛陂を経てからは葛陂水となり、鮦陽陂・鮦陽県を経て富陂を通り淮水へと流れ込む（『水経注』汝水注、表8―2澺水）。つまり、葛陂は平輿・鮦陽に位置することとなる。また、後漢末には曹操麾下となる以前に許褚が汝南葛陂の賊万余人を率いたとあり（『三国志』魏志・許褚伝[14]）、葛陂は世俗社会や国家とは離れた陂として史料にみられる。

A―⑤周氏陂　汝南郡安城

先人の草廬の岡畔に結す有り、下に陂田有り、常に肆に勤めて以て自給す。身ら耕漁する所あらざれば則ち食さず。[15]（『後漢書』周燮伝）

周燮は汝南郡安城県の出身で、十歳で学問をはじめ、逸民的な生活を送っていた。その際に、「陂田」で自給自足生活をしていたことが書かれている。[16]安帝の延光二年に招聘されたが、病を理由に断ったという逸話があることから、後漢中期の人物である。安城県は汝水の南岸の都市である。

以上、汝南郡には具体的な名称のわかる陂が五件ある。そのほかにも後漢時代、汝南郡には多くの陂が存在していた。『後漢書』鮑昱伝に、

（鮑昱）後に汝南太守を拜す。郡、陂池多く、歳歳決壊し、年常に三千余万を費す。昱乃ち上に方梁石洫を作り、水常に饒足し、漑田倍多にして、人以て殷富たり。[17]

とあり、鮑昱が汝南太守となったとき、郡内に多くの陂があったが毎年のように決壊し、多額の修復費がかかった。そこで鮑昱は「方梁石洫」（石製の水門か）を作り、そのおかげで水が常に充足し、郡内の灌漑面積が増し、豊かになったという(18)。鮑昱は後漢王朝創始の重臣であった鮑永の子で上党郡屯留県の出身。太行山にあらわれる山賊を撃退したことから名を挙げ、光武帝の中元元（五六）年には司隷校尉となる。明帝の永平五（六二）年に免ぜられたが、その後、汝南太守となった。すなわち、鮑昱が赴任した後漢初期にはすでに汝南郡には多くの陂が建設されていたことがわかる(19)。

つぎに、潁川郡は洛陽の東南、嵩山の南に位置し、嵩山から南へ続く丘陵の一部である。郡には汝水の上流域と潁水本流の上流およびその支流の潩水・洧水が西北から東南方向へ流れている。郡治は陽翟に置かれた。

A―⑥灌氏陂　潁川郡潁陰県

（灌夫の）家は数千万を累《かさ》ね、食客は日に数十百人。陂池田園あり、宗族賓客は利を権るを為し、潁川に横す(20)。

（『史記』魏其武安侯列伝）

灌夫は潁陰の人、父の張孟は潁陰侯灌嬰の舎人となり灌氏の姓を蒙った。灌夫は景帝の呉・楚七国の乱の際に頭角をあらわし、中郎将・代の相となり、武帝期には淮陽太守・太僕・燕の相を歴任した。この史料は灌夫が地元で権勢をふるっている様を描いている部分であるから、この陂は彼の出身地である潁陰県に所在することとなると思われる。潁陰県は潁水上流の北岸に位置する。

漢代の潁川郡の様子を描いた具体的な史料はこの一件である。ただ、魏晋期の史料の中には漢代には建設されていた可能性が高いものがいくつか見られることなどから考えれば(21)、漢代の潁川郡にも汝南郡同様、多くの陂が分布していた可能性は高い。

【B地区　下邳国】

下邳国は後漢に置かれた行政区で、前漢の行政区分では臨淮郡の西部にあたる。下に挙げる二例はともに後漢時代のものであるから、ここでは下邳国を地域区分の名称としておく。下邳国は淮水下流の平原地帯にあたり、東北からは山東丘陵に源を発する沂水、西北からは汴水・泗水・睢水が淮水に流れこむ地帯にあたる。後漢時代の郡治は下邳に置かれた。

B―①蒲姑（如）陂　下邳国取慮県

蒲姑陂有り　（『続漢書』郡国志下邳国取慮の条）

取慮県は睢水と泗水の合流点の西に位置する。この陂の建設者及び年代など詳しいことはわからないが、前漢以前の史料には見られないことから、後漢代に建設されたものと考えられる。

B―②蒲陽陂　下邳国徐県

（元和）三年、下邳相に遷る。徐縣の北界に蒲陽坡有り、傍に良田多し、而も堙廃して修むること莫し。（張）禹為に水門を開き、通引灌漑し、遂に孰田数百頃と成る。(22)　（『後漢書』張禹伝）

張禹は趙国襄国県の出身。永平年間から活躍しはじめ、建初中には揚州刺史となった。後漢章帝期の元和二年に兗州刺史となり、翌年（八六年）下邳相となった。かつて徐県の北に蒲陽坡（『後漢書』の注には「坡」と「陂」は同じとある）があったが、張禹が赴任したときにはすでに廃れていた。彼はこれを修復して大いに効果があったという。(23)　徐県は泗水と淮水の合流点の西に位置する。現在の淮水下流洪澤湖ほとりの泗洪県付近にあたる。

以上のように、淮北平原において漢代に建設された陂は八件確認される。その分布は汝水・潁水沿岸（A地区）に六件、睢水・泗水・淮水の合流する平原東南部（B地区）に二件であった。特に、潁水を基準線にその西に陂が多く分布していることは特徴的である。

3、淮北平原における澤の分布

澤は山林藪澤と総称されるように、山や森林・湖泊・低湿地などを複合的に有する自然環境を示す。『爾雅』釈地では十藪、『周礼』夏官職方氏では九州の澤藪、『淮南子』墜形訓では九藪などと様々な組み合わせで総称され、先秦時代の状況などを記載した史料にも見られる。(24) ここでは、実際漢代の淮北平原にどのような澤が分布していたのかということに注目する。そこで、漢代の史料に具体的な名称が現れる淮北平原の澤または池を整理してみると、十六件確認され、その分布地区はおおよそ二つに分けることができる（表8―1、地図8―1参照）。

【C地区河南郡・陳留郡】

河南郡（尹）・陳留郡は河水の南岸にあたる。河水から引かれた渠水（鴻溝水）が東南方向に流れ、濟水・汳水・睢水に分岐するまでの地域で、ここに十の池澤がある。

C―①熒澤（滎澤）　河南郡滎陽県

熒澤有り。（『続漢書』郡国志河南尹熒陽県の条）

熒澤は『尚書』禹貢に「滎波既澤」とあるもの。滎陽県は河水の南に位置し、ここから東南方向へ鴻溝が建設された。そのため、淮水・長江流域の物資が集積し、敖倉がつくられ、楚漢戦争の際にはこの滎陽で長期の間、両者の争奪戦が繰り広げられた。

C―②馮池　河南郡滎陽県

卞水・馮池皆西南に在り。（『漢書』地理志河南郡滎陽県の条）

この馮池も滎陽に位置する。また、『水経注』濟水注には「（礫石渓）水、滎陽城の西南李澤より出づ。澤中水有り、即ち古の馮池なり」とあり、『水経注』時代には李澤と呼ばれる澤があり、そのなかにある水池がかつての馮池と認識されていたのである。

C―③圃田澤　河南郡中牟県

圃田澤、西に在り、豫州藪なり。（『漢書』地理志河南郡中牟県の条）

圃田澤は『爾雅』釋地第九に「鄭圃田有り」とある。中牟県は滎陽と開封の中間にあたる。この澤は鴻溝の南岸に広がる澤であった。

C―④逢池（逢澤）　河南郡開封県

逢池東北に在り、或いは宋之逢澤を曰うなり。（『漢書』地理志河南郡開封県の条）

逢澤は前四世紀に「逢澤の遇」、「逢澤の会」とよばれる会盟がおこなわれた地である。前漢の開封県は現在の開封市よりもやや南に位置し、逢澤は開封県と陳留県の間に位置する。陳留は鴻溝から睢水が分流する地点にあたる。

C―⑤制澤　河南郡宛陵県

制澤有り。（『續漢書』郡国志河南郡宛陵県の条）

宛陵県は潁水に東から合流する洧水の東にあり、制澤は『水経注』によれば「（苑陵県故城）二城以東、悉多陂澤、即古制澤也。」とあり、宛陵県と陳留郡尉氏県との間に位置する。

C―⑥長垣澤　陳留郡長垣県

（呉祐）常に豕を長垣澤中に牧し、経書を行吟す。（『後漢書』呉祐伝）

呉祐は陳留長垣の人、のちに河間の相になる。父の死後、ブタを飼っていた故郷の澤が長垣澤であった。長垣県は濮水と濟水の間にある。(25)

C―⑦牧澤（蒲関澤）　陳留郡浚儀県

（浚儀）県倉頡・師曠城有り、上に列僊の吹臺有り、北に牧澤有り、中に蘭蒲出づ。上に雋髦多く、衿帯の牧澤は、方一十五里、俗にこれを蒲関澤と謂うは即ち此を謂うなり。(26)　（『水経注』渠水注引『陳留風俗伝』）

とある。吹臺は前漢の梁の孝王が増築したものとの伝えがあり、(27)その北に牧澤があり、浚儀県の東南に位置する。浚儀は戦国魏の大梁である。『史記』魏世家に「熒澤の水を決して大梁を灌すれば、大梁必ず亡びん」とあり、これは前述の熒澤を決壊させるだけで、水に覆われるほど大梁は低地に位置していたことを示している。また、『水経注』渠水注には「漢文帝孝王を梁に封ず、孝王土地下溼なるを以て、東のかた睢陽に都し、又改めて梁と曰う。(28)」とあり、漢の諸侯王として梁（のちの浚儀）に封じられた孝王がその土地が低いことを理由に下流の睢陽に遷都したという。このように浚儀は低地に位置していた。浚儀県は鴻溝と陰溝水が合流し、鴻溝から汳水が分流する地点にあたり、水のターミナルともいえる場所である。それゆえ、「浚儀、周の時、梁伯国都を居く所、多く池沼あり」（『太平御覧』巻三五四引『陳留風俗伝』）とあるように、後漢時代に沼沢が多く分布していた。浚儀はほぼ現在の開封市にあたる。

C―⑧長楽廏大澤　陳留郡尉氏県

陵樹郷は故の平陸県なり。北に大澤有り、名は長楽廏と曰う。　（『水経注』渠水注引『陳留風俗伝』）

この平陸県は前後漢代を通じて陳留郡には見られないが、『続漢書』郡国志陳留郡尉氏県の条注引『陳留志』に「陵樹郷有り、北に澤有り、澤に天子苑囿有り、秦の楽廏有り、漢の諸帝以て猛獣を馴養す。」とあることから、陳留郡尉氏県に長楽廏大澤があった可能性が高い。『水経注』渠水注では尉氏県東北に長楽廏大澤があったとする。尉氏県は洧水と鴻溝の間に位置し、その南を古制澤と沙水を結ぶ長明溝水が流れる（『水経注』渠水注）。

C―⑨黄池　陳留郡平丘県

黄池亭有り。（『続漢書』郡国志陳留郡平丘県の条）

黄池は單平公・晋の定公・呉の夫差が会盟し（『春秋左氏伝』哀公十三年）、戦国期には宋・魏・韓の抗争地となったところである。(29) 後漢時代にはこの黄池のほとりに亭があったと考えられる。平丘県は濟水のすぐ北、長垣県西南に位置する。

C―⑩東昏大澤　陳留郡東昏県

（楊倫）陳留東昏の人なり。……遂に職を去りて、復た州郡の命に応ぜず。大澤中に講授して、弟子千余人に至る。(30)（『後漢書』儒林・楊倫伝）

楊倫は後漢の安帝期の人。大澤の位置はわからないが、楊倫が地元に帰って講授していたと考えれば、東昏県にあったこととなる。東昏県は河水の南、現在の河南省蘭考付近で、黄河の現河道が東から東北方向へ屈曲する地点にあたる。以上のように陳留郡には多くの澤が分布していた。(31)

【D地区山陽郡・済陰郡・東郡・沛国・梁国】

山陽郡・済陰郡は淮北平原の東北隅にあたる地域で、鉅野澤を中心に雷澤・荷澤など五つの澤が分布する。沛・梁国は睢水・汳水流域に位置し、大澤・蒙澤・盟諸澤の三つの澤が分布している。『史記』貨殖列伝には「夫れ鴻溝より以東、芒・碭以北は巨野に属す、此れ梁・宋なり」とあり、この地区はまさに鴻溝の東と芒碭山の北に位置する場所であり、鉅野澤を中心とした藪澤群であると言える。

D―①鉅野澤（大埜澤）　山陽郡鉅碭県

鄭玄曰く「大野、山陽鉅野の北に在り、名は鉅野澤。」（『史記』夏本紀集解）

『漢書』地理志山陽郡鉅壄県の条には「大壄澤北に在り、兗州藪」とあり、『尚書』禹貢では「大野既澤」と記されている。鉅野澤は彭越が常に漁した澤で（『史記』彭越列伝）、のちに『水滸伝』で有名となる梁山泊もこの付近に形成された湖泊である。鉅野県は済水沿岸に位置する。

D—②雷澤　済陰郡成陽

『禹貢』の雷澤西北に在り。（『漢書』地理志済陰郡成陽）

『続漢書』郡国志済陰郡成陽の条にもみられる。雷澤は舜が漁をしたとされる澤（『史記』貨殖列伝）で、『尚書』禹貢には「雷夏既澤、灉・沮会同」とあり、灉水と沮水が合わさって澤に流入していることを示している（『尚書』正義）。成陽県は濮水・瓠子河沿岸に位置する。

D—③荷澤　済陰郡定陶県

『禹貢』の荷澤定陶の東に在り。（『漢書』地理志済陰郡の条）

『尚書』禹貢に「滎・波既豬、導菏澤、被孟豬」とある。定陶は済水の沿岸にあり、荷澤は済水と泗水の分離点に位置する。(32)

D—④成武大澤　済陰郡成武県

孫期、字は仲彧、濟陰成武の人なり。……家貧しく、母に事えること至孝たり、豕を大澤中に牧し、以て奉養す。(33)（『後漢書』儒林列伝・孫期伝）

孫期は後漢末期の成武の人。地元の澤でブタを飼育していたという。成武県は泗水の南に位置する。

D—⑤河澤（東阿大澤）　東郡東阿県

済北東阿県西南、大澤有り。（『春秋左氏伝』杜注）

これは『左伝』中に記載された「河澤」にたいする杜預の注である。[34]『左伝』のまとめられた時期から西晋までの間、東阿県には澤が存在していたはずである。漢代の行政区画では東阿県は東郡内にあり、河水と瓠子水の間に位置する。

D―⑥豊西澤（大澤）　沛国豊県

西に大澤有り。高祖、白蛇を此に斬る。（『続漢書』郡国志豫州沛国豊県の条）

劉邦の母はここで身ごもり、[35]さらに、劉邦が驪山へと刑徒を護送中に自ら逃亡した豊西澤もこの大澤である（『史記』高祖本紀）。この大澤が秦漢交替期を演出した人物たちと関わりを持っていたことは興味深い。この澤は汳水から分かれた泡水沿岸に位置する。この澤の東には山東丘陵が広がり、現在では南北をつなぐ運河の一部をなしている微山湖・昭陽湖などがある。

D―⑦蒙澤　梁国蒙県

蒙澤有り。（『続漢書』郡国志梁国蒙県の条）

蒙澤は荘公十二年に宋万が閔公を弑したところ。蒙澤は獲水（汳水）の水を受けて形成したもので（『水経注』獲水注[36]）、蒙県は睢水と汳水の間、現在の商丘市北に位置する。

D―⑧盟諸澤　梁国睢陽県

『禹貢』の盟諸澤は東北に在り。（『漢書』地理志梁国睢陽県の条）

盟諸澤は文公十二年、宋の昭公が弑せられたところである（『春秋左氏伝』）。『尚書』禹貢には「導荷澤被孟豬」とある。[37]睢陽県は現在の商丘市南に位置するが、この盟諸澤は汳水沿岸にある。前述したように睢陽県は前漢時代に梁の孝王が浚儀から遷都した都市である。その東南に竹圃があり、それを人々は「梁王の竹園」と呼んでいたという（『水経注』睢水注）。これは梁の孝王が造った東苑（『漢書』・『西京雑記』では「兔園」ともある）とよばれる苑囿である。近年、睢陽東南の芒碭山東南から前漢梁国の王陵墓群が発掘され、この孝王の陵墓も発見されている。(38) 芒碭山は睢陽東南の睢水と獲水の間に位置し、海抜一五六m、南北一km、東西三kmほどの山である。この山は劉邦や樊噲らが「芒碭山澤巖石之間」に隠れた（『史記』高祖本紀）場所で、応劭は「芒は沛国に属し、碭は梁国に属す、二県の界山澤の固有り、故に其の間に隠る」（『漢書』高帝紀・注）とし、両県の間には深い山林藪澤があったと想定できる。

D—9大澤（郷）　沛国蘄県

大澤郷有り、陳勝此に起つ。　　（『後漢書』郡国志沛国蘄県の条）

この大澤郷は秦二世元年七月に陳勝等が蜂起した場所である（『史記』項羽本紀）。郷の名称から考えて澤があったと考えられる。沛郡（国）の東南部、芒碭山よりも南に位置する。

以上、淮北平原に分布する澤は二つの地区に整理される。河水南岸の河南・陳留郡のC地区、濟水・汳水・睢水が魯東丘陵にあたる地点にあたる山陽・濟陰・沛・梁国のD地区である。つまり、淮北平原西部には陂が多く分布したのに対して、東部には澤が集中していた。では、なぜ淮北平原西部には多くの陂が建設され、その一方で、東部は澤すなわち古くからの自然環境がそのまま残されたのであろうか。それは、それぞれの建設・形成過程とそれらが位置する地理的環境の差異によるものが大きい。つぎに、陂の建設される自然環境と澤の存在する自然環境の違いについて検討したい。

4、淮北平原の自然環境と開発の方法

陂と澤の成立する自然環境とはどのように異なっていたのであろうか。以下に、A～D地区の地理的環境の差異と澤・陂の成立過程について整理する。ここでも潁水を境界線としてその西を淮北平原西部、東を淮北平原東部として整理したい。

淮北平原西部にはA地区が含まれる。豫西丘陵と平原部の間に位置する。このような地理的環境に建設される陂の型式は「谷締切型貯水池」である[39]。それらの陂の主水源は嵩山山系から発する汝水と潁水で、これらの河川は河水の影響を受けることはほとんどない。宋代の一一二八年以降、清代の一八五五年に至るまで黄河下流は淮水に入るが（黄河奪淮）、この時でも、汝水に黄河の水が流入することはなかった。十三世紀後半（元代）・十四世紀末（明初）に、潁水は黄河に河道を奪われたが（「奪潁入淮」）、それは鴻溝（浪湯渠）や賈魯河を通じて流入し、沈丘（漢代の項県）から潁水に入るという経路であって、潁水上流に黄河の水が流入することはなかった[40]。

淮北平原東部にはB～D地区が含まれる。まずは澤の分布が多く見られるC・D地区から見てみよう。C地区の西端は開封市北の現在の花園口付近で、そこは洛陽の北を東西に走る邙山が途切れ、広大な東方大平原への出口にあたる。西には項羽と劉邦が対峙した広武山があり、その漢覇二王城遺跡[41]の間にある浸食溝が鴻溝すなわち『水経注』の渠水（浪湯渠）である。歴史的にみると花園口付近から東に流れる黄河は二千年間、約一一〇度の角度で時には東北流し、時には東南流した。この地区にある澤は河川が溢れることにより形成された。例えば、滎澤は『尚書』禹貢には「河溢為滎」とあり、その注に「済水河に入り、並流すること十数里、而して南して河を截ち、又た並流すること

数里して溢れ、滎澤と為る」とある。(42) 滎澤周辺の浚義は前述したように低地（もしくは窪地）に位置し、河水もしくはその支流の濟水が増水すると自然堤防を越えて後背湿地が形成される。この後背湿地が澤である。つまり、黄河の水の増減とこの地区の澤の形成は相関関係にある。もうひとつの澤が多く分布するD地区は東に山東丘陵、東南に芒碭山があり、西から東へは濟水が流れ、東南方向へは睢水が流れている。澤はこの河川が丘陵にぶつかる際に水が滞留することによって成立したものである。濟水・睢水は黄河水系の一部であり、黄河の水量によって澤の拡縮がおこる。たとえば、『史記』夏本紀集解には孔安国曰く「明都は澤名なり、河の東北に在り、水流泆覆してこれに被る」、『史記』河渠書集解では如淳曰く「瓠子決して、鉅野澤に灌ぎ、溢れしむなり」とある。

総じて淮北平原東部は黄河水系の一部をなしており、淮水よりも河水の影響を受けることの方が大きい。澤は通常、横溢した河水を都市に侵入させない遊水池の役割を果たしたと考えられる。また、こういった澤をつないで鴻溝などの運河を建設し、戦国期以来、淮北平原は水上流通の中心地域となった。ここに淮北平原西部のように多くの小規模な溜め池が造られた場合、河水が大規模な氾濫をおこすと、一気に多量の水が河水から流れ込み、水害の原因となってしまう。それゆえ、陂による開発はこの地域の地理環境に適していなかった。逆に、大量の河水が流入した時に、できるだけスムーズに流水できるように渠もしくは溝が開削された。以上のように河水の影響を受けない淮北平原西部には陂による開発が進み、河水の影響を直接受ける東部では自然の遊水池としての澤が残存していたと考えられる。

B地区は潁水よりも東に位置するが、後漢代に入って、二件の陂が建設された。この地区は泗水・獲水（汳水）・睢水・沂水・淮水などの黄河水系・淮河水系の河川が集中的に集積する平野部に位置しており、この地域の陂は淮北平原西部と異なり「平野部での自然堤防型貯水池」である。(43) 二つの陂のうち、蒲陽陂は後漢章帝元和年間ごろ（八四〜八七年）に修建された。ちょうど、このころ、章帝元和元（八四）年二月に以下の詔が出された。

牛疫ありてより已来、穀食連《しきり》に少なきは、良に吏の教え未だ至らず、刺史・二千石以て負と為さざるに由る。其れ郡国に令して人の田無く、它の界に徙り肥饒に就かんと欲する者を募らしめ、恣にこれを聴せ。在所に到れば、公田を賜給し、為に耕傭を雇い、種籌を貸し、田器を貰与し、租を収むる勿きこと五歳、筭を除くこと三年。其の後、本郷に還らんと欲する者は、禁ずること勿かれ(44)。（『後漢書』章帝紀）

とある。「牛疫」はウシがかかる感染症で、永平十八（七五）年と建初四（七九）年に発生した（『後漢書』章帝紀）。これによって穀物の収穫量が激減したため、田の無い者でほかの県に移動して食糧にありつこうとする者を募り、移動先では公田を与え、種子や農具を貸与し、五年間の田租と三年間の算賦を免除した。つまり、多くの人々が移動を許され、そして移住先では大規模な農地開発が急激に行われたと考えられる。国の方針として広域での大規模な開発が奨励されたのである。この詔が出された前年の章帝建初八（八三）年には淮南で王景が廬江太守となり、その後、芍陂を灌漑に利用し、犂耕を教え、それによって耕地面積が倍増した。この農地開発もこの詔と深い関連性があると考えられる(45)。淮北平原でも淮南と同様に大規模開発が促され、陂を建設するのに適していないところにまで陂が建設されることとなった。そのあらわれが蒲如陂と蒲陽陂であった。また、『文選』巻五十九「沈約斉故安陸昭王碑文」李善注引『東観漢記』魯恭伝に「魯恭中牟令と為る。宿訟・許伯等、陂澤の田を争い、積年、州郡決せず」とあり、中牟県では陂澤の田が係争地となっていた。河南郡中牟県には圃田澤があり、滎陽とともに河水の丘陵部からの出口付近の大規模な山林藪澤が広がる地区である。そこに陂澤の田があるということは、澤に陂を建設して、農地とした土地を争っていることを意味する。『後漢書』魯恭伝によれば、このことは建初初年から七年にかけてのことで、ちょうど牛疫の流行している時期にあたる。ここでも急速に澤に陂を造り農地化する開発がすすめられた(46)。

以上の考察から、漢代には淮北平原西部の丘陵と平原の境界部分に陂が建設され、淮北平原東部の河水の影響を受けやすい地区では多くの澤が分布し、陂は建設されなかった。しかし、後漢代に至り、牛疫をはじめとした災害が頻発する中で、食糧生産を増加させる目的で、それまで陂が建設されなかった淮北平原東部にまで陂を建設することとなった。

5、おわりに

以上で本章の考察を終了し、全体をまとめておきたい。まず、淮北平原のなかで潁水以西を淮北平原西部、東を淮北平原東部と設定し、淮北平原に建設された陂と分布した澤のデータを整理した。その結果、淮北平原西部には澤は分布しておらず、そのかわり多くの陂が建設された。西部の主な河川は汝水・潁水でこれらは河水の水量の影響を受けることはほとんどなく、多くの陂をそれらの水系に建設しても、水害を引き起こす原因とはなり得なかった。これに対して、淮北平原東部では多くの澤は分布するものの、陂は建設されなかった。澤は河水・濟水が沿岸の自然堤防を越えて形成された後背湿地、もしくは河水水系の河川が山東丘陵と衝突して形成されたもので、河水の強い影響を受ける。そのため、多くの陂を建設した場合、河水が一旦氾濫すると洪水を起こしてしまうと考えられる。それゆえ、前漢代には溝・渠が建設されることはあっても、陂は造られなかった。しかし、後漢代に入り、牛疫をはじめとした災害が発生し、大規模な農地開発による食糧生産が必要となった。そのため、以前は陂を建設しなかった淮北平原東部の多くの澤が分布する地区においても陂が建設されるようになった。以上の結果から、杜預が上疏文において述べた漢代淮北平原の開発方法はおおよそ当を得ていたと言えるだろう。つまり、前漢では淮北平原西部にのみ陂が建設され、淮北平原東部には陂が造られなかったことは、現地の地理的環境に適した開発の方法であった。ただし、杜預は魏代以降、乱開発がすすみ、平原に多くの陂が建設されたとしているが、陂の建設に適さない淮北平原東部における陂の建設が始まったのは魏代ではなく後漢代のことであった。その点については杜預の見解に多少の誤りがあると言えるだろう。

注

(1) 咸寧四年の杜預上疏については、本書第七章「魏晋期淮北平原の地域開発」参照。
(2) 陂の定義については、たとえば、西山武一は陂を傾斜地で谷川を堰き止めるダム型式の貯水池と定義する（「中国における水稲農業の発達」『農業総合研究』三―一、一九四九年、のち『アジア的農法と農業社会』東京大学出版会、一九六九年所収）。また、福井捷朗は陂を①丘陵段丘状の小溜め池②平野出口の谷締切型貯水池③平野部での自然堤防型貯水池と三種類に分類している（「火耕水耨の議論によせて――ひとつの農学的見解」『農耕の技術』三号、一九八〇年）。
(3) 澤の定義については本書第六章「中国古代の山林藪澤」参照。
(4) 秦漢時代の陂について論じたものとしては、佐藤武敏「古代における江淮地方の水利開発」『人文研究』一三―七、大阪市立大学文学会、一九六二年、「江淮地方の水利開発」『歴史教育』一六―一〇、一九六八年、木村正雄「陂渠灌漑」『中国古代帝国の形成――特にその成立の基礎条件――』不昧堂書店、一九六五年、のち比較文化研究所より新訂版刊行、二〇〇三年などがある。
(5) 地名比定は特別な注記のないかぎり、譚其驤主編『中国歴史地図集第二冊』地図出版社、一九八二年によった（以下『中国歴史地図集』とする）。
(6) 初汝南旧有鴻隙大陂、郡以為饒、成帝時関東数水、陂溢為害、方進為相、与御史大夫孔光共遣掾行視、以為決去陂水、其地肥美、省堤防費、而無水憂、遂奏罷之。（『漢書』翟方進伝）
(7) 是後民失其利、多致飢困。時有謠歌曰「敗我陂者翟子威、飴我豆、亨我芋魁。反乎覆、陂当復」（『後漢書』許楊伝）

（8）（鄧晨）復為汝南太守……晨興鴻郤陂数千頃田、汝土以殷、魚稲之饒、流衍它郡。（『後漢書』鄧晨伝）。なお、『北堂書鈔』巻三十九引『東観漢記』鄧晨伝には「鄧晨陳留郡と為り、鴻郤陂を興し、数千頃を益す」とあり、陳留郡と記載されている。

（9）汝南旧有鴻郤陂、成帝時、丞相翟方進奏毀敗之。建武中、太守鄧晨欲修復其功、聞楊暁水脈、召與議之。……晨大悦、因署楊為都水掾、使典其事。楊因高下形埶、起塘四百餘里、数年乃立。百姓得其便、累歳大稔。（『後漢書』方術・許楊伝）

（10）熊会貞は『後漢書』許楊伝に「塘四百余里」とあることから、鴻郤陂は淮水の北から汝南県（清代）の東に至るまでの範囲にあったとする（『水経注疏』）。『中国歴史地図集』では熊氏の説に従って、清代の汝南県の東から南は淮河までと示されている。なお、鴻郤陂のその後について、熊会貞は「三月、京師大いに飢え、民相い食む……癸巳、詔して鴻池を以て貧民に仮与す」（『後漢書』安帝紀）とあることから、後漢中期には陂池としては保持されずに、廃されたと考える（『水経注疏』）。しかし、この鴻池は『後漢書』の注に「続漢書曰く『鴻池は洛陽東二十里に在り』」とあり、洛陽東にある池を示すもので、鴻郤陂を示すものではない。『水経注』時期までは実際に残っていたが、『元和郡県図志』では過去の遺跡として記載されていることから、『水経注』の時代から唐代にかけて廃されたものと考えられよう。

（11）何敞為汝南太守、修治鮦陽之旧陂、漑田萬頃、墾田三万余、咸頼其利、吏民刻石、頌敞功徳。（『北堂書鈔』巻七四引華嶠『後漢書』何敞伝）

（12）漢霊帝建寧三年、新蔡長河南緱氏李言上請修復青陂。……灌漑五百余頃。（『水経注』汝水注）

（13）長房辞帰、翁与一竹杖曰「騎此任所之、則自至矣。既至、可以杖投葛陂中也」（『後漢書』方術・費長房伝）

（14）時汝南葛陂賊万余人攻少不敵、力戦疲極。（『三国志』魏志・許爕伝）

（15）有先人草盧結于岡畔、下有陂田、常肆勤以自給、非身所耕漁則不食。（『後漢書』周燮伝）

（16）『太平御覧』巻八二一引華嶠『後漢書』周燮伝では「陂田」ではなく、「陵田」とあることから、堤防もしくは丘陵につくられた田と考えることもできる。

（17）後拜汝南太守。郡多陂池、歳歳決壊、年費常三千余万。昱乃上作方梁石洫、水常饒足、漑田倍多、人以殷富。（『後漢書』鮑昱伝）

(18)『北堂書鈔』巻七四引司馬彪『続漢書』鮑昱伝には、「(鮑)昱為汝南太守、郡多陂池、水恆不足、作方梁石洫、止之、水方足也」とあり、常に水不足に陥っていたために、石の堤を造り、それをくい止めた。

(19)また、『水経注』淮水注引『十三州志』には、「漢和帝永元九年、汝陰を分けて置く。陂塘多く、以て稲を漑す、故に富陂県と曰うなり。」とあり、後漢中期に富陂県周辺には陂塘が多く建設されていた。この富坡県は『漢書』地理志の富波県を指し、また、『三国志』呉志・呂蒙伝には「汝南富陂の人なり」とあり、「富波」は「富陂」とも記された。富陂県は澺水と支流の潤水との間に位置する。

(20)(灌)家累数千万、食客日数十百人、陂池田園、宗族賓客為権利、横於穎川。(『史記』魏其武安侯列伝)

(21)本書第九章「魏晋・北魏時代の淮北平原における陂の建設」参照。

(22)(元和)三年、遷下邳相、徐県北界有蒲陽坡、傍多良田、而堙廃莫修。(張)禹為開水門、通引灌漑、遂為孰田数百頃。(『後漢書』張禹伝)

(23)その大きさは、『後漢書』張禹伝注引『東観漢記』に、「(蒲陽)坡水の廣二十里、径且百里、道の西に在り、其の東田万頃可り有り。」とある。

(24)『爾雅』釈地の中で、淮北平原に位置していたと考えられるものは、魯の大野・宋の孟諸・鄭の圃田があり、『周礼』夏官職方氏では豫州の圃田・青州の孟諸・兗州の大野、『淮南子』墜形訓では晋の大陸・鄭の圃田・宋の孟諸が見られる。

(25)なお、『東観漢記』・袁山松『後漢書』では「長垣澤」、『續漢書』・『後漢紀』・『水経注』済水注では「長羅澤」とある。前漢時代の長羅県は長垣県のやや北にあった県で(『中国歴史地図集』による)、両県の中間にこの澤があったと考えてよいだろう。

(26)(浚儀)県有倉頡・師曠城、上有列僊之吹臺、北有牧澤、中出蘭蒲、上多儁髦、衿帯牧澤、方一十五里、俗謂之蒲関澤、即謂此矣(『水経注』渠水注引『陳留風俗伝』)。なお、『陳留風俗伝』は後漢・圏称の撰で(『旧唐書』経籍志)、後漢代の地方志のひとつである。のち佚文となり、現在は『水経注』などの引用文として見られるのみであるが、後漢時代の陳留郡の様子を示す有効な史料といえる。

(27)『水経注』渠水注引『陳留風俗伝』には「梁孝王増築」とあり、また、『太平御覧』巻一七八引『郡国志』には、「汴城上有列仙吹臺、西有牧澤、甬道二百里。漢梁孝王所造。今謂之赤堤」とある。
(28)漢文帝 封孝王于梁、孝王以土地下溼、東都睢陽、又改曰梁。(『水経注』渠水注)
(29)『史記』魏世家には「(魏恵王十六年)侵宋黄池、宋復取之」とあり、韓世家には「(韓昭侯二年)宋取我黄池」とある。
(30)楊倫字仲理、陳留東昏人也……遂去職、不復応州郡命、講授於大澤中、弟子至千余人。(『後漢書』儒林・楊倫伝)
(31)『後漢紀』桓帝紀には「陳留の人、夏馥……郡内多く豪族あり、奢にして薄徳なり、未だ嘗て門を過ぎず。躬ら澤畔を耕し、経書を以て自ら娯む。」とあり、具体的にどの県名にあったのかわからないが不明であるが、これも陳留郡における澤の事例のひとつといえる。
(32)『史記』夏本紀正義引『括地志』に「荷澤は曹州済陰縣東北九十里定陶城の東に在り、今は龍池と名し、亦た九卿陂と名す。」とあり、この付近には漢から唐代に至るまで何らかの貯水池が存在していたことがわかる。
(33)孫期字仲彧、済陰成武人也。……家貧、事母至孝、牧豕於大澤中、以奉養焉。(『後漢書』儒林列伝・孫期伝)
(34)『水経注』済水注には「柯澤」、『水経注』済水注引『左伝』には「阿澤」とある。
(35)『史記』高祖本紀には「大澤之陂」とある。この「陂」について、『漢書』高帝紀注には「蓄水、陂と曰う。蓋し澤陂の隄塘之上に於いて休息して、寝寐するなり。」とあり、「陂」は大澤の中の貯水池そのものを指すもので、劉邦の母はその周囲にある隄塘(堤防)の上で休息していたとしている。前掲注(4)佐藤論文でもこの「陂」を陂池そのものと解して、陂のデータの一例としている。しかしながら、「陂」には池澤の堤を示す場合があり、ここの「大澤之陂」は「豊県にある大澤の堤防」と解した。
(36)獲水又東逕長楽固北、己氏県南、東南流逕于蒙澤。(『水経注』獲水注)
(37)『史記』夏本紀では「明都」、『爾雅』釈地・『左伝』では「孟諸」、『周礼』では「望諸」、『尚書』は「孟潴」とある。
(38)河南省文物考古研究所編『永城西漢梁国王陵与寝園』(中州古籍出版社、一九九六年)参照。
(39)前掲注(2)福井論文。

(40)鄒逸麟編著『中国歴史地理概述』福建人民出版社、二〇〇〇年参照。なお、近年、黄河下流の河道変遷と中国社会の歴史とのかかわりを論じたものに、濱川栄「黄河変遷史から見た中国社会の一側面」『早稲田大学高等学院研究年誌』四五号、二〇〇一年）、小林善文「生態環境より見た黄河史」『神女大史学』二〇号、二〇〇三年がある。

(41)「漢覇二王城遺址発掘報告」（『文物』）参照。なお、一九九九年八月六日から十九日まで、淮北平原に位置する亳州・商丘・鄭州・開封・徐州の諸都市を調査のため訪れた。

(42)このほか、『史記』夏本紀集解に、「鄭玄曰く『地理志、沇水河東垣県東の王屋山より出で、東して河内武徳に至り河に入る、泆《あふ》れて滎と為る』」とあり、沇水は済水のことで、済水が河水と合流する際、あふれて滎澤が形成されたことがみえる。

(43)前掲注（2）福井論文。

(44)自牛疫已来、穀食連少、良由吏教未至、刺史・二千石不以為負。其令郡国募人無田欲徙它界就肥饒者、恣聴之。到在所、賜給公田、為雇耕傭、賃種餉、貰与田器、勿収租五歳、除筭三年。其後欲還本郷者、勿禁。（『後漢書』章帝紀）

(45)王景の芍陂開発に関しては本書第十章「中国古代淮南の都市と環境」参照。

(46)滎澤に関する『史記』夏本紀集解に、「鄭玄云う『今塞ぎて平地と為る、滎陽の人猶ほ其の処を謂うに滎播と為す』と。」とある。この記載から滎澤全体が湿地ではなくなったとは考えがたいが、前漢末期に少なくとも滎陽付近の滎澤の一部では周囲を塞いで干拓し、農地化する開発がすすんでいたことがわかる。

第九章　魏晋・北魏時代の淮北平原における陂の建設
——『水経注』の記載を中心に——

1、はじめに

咸寧四年、西晋の統一前夜に奏された杜預上疏の方針はその後も果たして継承されたのであろうか。本章では杜預上疏が後代に与えた影響について、陂とよばれる水利施設についての具体的な史料から論じることとしたい。まず、第七章で見た杜預上疏の見解を整理すると、以下の二点が重要なポイントとなる。（一）漢代の陂堨及び丘陵にある個人経営の小さな陂は修繕し、継続して利用すべきである。（二）曹魏以降造られた陂、大雨がふるとすぐに決壊してしまうような蒲葦が生育し馬の腸のように長く延びた陂の類は破壊すべきである。このうち、（一）の漢代の陂についての具体的な史料の整理は第八章でおこなったとおりである。そこでは、潁水よりも西の淮北平原西部では多くの陂が建設されたのに対して、淮北平原東部では陂はなく、多くの澤が分布していた。これは淮北平原西部の諸河川が河水（黄河。以下当時の史料に従い「河水」と称す）の増減の影響をあまり受けないのに対して、東部は影響を強く受けるという、地理的環境によるものであった。ただし、後漢以降は牛疫などの災害が続いたため、大規模な農地開発を目的とした陂の建設が淮北平原東部においても見られるようになった。

では、杜預上疏の（二）の曹魏以降造られた陂の特徴はどのようなもので、それは上疏後どうなったのか。杜預上疏の実行について疑問視する見解[1]もあるが、第七章で見たように、魏代に建設された陂はおおよそ廃棄されるか、もしくは史料に見られなくなっている。本章ではより具体的にその問題を検証するために、杜預上疏の前後の淮北平原における開発方法について、陂と澤に着目して考察したい。前章の漢代の開発方法と比較する必要から、ここでも潁水を境界として、淮北平原西部と東部に分けることとする。第二節では曹魏時代の陂と澤の分布について整理・分析し、第三節では『水経注』にみられる陂・澤の記載をまとめ、分析し、第四節では漢・魏・『水経注』時代の陂を比較検討し、淮北平原における開発の変化について論ずることとしたい。

2、魏晋期における陂の建設

ここではまず、杜預上疏以前の魏晋期に建設された陂および史料にみられる澤についてまとめておきたい。すでに第七章で一部の陂についてふれているが、ここではもう一度全体について述べておきたい。なお、体系的に魏代の陂・澤を収集している史料がないため、漢代史料にあり、『水経注』に記載のあるものは魏晋期を通じて存在していたと判断した。また、『春秋左氏伝』の杜預の注は『春秋左氏伝』に記載された地名に対して晋代の地名との相対的な位置関係を記している。その位置比定についてはやや問題点もあろうが、ここで必要とするのは晋代に澤・陂が存在していたか否かということである。その点については杜預の注に見られる地名が晋代には存在していたと見なすことも可能であろう。これらの史料をまとめた結果から魏代の陂・澤を整理したものが表9―1である。それによれば、淮北平原全体で魏代に造営または存在が確認される陂・澤は三十一件ある。そのうち、淮北平原西部に位置するものは十件、東部に位置するものは二十一件ある。

［淮北平原西部］

淮北平原西部は澤は無く、陂については鴻郤陂（A―①）・鮦陽陂（A―②）・青陂（A―③）・葛陂（A―④）・新陂（魏晋西①）・摩陂（魏晋西②）・鈞臺陂（魏晋西③）・狼陂（魏晋西④）の八件が見られる。このうち、鴻郤陂・葛陂・鮦陽渠・青陂の四件は漢代より継続利用されている。(2)この時期に新たに史料にあらわれるものは四件。そのうち、新陂のみが建設時期を確認できる。

魏晋西部―①新陂

賈逵これ豫州と為り、南は呉と接し、守戦之具を修め、汝水を堨し、新陂を造り、又運渠二百余里を通ず。所謂賈侯渠なる者なり。(3)（『晋書』食貨志）

この陂は豫州刺史の賈逵により延興元（二二〇）年に造られた（『三国志』魏志・賈逵伝）。豫州は南で呉と接する最前線で、汝水を堰き止めて新陂を造り、さらに漕運用の賈侯渠を二百余里にわたって通した。『晋書』食貨志のこの記載の前後には稲田や漑田に関する記述が多いことから新陂も灌漑に用いられたと考えられる。

このほか魏晋期の史料にはあるが、建設時期を確定できない陂は三件ある。それらはみな潁水上流地域に位置する。

魏晋西部―②摩陂（龍陂）　潁川郡郟県

青龍元年春正月甲申、青龍、郟の摩陂井中に見《あらわ》る。二月丁酉、摩陂に幸し龍を観る。是に於いて年を改め、摩陂を改めて龍陂と為す。(4)（『三国志』魏志・明帝紀）

青龍元（二三三）年、魏の明帝が改元するきっかけとなった青龍があらわれたのが郟県の摩陂である。郟県は許昌の西、汝水上流の丘陵地帯にある。なお、摩陂は『三国志』にも見られることからその淵源は漢代の可能性がある。(5)

魏晋西部―③鈞臺陂　潁川郡陽翟県

河南陽翟県南、鈞臺陂有り。（『春秋左氏伝』昭公四年・杜注）

表９－１　魏晋期淮北平原所在の陂澤

	漢	魏晋	水経注	陂・澤名	所在地	史料	出典・備考
〈淮北西部〉							
A－①	○	○	○	鴻郤陂（鴻隙大陂）	汝南郡安陽・慎陽・新息	初汝南旧有鴻隙大陂、郡以為饒、成帝時関東数水、陂溢為害、方進為相、与御史大夫孔光共遣掾行視、以為決去陂水、其地肥美、省堤防費、而無水憂、遂奏罷之。	『漢書』翟方進伝
						（鄧晨）復為汝南太守…晨興鴻郤陂数千頃田、汝土以殷、魚稲之饒、流衍它郡。	『後漢書』鄧晨傳。
A－②	○	○	○	鮦陽渠（鮦陽陂・三丈陂）	汝南郡鮦陽	（何敞）遷汝南太守、…又修鮦陽旧渠、百姓頼其利、墾田増三万余頃、吏人共刻石頌敞功徳。	『後漢書』何敞伝。『北道書鈔』引華嶠『後漢書』「鮦陽舊陂」、『水経注』「三丈陂」「鮦陂」。
A－③	○	○	○	青陂	汝南郡新蔡	漢霊帝建寧三年、新蔡長河南緱氏李言上請修復青陂。…灌漑五百余頃。	『水経注』汝水注
A－④	○	○	○	葛陂	汝南平輿・鮦陽	長房辞帰、翁与一竹杖曰「騎此任所之、則自至矣。既至、可以杖投葛陂中也」	『後漢書』費長房伝
						時汝南葛陂賊万余人攻褚壁、褚衆少不敵、力戦疲極。	『三国志』魏志・許褚伝
A－⑤	○	－	－	周氏陂	汝南郡安城	有先人草盧結于岡畔、下有陂田、常肆勤以自給、非身所耕漁則不食。	『後漢書』周燮伝
A－⑥	○	－	－	灌夫陂池	潁川郡潁陰	（灌）家累数千万、食客日数十百人、陂池田園、宗族賓客為権利、横於潁川。	『史記』魏其武安侯列伝
魏晋西－①	－	○	－	新陂	汝南郡汝南東？	（賈逵）遏鄢汝造新陂。	『魏志』賈逵伝。『晋書』食貨志「（賈逵）堨汝水、造新陂。」
魏晋西－②	－	○	○	摩陂（龍陂）	潁川郡郟	青龍元年春正月甲申、青龍見郟之摩陂井中。二月丁酉、幸摩陂觀龍、於是改年。改摩陂為龍陂。	『三国志』魏志明帝紀
魏晋西－③	－	○	○	鈎台陂	潁川郡陽翟	鈎台下有陂、俗謂之鈎台陂	『太平寰宇記』引『晋地道記』
魏晋西－④	－	○	○	狼陂	潁川郡潁陰	潁川郡潁陰県西有狼陂。	『春秋左氏伝』杜預注。左伝「狼淵」
〈淮北東部〉							
C－①	○	○	○	滎（熒）澤	河南郡熒陽	有熒澤	『後漢書』郡国志
						熒澤在熒陽県東	『春秋左氏伝』杜預注
C－②	○	○	○	馮池	河南郡滎陽	卞水・馮池皆在西南。	『漢書』地理志。『水経注』では「李澤」
						集解徐広曰「滎陽有馮池」	『史記』蘇秦列傳
C－③	○	○	○	圃田澤	河南郡中牟	圃田澤在西、豫州藪。	『漢書』地理志
						有圃田澤	『後漢書』郡国志
						中牟県西有圃田澤。	『春秋左氏伝』杜預注
C－④	○	○	○	逢池（逢澤）	河南郡開封	逢池在東北、或曰宋之逢澤也	『漢書』地理志
						臣瓚曰「汲郡古文梁恵王発逢忌之藪以賜民、今浚儀有逢陂忌澤是也。」	『漢書』地理志注。『左伝』正義は「逢忌陂」。
C－⑤	○	○	○	制澤	河南郡開封	有制澤	『後漢書』郡国志
						熒陽宛陵県東有制澤	『春秋左氏伝』杜預注
C－⑥	○	○	○	長垣（羅）澤	陳留長垣	（呉祐）常牧豕於長垣澤中。	『後漢書』呉祐伝。水経注』では「長羅澤」

C－⑦	○	○	－	牧澤	陳留浚儀	県西有牧澤	『太平御覧』引『郡国志』
						北有牧澤、中出蘭蒲、上多儁髦、衿帯牧澤、方一十五里、俗謂之蒲関澤、即謂此矣。	『水経注』渠水注引『陳留風俗伝』
C－⑧	○	○	－	長楽廏大澤	陳留郡尉氏県（平陸）	（故平陸県）北有大澤、名曰長楽廏。	『水経注』渠水注引『陳留風俗伝』
C－⑨	○	○	－	黄池	陳留平丘	有黄池亭。	『後漢書』郡国志
						左伝哀十三年盟黄池、杜預曰在封邱県南。	『後漢書』郡国志注
C－⑩	○	－	－	東昏大澤	陳留郡東昏	楊倫字仲理、陳留東昏人也…遂去職、不復応州郡命、講授於大澤中、弟子至千余人。	『後漢書』儒林・楊倫伝
D－①	○	○	○	大壄澤（鉅野澤・大野澤）	山陽郡鉅壄（鉅野）	大壄澤在北、兗州藪。	『漢書』地理志
						鄭玄曰「大野在山陽鉅野北、名鉅野澤。」	『史記』夏本紀集解
						有大野澤。	『後漢書』郡国志
D－②	○	○	○	雷澤	濟陰郡成陽	禹貢雷澤在西北。	『漢書』地理志
						有雷澤	『後漢書』郡国志
D－③	○	○	○	荷澤	濟陰郡定陶	禹貢荷澤在定陶東。	『漢書』地理志
D－④	○	－	－	成武大澤	濟陰郡成武	孫期字仲彧、濟陰成武人也。…家貧、事母至孝、牧豕於大澤中、以奉養焉。	『後漢書』儒林列伝・孫期伝
D－⑤	○	○	○	柯澤（河澤・東阿大澤）	東郡東阿	濟北東阿県西南有大澤。	『春秋左氏伝』杜預注。『左伝』「河澤」。『水経注』「柯澤」、『水経注』引『左伝』「阿澤」
D－⑥	○	○	○	豊西澤（大澤）	沛国豊	西有大澤、高祖斬白蛇於此。	『後漢書』郡国志。『水経注』では「豊西澤」
D－⑦	○	○	○	蒙澤	梁国蒙	有蒙澤	『後漢書』郡国志
						賈逵曰「蒙澤、宋澤名也」	『史記』宋微子世家集解
D－⑧	○	○	○	盟諸澤	梁国睢陽	禹貢盟諸澤在東北。	『漢書』地理志。孟豬澤・明都澤
D－⑨	○	○	○	大澤（郷）	沛国蘄県	蘄有大澤郷、陳渉起此。	『後漢書』郡国志
B－①	○	○	×	蒲姑（如）陂	下邳国取慮	有蒲姑陂。	『後漢書』郡国志
						下邳取慮県東有蒲如陂	『春秋左氏伝』杜預注
B－②	○	×	×	蒲陽陂	下邳国徐	徐県北界有蒲陽坡、傍多良田、而堙廃莫修。（張）禹為開水門、通引灌漑、遂成孰田数百頃。	『後漢書』張禹伝。注に坡と陂は同じとある。
魏晋東－①	－	○	×	夏侯長塢陂	済陰郡	（夏侯惇）復領陳留済陰太守、加建武将軍。…時大旱、蝗蟲起、惇乃断太寿水作陂、身自負土、率将士勧種稲、民頼其利。	『魏志』夏侯惇伝。『水経注』に陂なし。
魏晋東－②	－	○	×	鄭陂	蕭県・相県	鄭渾為沛郡太守、郡居下溼、水潦為患、百姓飢乏。渾於蕭、相二県興陂堨、開稻田、郡人皆不以為便。渾以為終有経久之利、遂躬率百姓興功、一冬皆成。比年大収、頃畝歳増、租入倍常、郡中頼其利、刻石頌之、号曰鄭陂。	『魏志』鄭渾伝。『晋書』食貨志も同様。『水経注』には昔のこととして記載されている。
魏晋東－③	－	○	×	泗陂	宋	臣中者又見宋侯相応遵上便宜、求壊泗陂、徙運道。	『晋書』食貨志

鈞臺の下に陂有り、俗にこれを鈞臺陂と謂う。

（『太平寰宇記』巻七引王隠『晋地道記』）

河南陽翟県の南に鈞臺陂があり、それは西晋時代には存在していた。陽翟県は潁水南岸に位置する。

魏晋西部―④狼陂　潁川郡潁陰県

潁川郡潁陰県西狼陂有り。

（『春秋左氏伝』文公九年・杜注）

これは『春秋左氏伝』中の「狼淵」に対する杜預の注で、西晋期には狼陂とよばれる施設が存在していた。建設時期は不明だが、『左伝』の狼淵が陂として開発され、晋まで引き継がれたと思われる。潁陰県は漢代に灌氏陂が存在しており、漢代から晋代まで多くの陂があった。

［淮北平原東部］

まず、淮北平原東部の状況を見たい。史料で確認できる陂澤二十一件のうち、澤・池は十六件あり、それらはすべて漢代に存在が確認できるものである。具体的には河水が丘陵部から平原部へと出る地区にあたる河南郡・陳留（第八章の区分ではC地区）に滎（熒）澤（C―①）・馮池（C―②）・圃田澤（C―③）・逢池（逢澤）（C―④）・制澤（C―⑤）・長垣（羅）澤（C―⑥）・牧澤（C―⑦）・長楽廏大澤（C―⑧）・黄池（C―⑨）が分布している。淮北平原の東北隅にあたる山陽郡・濟陰郡および睢水・汳水流域に位置する沛・梁国の地域（第八章の区分ではD地区）には大壄澤（鉅野澤・大野澤）（D―①）・雷澤（D―②）・荷澤（D―③）・柯澤（D―⑤）・豊西澤（大澤）（D―⑥）・蒙澤（D―⑦）・盟諸澤（D―⑧）が分布している。[6] 陂については蒲姑陂（B―①）・夏侯長塢陂（魏晋東①）・鄭陂（魏晋東②）・泗陂（魏晋東③）の四件が確認できる。漢代から存続しているものは蒲姑陂の一件のみで、『春秋左氏伝』の杜預注に「下邳取慮県東、蒲如陂有り」とあり、名称はやや異なるが、西晋までこの陂が維持されていたと考えられる。漢代に存在していたもうひとつの陂である下邳国徐県の蒲陽陂は魏晋期の史料にはない。このほかの三件はこの時期に新たに造られたものである。以下それぞれ見てゆきたい。

魏晋東─①　夏侯長塢陂　済陰郡

（夏侯惇）復た陳留・済陰太守を領し、建武将軍を加う。……時大旱、蝗蟲起き、惇乃ち太寿水を断ちて陂を作る。身自ら土を負い、将士を率いて種稲を勧め、民は其の利に頼る。(7)

（『魏志』夏侯惇伝）

夏侯長塢陂は後漢末の興平元（一九四）年に陳留・濟陰太守であった夏侯惇が太寿水を断じて作った陂である。夏侯長塢という名称は『水経注』汳水注によるもので、汳水流域に位置していた。(8)

魏晋東─②鄭陂　蕭県・相県

陽平・沛郡二太守に遷る。郡界下溼にして、水澇の患いありて、百姓飢乏す。渾、蕭・相二県の界に陂遏を興し、稲田を開く。郡人皆以て不便と為す。渾曰く「地勢洿下なれど、宜しく漑灌すれば、終に魚稲経久の利有らん、此れ民を豊にするの本なり」と。遂に躬ら吏民を率いて、功夫を興立し、一冬の間に皆成る。比年大いに収あり、頃畝歳ごとに増す、租入倍常たり。民は其の利に頼り、石に刻してこれを頌し、号して鄭陂と曰う。(9)

（『三国志』魏志・鄭渾伝）

鄭陂は沛郡太守の鄭渾により魏の文帝時期に造られたもので、沛郡が低湿地（下溼）にあり、水害を患っていたため、蕭・相二県の境界内に建設されたという。汳水・睢水間は河川に挟まれた窪地で、そこに両河川からの水が一度に流入しないように、汳水・睢水それぞれに陂を建設し、水量を調節して両県の間の窪地を灌漑したと考えられる。(10)

魏晋東─③泗陂　宋県

宋侯相の應遵、便宜を上し、泗陂を壊し、運道を徙さんことを求む。(11)

泗陂は本書第七章で挙げた『晋書』食貨志の杜預上疏の中に著されたもの。宋県県内にあり、潁水・夏肥水間に造られたものである。杜預上疏において廃止が求められたのは魏代に建設された陂であり、その事例として述べられたこの泗陂も魏代に新たに造られた陂と考えられる。

以上、淮北平原東部では漢代から引き続き多くの澤が分布していた。それに対して陂は、数はそれほど多くないものの、新たに建設されたものがあった。それは後漢の蒲陽陂の場合と同じように河川を直接堰き止め、農業灌漑に用いたものであった。

［鄧艾による陂・渠の修治］

上述したように淮北平原西部では漢代以来、多くの陂が建設され、魏晋期にも四件に新たな陂が見られた。この淮北平原西部の開発に関して、魏の鄧艾が潁水地域で多くの陂を修治したことが知られている。ここで補足的に少しふれておきたい。魏の正始年間に司馬懿は田を広げて穀物を蓄積しようと豫州刺史の鄧艾を陳・項以東寿春の地に至るまでの地域に派遣した。その際、鄧艾は「田は良なれども水少なし、足らざれば以て地利を尽くし、宜く河渠を開き、以て大いに軍糧を積み、又運漕の道を通ずべし」[12]（『魏志』鄧艾伝）と考えた。陳・項以東寿春の地とは潁水下流沿いの地域にあたり、水量が不足していた。これに対処するために、具体的には彼は四つの水利事業をおこなった。まず一点目として「陳蔡之間、土下なれども田良、許昌左右諸稲田を省き、水を并せて東下すべし」[13]（『晋書』食貨志）とした。許昌は潁水上流の漯水・洧水間すなわち淮北平原西部に位置し、建安元（一九六）年に曹操により最初に屯田が行われた地域で、早くから開発が進められた。許昌左右の諸稲田とは陂池を利用した水稲作と考えてよいだろう。つまり、許昌周辺の潁水上流部で水が蓄水されたため、潁水下流にまで十分な水が流れず、下流部では水量が不足するという事態を招いたのである。そこで、鄧艾は潁水上流の稲田とそれに付随する陂池を省いて、下流の水量を増加させたのである。陳とは渠（沙）水流域の都市、蔡とは潁水沿岸の下蔡を示す[14]。鄧艾はこれを行えば、潁水下流の水は豊富となり、常に収入は西より三倍となると言い、司馬懿はこれに従った。第二には正始二（二四一）年に広漕渠を開削し、「東南事有る毎に、大軍興衆し、舟を汎《うか》べて下り、江淮に達し、資食儲有り、而して水害無し」[15]（『魏志』鄧艾伝）となったという。広漕渠は『晋書』宣帝紀に「（正始三年）三月、奏して広漕渠を穿ち、河を引きて汴に入れ、東南諸陂を漑す、始めて大いに淮北に佃す。[16]」とあり、河水を引いて汴水に入水させ、それにより、その下流にあたる東南諸陂に水を流したという。[17]第三・四の事業として広淮陽渠と百尺渠を建設した。『晋書』食貨志には正始四年のこととして、

（鄧艾）兼せて広淮陽、百尺二渠を修め、上は河流を引き、下は淮・潁に通じ、大いに諸陂を潁南・潁北に治め、渠を穿つこと三百余里、漑田二万頃、淮南・淮北皆《みな》相い連接す。[18]

という。廣淮陽渠は陳城の北東部を囲むように流れる沙水（渠水）を改修したもので、百尺渠は『水経注』では百尺溝とよばれ、陳城の東から南流して二水に分かれ、一水は谷水と合流して東南流して古百尺堰で潁水に注ぎ、一水は沙水となった（『水経注』渠水注）。沙水は渠水または狼蕩渠とも呼ばれ、戦国期に造られた鴻溝の一部を改修したものである。しかし、沙水は人工的な河川であったためか、その名の通り、水量の少ない河川であった。そのため、たびたび土砂が堆積し、水流が滞ることがあった。『水経注』渠水注引『晋地道記』に「（陳）城北に故沙有り、これを名づけて死沙と為す。而して今水津通し、漕運の由る所なり」とあるように、陳城の北には死沙とよばれる水の流れていない場所があったが晋代までには水が通ったという。これはおそらく、鄧艾の水利事業によるものであろう。この百尺渠により水量の多い河水から引水された水が渠水（沙水）を通って、水量の減少していた潁水下流にもたらされ、南北の陂に供給された。

以上のように、魏晋期の淮北平原では東部では後漢以降の開発の方向性が継承され、新たな陂の建設がおこなわれ

た。西部では漢代以降の陂が継続して利用されるとともに、さらに新たな陂も建設された。そのため、下流部の陂の水量が不足する事態となり、鄧艾の水利事業のように新たな渠道を造り、陂の水量を保つこともおこなわれた。これは魏以降、淮北平原全体における食糧生産増強の必要性が高まったからと考えられる。三国鼎立により華北地域のみを領有した魏はその限られた領域内をできるだけ有効に開発する必要に迫られたのである(19)。

3、『水経注』記載の陂澤

つぎに、杜預上疏の後の淮北平原における陂建設による開発の状況を見ることとしたい。その際、主に利用する史料は『水経注』である。『水経注』のなかで淮北平原に関する記載があるのは「巻五　河水注」「巻七・八　濟水注」「巻二一　汝水注」「巻二十二　潁水注・溳水注・洧水注・渠水注」「巻二十三　陰溝水注・獲水注」「巻二十四　睢水注」「巻二十五　泗水注」「巻三〇　淮水注」「巻三十一　隠水注」の各諸編である。『水経注』に記載される淮北平原に所在する陂澤を整理すると表9―2のようになる。『水経注』全体で約三百件の陂澤池塘などの蓄水地が見られるが、その約半数の一三七件が淮北平原に集中している。淮北平原西部・東部それぞれをみてゆこう。

(1)　淮北平原西部

淮北平原西部における陂澤などの蓄水地は六十一件見られ、このうち手つかずの自然環境は十二件、うちわけは澤一件、湖四件、淵五件、池二件である。これに対して、人工的な蓄水地は全体で四十九件、うちわけは陂が四十六件、塘一件、堰二件である。澤は洛陽南の汝水上流嵩山山系の広成澤一件のみで、その状況は澤が多く分布する東部と大きく異なる。以下、淮水汝水間・汝水潁水間・潁水東水系の三地区に分けて詳しく整理したい。

［淮水汝水間］

淮北平原の最西南部にあたるこの地区には蓄水地全体で二十四件あり、手つかずの自然を示す湖が四件、人工的な蓄水地である陂が二十件分布する。とくに、慎陽県周辺には漢代から存続する鴻郤陂を中心に十七の陂が集中し（表9―2の南陂［5］から申陂［22］まで。以下陂澤の名称のあとのカッコ内の数字は表9―2の左列の番号を示す）、それぞれが「陂水」もしくは「溝」という人工的な水道により連結している。たとえば、慎水流域では、

> 慎水又東流、積為燋陂。陂水又東南流為上慎陂、又東為中慎陂、又東南為下慎陂、皆與鴻郤陂水散流。
>
> （『水経注』淮水注）

とあり、また、汶水流域でも

> （汶）水首受慎水于慎陽県故城南陂。陂水両分、一水自陂北、慎陽城四周城塹……塹水又自瀆東北流、注北陂、自陂東北流、積為同陂。陂水東北、又結而為陂、世謂之窖陂。陂水上承慎陽県北陂、東北流、積而為土陂。陂水又東為窖陂。陂水又東南流、注壁陂。陂水又東北為太陂。陂水又東入汝。
>
> （『水経注』汝水注）

とある、さらに汝水西岸でも、

> 汝水又東、与青陂合、水上承慎水于慎陽県之上慎陂、左溝北注馬城陂……（陂水）又東為綢陂。陂水又東逕新息県、結為牆陂。陂水又東、逕遂郷東南、而為壁陂。又東為青陂。
>
> （『水経注』汝水注）

とあるように、慎水を受けた各陂はそれぞれ□で示したような陂水により連結しており、また上慎陂［18］と馬城陂［13］は南北に走る「溝」によってつながっていた。そしてそれぞれの陂水は最終的に汝水・淮水へと流れ込んだ。

［汝水潁水間］

表9－2『水経注』記載淮北平原陂澤表　無印＝自然蓄水地　★＝人工蓄水地

〈淮北西部〉									
〈淮水汝水間〉									
1	西長湖	汝水又東、分為西長湖、湖水南北五十余歩、東西三百歩。	汝水	汝水	21	梁県	河南	宝豊東北	『魏書』地形志「隔陂」
2	東長湖	汝水又右、池為湖。湖水南北八九十歩、東西四五百歩、俗謂之東長湖。	汝水	汝水	21	梁県	河南	宝豊東北	同上
		養水又東北入東長湖、乱流注汝水也。							
3	葉西陂★	醴水又東、与葉西陂水会。（葉）県南有方城山…山有湧泉、北流、畜之以為陂、陂塘方二里。陂水散流、又東、逕葉城南、而東北、注醴水。	汝水	醴水	21	葉県	河南	葉県西南	『方輿紀要』
4	葉東陂★	醴水又東、注葉陂。陂東西十里、南北七里。二陂、竝諸梁之所堨也。	汝水	醴水	21	葉県	河南	葉県東	
5	南陂★	（汶）水首受慎水于慎陽県故城南陂。	汝水	汶水	21	慎陽	河南	正陽北	
6	北陂★	（南）陂水両分、一水自陂北、繞慎陽城四周城塹。塹水又自瀆東北流、注北陂。	汝水	汶水 南陂水	21	慎陽	河南	正陽	
7	同陂★	（南陂水）一水自陂東北流、積為同陂。	汝水	汶水 南陂水	21	慎陽	河南	正陽	
8	窖陂★	（南）陂水又東北、又結而為陂、世謂之窖陂。	汝水	汶水 南陂水	21	慎陽	河南	正陽	
		（積而為土陂。北）陂水又東為窖陂。	汝水	汶水 北陂水	21	慎陽	河南	正陽	
9	土陂★	（北）陂水上承慎陽県北陂、東北流、積而為土陂。	汝水	汶水 北陂水	21	慎陽	河南	正陽	
10	壁陂★	（北）陂水又東南流、注壁陂。	汝水	汶水 北陂水	21	慎陽	河南	正陽	
11	太陂★	（北）陂水又東北為太陂。陂水又東、入汝。	汝水	汶水 北陂水	21	慎陽	河南	正陽	
12	青陂★	汝水又東、与青陂合。水承慎水于慎陽県之上慎陂…又東為青陂	汝水	青陂水	21	慎陽	河南	正陽	
		（淮水）又東、青陂水注之、分青陂東瀆、東南逕白停西、又南于長陵戍東、東南入于淮。	淮水		30			正陽	

13	馬城陂★	(上慎陂) 左溝北注馬城陂、陂西有黄邱亭。	汝水	青陂水	21	慎陽	河南	正陽	
14	綢陂★	(青) 陂水又東、逕新息亭北、又東為綢陂。	汝水	青陂水	21	慎陽	河南	息	
15	牆陂★	(青) 陂水又東、逕新息県、結為牆陂。	汝水	青陂水	21	新蔡	河南	息	
16	壁陂★	(青) 陂水又東、逕遂郷東南、而為壁陂。	汝水	青陂水	21	新蔡	河南	息	
17	燋陂★	(慎水) 水出慎陽県西、而東逕慎陽県故城南…慎水又東流、積為燋陂。	淮水	慎水	30	慎陽東	河南	息	
18	上慎陂★	(燋陂) 陂水又東南流為上慎陂、又東為中慎陂、又東南為下慎陂、皆与鴻郤陂水散流。	淮水	慎水	30	慎陽東南	河南	正陽東	
		(青陂) 水承慎水于慎陽県之上慎陂。	汝水	青陂水	21				
19	中慎陂★	同上	淮水	慎水	30	慎陽東南	河南	正陽東	
20	下慎陂★	同上	淮水	慎水	30	慎陽東南	河南	正陽東	
21	鴻郤陂★	(鴻郤陂) 其陂首受淮川、左結鴻陂…陂水散流、下合慎水。	淮水	淮川	30	慎陽東南	河南	正陽東	漢書八十四、後漢書十五、八十二、元和郡県志九廃
22	申陂★	淮水又東、与申陂水合。水上承申陂于新息県北。	淮水	申陂水	30	新息北	河南	正陽東	
23	東蓮湖	(申陂水) 東南流分二水。一水逕深丘西、又屈逕其南、南派為蓮湖水、南流注于淮。淮水又左迤流結両湖、謂之東・西蓮湖矣	淮水	申陂水	30	新息東	河南	息県東	
24	西蓮湖	同上	淮水	申陂水	30	新息東	河南	息県東	
	〈汝水穎水間〉								
25	廣成澤	汝水又東与廣成澤水合、水出狼皐山北澤中。	汝水	汝水	21		河南	汝州西北	『後漢書』安帝紀、馬融伝、『魏書』地形志、『元和郡県図志』。
26	魯公陂★	(魯) 水上承陽人城東魯公陂。	汝水	魯水	21	梁県	河南	汝州西	
27	黄陂★	(黄水) 其水又東南、逕白茅台東、又南逕梁瞿郷西…水積為陂、世謂之黄陂。	汝水	黄水	21	梁県	河南	汝州東	元和郡県志
28	(故) 堰★	(棘城) 県西有故堰、堰石崩褫、頽基尚存、旧遏穎水枝流所出也。其故瀆東南逕三封山北、今水無。	穎水	嵎水	22	棘城			
29	鈞台陂★	(嵎水) 其水又東南流、水積為陂、陂方十里、俗謂之鈞台陂。	穎水	嵎水	22	陽翟	河南	禹州南	

30	龍陂（摩陂・靡陂）★	（白溝）水出夏亭城西、又南逕龍城西。城西北即摩陂也、縦廣可一十五里。	汝水	白溝水	21	郟県	河南	郟県東南	
		（嵎水）又西南流逕夏亭城西、又屈而東南、為郟之靡陂。	潁水	嵎水	22				
31	龍淵	（百尺）溝之東有澄譚、号曰龍淵、在汝北四里許、南北百歩、東西二百歩、水至清深、常不耗竭、佳饒魚筍、湖溢、則東注滍水矣。	汝水	百尺溝	21		河南	襄城南	
32	青陵陂★	潁水又東南流、逕青陵亭城北。北対青陵陂、陂縦廣二十里、潁水逕其北、枝入為陂。	潁水	潁水枝水	22	青陵	河南	臨潁城北	
		（青陵）陂西則滍水注之、水出襄城県之邑城下、東流注于陂。	潁水	滍水	22	青陵	河南	臨潁城北	
		青陵陂水自陂東注之（翟水）。	隠水	青陵陂水	31				
33	狼陂★	（青陵）陂水又東、入臨潁県之狼陂。	潁水	青陵陂水	22	臨潁	河南	臨潁西南	
		（小隠）水上承狼陂南流、名曰翟水。	隠水	小隠水	31				
34	汾陂★	別汝又東、逕征羌城北。水南有汾陂、俗音糞。汾水（溝）自別汝東注、而為此陂。水積征羌城北四五里、方三十里許。	隠水	別汝	31	征羌	河南	郾城東南	
35	黄陵陂★	（澺）水上承汝水別流于奇頟城東、東南流為練溝、逕邵陵県西、東南流注、至上蔡西岡北、為黄陵陂。	汝水	澺水	21	上蔡	河南	上蔡北	
36	蔡塘★	（黄陵）陂水東流、于上蔡岡東為蔡塘。	汝水	澺水	21	上蔡	河南	上蔡東	
37	葛陂★	澺水又東南、左迆為葛陂。陂方数十里。	汝水	澺水	21	新蔡	河南	新蔡西北	『後漢書』費長房伝、元和郡県志九
38	三丈（鮦）陂★	（葛）陂水東出為鮦水、俗謂之三丈陂。亦曰三巌水。水逕鮦陽県故城南…鮦陂東注為富水。	汝水	葛陂水	21	新蔡	河南	新蔡西北	『北道書鈔』引『後漢書』、『後漢書』何敞伝
39	富陂★	淮水又東北、左会潤水、水首受富陂。	淮水	潤水	30	富陂	安徽	阜陽県西	十三州志、呉志呂蒙伝
		鮦陂東注為富水、水積之処、謂之陂塘、津渠交絡、枝布川隰矣。	汝水	富水	21	鮦陽			
40	高塘陂★	（潤水）東南流為高塘陂。	淮水	潤水	30	汝陰	安徽	阜陽県西南	『魏書』地形志
41	焦陵陂（焦湖）★	（潤水）又東、積而為陂水、東注焦陵陂。…焦湖東注、謂之潤水。…逕汝陰県東、逕荊亭北而東入淮。	淮水	潤水	30	汝陰	安徽	阜陽県南	『魏書』地形志「燋丘陂」、新唐書地理志「椒陂塘」

42	鮦陂★	（焦陵）陂水北出為鮦陂、陂水譚漲、引瀆北注汝陰、四周隍塹、下注潁水。	淮水	潤水	30	汝陰	安徽	阜陽県南	『魏書』地形志「雉鮦陂」
43	横塘陂★	（汝水）又東南逕下桑里、左池横塘陂。	汝水	汝水	21	新蔡	河南	新蔡東	
44	北青陂★	（汝水）又東為北青陂者也。	汝水	汝水	21	新蔡	河南	新蔡東	
45	平郷諸陂★	潁水又東、右合谷水、水上承平郷諸陂、東北逕南頓県故城南、側城東注。	潁水	谷水	22	南頓	河南	項城西北	
	〈潁水東岸〉								
46	龍淵	（龍淵水）其水導源龍淵、東南流逕陽城北、又東南入于潁。	潁水	龍淵水	22	陽城	河南	登封東北	
47	玉女池	潩水出其（密県大騩山）阿、流而為陂、俗謂之玉女池。	潩水	潩水	22	密県	河南	密県東南	
48	胡城陂★	潩水又南分為二水、一水南出逕胡城東…其水南結為陂、謂之胡城陂。	潩水	潩水	22	胡城	河南	長葛西南	
49	皇陂★	潩水自枝渠東逕曲強城東、皇陂水注之。水出西北皇台七女岡北、皇陂即古長社県之濁澤也。	潩水	皇陂水	22	曲強	河南	長葛西	『史記』魏世家
50	狐城陂★	（皇陂水）又東合狐城陂水、水上承（狐城）陂水、而東南流注于黄水（皇陂水）、謂之合作口。	潩水	狐城陂水	22	潁陰	河南	長葛西南	
51	狼陂★	（宣梁）陂水上承狼陂于潁陰城西南、陂南北二十里、東西十里。	潩水	宣梁陂水	22	潁陰	河南	許州西南	『春秋左氏伝』「狼淵」
52	宣梁陂★	其水（宣梁陂水）又東積而為陂、謂之宣梁陂也。陂水又東南入潩水。	潩水	宣梁陂水	22	潁陰	河南	許州西南	
53	陶枢陂（陶陂）★	（隠水）又東逕隠強県故城南…隠水東為陶枢陂。	隠水	隠水	31	隠強	河南	臨潁西北	
		潩水又西南流逕陶城西、又東南逕陶陂東。	潩水	潩水	22	陶城		臨潁東	
54	池沼	舊引綏水南入塋域（漢弘農太守張伯雅墓）、而為池沼。沼在丑地、皆蟾蠩吐水、石隍承溜。	潩水	綏水	22	密県	河南	密県西北	『隷釈』
55	淵	（零鳥）塢側有水、懸流赴壑、一匹有余、直注淵下、淪積成淵。俗人覩此水挂于塢側、遂目之為零鳥水。東南流入于洧。	洧水	武定水零鳥水	22	密県	河南	密県東北	
56	洧淵	洧水又東為洧淵水。	洧水	洧水	22	新鄭	河南	新鄭南	『春秋左氏伝』にあり
57	龍淵	（龍淵）水出長社県西北。有故溝、上承洧水、水盛則通注龍淵、水減則津渠輟流。其瀆中才泉、南注東轉為淵。	洧水	龍淵水	22	長社	河南	長葛西北	

58	鄢陵陂★	洧水又東、鄢陵陂水注之、水出鄢陵南陂東、西南流注于洧水也。	洧水	鄢陵陂水	22	鄢陵	河南	鄢陵西	
		世以是水（沙水支流南水）与鄢陵陂水雙導、亦謂之雙溝。	渠水	鄢陵陂水	22	鄢陵	河南	鄢陵西	
59	濩陂★	洧水又東逕新汲県故城北。…又東右迆為濩陂。	洧水	洧水	22	新汲	河南	扶溝南	
		洧水又右合濩陂水、水上承洧水于新汲県、南逕新汲県故城東、又南積而為陂。	洧水	濩陂水	22	新汲	河南	扶溝南	
		其水（潩水）自城（潁陰故城）西分為二、枝津東南出、又東逕許昌城南、東流入濩陂水。	潩水	潩水	22	新汲	河南	扶溝南	
60	鴨子陂★	洧水又逕匡城南、扶溝之匡亭也。又東、洧水左迆為鴨子陂、謂之大穴口也。	洧水	洧水	22	新汲	河南	扶溝南	『魏書』地形志
		（甲庚溝水）其水又東南為鴨子陂、陂廣一十五里、余波、南入甲庚溝、西注洧、東北瀉沙。	洧水	甲庚溝水	22	洧陽故城	河南	扶溝南	
61	新陽堰・古百尺堰★	新溝自是東出。潁上有堰、謂之新陽堰…潁水自堰東南流、逕項県故城北。	潁水	潁水	22	新陽	河南	項城	
		（沙水枝津）又東南流注于潁、謂之交口、水次大堰有、即古百尺堰也。…故堰兼有新陽之名也。	渠水	沙水枝津	22		河南		
	〈淮北東部〉								
	〈渠水系〉								
62	圃田澤	（渠水）東南分泲（濟水）、歴中牟県之圃田澤北、与陽武分水。澤多麻黄草。…澤在中牟県西、東極官渡、北佩渠水、東西四十許里、南北二十許里。	渠水	渠水	22	中牟	河南	中牟西	
63	黄淵	（不家溝水）又東北分為二水、東北流、注黄雀溝、謂之黄淵、淵周一百歩。	渠水	不家溝水	22	中牟	河南	鄭州東北	
		（黄雀溝（黄水支流））又東北与不家溝水枝津合。二水之会為黄淵、北流注於濟水。	濟水	黄水 黄雀溝水	7			鄭州北	
64	百尺水（淵）	其一水（不家溝水）東越長城東北流、水積為淵、南北二里、東西百歩、謂之百尺水。	渠水	不家溝水	22	中牟	河南	鄭州東北	
65	清口澤	（清池）水出清陽亭西南平地、東北流逕清陽亭南、東流、即故清人城也。…清水又屈自北流、至清口澤。	渠水	清池水	22	中牟	河南	中牟西北	
66	龍淵水	（期）水出期城西北平地、世号龍淵水。	渠水	期水	22	期城	河南	中牟西南	
67	陂池	（中陽）城内有舊台甚秀。台側有陂池、池水清深。	渠水						

68	博浪澤	（清）溝水又東北逕沈清亭…歴博浪澤。	渠水	清溝水	22	陽武	河南	中牟西北	『史記』始皇本紀、留侯世家「博浪沙」
69	中平陂★	（役）水出苑陵県西、隟侯亭東…中平陂、世名之涅泉也、即古役水矣。	渠水	役水	22	苑陵	河南	新鄭東北	
70	高榆淵	役水自陽邱亭東流、逕山民城北、為高榆淵。	渠水	役水	22	尉氏	河南	尉氏西北	
71	中牟澤	役水又東北逕中牟澤…其水東流、北屈注渠。	渠水	役水	22	中牟	河南	中牟東北	
		其水（汜水）又東北逕中牟県南、又東北逕中牟澤。	渠水	汜水	22				
72	聖女陂★	渠水又東流而左会淵水、其水上承聖女陂、陂周二百余歩、水無耗竭、湛然清満、而南流注于渠。	渠水	渠水	22	浚儀	河南	開封	
73	池	（淵）水出中牟県故城北、城有層台。…淵水自池西出、屈逕其城西、而東南流注于汜。	渠水	淵水 汜水	22	中牟	河南	中牟東	『世語』『晋記』の中牟県故魏任城王台下池か？
74	百尺陂（逢澤）★	其水（新溝水）出逢池、池上承役水于苑陵県、別為魯溝水、東南流逕開封県故城北…魯溝南際富城、東南入百尺陂、即古之逢澤也。	渠水	新溝水 魯溝水	22	富城	河南	開封南	竹書紀年
		其水（百尺陂水）自陂、南逕開封城東三里岡、左屈自西南流轉、注八里溝。	渠水	百尺溝	22	開封	河南		
75	野兔陂★	（野兔）水上承西南兔氏亭北野兔陂、鄭地也。…陂水東北入八里溝。	渠水	沙水 野兔水	22	尉氏	河南	尉氏西北	
76	（古）制澤	（苑陵県故城西北）二城以東、悉多陂澤、即古制澤也。	渠水	沙水 長明溝	22	苑陵	河南	新鄭東北	
77	龍淵泉	黄水又南至鄭城北、東轉于城東北、与黄溝合。…黄水又東南、逕龍淵泉東南、七里溝水注之	洧水	黄水	22	新鄭	河南	新鄭東南	
		（苑陵）故城西北平地出泉、謂之龍淵泉。	渠水	沙水 龍淵水	22	苑陵			
78	白雁陂★	龍淵水又東南逕凡陽亭西、而南入白雁陂。陂在長社県東北、東西七里、南北十里、在林郷之西南。	渠水	沙水 龍淵水	22	長社	河南	洧川西北	『魏書』地形志に「白雁陵」。今の楊家陂
79	染澤陂★	白雁陂又引瀆南流、謂之長明溝、東轉北屈。又東逕向城北、城側向岡…又東注于染澤陂。	渠水	沙水 長明溝	22	鄢陵	河南	尉氏西南	『魏書』地形志「深陂」
80	蔡澤陂★	而（長明溝）東注于蔡澤陂。	渠水	沙水 長明溝	22	鄢陵	河南	尉氏西南	『魏書』地形志
		（蔡澤陂）水出鄢陵城西北…陂東西五里、南北十里。	渠水	沙水	22	鄢陵	河南		

				蔡澤陂水					
81	龐官陂★	沙水又南与廣漕渠合、上承龐官陂、云鄧艾所開也。	渠水	沙水 廣漕渠	22	陳	河南	淮寧西北	『魏志』鄧艾伝『晋書』食貨志
82	東門之池	(陳)城之東門内有池、池水東西七十歩、南北八十許歩、水至清潔而不耗竭、不生魚草。	渠水		22	陳	河南	淮寧東	『詩経』「東門之池」
83	滂陂★	(谷)水源上承滂陂。陂在陳城西北、南暨犖城、皆為陂矣。	渠水	谷水	22	陳	河南	淮寧西北	
		長平東南滂陂北畔、有一阜、東西減里、南北五十許歩、俗謂之新亭台。	洧水	洧水	22	長平	河南	西華西北	
		(五梁溝)又東逕長平城南、東注滂陂。	洧水	五梁溝	22	長平	河南		
84	陽都陂★	沙水又東、積而為陂、謂之陽都陂。…明水又東北流注于(陽都)陂、陂水東南流、謂之細水。	渠水	沙水	22	谷陽	河南	鹿邑南	『魏書』地形志
		(細)水上承陽都陂、陂水枝分、東南出為細水、東逕新陽県故城北、又東南逕宋県故城北。	潁水	細水	22	新陽	河南		
85	次塘(細陂)★	細水又東南逕細陽県故城南…細水又東南積而為陂、謂之次塘、公私引裂、以供田漑。	潁水	細水	22	細陽	河南	太和東南	
		潁水東南流、左合上粠・百尺二水、倶承次塘細陂、南流注于潁。	潁水		22				
86	高陂★	夏肥水自(城父)県、又東逕思善県之故城南…又東為高陂。	淮水	夏肥水	30		安徽	亳州東南	戦国策、元和郡県志七
		(細水)又東逕新陽県北、又東、高陂水東出焉。	渠水	沙水 細水	22	新陽			
87	大漴陂★	(夏肥水)又東為大漴陂	淮水	夏肥水	30		安徽	鳳台西北	新唐地理志三十八、玉海、方輿紀要、鳳台県志
		(江陂)水受大漴陂、陂水南流、積為江陂。	潁水	江陂水	22				
88	雞陂★	(夏肥)水出分為二流、南為肥水、北為雞陂	淮水	夏肥水	30	寿春	安徽	鳳台西北	新唐地理志三十八
89	黄陂★	夏肥水東流、左合雞水、水出雞陂、東流為黄陂。	淮水	夏肥水 雞水	30	寿春	安徽	鳳台西北	『魏書』地形志
90	茅陂★	(雞水)又東南流、積為茅陂。	淮水	夏肥水 雞水	30	寿春	安徽	鳳台西北	新唐書地理志三十八

91	江陂★	(江陂)水受大漴陂、陂水南流、積為江陂、南慎城西、側城南流入于潁。	潁水	江陂水	22	慎県	河南	潁上西北	新唐書地理志三十八
92	湄湖	(淮水)又東逕梁城、臨側淮川、川左有湄城。淮水池左為湄湖。	淮水	淮水	30		安徽	鳳台東北	「湄陂」
	〈睢水〉								
93	白羊陂★	睢水又東、水積為湖、俗謂之白洋陂。陂方四十里、右則姦梁陂水注之。	睢水	睢水	24	雍丘	河南	杞県東	
94	姦梁陂★	其水(姦梁陂水)上承(姦梁)陂水、東北逕雍丘城北。又東分為両瀆、謂之雙溝、倶入白洋陂。	睢水	姦梁陂水	24	雍丘	河南	杞県西南	
95	曲池	(睢陽県女郎台西北城中)有涼馬台、台東有曲池、池北列両釣台、水周六、七百歩。	睢水		24	睢陽	河南	商邱南	
96	清冷池	(睢陽城内)今建追明寺故宮東、即安梁舊地(池?)也。廣周五六百歩、水列釣台、池東又有一台、世謂之清冷台。	睢水		24	睢陽	河南	商邱南	『御覧』引『図経』・『太平寰宇記』にあり
97	逢洪陂(城南大池)★	睢水于(睢陽)城之陽、積而為逢洪陂。	睢水	睢水	24	睢陽	河南	商邱南	
		(明)水上承城南大池、池周千歩、南流会睢、謂之明水、絶睢注渙。	睢水	明水	24				
		溝水自蓬洪陂東南流、謂之明溝、下入渙水。	淮水	渙水明溝水	30				
98	陂★	(逢洪)陂之西南有陂、又東合明水。	睢水	逢洪陂水	24	睢陽	河南	商邱南	
99	滭陂★	睢水又東与滭湖水合、水上承甾丘県之滭陂、南北百余里、東西四十里。	睢水	滭湖水	24	甾丘	安徽	宿州東北	
100	烏慈渚	(烏慈)水出(取慮)県西南烏慈渚、潭張東北流、与長直故瀆合。	睢水	烏慈水	24	取慮	安徽	泗州西北	
101	蒙澤	獲水又東逕長楽固北、己氏県南、東南流逕于蒙澤。	獲水	獲水	23	蒙県	河南	商邱東北	
102	空桐澤	獲水又東南逕空桐澤北。澤在虞城東南。	獲水	獲水	23	虞城	河南	虞城南	『春秋左氏伝』「空澤」
103	黄陂★	獲水又東逕龍譙固、又東合黄水口、水上承黄陂、下注獲水。	獲水	黄水	23	下邑	山東	單県東南	
104	碭陂★	獲水又東、穀水注之。水上承碭陂、陂中有香城、城在四水之中、承諸陂散流、為零水・瀤水・清水也、積而成潭、謂之碭水。	獲水	穀水	23		安徽	碭山西	

105	梧桐陂★	山有箕谷、谷水北流注獲、世謂之西流水、言水上承梧桐陂、陂水西流、因以為名也。	獲水	西流水	23	蕭県	安徽	蕭県	
		（浄溝）水上承梧桐陂、西北流…又北入于獲、俗名之曰浄浄溝也。	獲水	浄溝水	23				
		（白溝）水上承梧桐陂、陂側有梧桐山、陂水西南流、逕相城東、而南流于睢。睢盛則北流入于陂、陂溢則西北注于獲。	睢水	白溝水	24				
106	安陂★	（安陂）水上承安陂、余波、北逕阿育王寺側。	獲水	安陂水	23	彭城	江蘇	銅山西南	『宋書』『通鑑』「安王陂」
107	伍員釣台池沼	（大棘城）有楚太子建之墳、及伍員釣台、池沼具存。	陰溝水	過水	23	鄢	河南	拓城西北	
108	山桑県西北澤藪	過水又東、左合北肥水。肥水出山桑県西北澤藪東南流。	陰溝水	北肥水	23	山桑	安徽	宿州西南	
109	瑕陂★	北肥水又東、積而為陂、謂之瑕陂。陂水又東南逕瑕城南。	陰溝水	北肥水	23	瑕城	安徽	蒙城東北	
110	大澤（郷）	蘄水又東南、逕蘄県、県有大澤郷。	淮水	蘄水	30	蘄県	安徽	宿州東南	
111	（白）汀陂★	（苞）水出譙城北自（白）汀陂。	淮水	渙水苞水	30	譙	安徽	亳州西北	
112	解塘★	（解）水上承県西南解塘、東北逕穀陽城南、即穀水也。	淮水 渙水	解水	30	穀陽	安徽	霊壁県西南	
113	潼陂★	（潼水故瀆）舊上承潼県西南潼陂、東北流逕潼県故城北、又東北逕睢陵下会睢。	睢水	潼水故瀆	24	潼県	潼県	泗州東北	
		（潼）水首受潼県西南潼陂	淮水	潼水	30	潼県	安徽	泗州東北	
114	徐陂★	（歴澗）水導徐城西北徐陂。	淮水	歴澗水	30	夏丘	安徽	泗州西北	
	〈濟水〉								
115	滎澤	（経）（濟水）又東過滎陽県北、又東至北礫磎南、東出過滎澤北。	濟水	濟水	7	滎陽	河南	滎陽東北	『晋地道記』『尚書』『春秋左氏伝』
		（注）濟水又東、逕滎澤北、故滎水所都也。	濟水	濟水	7				
		濟水自（滎）澤東出、即是始矣。	濟水	濟水	7				
		北濟也、自滎澤東逕滎陽巻県之武修亭南。	濟水	濟水	7				
		渠水自河与泲乱流、東逕滎澤北。	渠水	渠水	22				
116	李澤	（礫石渓）水出滎陽城西南李澤。澤中有水、即古馮池也。	濟水	礫石渓水	7	滎陽	河南	滎陽	『漢書』地理志

117	京城南淵（車輪淵）	（木蓼溝）水上承京城南淵、世謂之車輪淵。淵水東北流、謂之木蓼溝	濟水	小索水木蓼溝水	7	京県	河南	滎陽南	
118	船塘（郟城陂）★	黄水又東北至滎澤南、分為二水、一水北入滎澤、下為船塘、俗謂之郟城陂、東西四十里、南北二十里。	濟水	黄水	7	故市	河南	鄭州西	
119	白馬淵	濟水又東北流、南濟也。逕陽武県故城南…又東為白馬淵。淵東西二里、南北一百五十歩、淵流名為白溝。	濟水	南濟水	7	陽武	河南	原陽東南	『魏書』地形志
120	烏巣澤	濟瀆又東、逕酸棗県之烏巣澤。	濟水	北濟濟瀆	7	酸棗	河南	延津西南	
121	高梁陂★	（濮）水上承濟水於封邱県…其故瀆自濟東北流、左迆為高梁陂、方三里。	濟水	北濟濮水	8	封邱	河南	長垣西南	
122	同池陂★	濮渠又東北、逕酸棗県故城南…濮水北積成陂、陂方五里、号曰同池陂。	濟水	北濟濮水	8	酸棗	河南	延津西南	
123	陽清湖陂（燕城湖）★	濮渠又東北、逕燕城南…東為陽清湖陂、南北五里、東西三十里、亦曰燕城湖。	濟水	北濟濮水	8	燕県	河南	延津東北	
124	長羅澤	（長垣県故城）有長羅澤、即呉季英牧豬処也。	濟水		8	長垣	河南	長垣東北	
125	鉅野澤	（経）其一水（濟水）従（乗氏）県東北流入鉅野澤。	濟水	（北）濟水	8	乗氏	山東	巨野西	
		（句瀆）又東、入乗氏県、左会貞濮水、与濟同入鉅野。	濟水	句瀆濮水	8				
126	薛訓渚	濟水故瀆又北、右合洪水、水上承鉅野薛訓渚、歴澤西北流。又北逕闞鄉城西。…又北与濟瀆合。	濟水	洪水	8	鉅野	山東	巨野北	
		又有薛訓渚水、自渚歴薛村前分為二流、一水東注黄水、一水西北澤、即洪水也。	濟水	薛訓渚水（洪水）					
127	菏澤	濟水自是東北流、出菏澤。	濟水	濟水	8		山東		
128	濛澱（陂）★	菏水又東、与鉅野黄水合、菏濟別名也。黄水上承鉅澤諸陂。澤有濛澱・育陂・黄湖。水東流謂之黄水。	濟水	菏水黄水	8	鉅野	山東	巨野北	
129	育陂★	同上	濟水	菏水黄水	8	鉅野	山東	巨野北	
130	黄湖（陂）★	同上	濟水	菏水黄水	8	鉅野	山東	巨野北	
	（上記三諸陂）	黄水西北通巨野澤、蓋以黄水沿注于菏、故因以名焉。	泗水	黄水	25				
131	雷澤	瓠河又右逕雷澤北、其澤藪在大城陽県故城西北一十余里…其陂東西二十余里、南北一十五里、即舜所漁也。	瓠子河	瓠子河	24	成陽	山東	菏澤東北	
132	柯澤	河水右歴柯澤。…又東北、逕東阿県故城西。	河水	河水	5	東阿	山東	陽穀東	

133	大薺陂★	黄溝又東注大澤、蒹葭萑葦生焉、即世所謂大薺陂也。陂水東北逕定陶県南。	泗水	黄溝	25	定陶	山東	定陶南	
		（泡）水上承大薺陂、東逕貰城北。	泗水	泡水					
134	孟諸澤	（泡水）又東逕已氏県故城北…又東逕孟諸澤。	泗水	泡水	25	已氏	河南	商邱東北	
135	渚	（泡水）一水杼秋県界北流、世又謂之瓠盧溝、水積為渚。	泗水	泡水	25	杼秋	江蘇	豊県西南	
136	豊西澤	（澧水）又逕豊西澤、謂之豊水。	泗水	澧水	25	豊県	江蘇	豊県	
137	豊西大堰★	（澧水）又東逕大堰、水分為二。	泗水	澧水	25	豊県	江蘇	豊県	
		（澧水枝水）上承豊西大堰、派流東北逕豊城北、東注澧水。	泗水	澧水枝水	25				

汝水潁水間には二十一件の陂・澤等蓄水地が分布し、そのうち澤が一（広成澤［25］）、淵が一件。それに対して人工的な水利施設である陂が十七件、塘が一件、堰が一件。ここでも陂は陂水や溝によって連結されている。潤水流域では、

（澺水）東南流為練溝、逕邵陵県西、東南流注、至上蔡西岡北、為黄陵陂。陂水東流、于上蔡岡東蔡塘。又東平輿故城南……澺水又東南、左池為葛陂。……陂水東出為鮦水、俗謂之三丈陂、亦曰三嵌水。……鮦陂東注為富水

（『水経注』汝水注）

とあり、この富水は富陂［39］のことで、さらにここから陂水が出る。

（潤）水首受富陂、東南流為高塘陂、又東、積而為陂水、東注焦陵陂。陂水北出為鮦陂、陂水潭漲、引瀆北注汝陰、四周隍塹、下注潁水。

とあるように、自然河川から引かれた水は陂に一旦溜められ、その水は陂水・溝・瀆によりさらに次の陂へと入り、最終的には淮水水系の諸河川へと入る構造を持っていた。

［潁水東諸水系］
この地区には潁水のほか、その支流である潩水・洧水を含む。そこでは十六件の陂・澤等の蓄水地がある。四件の淵、二件の池と人工的な水利施設では九件の陂、一件の堰が分布している。潩水・洧水の上流の山中に淵・池が集中し、下流に多くの陂が建設された。ここでも皇陂［49］・狐城陂［50］・狼陂［51］・宣梁陂［52］などが陂水によって連結されている。ただし、皇陂がかつての濁澤、狼陂がかつての狼淵であるとされることなどから、潩水上流部では小型の自然蓄水地が人工的に陂として整備された可能性がある。

以上、淮北平原西部は総じて陂の数が自然の生態系である澤や池・淵よりも多く、建設された陂は陂水・溝などの人工的な水道によって数珠繋ぎに連結されていた。

（2）淮北平原東部

淮北平原東部における陂・澤などの蓄水地は全体で七六件、そのうち、手つかずの自然を示すものは三十五件で、澤十九件、池六件、渚三件、湖一件、淵七件であった。これに対して、人工的な蓄水地は四十件で、うちわけは陂四十五件、塘一件、堰一件である。ここでは便宜的に渠水系・睢水系・濟水系の三地区に分けて、整理したい。

［渠水系］
渠水は滎陽の北で河水から出て、中牟県・浚儀県を通り淮水へ流れ込む河川で、下流は沙水と称される。この地区には渠水・沙水のほか夏肥水・過水・獲水を含むこととする。この地区に分布する陂・澤は三十一件。このうち、澤が五つ、淵が五つ（淵を名称に含むもの）、池が三つ、湖が一つの合計十四件が手つかずの自然。これに対して、人工的な水利施設である陂は十七件存在した。この地区の陂の特徴はかつて澤などの自然環境があった場所を陂として開発

し、灌漑に利用していることである。とくに渠水上流部にその傾向は見られる。第八章で見たようにこの地区には漢代以前から圃田澤［62］・制澤［76］・逢池（逢澤）［74］などが分布していた。『水経注』でもそれらの澤の名は見られるが、その周辺には陂が建設されている。たとえば、百尺陂［74］はかつての逢澤にあたり、魯溝水・八里溝・陂水などの人工的な渠道によって灌漑用水が分配された。役水の水源であった中平陂［69］は涅泉とも呼ばれ、また、聖女陂［72］は淵水の水源で、ともにもともと泉や淵で、その周囲に人工的に堤防を築いたものであった。また、染澤陂［81］・蔡澤陂［82］は名称に澤とあり、かつては澤と呼ばれていたが、のちに陂として整備されたことが想定できる。また、苑陵県西城・東城の「二城以東、悉多陂澤、即古制澤也」とあり、かつて制澤があったところには多くの陂が建設されたと考えられる。このように澤が陂として開発されたのは洧水・渠水沙水間の地区、つまり渠水上流部に限られる。これに対して、下流の沙水・淮水合流地点付近ではもともと澤が無く、多くの陂が新たに建設された。たとえば、沙水の支流である夏肥水では

夏肥水又東為高陂、又東為大漴陂、水出分為二流、南為肥水、北為雞陂……夏肥水東流、左合雞水。（雞）水出雞陂、東流為黄陂、又東南流、積為茅陂、又東雞水。……雞水右會肥水、而乱流東注、倶入于淮。

（『水経注』淮水注）

（江陂）水受大漴陂、陂水南流、積為江陂、南慎城西、側城南流入于潁。

（『水経注』潁水注）

とあり、夏肥水の自然河道を堰き止めて高陂［86］・大漴陂［87］と流れ、大漴陂から流れた雞水が雞陂［88］―黄陂［89］―茅陂［90］を形成し、再び夏肥水へと戻っている。また、大漴陂の夏肥水西岸から南へ向かう。もうひとつの陂水は江陂［91］を形成し、潁水へと入るもので、それらは淮水に入っており、もともと流れていた夏肥水の流れを利用しつつ、数珠つなぎに陂を建設している。このような陂の形式の変化は沙水・過水分岐点の南北で分けられる。

［睢水系］

睢水は陳留県付近で沙水から分かれ、東南流し、泗水へ入り、淮水へと流れ込む河川。睢水のほか獲水もこの水系の重要な河川である。この地区には二十二件の陂澤があり、澤が四件、池が三件、渚が一件。人工的な施設としては陂が十三件、塘が一件ある。ここでは睢陽と蒙澤・空桐澤の二ヶ所に注目したい。まずは睢陽付近について。睢陽は漢代の大梁で付近には盟渚澤が位置していた。さらに、孝王のときには東苑（『史記』梁孝王世家。兔園・竹圃とも呼ばれる）が作られた。『水経注』の記載ではそこに曲池［95］・清冷池［96］という池のほか、逢洪陂（城南大池）［97］やその西南に陂［98］が建設されている。もうひとつの蒙澤［101］と空桐澤［102］は睢水と獲水間にある。その東には黄陂［103］・碭陂［104］・梧桐陂［105］・安陂［106］の諸陂が建設されている。すなわち、渠水上流と同様に広大に広がっていた澤に陂が建設された。

［濟水系］

濟水は滎陽の北で河水から分かれ東へ流れて、鉅野澤へと流れ込む河川。また、泗水は山東丘陵南部を水源として南下し、一部濟水系の水を受け、淮水へと流れる河川で、大きく見て両者はひとつの水系と言ってよいだろう。この地区には陂澤が二十三件、そのうち澤が十件、淵二件、渚二件。人工的な施設としては陂が八件、堰が一件ある。特に注目すべきは、滎澤［115］と鉅野澤［125］の周辺である。滎澤は丘陵出口付近で河水および濟水が氾濫して形成された澤である。滎陽の北にあり、船塘（郟城陂）［118］は滎澤に入る黄水の分流を堰き止めて建設されたもので、これも滎澤周辺の開発がすすんでいたことを示す。また、滎澤と長羅澤［124］の間の濟水沿岸には白馬淵［119］や烏巣澤［120］が分布しているとともに、その周辺には高梁陂［121］・同池陂［122］・陽清湖陂（燕城湖）［123］などが建設された。濟水下流の鉅野澤は山東丘陵に水流がぶつかり形成されたもので、この澤の周辺で泗水と合流する。ここには薛

表9－3　『水経注』記載淮北平原陂澤表

	自然蓄水地						人工蓄水地				計
	澤	淵	池	湖	渚	計	陂	塘	堰	計	
淮水汝水間				4		4	20			20	24
汝水潁水間	1	1				2	17	1	1	19	21
潁水東諸水系		4	2			6	9		1	10	16
〈淮北平原西部〉小計	1	5	2	4	0	12	46	1	2	49	61
渠水系	5	5	3	1		14	17			17	31
睢水系	4		3		1	8	13	1		14	22
濟水系	10	2			2	14	8		1	9	23
〈淮北平原東部〉小計	19	7	6	1	3	36	38	1	1	40	76
総計	20	12	8	5	3	48	84	2	3	89	137

訓渚〔126〕や菏澤〔127〕・雷澤〔131〕・柯澤〔132〕が分布し、かつてはかなり大きな山林藪澤が存在していたことを想定させるが、この鉅野澤付近の記載をみるとかなり開発が進んでいたと考えられる。菏水について、『水経注』には

菏水又東、与鉅野黄水合、菏濟別名也。黄水上承鉅澤諸陂。澤有濛澱・育陂・黄湖。水東流謂之黄水。

とあり、鉅澤諸陂という表現は鉅野澤付近に多くの陂が建設されていたことを意味する。濛澱〔128〕・育陂〔129〕・黄湖〔130〕はともに澤中の陂で、黄水はそれらを水源としていた。また、泗水流域には大薺陂〔131〕の名がみえ、『水経注』では「黄溝又東注大澤、蒹葭莞葦生焉、即世所謂大薺陂也」とあり、おそらくはかつては大澤とよばれていたものが、開発され、大薺陂と人々からよばれるようになったのだろう。

以上の整理によって得た全体の数値を示した表9―3を参照し、ここまでの『水経注』記載の淮北平原における陂・澤の分布についてまとめる。まず、淮北平原西部では人工的な蓄水施設と自然の蓄水地の割合が八：二で圧倒的に人間の開発によるものが多く、澤は一件しか見られない。陂は陂水・溝など人工的な渠道によって連結されており、かなり巨大な蓄水ネットワークを形成していた。それに対して、淮北平原東部では人工的な蓄水施設と自然の

蓄水地の割合が十：九で名称の数はほぼ均衡している。この数値から読みとれることは、漢代以前に圧倒的に澤などの手つかずの自然が多く残存していたこの地域において、北魏時代までに多くの陂が建設されていたこと、さらに、開発の進展により、それまでは広大な面積を有していた澤が、農地や陂によって分割されたため、その名称が細分化され、その数が増えたことの二点である。それゆえ、澤一ヶ所あたりの面積は漢代に比べかなり減少していると思われる。なお、沙水下流域は東部であっても例外で、もともと澤が無いため、淮北平原西部と同様に多くの陂が建設され、それが人工的な渠道によって数珠つなぎになっていた。

4、淮北平原開発の変容

さて、本書の第七・八章と本章のここまでの成果をもとに漢から魏晋、そして『水経注』時代までの淮北平原の開発のありかたを復元してみよう。

漢代における淮北平原の陂池開発は淮北平原西部では陂が建設されたが澤はなく、一方で淮北平原東部では陂が造られず、かわりに澤が多く分布していた。淮北平原西部は丘陵から平野に出る出口付近に位置し、また、その主水源たる汝水・潁水は河水の水量の影響を受けることはなかった。それに対して、東部の澤は河水・濟水が沿岸の自然堤防を越えて形成された後背湿地、もしくは、河水水系の河川が山東丘陵と衝突して形成したものであり、河水の水量の増減と澤の拡大・縮小は大きく関係していた。すなわち、陂を建設した場合、河水が一旦氾濫すると連鎖的に洪水が発生してしまうと考えられる。それゆえ、漢代には溝・渠が建設されることはあっても、陂は造られなかった。このような状態にやや変化が生じ始めたのは後漢時代に入ってからである。後漢初期に牛疫やその他の災害が多発して、食糧生産が減少した。それに対処するため、農地開発が国を挙げて求められた。蒲陽陂や蒲如陂など淮北平原東部にまで陂が建設されはじめたのはこの時期であった。その傾向は魏代に入っても継続され、鄭陂・夏侯長塢陂・泗陂が新たに建設された。

その後、咸寧年間に入り淮北地区で水害が多発する。当時、西晋は対呉戦争の最終局面を迎え、淮北平原はその最前線として特に注目されていた。このような状況の中で杜預が陂の破壊に関する上疏を提出した。その中で、破壊が求められたのは魏以降建設された平原部の陂すなわち、淮北平原東部の陂であった。実際その後、蒲如陂・鄭陂・夏侯長塢陂・泗陂などの淮北平原東部の陂は史料上見られず、破壊されたと考えられる。それに対して、杜預が破壊せずに修理して利用し続けるよう求めたのは漢代に建設された丘陵部のものであった。それは淮北平原西部の陂である。それらの多くは、魏晋期を通じて存続し、『水経注』の中にも多くの記載が残されている。とくに『水経注』の記載では陂水・溝などの人工的な渠道によって数珠つなぎにされた陂が各所に見られた。

『水経注』に見られる淮北平原東部は杜預上疏直後とはやや異なっていた。澤などの自然の蓄水地周辺もしくはそのものに手を加えて陂を建設し、灌漑に利用した。そのようなことが圃田澤・滎澤・鉅野澤などで行われた。これは後漢期からすすめられた農地開発が一旦は止められたのだが、『水経注』時代になり再び行われるようになったことを示す。これは魏晋南北朝期において淮北平原東部が華北の諸王朝にとって南方の最前線の食糧生産地区として、極めて重要な地域として認識されていたからにほかならない。いわゆる山林藪澤と人間のかかわりかたは第六章で見たように農地開発による食糧生産だけではなく、多くのかたちを有していた。しかし、漢代、魏晋、そして北朝へと時代が進むにつれ、人間の農地は広がっていった。それは往々にして、漢から魏晋南北朝への政治的変動と関係していたのである。

注

（1）岡崎文夫「支那古代の稲米稲作考」『南北朝に於ける社会経済制度』弘文堂、一九三五年、佐久間吉也「晋代の水利について」『福島大学学芸学部論集』一七―一、一九六四年（のち『魏晋南北朝水利史研究』開明書院、一九八〇年所収）参照。

（2）漢代にこの地区に存在した陂には灌夫陂池と周氏陂があった。ともに個人によって私有されていた陂である。これらは魏晋期の史料には見られないが、後漢時代、南陽盆地に樊重によって造営された樊氏陂（『後漢書』樊重伝）が『水経注』の時代になると庾氏の所有物となっていた事例（『水経注』淯水注）などから考えると、この二つの陂も所有者を変えながらも継続して利用された可能性は否定できない。

（3）賈逵之為豫州、南与呉接、修守戦之具、堨汝水、造新陂、又通運渠二百餘里、所謂賈侯渠者也（『晋書』食貨志）。なお、『三国志』魏志・賈逵伝には「（賈逵）遏鄢・汝、造新陂、又断山溜長谿水、造小弋陽陂、又通運渠二百余里、所謂賈侯渠者也。」とあるが、鄢水は『水経注』では江漢平原を流れる河川として記されており、汝水とは異なる地域に位置することとなる。ここでは『晋書』食貨志の記載にしたがって、汝水を堰き止めて造ったという記載のみを採用した。新陂の位置について『三国志集解』には汝寧府東にありとしている。この陂については本書第八章「漢代淮北平原の地域開発」も参照のこと。

（4）青龍元年春正月甲申、青龍見郟之摩陂井中。二月丁酉、幸摩陂観龍。於是改年、改摩陂為龍陂。（『三国志』魏志・明帝紀）

（5）（建安二十四年）冬十月……王軍于摩陂。（『三国志』魏志・武帝紀）とあり、これは呉討伐のための駐軍で、恐らくは本文の摩陂と同じ場所を示すものと思われる。

（6）詳しくは本書第八章「漢代淮北平原の地域開発」参照。

（7）（夏侯惇）復領陳留済陰太守、加建武将軍。……時大旱、蝗蟲起、惇乃断太寿水作陂、身自負土、率将士勧種稲、民頼其利。（『三国志』魏志・夏侯惇伝）

（8）汳水又東逕神坑塢、又東逕夏侯長塢。汳水又東逕梁国睢陽県故城北、而東歴襄郷塢南。（『水経注』汳水注）

（9）遷陽平、沛郡二太守。郡界下溼、患水澇、百姓飢乏。渾於蕭・相二県界、興陂遏、開稲田。郡人皆以為不便、渾曰「地勢洿下、宜溉灌、終有魚稲経久之利、此豊民之本也。」遂躬率吏民、興立功夫、一冬間皆成。比年大收、頃畝歳増、租入倍常、民頼其利、刻石頌之、号曰鄭陂。（『三国志』魏志・鄭渾伝）

(10)『水経注』睢水注には「昔、鄭渾為沛郡太守、于蕭・相二県、興陂堰、民頼其利、刻石頌之、號曰鄭陂」とある。

(11) 見宋侯相應遵上便宜、求壊泗陂、徙運道。（『晋書』食貨志）

(12) 艾以為田良水少、不足以盡地利、宜開河渠、可以大積軍糧、又通運漕之道。（『晋書』食貨志）

(13) 陳蔡之間、土下田良、可省許昌左右諸稲田、并水東下。（『晋書』食貨志）

(14) この蔡については、汝水流域の新蔡・上蔡か、それとも潁水・淮水合流点の下蔡か問題となるが、ここではその前の鄧艾の現地調査を承けて述べており、また潁水上流岸の許昌から潁水を通じて「東下すべし」としているのだから、潁水沿岸で寿春西北の下蔡を指すのであろう。

(15) 正始二年、乃開広漕渠、毎東南有事、大軍興衆、汎舟而下、達于江・淮、資食有儲而無水害、艾所建也。（『魏志』鄧艾伝）

(16)（正始三年）三月、奏穿広漕渠、引河入汴、溉東南諸陂、始大佃於淮北。（『晋書』宣帝紀）

(17) 広漕渠については『水経注』渠水注に記載があり、賈逵の造った賈侯渠を修復したもので、「沙水又南して廣漕渠と合う、上龐官陂を承ける、鄧艾の所開く所と云うなり。」とあり、陳西北の龐官陂を水源とする。この水利方法は『晋書』宣帝紀とは合致しない。実際『水経注』には「而川渠逕復、交錯畛陌、無以辨之」とあり、すでにその渠道は北魏の頃にはわからなくなっていた。おそらくは、『晋書』宣帝紀の通り、河水を汴水に流す水利工程であったと思われる。

(18) 兼修廣淮陽・百尺二渠、上引河流、下通淮潁、大治諸陂於潁南・潁北、穿渠三百餘里、溉田二萬頃、淮南・淮北皆相連接。（『晋書』食貨志）

(19) 関中平原において漢代以来放棄されてきた関中平原東部の「鹵地」（原生塩鹹地）を塩の生産地として利用することなどもおこなわれたことも、魏晋期のこのような開発のありかたのあらわれと考えられる（本書第五章「中国古代関中平原の水利開発と環境」参照）。

第三部　水利技術と古代東アジア

——淮河流域から朝鮮半島・日本列島へ——

第十章　中国古代淮南の都市と環境——寿春と芍陂——

1、はじめに

淮水（現在の淮河）は大河川黄河と長江の間に位置し、河南省の桐柏山に源を発して、東へ安徽省・江蘇省を流れる河川である。現在は洪澤湖に一旦集積して、新淮河となり、黄海へと流れ出す河道となっている。淮水は秦嶺・淮河ラインを境に北はアワ・小麦作、南は水稲作を主要な作物とするとされてきたことで有名である。この淮河をはさんで北の黄河に至るまでの地域は淮北、南の長江までの地域は淮南と呼ばれている。本章ではこのうち淮南を舞台にした都市の建設と周囲の自然環境とのかかわりかたについて考察したい。考察の対象とするのは古来より淮南地区において重要な地位を占めていた寿春という都市である。寿春は現在、寿県と称され、鉄道は通っておらず、淮南市から西へバスで四十分ほど行った小さな町である。戦国末期には楚の最後の都となり、漢代には淮南国の都、後漢末期には袁術が帝号を称した地でもある。現在の寿県周辺を見てみると、その位置は淮水と肥水（現在の東肥河）とが合流する地点の東南に位置している。東北流してきた淮水は寿県北で小高い丘陵の八公山とぶつかり肥水を受け西北にと転換し、東南流してきた西肥水と合流したのち、鳳台南で東南に流れを変え、淮南市の北で再び八公山にあたって東北流してゆく。つまり、淮水の河道が大きく変化するのが寿県付近である。肥水は寿県東南の肥西付近から発し、西北流する河川で、平野部に出てからは瓦埠湖となり、寿県東で細い水道になって寿県北を経て淮河に注ぐ。寿県の西二〇㎞では六安市から東北に流れる淠水（現在の淠河）が入淮し、さらに潁水もその付近で合流するため、淮水屈曲部は河道の変動が大きい。淠水と淮水の合流点東の後背湿地には現在、水田地帯があり、淠水沿いに南へ約四〇㎞にわたって堤防が続いている。この付近は何本もの南北の河川が淮水に合流する地点なのである。

この都市・寿春の南には、その町の規模には到底にあわないほどの、大きな陂池がある。寿県の南約三〇㎞に位置する安豊塘である。これは現存し、かつ利用され続けている中国で最も古い人工的な池として知られる芍陂のことである。『漢書』に初出する芍陂は隋以降安豊塘とよばれ、元末の混乱期にしばらく廃されるものの、明代及び清順治帝・乾隆帝期に重修されている。民国期には芍陂塘と称されるが、現在は安豊塘と呼ばれている。中華人民共和国成立以降、重点文物保護単位に指定されて、現在まで修治・使用されている。建国直後の一九四九年には貯水量一七〇〇万立方m、灌漑面積八万畝（ムー）、一九五八年に淠史杭灌漑区に組み込まれ、一九七七年以後は貯水量八二〇〇万立方m、灌漑面積六三万畝（ムー）となっている。(2)

この都市・寿春と陂池・芍陂に関する研究はこれまで別々に行われてきた。寿春に関する研究は近年の考古調査とリモートセンシング調査（衛星写真と航空写真を利用）により、寿春の都市構造が徐々に明らかになってきたため、他の古代都市研究と同様に、都市プランの研究ができるようになった。(3)とくに、同じ楚地域の紀南城との比較研究が行われ、たとえば、谷口満氏は近年の寿春の都市復原研究から、紀南城と同じように貴族居住区—商業区—内城の南北ラインのプランを持つ都市として論じている。(4)また、芍陂に関しては現存最古の陂池としての意義に着目し、建設者と考えられている孫叔敖との関係についての研究(5)や陂水灌漑施設や「火耕水耨」の代表的な例として述べられているものが多い。(6)さらに、芍陂の堤防の一部が安豊塘遺跡として一九五九年に発掘がおこなわれ、当時いくつかの論考も提出されたが、(7)以後この分野での研究は進んでいない。

このように、寿春と芍陂の研究は都市の問題として、水利施設の問題として別々に行われてきた。ただ、間瀬収芳氏は楚末期に至って、この寿春に都を置いた後でも、十年以上にわたって楚が続いたことについてこの寿春の経済的位置に着目し、芍陂と寿春の関係について考察しているが[8]、都市プランと芍陂の関係までは言及していない。そこで、ここでは芍陂と寿春を別々に論ずるのではなく、両者の関係、言い換えれば水利施設と都市との関係の中でこれらの特性をとらえてゆく必要があると思われる。特に芍陂の機能の時代的変化を考えたい。このことは都市・寿春がその性格をどう変えてきたのかということや、周囲の環境をどのようにとらえて建設されたものであるかを示すことにもなる。まず、近年の考古成果に基づき、寿春周辺の遺跡と環境を整理し、さらに戦国寿春城の都市構造と都市水利を明らかにする。次に、芍陂の水利構造を考察し、その機能の変化を論じたい。その際、一九九一年に淮水流域を襲った洪水時の衛星写真を史料として利用したい。そして、寿春と芍陂の関係を考え、最後に戦国から統一秦・漢にかけての当該地における周辺の環境利用の変容について論じたい。

2、寿春の都市構造と都市水利

（1）寿春周辺の遺跡と環境

戦国楚の考烈王二十二（前二四〇）年、秦との戦いに敗れた楚は陳から寿春に東徙し、郢と命名した（『史記』楚世家）。その後、王負芻五（前二二四）年に楚が滅亡するまでの間、楚の都は寿春に置かれた。この寿春はもともと、春秋時代の蔡の州来で、その後楚の下蔡となったとも考えられている[9]。城の規模は楚の都となっている間に拡大したものと考えられるが、春秋・戦国時代を通してこの寿春の地に都市が存在したのである。

ここでは寿春周辺の墓葬・遺跡・自然環境などについて整理したい（表10―1及び地図10―1を参照のこと）。まず、寿春北の肥水北岸から八公山南麓にかけての地区は小高い丘陵地帯となっており、そこは小型墓葬区で銅剣・玉壁などが出土している。八公山の南の麓には伝・淮南王劉安墓があり、山中には伝・廉頗墓がある。三八三年に前秦・符堅と東晋・謝玄との間でおきた肥水の戦いはこの八公山付近でおこなわれた。寿春の西から西南の地区は中型墓葬区で寿西湖沿岸（現在の西湖農場）から双橋郷一帯で土坑木槨墓が多い。付近には出城の遺跡も残っている。淮水と潁水合流点から七㎞下流、寿春から西へ二〇㎞に蒼陵城遺跡があり、規模は東西一・五㎞、南北七五〇ｍである。筒瓦や板瓦・瓦当、陶圏井などが発見されており、戦国から南北朝時代まで長きにわたって利用されていたことを物語る。また、寿春の西南約六㎞、今の城南郷古城村にある寿春城西南城には東西約四四〇ｍ、南北四二〇ｍ、一～二・五ｍの城壁が残っている。南・西の城壁は破壊され、北壁には北門と思われる地点があり、東壁は良好に残存している。城内及び城外北部・東部からは瓦当・筒瓦・板瓦・槽形磚など大量の戦国建築材が発見され、その文様は寿春城の出土文物と共通している⑽。北に八公山が防御壁としてそびえているのに対して、西側は淮水の氾濫原となっているため、防衛は難しい、そのため、出城が設けられたのである。現在、寿県西には正陽関という集落があり、付近には劉備城遺跡・張飛台遺跡・闘鶏城遺跡など新石器時代の遺跡がある⑾。

寿春東にある瓦埠湖の東からその北の淮南市西部にかけての地区は大型墓葬区である。瓦埠湖はかつての肥水の河道で民国期以降、淮水の洪水を防止するための貯水池としてできたものである。寿県から東南へ一五㎞の長豊県朱家集には李三古堆楚王墓が発見され、そこからは盗掘されたものも含めて千件以上の青銅器が発見されている。また、近くの楊公にも楊公九座戦国楚墓を含めてかなりの戦国楚の墓葬がある。その北に位置する現在の淮南市蔡家崗趙家孤堆からは蔡声侯産の戦国墓が発見されている。また、淮南市と寿県の境には伝・春申君黄歇の墓がある。現在の寿

地図10－1　寿春周辺の遺跡と環境

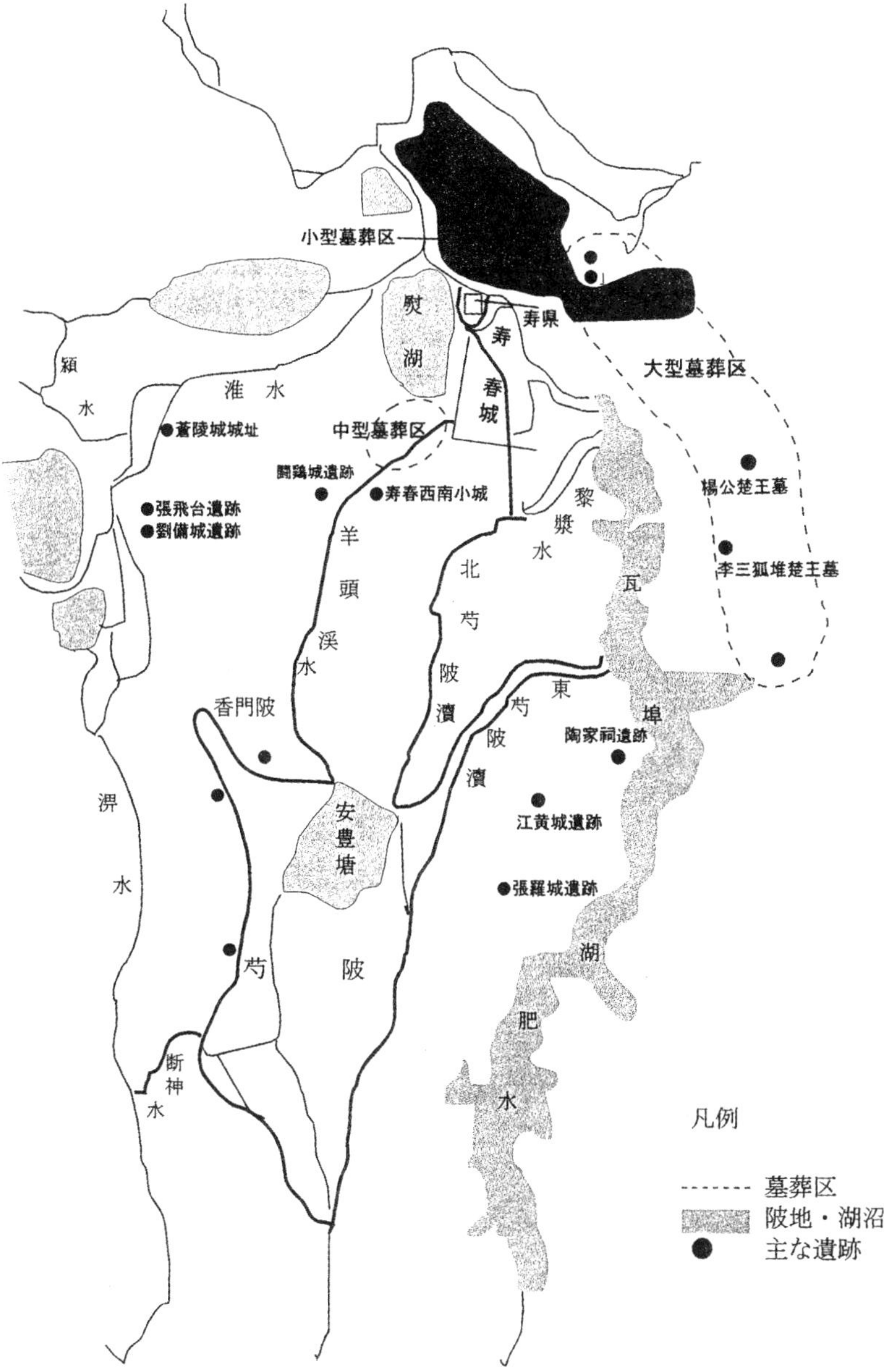

表10－1　寿春付近遺跡分布表

遺跡名	地名	時代	発掘発見年	参考文献
寿春城西北（寿県城内）				
瓦筒・板瓦・雲文瓦当	東南角県委大院一帯魚池辺	戦国・漢		丁邦鈞「楚都寿春城考古調査綜述」『東南文化』一九八七年一期
土台（楚王闘鶏台・春申台）	東北部寿県博物館（報恩寺）北	戦国		同上
漢俑	西南部	漢		同上
鼎腿・瓦当・筒瓦・板瓦・空心磚	西北部菜園地・麻袋廠基建工地	新石器・戦国・漢		同上
蔡昭侯墓	西城門内北	春秋	一九五五年	安徽省博物館『寿県蔡公墓出土文物』科学出版社、一九五六年
寿県城西・西南				
劉備城遺跡	淠水東岸、正陽関東南劉備城村内	新石器・漢	一九三四年	王湘「安徽寿県史前遺址調査報告」『田野考古報告』第二冊、一九四七年
後漢墓二基	寿西湖躍進河工地	後漢		丁邦鈞「楚都寿春城考古調査綜述」
土坑木槨墓（無数）	寿西湖東岸九里溝・双橋一帯		一九三一年	同上
戦国晩期楚墓	寿西湖東岸双橋	戦国	一九五六年	馬人権「安徽寿県双橋発現戦国墓」『考古通訊』一九五六年三期
双古堆墓	双橋鎮胡塘村張大圩、寿西湖南岸	戦国		劉和恵『楚文化的東漸』湖北教育出版社、一九九五年
大冲林古堆墓	双橋鎮大郢村南、寿西湖南岸	戦国		同上
二十鋪大古堆墓	双橋鎮二十鋪村二十鋪西南	戦国		同上
邱家老圩古堆墓（二基）	双橋鎮大郢村邱家老圩東南、寿西湖南	戦国		同上
梅家古堆墓	双橋鎮大郢村郭台子西	戦国		同上
胡塘古堆墓	双橋鎮胡塘村東北、寿西湖南崗地上	戦国		寿県博物館「寿県双橋戦国墓調査」『文物研究』第二輯、一九八六年
史家古堆墓（二基）	双橋鎮南塘村北塘沿北	戦国		劉和恵『楚文化的東漸』
酒坊圩古堆墓	双橋鎮南塘村酒坊圩東	戦国		同上
蒋圩古堆墓（三基）	双橋鎮蒋圩村周辺、寿西湖東南岸	戦国		同上
孫場墓群（数基）	双橋鎮孫場・胡塘・二十鋪・双橋村間	戦国		同上

双橋輪窯廠墓群	双橋鎮大郢村輪窯廠・寿西湖南岸崗地上	戦国～唐宋		同上
五里閘墓群（戦国木槨墓二基）	寿西湖北岸五里閘	戦国		丁邦鈞「楚都寿春城考古調査綜述」
西圏墓群（一四基）	東津郷南関村西圏小隊（寿西湖東崗上）	春秋	一九八四年	同上
褲襠地古墓	東津郷南関村東津輪窯廠	戦国		劉和恵『楚文化的東漸』
蒼陵城址（洪小廟遺址）	豊荘郷澗窪村馮家圩	戦国～南北朝		同上
寿春西南小城（古城拐城址）	九龍郷古城村古城拐西南	戦国晩期		同上
小型墓葬区（寿県城北肥水北）				
小型戦国墓・漢墓（寿県博物館三〇基調査）	八公山南肥水北／油庫・団結窯廠・寿県水泥廠・寿西湖農場水泥廠・寿県化肥廠・黄家牌坊・孔家山・馬山	戦国・漢		丁邦鈞「楚都寿春城考古調査綜述」『東南文化』一九八七年一期
戦国墓銅剣（寿県博物館蔵）	八公郷大泉村瑪泉小隊	戦国		同上
戦国墓銅剣（寿県博物館蔵）	寿化渠	戦国		同上
半店大古堆墓	八公郷郝圩村半店西淮河沿岸	戦国	一九五七年	劉和恵『楚文化的東漸』
店疙瘩古墓	八公郷張管村店疙瘩西南淮河東岸	戦国	一九五七年	同上
孫家古堆墓	八公郷張管村孫家郢北	戦国	一九五七年	同上
劉家古堆墓	八公郷団結村陸家郢東	戦国		同上
珍珠泉墓群	八公郷団結村珍珠泉東南、四頂山東南坡	戦国唐宋		同上
化肥廠墓群	八公郷団結村化肥廠	戦国秦漢		同上
五里閘墓群	八公郷大泉村五里閘・肥河北岸	戦国唐宋		同上
廉頗墓	八公郷郝圩村放牛山南	戦国		同上
製陶遺跡	肥水北岸		一九八七年	同上
寿県城東南（寿春城）				
陳爰（一件）	城南謝家圩子孫氏別墅湲池	戦国	清道光年間	方濬益『綴遺斎彝器考釈』巻二十九
郢爰（七件）	城南三里橋	戦国	清光緒二九年	加藤繁「郢爰考」『服部先生古稀祝賀記念論文集』冨山房、一九三六年
郢爰（一件）［のちに＋一件］	呉家咀	戦国	一九六九年	丁邦鈞「楚都寿春城考古調査綜述」
郢爰	城南後井小隊	戦国	一九七四年	同上
楚金幣・金葉残片・小金粒ほか	東津郷花園大隊門西生産隊東南小渠北坡	戦国	一九七九年	涂書田「安徽省寿県出土一大批楚金幣」『文物』一九八〇年一〇期

楚金幣	東津郷固棗村油坊隊	戦国	一九八六年	寿県博物館「安徽寿県再次出土大量楚国郢爰」『文物』一九九二年一〇期
楚金幣	東津郷東津村厳圩	戦国	一九八六年	同上
大府銅牛	東津郷邱家花園附近李家墳	戦国	一九五六年	殷滌非「安徽寿県新発現的銅牛」『文物』一九五九年四期
鄂君啓節（四件）［のちに＋一件］	東津郷邱家花園東厳家老墳	戦国	一九五七年	殷滌非・羅長銘「寿県出土〝鄂君啓金節〟」『文物参考資料』一九五八年四期
銅方壺（二件）	東津郷史家圩子西溝	春秋晩期	一九八二年	丁邦鈞「楚都寿春城考古調査綜述」
陶管井（七件）・土窯井（二件）・漢代瓦当等	東門外電灌站	漢	一九六一年	呉興漢「寿県東門外発現西漢水井及西晋墓」『文物』一九六三年七期
「千秋万歳」瓦当	南門加油站	漢		丁邦鈞「楚都寿春城考古調査綜述」
陶管井（二二件）	南門外公路	漢	一九八一年	同上
前漢早期墓打破一灰坑	邢荘谷場北仁志華	戦国晩期	一九八三年	同上
陶管井（大量）	西圏・辺家崗・邱家花園・厳圩・黄荘子・柏家台	戦国晩期		同上
大型建築遺構（楚宮殿建築）	柏家台	戦国	一九八五年	同上
磚砌単室墓	柏家台	後漢		寿県文管所・寿県博物館「安徽省寿県東津柏家台両座漢墓的清理」『江漢考古』一九九二年四期
東津渡墓群	東津郷東津渡大橋西南肥河西岸	戦国秦漢	一九八四年	劉和恵『楚文化的東漸』
瓦埠湖東・寿県東北淮南市（大型墓葬区）				
李三孤堆楚王墓	長豊県朱家集	戦国晩期		李景冉「寿県楚墓調査報告」『田野考古報告』第一冊、一九三六年、商務印書館
楊公楚王墓（一一基）	長豊県楊公郷朱集郷間	戦国	一九七七～一九七九年	安徽省文物工作隊「安徽長豊楊公発掘九座戦国墓」『考古学集刊』一九八二年二期
闘笠古堆墓	長豊県楊公郷前瓦村張家郢子北	戦国		劉和恵『楚文化的東漸』
呉家双古堆墓	長豊県楊公郷楊公村後圩西北	戦国		同上
西古堆墓	長豊県楊公郷陳廟村蒋郢子北	戦国		同上

馬家古堆墓	長豊県孤堆郷魯廟村劉家堆坊東北	戦国		同上
沈崗古堆墓	長豊県孤堆郷沈家崗北	戦国		同上
楊崗古堆墓	長豊県孤堆郷楊崗村顧家圩西北	戦国		同上
孤堆村墓	長豊県孤堆郷孤堆村中	戦国		同上
劉郢古堆墓	長豊県孤堆郷孫老郢村劉郢荘西	戦国		同上
武王墩	長豊県三和郷徐窪村武王墩荘東南	戦国		同上
大古堆墓	長豊県三和郷益城村建華西南	戦国		同上
軍張墓群	長豊県呉山鎮軍張村周辺	戦国		同上
荘王墓（伝）	長豊県羅塘郷荘崗村孫崗西	戦国		伝
蔡声侯墓	蔡家崗趙家孤堆	春秋	一九五八～五九年	安徽省文化局文物工作隊「安徽淮南市蔡家崗趙家孤堆戦国墓」『考古』一九六三年四期
黄歇（春申君）墓（伝）	淮南頼山郷李一砿東一km	戦国晩期		伝
双古堆墓	淮南市唐山郷乳山村瞿家窪西	戦国晩期～漢初		劉和恵『楚文化的東漸』
奶頭古堆墓	淮南市唐山郷乳山村乳山頂端	戦国		同上
紅衛輪窯廠墓群	淮南市謝家集区紅衛輪窯廠内	戦国		同上
尚安村墓群（一一基）	淮南頼山郷尚安村及び張崗・沙里崗・張家圩間	戦国～漢代		同上
頼山村墓群（三基）	淮南頼山郷頼山村および新荘孜・新範圩孜間	戦国～漢代		同上
立新村墓群（七基）	淮南頼山郷立新村および新荘孜・高家郢等の間	戦国～漢代		同上
九里村墓群（五基）	淮南市唐山郷九里村・柏家荘・九里崗間	戦国～漢代		同上
孔山村墓群（七基）	淮南市唐山郷孔山村梁郢・康郢・銭郢間	戦国漢代		同上
二十店墓群（数十基）	淮南頼山郷二十店村付近	戦国漢代		同上
隗店墓群（七基）	淮南頼山郷隗店村及び劉老郢自然村	戦国漢代		同上
紅旗村墓群（四基）	淮南頼山郷紅旗村及び柏家台孜・小黄荘間	戦国漢代		同上
芍陂周辺				
両巷墓群	板橋郷両巷村土崗上	戦国唐宋	一九九〇年	劉和恵『楚文化的東漸』
考烈王墓	茶庵郷茶庵集西	戦国		伝

県城内には戦国から漢代の文物が出土しているが、西門内からは一九五五年に春秋期の蔡昭侯墓が発見され、多くの青銅器が出土している。寿県東南には墓葬区もなく、海抜二〇m以下である。瓦埠湖沿い・淠水沿いには新石器時代の遺跡がわずかながら存在している。

このように寿春付近は北には東から西へ肥水・八公山系がひろがり、東は瓦埠湖すなわち肥水がながれその東は大型墓のつくられた比較的高い丘陵地である。西南は北・東にくらべれば平坦ではあるが、ここにも墓葬区や城が造られるなど南に比べればやや標高は高い。

（2）寿春の都市構造と都市水利

まず、戦国寿春城の位置を確定したい。これまで戦国時代の寿春の位置に関しては現在の寿県城そのものとする説、寿県城西四十里とする説、寿県城西南四十里の豊庄舗とする説、寿春県城東南の瓦埠湖中とする説などがあり、論争となっていた。しかし、一九八三年から安徽省文物考古研究所が考古調査とリモートセンシング技術による調査を行うことにより、寿春の城壁や水道などの都市構造が一定程度明らかになった[12]（地図10―2参照）。それによると、寿春城遺跡の位置は現在の寿県県城東南部から東南城外にかけての地域にあたる。総面積約二五㎢の長方形であるが、東部は肥水の流れに沿うように造られ、東北角は内側に変形している。城壁は西壁が四・八五㎞、南壁が約三㎞、北壁は東部、東壁は北部が一部ずつ残っているのみである。また、南壁東側と西壁北側の二ヶ所に城門が発見されている。これから推定される城郭の規模は、南北約六二㎞、東西約四・二五㎞で、戦国時代の黄河以南では最大級の都市というこことになり、ここに二十万人前後[13]とも言われている人々が生活していたのであった。

都市の内部構造について見てみたい。また、寿春城の中北部すなわち邱家花園・周家油坊一帯からは大府銅牛・鄂

地図10－2　寿春城壁・水道リモートセンシング（遥感）実測図

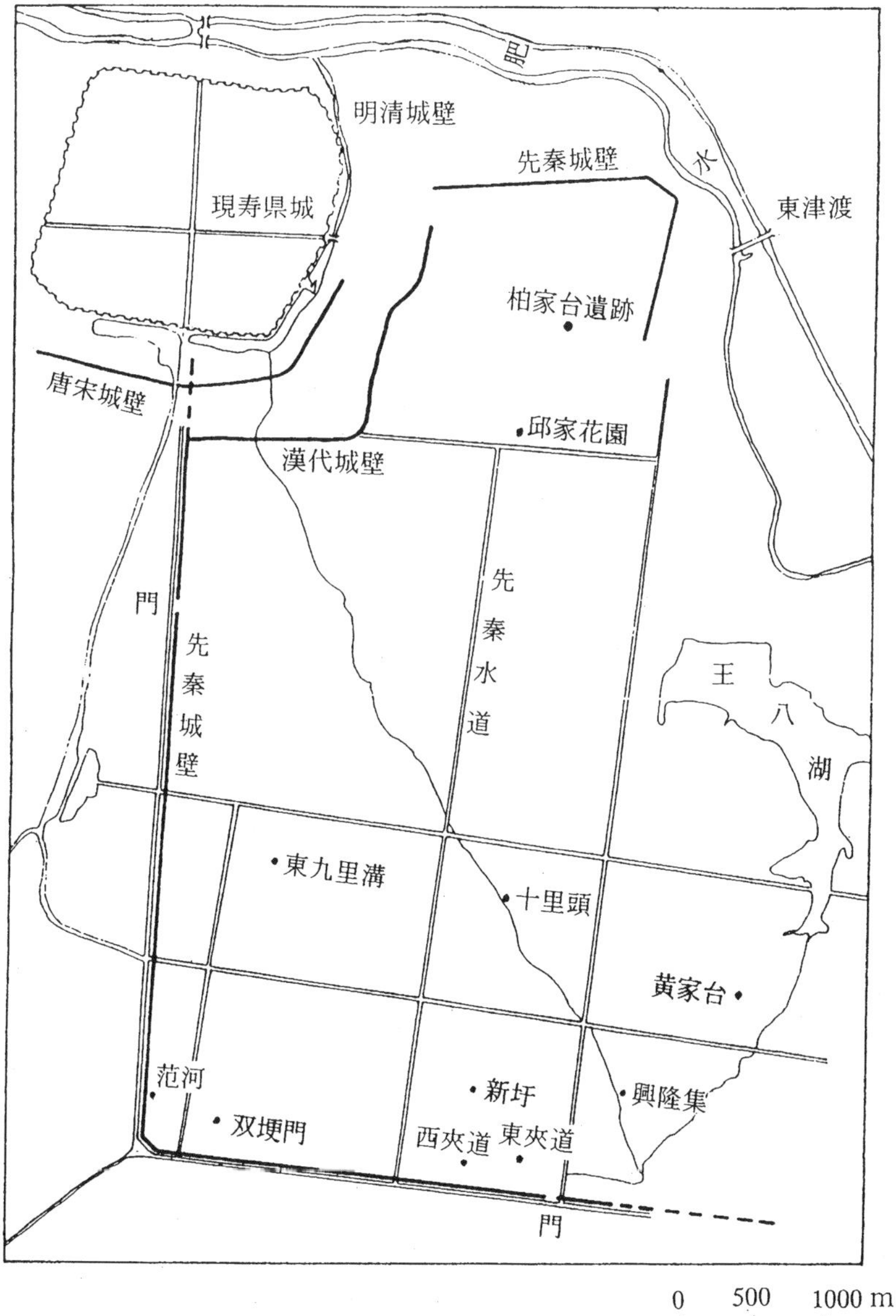

君啓節・郢爰などが出土しており、中央財政機関地区もしくは商業区と考えられている[14]。ちょうど邱家花園の東北部は肥水が内側にくぼんだ部分に当たり、関所などを置いた場所としては最適である。『水経注』にみられる「長瀬津」は現在の東津渡と比定されており、ちょうど邱家花園東北の肥水沿岸にあたる。内城宮殿区は城内中部に位置したと考えられており[15]、谷口氏はそれが中央東南よりにあったと限定を加えている[16]。また、寿春城内東北部のちょうど肥水にそって内側に城壁がくぼんだ部分、邱家花園の北約一㎞に位置する版築台基は柏家台建築遺跡と呼ばれている。逆L字形をなし、東西二一〇m、南北一三〇m、残存している高さは〇・八〜一mである。板瓦・筒瓦・瓦当・槽形磚などが発見されたが、建築材料が多く、陶器などの生活用品は少ない。祭祀の場所もしくは貴族の邸宅であったと推定されている[17]。この遺跡の文化層は薄く、その遺跡付近に五基の前漢墓が発見されていることなどから、楚が寿春に都を置いた時に短期的に建設・利用され、漢代には城壁の外に位置したと考えられている。

次に都市水利について考えてみたい。まず、都市に生きる人々の飲料水は井戸によりもたらされていたと考えてよいだろう。現寿県城東門外で漢代の井戸（陶管井・土窯井）が計九つ[18]、邱家花園では陶圏井が二つ[19]、そのほかにも多くの井戸が寿春城遺跡の範囲内で発見されている[20]。寿春付近は二千年間でおよそ百二十五回の水害に見舞われているため、かなりの土地が流されており、本来の井戸数などは不明であるが、紀南城同様、飲料水は井戸によってまかなわれていたと考えるべきであろう。生活用水としては、南から引いてきた渠水による供水が想定できる。当然、この水も飲料水の一部として利用されていたことは考えられる。『水経注』巻三十二肥水注の記載には北芍陂瀆と羊頭渓水の二水がある。

（北芍陂）瀆を寿春北に引き、芍陂門右を逕て、北して入城す。……瀆の東、東都街有り、街之左道の北、宋司空劉勔廟有り。……瀆水又北して相国城東を逕る。……又北して城を出、肥水に注ぐ。

（羊頭渓水）側に寿春城西を逕て、又北して象門を歴て、沙門の北より金城西門逍遙楼下に出、北して肥瀆に注ぐ。

（以上の原文は表10―2参照）

とある。二水ともに芍陂を水源とするものである。リモートセンシング調査の結果によれば、城壁の外には護城河（堀）がめぐらされており、その幅は最も広い部分で四〇m、狭いところで五m、大部分は二〇m程度で、西・南の城壁沿いには発見されているが、北・東には見つけられていない。(21) この水は城壁の西南角から堀に入ると考えられている。寿春城の西側から入水するルートは、上述した『水経注』の「羊頭渓水」に比定されるだろう。この堀からの水は城内へと流れ込む。調査によれば、東西に三本、南北に三本の水道が発見された。この水道により南部は六つの長方形の区画に分けられる。水門もすくなくとも三つあると考えられており、発掘された南壁の水門は三つの幅三・四mの門道があり、三艘の舟が併走できるほどであったという。つまり、生活用水のほかにこの水道は水運用の運河

表10―2　『水経注』記載の芍陂入水・出水ルート

芍陂への入水ルート		
①断神水（豪水）	（芍）陂水上承渒水于五門亭南、別為断神水、又東北逕五門亭東、亭為二水之會也。断神水又東北逕神跡亭東、又北謂之豪水、雖広異名、事実一水。又東北逕白芍亭東、積而為湖、謂之芍陂。	『水経注』肥水注
②芍陂瀆（東芍陂瀆）	芍陂瀆上承井門、与芍陂更相通注、故『経』言入芍陂矣。	『水経注』肥水注
芍陂からの出水ルート		
③羊頭渓水	（羊頭渓）水受芍陂、西北歴羊頭渓、謂之羊頭澗水。北逕熨湖、左會烽水瀆…側逕寿春城西、又北歴象門、自沙門北出金城西門逍遙楼下、北注肥瀆。	『水経注』肥水注
④芍陂瀆（北芍陂瀆）	陂水北逕孫叔敖祠下。謂之芍陂瀆。又北分為二水、一水東注黎漿水…瀆水自黎漿分水、引瀆寿春北、逕芍陂門右、北入城。…東有東都街、街之左道北、有宋司空劉勔廟。…瀆水又北逕相国城東、劉武帝伐長安所築也…又北出城、注肥水。	『水経注』肥水注
⑤香門陂	西北為香門陂	『水経注』肥水注

として利用されていたのである。これとは別に東南から西北へ寿春を縦断する渠道もあり、これは東陡澗河より流れ出る河道であるため、『水経注』の北芍陂瀆と考えられる。そうであれば、芍陂門はこの河道よりも東にあったのだろう。また、詳細はあきらかとなったわけではないが、いずれにせよ、寿春城内にはりめぐらされている水道の水は肥水・淠水から直接引水するものではなく、それらの河川から一旦芍陂に溜められた水を源とするものである。

では、都市生活民に必要な森林資源はどこから得たのだろうか。もちろん、南へ行けば龍穴山をはじめとした大別山系がひろがっておりそこを供給源とすればよいとも考えられるわけだが、そうであれば、より水源や木材供給源に近い南の地域に都市を建設すればよいはずである。寿春近くで森林の生育する環境にあるのは北の八公山である。現在の八公山の多くは木々が茂る山で、八公山林場や森林公園などもあるが、現在の寿県から北を望むと見える奶奶廟のある四頂山はまさに「はげ山」である。『水経注』巻三十二肥水注に「(船官) 湖北対八公山、山無樹木、惟童阜耳」とあり、「童阜」とは「はげ山」のことを示すから、北魏の時代にはすでに八公山ははげ山となってしまったことがわかる。寿春の建築材や燃料、木椁墓葬用の木材、手工業用の燃料などはこの八公山から供給され、過度に利用されたために、はげ山となってしまったものと考えられる。このため、手工業区は原料に近い寿春城外の肥水北岸に設置された。一九八七年にはそこで制陶遺跡が発見されている。この木材の供給源としての山林と都市水利の水源との位置関係は都市の性格に重要な要素を与えている。例えば、咸陽渭南地区や漢の長安では渭水から南の秦嶺山脈に森林が広がっていたが、都市水利の供給源であった池が南にあったため、無理な森林伐採は水源の枯渇を招いてしまう。そこで、上林苑として、森林を「保護」しなければならず、木材は巴蜀や関中平原西部の高原地帯に依ることとなった。(22) それに対して、寿春の水源は南の芍陂であり、木材の供給源はそれとは反対に位置する北の八公山山系であるため、「童阜」となるまで伐採しても、都市に住む人々にとって何ら問題とはならなかったのである。

以上のように、寿春の都市水利のうち飲料水は井戸から、生活用水及び水運用の水などは南の芍陂からの引水によってまかなわれていたと考えられる。すなわち、都市水利の側面からとらえるならば、寿春と芍陂を切り離して考えることはできない。では、その水源となる芍陂はどのような水利構造を持っていたのだろうか。

3、芍陂の構造と機能

（1）芍陂の入水・出水ルートの復原

芍陂は『漢書』地理志に「比山、比水の出る所、北して寿春に至り芍陂に入る」とあるものが史料上では初出である。比水は寿春西の淠水である。その水は北流して芍陂に入るとあるのみで、詳細はわからないが、『淮河水利簡史』の復原図では現在の安豊塘西南にある迎河集附近を芍陂と淠水の接点と考えている。光緒『寿州志』巻首安豊塘図[23]にも芍陂と迎河を結ぶ渠道を確認できるが、それは芍陂から淠水へ出水ルートであることから、また地形的に見ても芍陂への入水ルートであるとは言い難い。二千年にわたる耕作や渠道の変更などで、ルートの復原は困難であるが、とりあえずここでは時代は下るものの、詳細な記載の残っている『水経注』をもとに、復原作業をおこないたい。なお、『水経注』は肥水や淠水という主要河道を中心に叙述されているため、芍陂の記載はわかりにくい。そこで、表10―2のように史料を整理した。

では、芍陂の出入水関係を復原することとしよう。まず、入水については断神水ルート・東芍陂瀆ルート（出水の北芍陂瀆ルートと区別するため、ここでは便宜的にこのように名付けることとする）の二つのルートがある。①断神水ルートは芍陂西の五門亭の南で淠水から取水し、東北流して五門亭の東・神跡亭の東・白芍亭の東を通り、芍陂に入水するもの。②東芍陂瀆ルートは肥水と芍陂東の井門との間をつなぐルートで、「与芍陂更相通注」と記載があることから、肥水の水量が多くなれば芍陂に入水し、芍陂の水量が多くなれば肥水に水が流れる仕組みになっていると考えることができよう。つぎに出水についていては羊頭渓水ルート・北芍陂瀆ルート・香門陂ルートの三つがある。③羊頭渓水ルートは芍陂から羊頭渓を通り、熨湖を経て左に烽水瀆を受け、寿春城の西を通り、寿春の象門・沙門西を北流して金城西門逍遙楼下を通り、肥水故瀆に注ぐルート。④北芍陂瀆ルートは芍陂から北へ流れ、黎漿水を経て、北流し寿春城の芍陂門の右を経て、寿春城内に入り、相国城東を経て寿春城を出て、肥水に注ぐもの。⑤香門陂は芍陂の西北に隣接した池で直接芍陂から入水する。恐らく、芍陂の水量が多くなると調整する池であったと考えられる。以上のようなルートを『水経注』から読みとることができる。

これらのルートは現在のどの地点を流れていたと想定することができるだろうか。残念ながら、現在の詳細な地形図を手に入れることができなかったため、民国期の地図などをもとに考えてみたい（地図10―1参照）[24]。まず、②東芍陂瀆ルートは瓦埠湖が芍陂の方向にせり出している付近と想定できる。[25]④北芍陂瀆ルートは黎漿水が現在の東陡澗河と比定されていることから、今の安豊塘東北端の老廟泄水閘から出る渠道がそれにあたると考えられる。このルートは上述したように現在も残っている東陡澗河を経て寿春遺跡東南の王圩子西側から城内に入り、西北流して寿県県城東の護河を経て肥水へ合流する自然河道であろう。③羊頭渓水ルートは安豊塘の西北端にある戈店節水閘から出る淠東幹渠がそれにあたるものと思われる。⑤香門陂は安豊塘西北にある蓄水池がそれであろう。さて、①断神水ルートの比定はかなり難しい。現在の安豊塘は六安県のすぐ北で淠水から分水された淠東幹渠（塘河）が水源となっているが、六安県から馬頭集までの間には淠水の東に石子岡・鐵爐岡・陸家岡などの丘陵が南北に延びており、自然水流で越えることは難しい。よって馬頭集の北に芍陂への入水路を設定しなければならない。迎河集付近は上述したように入水ルートとは考えにくい。そこで、一応、ここでは可能性として馬頭集と迎河集の間から東へ流れ込む河道を断神水と想定したい。ただし、これも決定的なものとも言えない。いずれも詳細なルートを比定することは難しいが、少なくとも芍陂は西の淠水と東の肥水から取水し、芍陂から出た水はいずれも寿春城に向かって流れていた。さて、芍陂の大きさは現在の安豊塘では四周約三二㎞である。しかし、古代はこれよりもかなり大きかったと考えられている。さらに明代に至ると、より多くの食料生産を可能とするために陂池の干拓がさかんに行われるようになる。例えば、寿春西の寿西湖（『水経注』の「熨湖」）では干拓により可耕地が増加したが、その土地を農地して利用するのか、牧草地として利用するのかで対立がおこり、訴訟が発生している。(26)今の城西農場のはじまりである。芍陂も比較的高い位置にある南側から干拓、耕地化がすすめられた。光緒『寿州志』巻首安豊塘図によれば圩田の記載が見られ、その側には「圩内本係塘面明代佔墾成田」と記されており、明代に干拓が進み、圩田が成立したことがわかる。(27)すなわち、芍陂は徐々に干拓され、現在の大きさとなったのである。(28)この影響を直接うけたのが都市・寿春である。

（2）　芍陂の機能とその変化

芍陂の機能について、すでに木村正雄氏(29)・佐藤武敏氏(30)らは春秋時代から灌漑・天産物採取の機能があったと考えている。これは『淮南子』人間訓・『四民月令』・『後漢書』巻七十六王景伝などの史料から総合的に判断したものである。しかし、その史料の中で「芍陂」と記されているのは『後漢書』王景伝のみである。その記述には、

明年（建初八年）、（王景）廬江太守に遷り、先に是れ百姓牛耕を知らず、地力の余有るに致るも、食常に不足す。郡界に楚相孫叔敖起す所の芍陂稲田有り、（王）景乃ち吏民を駆率し、蕪廃を修起し、犂を用いて耕すを教え、是由り墾闢すること倍多く、境内豊給たり。(31)

とある。王景は廬江太守となる前に黄河において汴渠による治水を行った人物として有名である。[32] ここでは王景が孫叔敖によって造起されたと言われる芍陂を修造し、犂耕を教え、それによって耕地面積が倍増したことが述べられており、少なくとも後漢時代には灌漑に用いられた。しかし、ここで王景以前の状況を考えてみるならば、「芍陂稲田」とあることから一応灌漑に利用されていたのだが、その生産力は低く、牛耕さえ行っていなかった。すなわち、最初に芍陂が利用されるようになったころ（孫叔敖のころかはわからないが）には灌漑の機能をその主目的としていたとは考えにくい。芍陂が造られた当初は灌漑を目的としたものではなく、ほかの機能を目的としてつくられていたのではなかろうか。一九九九年八月一日から六日にかけて淮南市・寿県を訪れた際、現在の安豊塘を実見したが、北岸を堤防沿いに西から東へ歩くのに一時間もかかり、対岸を望むこともできないほど大きいことに驚いた。この池というよりも湖沼というべき貯水池が春秋期にわざわざ東西の河川から人工的に引水して作られたものであるとは考えにくい。むしろ、古くからあった自然の藪澤の北岸に築堤をしたにすぎないのではないかと考えるべきであろう。しかも、孫叔敖が造ったという記載も『後漢書』が初出で、『水経注』に寿春西北の固始県でも孫叔敖が池を造起したという伝説が残っていることから、このような既存の文献史料記載からのみ孫叔敖の造起を論ずることは難しい。そこでここでは、造られた当初の芍陂はその大きさを利用して水害を防ぐための遊水池であったと考えたい。

そこで、まずは現在の寿県・安豊塘の水害状況から防水害機能を導きだしたい。一九九一年六月から八月、河南・安徽・江蘇省の淮域は死者二千名以上という未曾有の水害に見舞われた。その猛威は安徽省寿県にも多く被害者を出した。寿県の属する六安地区では被災民が四八二万一二〇〇人、重災人口は二八七万五三〇〇人で総人口の四六％が被害にあった。[33] ここでは正常時の一九七九年十月下旬・十一月初旬に撮影された**写真10―1**と災害が終息した直後の一九九一年八月二十二日の**写真10―2**を入手し、災害状況を比較・検討したい。[34] **写真10―2**から災害状況をよみとる

写真10－1　寿春正常時衛星写真
（1979年10月19日・11月５・６日）

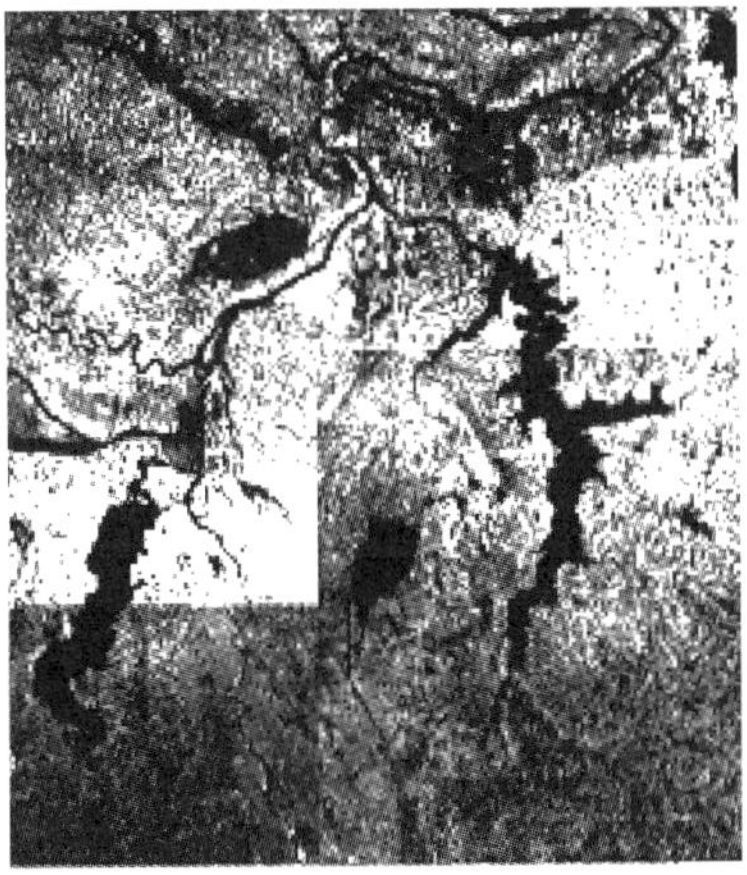

写真10－2　寿春水害時（1991年８月22日）

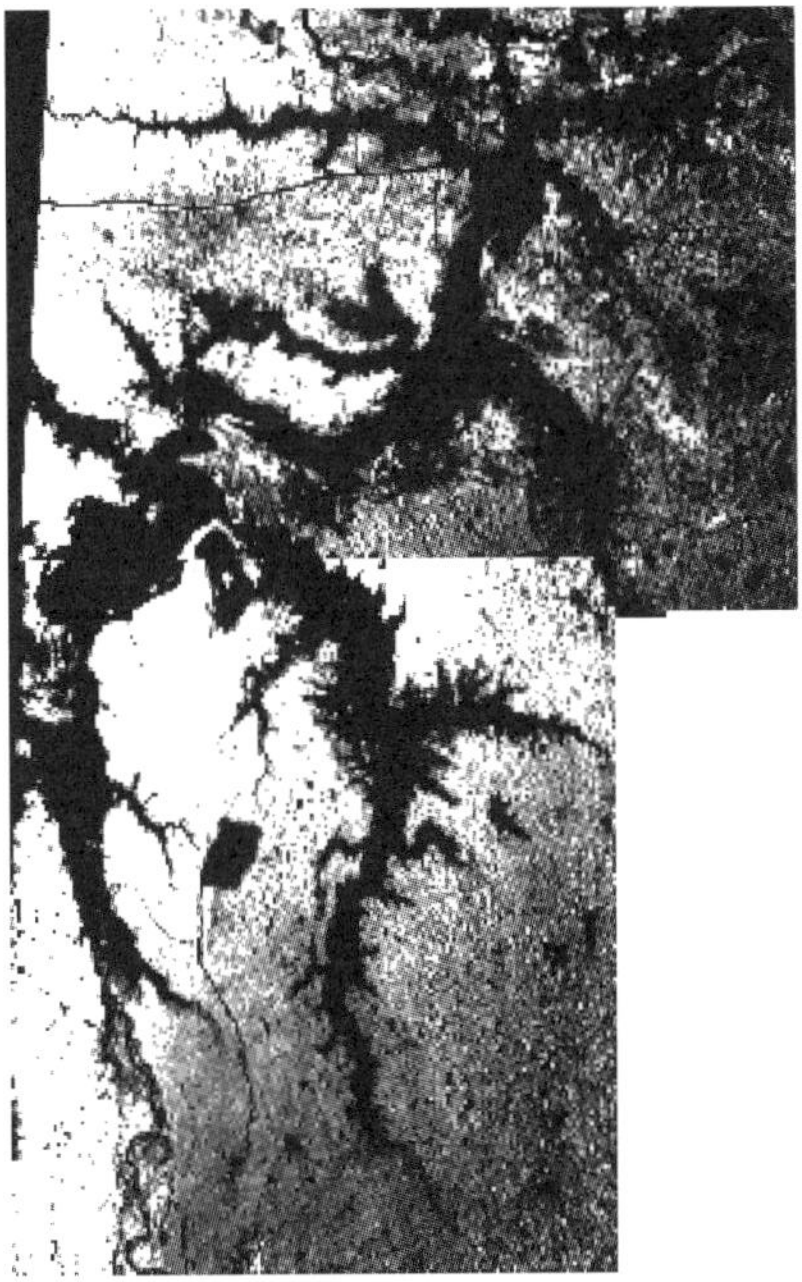

と、まず、淮河は寿県北や鳳台・淮南市の屈曲部で堤防を越え周辺の農地に冠水し水害を引き起こしている。ここの地形は八公山山系により大きく屈曲しているため、山の対岸の平原部では氾濫がおきやすい。また、寿県東南の瓦埠湖は南北の長さが二倍近くに達し、下流では幅が倍以上になり、周囲の農地を冠水させている。寿県西南の西湖農場も淮水の洪水により冠水している。ここはもと寿西湖のあったところであるから、淮水が増水すれば当然かつての湖面があらわれる。肥水と淮水の合流点では堤防が機能しておらず、氾濫して寿県の街は冠水している。また淠水の下流部及び淮水との合流点も氾濫が激しく、周囲に甚大な被害をもたらした。淠水東の堤防は全く機能していなかったようである。一方、安豊塘およびその周辺の状況は正常時とほぼ変わらない。これはもちろん人民中国以降の堤防強化によるもので、その周辺に水が横溢することもなく、洪水は起きていない。しかし、その防水害機能の及ぶ範囲は

周囲一五㎞から二〇㎞に限られ、肝心の寿県と周辺の住民はその恩恵を受けることはできない。つまり、農地は守られたが、都市においては全く水害を防ぐことができなかったということになる。上記の考察によれば、寿県付近の水害は淮河自体の氾濫というよりも、肥水と淠水の淮河との合流点付近が氾濫し、水害が引き起こされたのである(35)。このような入淮河川の水害を防止するためには、入淮地点の堤防を高く強固にするか、肥水・淠水から淮河に入る水流量を抑えるか、どちらかの方法を施さねばならない。しかし、寿県周辺の多くの地点で堤防を越えて洪水となっているという災害状況から判断すれば現代においてさえ堤防が機能しているとは言い難い。それは古代においても淮水沿岸の堤防強化がこの地域における災害防止策として適当ではなかったことを意味している。他方後者の肥水・淠水の水流量制御は遊水池の確保により可能となる。現状を見ると、かつての寿西湖は西湖農場として干拓されているし、南の安豊塘も周囲の灌漑水利構造の一環としての機能のみがあるだけで遊水池としての機能はなく、しかも、肥水・淠水を直接的な水源としていない。この遊水池の削減が寿県付近での水害を招いたのである。

それに対して、古代の芍陂は現在に比べ、数倍大きく、その大きさに比例して貯水量もそれ相応に多かったと推測できる。また、水害の原因となる肥水・淠水を直接引水している点も注目される。すなわち、古代における肥水・淠水の水流は多く芍陂に流れ込み、河川から淮水に直接入る水量は現在に比べ少なく、両河川の入淮地点における氾濫は少なかったと推測できる。このように芍陂の蓄水効果により都市・寿春は自ら水害を防ぐことができたのである。つまり、芍陂は災害時に増水した肥水・淠水より受けた多量の水を蓄し、遊水池として淮域の防水害の機能を果たしたのである。

この芍陂の防水害機能は考古発掘からも指摘できる。後漢時代の芍陂の一部が一九五九年に発掘され、出土品の年代から王景が修造したものと考えられている(36)。遺構は陂堤の下の排水溝と陂の周囲にあった水潭の堰堤の二ヶ所所で、排水溝は溝の左右の壁が排水溝の中心と排水の流れる前方に傾斜しており、南から北へ少しずつ降下していた。その上面には栗石が敷かれ、その上には草土混合層が陂の堰堤の高さまであり、さらに草土層を補強するため栗樹の杭が打ち込まれていた。陂の堰堤の周囲にある水潭（淵）には周りに栗樹を積んだ堤があったが、排水溝のような杭はなかった。すなわち、まず陂の周囲に草土混合層の排水溝が造られた堰堤があり、その堰堤の周りに水潭があって、その周囲にも堰堤があるという陂を堰堤で二重に囲んだ構造になっていたのである。さらに、報告では陂の機能を考察し、蓄水・排水兼用で蓄水を主要とした水利施設であるとした。渇水時には芍陂の水は陂の堰堤の草土層を通って常に少しずつ水潭の中に排水され、そこからさらに排水量を制限されながら水田に流れた。一方、増水時には芍陂に溜められた水によって付近の水田が灌漑された。溜まった雨水が満水になった時や、洪水が発生する時には、陂の堰堤の草土混合層による弾力性と杭の抵抗力によって水は陂の堰堤の上からあふれ出し、一旦水潭の中に入る。その際、溢れ出た水は堤があるため水潭から外に一気に出ることはなく、堤から外にゆるやかに流れ出て、水害を最小限におさえる。以上が報告書に基づく機能の考察結果である。これは芍陂に灌漑機能だけではなく、防水害機能があったことの証である。陂周辺の水潭の存在や堰堤が草土混合の散草法によるものなど、文献史料ではわからなかったことが明らかとなった点で重要な調査であった。ただ、詳しい地図や遺構の測量図が公表されていないので規模や発掘地点など詳細はわからない。全ての地点でこのような陂と水潭の二重構造があったのか、それとも特殊な例なのか未だ疑問点は残る。ただ、前述したように芍陂全体に堤防を築いたとは考えにくく、北側部分のみがこのような構造になっていたのであろう。なお、遺物には鉄製の魚叉・銅製の魚鉤（釣り針）などもあり、天産物採取機能もあったと言える。

以上のようにみてみると、現在の芍陂には防水害の機能が欠如していることとなる。逆に考えてみると、現在の十倍以上の大きさであったと考えられる古代の芍陂には蓄水量も多く、防水害機能がはるかに期待できる。つまり、芍陂は寿春にとって都市機能を守るため生命線であった。このように考えると、芍陂の成立はすくなくとも、州来城が成立した時期、つまり春秋期にはすでに存在したことになる。

4、芍陂と寿春

では、芍陂の機能の変化は寿春という都市の性格にどのような影響を与えたのであろうか。戦国楚から統一秦・漢への過程の中から考えてみよう。

戦国時代の寿春は楚の中心地のある江漢平原からみて東方の重要な都市であった。それは政治的・領域的にも極東にあり、それはまた商業的にも東の端にあった。寿県出土の「鄂君啓節」は青銅製で竹をかたどった通行証（節）で、これまで水運を示す舟節が二枚、陸運を書いた車節が三枚発見されている。節には楚懐王六（前三二三）年の江漢平原における関所の通過と免税に関する内容が記され、戦国楚の交通路・領域を知る上で重要な文物である。(38) このうち一四六文字が刻まれた車節の中に「下蔡」の地名がある。上述のように戦国期の「下蔡」は「寿春」とする説がある。車節は鄂から国境にある関所までのルートを示したものであるから、そこにある「下蔡」は楚の領域の東端にある関所ということになり、同じ場所に建設された寿春もまさに交易の中心地であったことを示している。また、水上交通の面からは東方大平原の長江と黄河の南北を結ぶ重要な中継点であった。たとえば、『史記』貨殖列伝には「郢之後徙寿春、亦一都会也。而合肥受南北潮、皮革・鮑・木輸會也。」とあり、寿春と合肥の水運によるつながりがわかる。長江へとつながるルートは寿春から肥水をさかのぼり、巣肥水路を経て巣湖をとおり長江へ入る。黄河へのルートは寿春から淮水を通り、穎水・鴻溝を経て黄河流域へと入るものである。東の邗溝ラインにならぶ当時の重要な水路であった。戦国楚における寿春は商業中心都市という性格が非常に強い。それゆえ、この街が水害に襲われたならば、物資・商品は水に流されてしまう。水害のおこらない、水の豊富にある都市を造る必要があったのである。芍陂はそのためには格好の陂であった。この陂の遊水池としての機能があるがゆえにここに都市が築かれたのである。まさに周囲の環境をうまく利用して都市を造ったことになる。

さて、秦・漢によって統一国家の一部となった寿春は単なる商業都市から変化することとなる。後漢時代の王景の修築は防水害機能を中心としていた芍陂を灌漑用水として利用するものであった。すなわち、本格的な農地開発のはじまりを意味するのである。統一秦・漢期以降、長安を中心とする食料集積体制が整った。関中平原では戦国秦の鄭国渠が破綻をきたし、利用しやすい土地のみを使って白渠が造られた(39)。それは統一により、より生産力の高い東方大平原に長安や辺境の黄土高原への食糧供給を委ねることができたことにもあった。それゆえ、黄河下流域から黄河を利用して洛陽東の敖倉、三門峡を経て、渭水南の漕渠を通って長安へと食料が送られる輸送ルートが完成した(40)。寿春も淮水・潁水・鴻溝を伝われば黄河流域に出られたから、秦・漢の水運網の中に組み込まれたことになる。また、龍首渠の開削などに見られるように、それまで農地化されていなかった地域も、積極的に開発がすすめられた。これは、思想的には秦の「大田穀作主義(41)」にもとづいているものであろうが、それだけ辺境防備と長安に人口が集中するという深刻な状態も背景にあると思われる。ただし、漢初は黄河下流域を中心とした穀倉地帯の供給がうまくいっていたため、寿春を含めた淮南地区では早急な農耕化を行う必要はなかった。ところが、前漢代に黄河が河道を変更したことから、黄河下流域では洪水がたびたび発生した(42)。そのため、開発の重心が黄河流域・淮北平原から徐々に南下することとなる。さらに、後漢章帝期の牛疫などの災害による穀物生産の減少は淮水流域一帯の農地開発に拍車をかけた(43)。王景の芍陂修築もそのような時代的背景に後押しされた結果であった。

その後、寿春は魏晋南北朝時代には魏と呉や北朝・南朝の係争地として、幾度となく戦火にさらされることとなる。さらに、隋代には邗溝を基礎とした運河が南北をつなぐ主要なルートとなり、徐々に寿春を通るルートは商業的重要性を失い、結局は芍陂の干拓による農地化が激しくすすんでゆくこととなり、その都市の地位は急下降することとなった。

5、おわりに

以上で本章の考察は終える。まず、淮南の中心地であった寿春と芍陂に関するこれまでの研究は各々別に考察されていたためその関係性があまり論ぜられていないことを指摘し、両者を結合させて考えることとした。第二節では寿春周囲の遺跡と環境を整理した後、近年明らかになってきた寿春の都市構造と都市水利を考察して肥水・淠水からの直接的な引水ではなく、芍陂に一旦集積させた水を利用していたことを明らかにした。第三節では芍陂の入水・出水ルートを復原し、入水は肥水・淠水から、出水はみな寿春に向かって流れていたことを確認した。次に芍陂の機能の変化を考察し、後漢代王景の修築により灌漑機能が充実したこと、また逆にそれは以前には灌漑機能を持っていなかったことを示していると考えた。そこで、一九九一年の水害の衛星写真を利用して水害原因を調査したところ、肥水・淠水と淮水が合流する地点で氾濫がおこったことを指摘し、これは芍陂が二千年の間に縮小された結果であると考えた。つまり、現在の安豊塘の十数倍大きかった古代の芍陂には肥水・淠水の増水を流入させる遊水池機能をもっていたことを示した。第四節では、芍陂の機能が戦国期は防水害中心であったものが、後漢期になると灌漑中心となることと寿春の都市機能の変化とを関連づけた。つまり、戦国楚の時代は商業の中心地であった寿春はまさに、水害の無い都市でなければならなかった。それゆえ、芍陂の存在していた寿春の地に都市を築いたのである。ところが、統一秦・漢期には関中平原を中心とした水運システムの中に組み込まれて、農地開発が進められることとなった。後漢時代になると、牛疫などの災害による穀物生産の減少は農地開発を急激に進展させ、また、黄河河道の変更により、開発の中心が黄河下流域から淮水流域・江南へと移動した。その現れが王景による芍陂の修築であった。

注

（1）水利部淮河水利委員会《淮河水利簡史》編写組『淮河水利簡史』水利電力出版社、一九九〇年。

（2）寿県地方志編纂委員会編・孫子連総編『寿県志』黄山書社、一九九六年。

（3）近年の寿春に関する論説には、丁邦鈞「楚都寿春城考古調査綜述」『東南文化』一九八七年一期、涂書田「楚郢都寿春考」『楚文化研究論集』（第一集）荊楚書社、一九八七年、丁邦鈞「寿春城考古的主要収穫」『東南文化』一九九一年二期、丁邦鈞・李徳文「寿春故城遺址遙感調査的新収穫」『楚文化研究論集』（第二集）湖北人民出版社、一九九一年、曲英杰「楚都寿春郢城復原研究」『江漢考古』一九九二年三期、劉和恵『楚文化的東漸』（第四章第二節「郢城寿春」）、湖北教育出版社、一九九五年などがある。

（4）谷口満「楚国の都城」『日中文化研究第一〇号　長江文明Ⅱ』勉誠社、一九九六年。

（5）芍陂の創始と孫叔敖に関する研究は中国においてさかんである。例えば八〇年代以降に発表されたものとしては、何浩「古代楚国的両大水利工程期思陂与芍陂考略」『楚文化新探』湖北人民出版社、一九八一年、「楚国水利工程——期思坡考弁」『武漢師範学院学報』一九八一年二期、郭徳雄「也談期思陂与芍陂」『江淮論壇』一九八一年五期、劉和恵「孫叔敖始創芍陂考」『社会科学戦線』一九八二年二期、鄭肇経「関于芍陂創始問題的探討」『治淮』復刊号、一九八二年九月、孫剣鳴「関于芍陂始建時期的問題」『安徽文博』総五期、一九八五年、徐士伝「孫叔敖造芍陂是附会之談」『農業考古』一九八六年二期などがある。また、『芍陂水利史論文集』中国水利学会、一九八八年では芍陂に関する研究の特集が組まれた。

（6）この観点からの研究は主に日本の中国水利史研究の中で論じられている。木村正雄『中国古代帝国の形成——その成立の基礎条件』不昧堂、一九六五年、佐藤武敏「古代における江淮地方の水利開発」『人文研究』一三―七、大阪市立大学文学会、一九六二年「江淮地方の水利開発」『歴史教育』一六―一〇、一九六八年、黄耀能「武帝以後淮漢流域陂水灌漑事業的展開」『中国古代農業水利史研究――中国経済史研究之一――』六国出版社、一九七八年、杉本憲司「中国古代の陂池」『日本古代の探求・池』社会思想社、一九七八年、福井捷朗「火耕水耨の議論によせて――ひとつの農学的見解――」『農耕の技術』三、一九八〇年、福井捷朗・河野泰之「「火耕水耨」再考」『史林』七六―三、一九九三年などで触れられている。

（7）殷滌非「安徽省寿県安豊塘発現漢代閘壩工程遺址」『文物』一九六〇年一期に発掘報告が発表され、日本では岡崎敬「漢代における池溝開発とその遺跡――安徽省寿県安豊塘遺跡――」『末永先生古稀記念古代学論叢』一九六七年と前掲注（6）杉本論文などで紹介されている。

（8）間瀬収芳「戦国楚国末期の寿春地域について」『『史記』『漢書』の再検討と古代社会の地域的研究』科学研究費研究成果報告書、一九九四年。

（9）前掲注（3）劉和恵書ほか。

（10）前掲注（3）劉和恵書。

（11）王湘「安徽寿県史前遺址調査報告」『中国考古学報（田野考古報告）』第二冊、一九四七年。

（12）前掲注（3）丁邦鈞「寿春城考古的主要収穫」及び丁邦鈞・李徳文「寿春故城遺址　遙感調査的新収穫」で報告され、復原図は前掲注（3）劉和恵書で公になった。

（13）前掲注（3）曲英傑論文。

（14）前掲注（3）劉和恵書。

（15）前掲注（3）劉和恵書。

（16）前掲注（4）谷口論文。

（17）前掲注（3）劉和恵書。

（18）呉興漢「寿県東門外発現西漢水井及西晋墓」『文物』一九六三年七期。

(19) 前掲注（3）劉和恵書。
(20) 前掲注（3）涂書田論文。
(21) 前掲注（3）丁邦鈞「寿春城考古的主要収穫」。
(22) 本書第四章「中国古代関中平原の都市と環境」参照。
(23) 曾道唯・葛蔭南等『寿州志』光緒十六年（東洋文庫蔵）。
(24)「民国図縮製南支那十万分一図」（昭和十三年第二野戦測量隊複製五万分一図を縮製したもの。東京大学総合資料館蔵）。
(25) 中国水利史研究会大会報告（二〇〇〇年十一月、於：神戸大学）の際、鏑木孝治氏（大成建設）より地形の高低差から考えて、ここで想定した東芍陂瀆の河道は成立しがたいのではないかとの貴重なご指摘をいただいた。ここで想定した河道よりも肥水の上流（すなわち南）で芍陂に流れ込むルートも想定できると思われる。今後、より詳細な地形図や現地踏査ができれば、明確なルートを確定できると思われる。
(26) 前掲注（23）光緒『寿州志』巻三「輿地志　山川」引「寿鳳城西湖勘定界址碑」。
(27) 例えば、乾隆『寿州志』（高晋・席芑等、乾隆三十二年、東洋文庫蔵）巻四水利には「萬暦癸未年知州黄克纘重修芍陂立界石有記……成化間、豪民董元等始竊據賢姑墩以北至秏門舗、則塘之上界變為田矣」とある。
(28) 芍陂の面積縮小に関して、中国水利史研究会大会報告の際、有井宏子氏（大阪府立狭山池博物館開設準備室、当時）より上流域での森林の伐採により土砂が堆積し、面積が縮小したのではないかとのご指摘をいただいた。確かにその可能性も考えられるだろう。
(29) 前掲注（6）木村書「第三章　大規模治水水利事業の展開と第二次農地の形成　二、陂水灌漑事業の展開」。
(30) 前掲注（6）佐藤武敏「古代における江淮地方の水利開発」及び「江淮地方の水利開発」参照。
(31) 明年、遷廬江太守。先是百姓不知牛耕、致地力有餘而食常不足。郡界有楚相孫叔敖所起芍陂稲田。景乃駆率吏民、修起蕪廢、教用犂耕、由是墾闢倍多、境内豊給。（『後漢書』王景伝）
(32) 王景の黄河治水に関しては、佐藤武敏「王景の治水について」『中国水利史論集』国書刊行会、一九八一年ほか参照。

(33)《安徽年鑑》編輯委員会編『安徽年鑑（一九九二）』《安徽年鑑》社、一九九二年。

(34) 写真10—1・2は『中国水利史研究』二九号一一頁に掲載した衛星画像を用いた。

(35) 前掲注（33）『安徽年鑑（一九九二）』でも一九九一年水害について淮水本流に連続して発生した三回の「洪峰」のほかに淮水支流・湖泊窪地で発生した建国以来最大の洪水を原因として挙げている。

(36) 前掲注（7）殷滌非論文。

(37) このような草と土が交互に積み重ねる工法は日本では敷葉工法とよばれる。この工法は朝鮮半島から日本にまで広がっている。日本では大阪狭山市の狭山池などで見られる（大阪府立狭山池博物館『大阪府立狭山池博物館常設展示案内』二〇〇一年、ほか参照）。

(38) 日本における鄂君啓節のルート等についての研究は船越昭生「鄂君啓節について」『東方学報（京都）』第四三冊一九七二年などがあるが、藤田勝久「戦国楚の領域形成と交通路——『史記』楚世家と鄂君啓節の比較検討——」『『史記』『漢書』の再検討と古代社会の地域的研究』科学研究費研究成果報告書、一九九四年は、これまでの車節・舟節の単一ルート説を否定し、多ルート説を論じ、楚の領域や関所の復原にまでせまった。なお、「鄂君啓節」の現代語訳については鶴間和幸監修『世界四大文明　中国文明展』NHK、二〇〇〇年（村松担当部分）参照。

(39) 本書第五章「中国古代関中平原の水利開発と環境」参照。

(40) 藤田勝久「前漢の漕運機構」『史学雑誌』九二編一二号、一九八三年ほかを参照。

(41) 原宗子「農本主義の採用過程と環境——古代中国における「共生」への一つの道」『史潮』新四〇号、一九九六年。

(42) 佐藤武敏「秦漢時代の水旱災」『人文研究』三五—五、一九八三年参照。なお、武帝期の黄河決壊については濱川（佐藤）栄「瓠子の「河決」——前漢・武帝期の黄河の決壊——」『史滴』一四号、一九九三年、また両漢交替期における黄河決壊については濱川栄「両漢交替期の黄河決壊について」『中国水利史研究』二六号、一九九八年及び「両漢交替期の黄河決壊と劉秀政権」『東洋学報』八一—一、一九九九年などがある。

(43) 後漢初期における淮北平原開発の変容については本書第八章を参照のこと。

第十一章　後漢時代の王景と芍陂（安豊塘）

1、はじめに

中国の華中地域を西から東へと流れる淮河の上流域に巨大な貯水池・安豊塘がある。かつて芍陂と呼ばれたこの池は、現存かつ利用され続けている中国で最も古い人工的な池として知られる。塘・陂ともに溜池の名称である。西山武一は陂を傾斜地で谷川を堰き止めるダム形式の貯水池、塘を平地の凹所に周辺から流れ落ちる水を貯水する溜め池とし、一般に渠・陂・塘はこの順に規模が小さくなるが、それでも陂のうちのあるものは、かなりの大きさをもつ、と定義づけている(1)。しかし、安豊塘のように同じ水利施設であっても時期によって塘や陂と名称を変える事例もあり、民国時代には芍陂塘という名称まで使われていた。つまり、池の大きさだけが名称の基準ではないのではないように思える。建設された地域によって区分すれば、塘は長江下流域に主に分布し、陂は長江の中流から下流にかけて広がっている。また、数は少ないが黄河流域のほか内陸の雲南省大理盆地にも見られる(2)。人々の移動とともに水利施設の名称が広がったことも考えられるだろう。

安豊塘（写真11―1）は現在の安徽省寿県（写真11―2）南約三〇㎞に位置する。寿県は前六世紀に建設された春秋時代の州来城がその始まりとされる。その後、楚の領域に組み込まれ、寿春と名付けられる。戦国末期には楚の最後の王都（郢）となった。この淮河流域の最大の都市の南に建設されたのが芍陂（安豊塘）である。芍陂という名称が

写真11－1　安豊塘①

写真11－2　寿県①

写真11－1　安豊塘②

写真11－2　寿県②

写真11－1　安豊塘③

写真11－2　寿県③

初めて資料に現れるのは『漢書』地理志の「比山　比水の出る所、北に流れて寿春に至り芍陂に入る」という記載である。比水は寿県の西の淠河を示す。漢代の芍陂は淠河を主水源にしている。隋以降、安豊塘とよばれ、元末の混乱期にしばらく廃されるものの、明代になるとより多くの食料生産を可能とするために湖面およびその周辺の低湿地の干拓がすすめられた。民国期には芍陂塘と称されるが、現在は安豊塘と呼ばれている。中華人民共和国成立以降、重点文物保護単位に指定されて、現在まで修治・使用されている。池全体の堤防の長さは全体で約三二㎞、一九九九年八月に実見した際、北の堤防沿いに西から東へ歩くのに一時間もかかり、対岸を望むこともできないほど大きいことに驚いた。

さて、この中国の片田舎にある巨大な溜め池は東アジアの水利技術の歴史のなかで重要な意義を持っている。考古発掘によって、この池の堤防が日本の大阪の狭山池で築堤の際に使われている敷葉工法によって造られていると考えられているからである。発掘品からその時期は後漢時代の王景の修築の際のものであると考えられている。つまり、王景が敷葉工法に関する知識を持っていた可能性がある。すなわち、王景―安豊塘―狭山池はひとつの糸でつながっているとも言える。本章では芍陂の築堤技術、王景という人物と水利技術、後漢時代と王景・芍陂について論じることとしたい。

2、芍陂について

（1）芍陂の発掘調査

芍陂の一部は一九五九年に発掘調査が行われている。報告によれば、遺構は陂堤の下の排水溝と陂の周囲にあった水潭の堰堤の二ヶ所で、排水溝は溝の左右の壁が排水溝の中心と排水の流れる前方に傾斜しており、南から北へ少しずつ降下していた。その上面には栗石が敷かれ、その上には草土混合層が陂の堰堤の高さまであり、さらに草土層を補強するため栗樹の杭が打ち込まれていた。陂の堰堤の周囲にある水潭（淵）には周りに栗樹を積んだ堤があったが、排水溝のような杭はなかったという。すなわち、まず陂の周囲に草土混合層の排水溝が造られた堰堤があり、その堰堤の周りに水潭があって、その周囲にも堰堤があるというような陂を二重の堰堤で囲んだ構造になっていた。さらに、報告では陂の機能を考察し、蓄水・排水兼用で蓄水を主要とした水利施設であるとした。渇水時には芍陂の水は陂の堰堤の草土層を通って常に少しずつ水潭の中に排水され、そこからさらに排水量を制限されながら農地に流れた。一方、増水時には芍陂に溜められた水によって付近の農地が灌漑された。溜まった雨水が満水になった時や、洪水が発生する時には、陂の堰堤の草土混合層による弾力性と杭の抵抗力によって水は陂の堰堤の上からあふれ出し、一旦水潭の中に入る。その際、溢れ出た水は堤があるため水潭から外に一気に出ることはなく、堤から外にゆるやかに流れ出て、水害を最小限におさえる。この調査により陂周辺の水潭の存在や堰堤が草土混合の散草法によるものなど、文献史料のみではわからなかったことが明らかとなった点で重要な調査であったと言える[3]。ただ、詳しい地図や遺構の測量図が公表されていないので規模や発掘地点など詳細はわからない。ただし、水の流れは南から北に流れるのだから、ここで調査された堤防は北側の堤防ということになるだろう。遺物には鉄製の魚叙・銅製の魚鉤（釣り針）なども発見された。これら出土品の年代から後漢時代に修築された堤防の遺構であると考えられている。後漢時代に芍陂を修築した人物が王景である。

（2）　芍陂の取水・出水ルート

では、王景が修築した際の芍陂はどのような構造であったのか。文献資料からたどることとしたい。しかし、王景と芍陂について書かれている『後漢書』には取水・出水ルートについて書かれていない。ここでは、後の五世紀に著された『水経注』の記載からわかる範囲で復元をしたい。まず、取水ルートには断神水ルート・東芍陂瀆ルートの二つがある。①断神水ルートは芍陂西の五門亭の南で淠水から取水し、東北流して五門亭の東・神跡亭の東・白芍亭の東を通り、芍陂に入水するもの。②東芍陂瀆ルートは肥水と芍陂東の井門との間をつなぐルートで、「与芍陂更相通注」と記載があることから、肥水の水量が多くなれば芍陂に入水し、芍陂の水量が多くなれば肥水に水が流れる仕組みになっていると考えることができよう。つぎに出水については羊頭渓水ルート・北芍陂瀆ルート・香門陂ルートの三つがある。③羊頭渓水ルートは芍陂から羊頭渓を通り、熨湖を経て左に烽水瀆を受け、寿春城の西を通り、寿春の象門・沙門西を北流して金城西門逍遙楼下を通り、肥水故瀆に注ぐ。④北芍陂瀆ルートは芍陂から北へ流れ、黎漿水を経て、北流し寿春城の芍陂門の右を経て、寿春城内に入り、相国城東を経て寿春城を出て、肥水に注ぐもの。⑤香門陂は芍陂の西北に隣接した池で直接芍陂から入水する。恐らく、芍陂の水量の調整池であろう。このように二つの河川から取られた水は三つのルートで北側へとながれてゆく。③羊頭渓水④北芍陂瀆への流れは堰（水門）などによって調整されていたと考えられる。堤防は出水部分、すなわち北側の部分にのみ造られていたのではないかと思われる。(4)

さて、このような芍陂の修築をおこなった王景はどのような人物であったのだろうか。彼の履歴とかかわった水利事業について次節で見ることとしたい。

3、王景と水利事業

王景の事績については『後漢書』循吏・王景伝に記載がある。以下、王景伝に沿って、見てみたい。

⓪王景、楽浪に生まれる

王景、字は仲通、楽浪詽邯の人である。八代前の祖先の王仲はもともと琅邪郡不其の人であった。道術を好み、天文に明るかった。呂后の死後の諸呂の乱では、斉の哀王襄が兵を出すことを謀りしばしば王仲に相談した。濟北王の興居が反乱をおこし、兵を王仲に委ねて指揮を取らせようとしたが、王仲はその禍の及ぶのを懼れ、舟で海に浮かび東に向かい楽浪の山中までにげた。このため楽浪を家としたのである。父の王閎は郡三老となった。更始帝が敗れ、現地の王調が郡守の劉憲を殺し、自ら大将軍・楽浪太守を称した。建武六（三〇）年、光武帝は太守の王遵に兵を率いて王調を攻撃させた。遼東に至り、王閎と郡決曹史の楊邑らは共に王調を殺し、王遵を迎え、みな列侯に封ぜられた。王閎だけがひとり固辞して受けなかった。帝は奇異な人物であるが、王閎を登用しようとしたが、その道の途中で病死した(5)。

冒頭のこの部分では、王景の祖先が諸呂の乱で山東半島から遼東半島の楽浪へと逃亡したこと、そして王景が楽浪の出身であったことを述べている。

①浚儀渠の修築

王景は若くして易経をおさめ、広く様々な書を読み、天文・術数の学を好んだ。思慮深く、多芸多才であった。司空の伏恭の府に任官した。時に王景には水をおさめる能力があると推薦する者がいた。明帝は、将作謁者の王

呉とともに浚儀渠を修築せよと詔を出した。王呉は王景の堨流法を用い、水によって再び害となることはなかった。(6)

明帝の時期、王景は治水に関する能力（技術）を有するということにより官吏に登用された。この後、彼は生涯のなかで、①浚儀渠②河水・汴渠③芍陂という三つの水利施設の修築をおこなうことになる。まず、最初は浚儀渠の堨流法による修築である。この浚儀渠の名称の由来となった浚儀県とは戦国時代の魏の都・大梁で、漢代には陳留郡に属していた。現在の開封市附近にあたる。大梁の地勢は、秦の王賁が渠水を断ち切って水を流し、大梁が灌水したことや漢代の梁の孝王が低地であるために大梁から東の睢陽に都を移動させたことなどから低い土地に建設されたことがわかる。黄河から浚儀にかけての地域には、黄河の乱流により低湿地・丘陵・林の広がる「澤」が多く分布している。浚儀にも北に牧澤（蒲関澤）がある。そのなかを流れる漢代の鴻溝等の複数の黄河を主水源とする河川・渠水は低地の大梁（浚儀）に集まる。その渠水のひとつが浚儀渠であろう。浚儀渠の修築には王景の堨流法が採用され、水害が無くなったという。では、堨流法とは何か。史料からは詳細を知ることはできない。堨とは堰の義があるので、堰（水門）を造って人工的に水を流す方法を意味する可能性がある。

②河水・汴渠

初め平帝（前一～後五年）の時、黄河と汴渠が決壊したが、その後もまだ修築されていなかった。建武十年（後漢光武帝期。三四年）、陽武令の張汜は「黄河の決壊が発生して久しく、その間に堤防は破壊され、濟渠があふれる所は十数県に及んだ。修理の費用を出しても、その工事は難しいものではありません。堤防を改修すれば民は安寧な暮らしができるでしょう」と上奏した。光武帝は工事のための民を徴発した。黄河の工事をおこなうに際し、浚儀県令の楽俊は「昔、元光年間（前漢武帝期。前一三四～前一二九）、人々は盛んに堤防の周辺を開墾し、瓠子における黄河の決壊は二十年余りの間、塞がれませんでした。今、人々が居住している家は少なく、田地は豊穣で広く、修理がおこなわれていないといっても、その害は問題ない状況である。さらに戦争があったばかりで、労役をさせれば、労働の怨みは大きくなり、民は堪えられないでしょう。平静な時にあらためてその事を議論すべきでありましょう」と上奏した。光武帝はこれを聞いて工事をやめた。その後、汴渠は東にあふれ出した、月日が経ち、水門の古い所は、すべて黄河の中に埋まってしまった。兗州や豫州の民は怨み嘆いた。県官はつねにそのほかの労役をおこない、民の危急な事態を先におこなうことはなかった。永平十二年（後漢明帝。六九年）、汴渠の修築を議し、王景と面会し、水をおさめる方策を聞いた。王景はその利害を述べ、急いで対応すべきとして、皇帝はそれをよしとした。また、かつての浚儀渠を修築し、その功績があったことから、王景に山海経・河渠書・禹貢図および銭・帛・衣物を賜った。夏、数十万人を徴発し、王景に王呉とともに渠を修理し、築堤させた。（黄河の堤防の修築）その距離は滎陽から東へ千乗の海口に至るまでの千里あまりであった。王景は地勢を測量し、山や丘陵を掘削し、水中の砂石を破砕し、小さい水路（溝・澗）をつなぎ、要衝の地を防ぎ、堆積した泥を流し、十里ごとに一つの水門を立て、水が相互に回って流れて注ぎ、堤防が潰れたり漏れたりすることがないようにした。王景は費用を省き、それは百億にのぼるほどであった。翌年（七〇年）の夏、渠は完成した。皇帝みずから巡行し、河沿いの郡国に河堤員吏を置き、前漢時代の旧い制度のようにするよう詔を出した。王景はこのことによって名が世に知られるようになった。王呉及び関係役人には秩一等を加増した。王景は侍御史となった。（永平）十五（七二）年、皇帝は東に巡狩し、無塩県に着いて、帝はその功績をほめ、王景を河堤謁者とし、車馬や金銭を下賜した。(7)

王景は明帝の永平十二（六九）年に、河水と汴渠の修築にかかわった。王景は、まず、黄河の堤防の修築をおこなう。

図11－1　王景の治河と汴渠修築

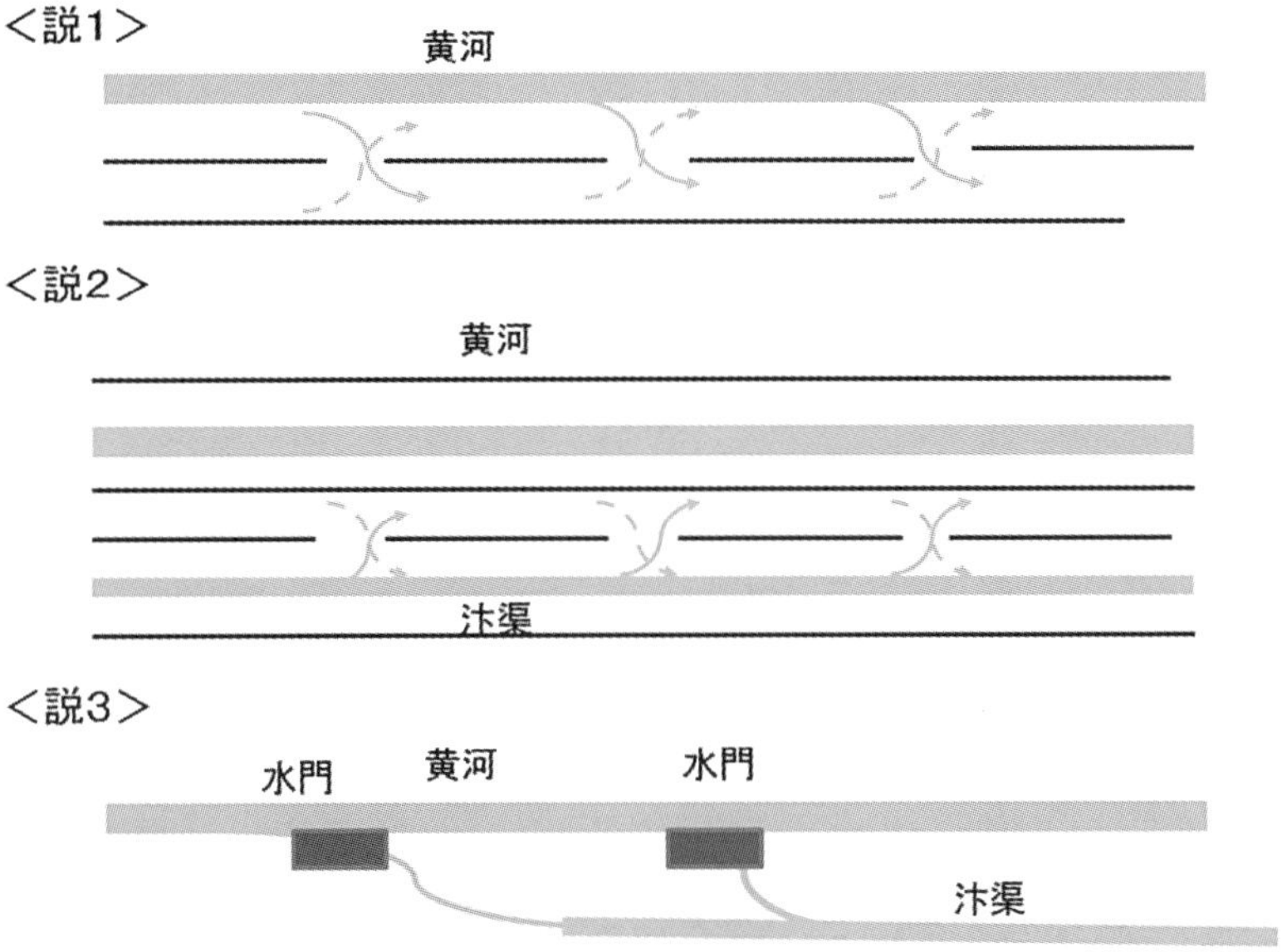

その距離、実に黄河沿岸の滎陽から河口の千乗まで千里に及んだ。ここでも高度な築堤技術が伺える。その後、「十里ごとに一つの水門を立て、水が相互に回って流れて注ぎ、堤防が潰れたり漏れたりすることがないようにした」（「十里立一水門、令更相洄注、無復潰漏之患」）」という工事をおこなう。この十里ごとに建設された水門はどこに造ったのか。三つの説がある。(8) 第一は黄河の河岸に十里ごとに一つの水門を立てるという説。黄河の堤防は二重に建設されているので、二重の堤防の間の水門で水を調整する（魏源説）。第二は汴渠に十里ごとに一つの水門を立てるという説。この場合、黄河本流には水門は設けられない。水量が多いときには汴渠の外に水が流れ出して調節する（李儀祉説）。第三は汴渠が黄河の水を受け入れる所に二つあるいは二つ以上の水門を設置するという説。つまり、黄河から汴渠への取水口に水門を建設する。二つの水門の間の距離が十里ということになる（武同挙説）。ここでは黄河から汴渠への水門としてとらえた第三の説に注目したい。第一・第二の説は相当長い距

離での水門建設が必要となる。特に黄河の河岸を想定するならば、河口まで千里であるから実に百もの水門の建設が必要となる。汴渠についても建設する水門の数は多い。取水口であれば、二つもしくは複数の水門の建設である。水門を強固なものとし、黄河から汴渠への流れを拡散しないようにすることが重要であった。また、ここで重要になるのは取水口附近の堤防を強固にする必要がある。

もうひとつ、この事業には大きな意義がある。後漢時代以降、黄河は安定した流れとなり、五百年間にわたり水害は少なかったと言われている。その原因は一つは黄河の上流域が遊牧民によって支配され、農地化するための森林伐採がおこなわれなくなり、下流に流れる土砂の量が減少し、水害のリスクが高まる天井川の形成が緩和されたこと、もうひとつが黄河下流域における王景の堤防の建設であると言われている。(9) 黄河の歴史のなかで王景は極めて重要な人物なのである。

③芍陂の修築

建初七年（章帝期。八二年）、徐州刺史となった。……明年（八三年）、王景、廬江太守となった。この当時、民は牛耕を知らず、土地の地力に余りはあったが、（人力だけでは限界があり）食物は常に不足していた。郡の境界内には春秋時代の楚の相であった孫叔敖が造った芍陂の稲田があった。王景は役人や民を駆り立てて、荒廃した土地を恢復させ、牛犂を用いて耕作することを教えた。そこで開墾した土地は倍増し、郡の境界は豊かになった。石に誓約を刻み、民に常に禁ずることを知らしめた。また、養蚕と紡績を命じ、法令制度を整え、郷の亭に明示し、廬江郡では代々その文言を伝えた。在官中に死去した。(10)

上記の二つの水利事業ののちに王景は廬江太守となり芍陂の修築にかかわることになる。『後漢書』の王景の芍陂修築に関する記載は多くはない。王景が赴任した当初、現地の民は牛耕を知らなかった。土地の地力に余りはあったが、人力だけでは限界があり、食物は常に不足していた。さらに、灌漑施設としての芍陂が領域内にあった。芍陂は春秋時代の楚の相であった孫叔敖が造ったものであると言う。孫叔敖は『後漢書』以前の文献でも楚の荘王を支えた功臣として語られている。しかし、孫叔敖によって芍陂が建設されたという記載は『後漢書』が初めてである。また、『水経注』では寿春西北の固始県でも孫叔敖が池を造起したという伝説が残っており、楚文化圏における孫叔敖の伝説と大規模水利施設の建設と結びつけられたのであろう。しかし、孫叔敖以上に芍陂にとって重要な人物が王景である。『後漢書』には「芍陂の稲田」という記載がある。芍陂は春秋期に建設された際には、寿春を水害から守るための機能が主たるものであった。それが『後漢書』王景伝では明確に「稲田」とあり、灌漑機能が主たるものとなったことを意味する。それゆえ、王景は役人や民を駆り立てて、農耕を展開するために、荒廃した土地を恢復させ、牛犂を用いて耕作することを教えたのである。後漢時代の王景の修築は防水害機能を中心としていた芍陂を灌漑用水として利用するものであったと言えるだろう。では、なぜ、それまでの防水害から灌漑に機能を移転したのか。その要因の一つは後漢章帝期の牛疫などの災害による穀物生産の減少であろう。このことは淮水流域一帯の農地開発に拍車をかけた。陂と呼ばれる溜め池は後漢時代以降、淮河流域を中心に建設される[11]。王景の芍陂修築もそのような時代的背景に後押しされた結果であった。しかし、このの ち三国時代の魏では溜め池の建設による乱開発が原因で水害が多発するという事態に至ることとなる。

4、東アジア史のなかの芍陂（安豊塘）

現状において芍陂は敷葉工法（散草法）の始まりとされる。その技術は修築者の王景の浚儀渠や汴渠・黄河での実績が影響していると思われる。さらに、この技術は朝鮮半島の碧骨堤さらには九州そして狭山池まで伝わることとなる。水利技術の偉人が遺したものが東アジアの歴史を形成したと言っても過言ではないだろう。

注

（1）西山武一「中国における水稲農業の発達」『農業総合研究』三―一、一九四九年（のち『アジア的農法と農業社会』東京大学出版会、一九六九年所収）。

（2）例えば『雲南通志』（清・乾隆元年刊）には大理府の雲南県に周官些陂・荒田陂渠がみられ、また、浪穹県に三水陂がみられる。雲南でも他県には陂の名称をもつ水利施設はなく、大理のみにみられる点が特に注目される。

（3）殷滌非「安徽省寿県安豊塘発現漢代閘壩工程遺址」『文物』一九六〇年一期。および、岡崎敬「漢代における池溝開発とその遺跡――安徽省寿県安豊塘遺跡――」『末永先生古稀記念古代学論叢』一九六七年、杉本憲司「中国古代の陂池」『日本古代の探求・池』（森浩一編）社会思想社、一九七八年参照。

（4）本書第十章「中国古代淮南の都市と環境」参照。

（5）王景字仲通、樂浪誹邯人也。八世祖仲、本琅邪不其人。好道術、明天文。諸呂作乱、斉哀王襄謀発兵、而数問於仲。及済北王興居反、欲委兵師仲、仲懼禍及、乃浮海東奔楽浪山中、因而家焉。父閎、為郡三老。更始敗、土人王調殺郡守劉憲、自称大将軍、楽浪太守。建武六年、光武遣太守王遵将兵撃之。至遼東、閎与郡決曹史楊邑等共殺調迎遵、皆封為列侯、閎独譲爵。帝奇而徵之、道病卒。

（6）景少学易、遂広闚衆書、又好天文術数之事、沈深多伎芸。辟司空伏恭府。時有薦景能理水者、顕宗詔与将作謁者王呉共修作浚儀渠。呉用景堨流法、水乃不復為害。

（7）初、平帝時、河・汴決壊、未及得修。建武十年、陽武令張汜上言「河決積久、日月侵毀、濟渠所漂数十許県。修理之費、其功不難。宜改修堤防、以安百姓」。書奏、光武即為発卒。方営河功、而浚儀令楽俊復上言「昔元光之間、人庶熾盛、縁隄墾殖、而瓠子河決、尚二十余年、不即擁塞。今居家稀少、田地饒広、雖未修理、其患猶可。且新被兵革、方興役力、労怨既多、民不堪命。宜須平静、更議其事」光武得此遂止。後汴渠東侵、日月弥広、而水門故処、皆在河中、兗・豫百姓怨歎、以為県官恒興佗役、不先民急。永平十二年、議修汴渠、乃引見景、問以理水形便。景陳其利害、応対敏給、帝善之。又以嘗修浚儀、功業有成、乃賜景山海経・河渠書・禹貢図、及銭帛衣物。夏、遂発卒数十万、遣景与王呉修渠築隄、自滎陽東至千乗海口千余里。景乃商度地埶、鑿山阜、破砥績、直截溝澗、防遏衝要、疏決壅積、十里立一水門、令更相洄注、無復潰漏之患。景雖簡省役費、然猶以百億計。明年夏、渠成。帝親自巡行、詔濱河郡国置河堤員吏、如西京旧制。景由是知名。王呉及諸従事掾史皆増秩一等。景三遷為侍御史。十五年、従駕東巡狩、至無塩、帝美其功績、拝河堤謁者、賜車馬縑銭。

(8)　武漢水利電力学院『中国水利史稿（上）』水利電力出版社、一九七九年。

(9)　佐藤武敏「王景の治水について」『中国水利史論集』国書刊行会、一九八一年。

(10)　建初七年、遷徐州刺史。……明年、遷廬江太守。先是百姓不知牛耕、致地力有余而食常不足。郡界有楚相孫叔敖所起芍陂稲田。景乃駆率吏民、修起蕪廃、教用犂耕、由是墾闢倍多、境内豊給。遂銘石刻誓、令民知常禁。又訓令蠶織、為作法制、皆著于郷亭、廬江伝其文辞。卒於官。

(11)　本書第八章「漢代淮北平原の地域開発」参照。

〔追記〕

本章は二〇一二年十二月一日に大阪府大阪狭山市にて開催された「狭山池シンポジウム二〇一二ため池築造と偉人」において講演した内容に基づき、改めて文章化したものである。できるだけ講演を再現するため、王景伝などの史料は現代語訳を掲載した。

第十二章　古代東アジア史における陂池
――水利技術と環境――

1、はじめに

東アジアの地域全体に広がる文化をいくつか挙げるならば、稲作文化もそのひとつに数えられるであろう。その稲作文化の道についてはこれまで多くの研究成果が得られている。近年のイネのＤＮＡ分析の研究では、韓半島を経由せずに、江南から日本へと至ったルートも指摘されている(1)。また、ＡＭＳ法による炭素同位体年代測定法によって、日本で本格的に水田稲作を始めた弥生時代の始まりの時期が従来の紀元前三世紀から紀元前約九〇〇〜八〇〇年ごろまでに遡ると考えられるようになってきた(2)。このような稲作そのものの広がりや時期とともに重要視されるものは、稲作の技術である。農法や農具など、この問題に関しては様々な視点が考えられる。本章では、そのなかでも水利技術、特に貯水池というものの広がりについて東アジア史という視点で見てゆきたい。まず、中国大陸・韓半島・日本列島のもっとも古い人工的に造られた池とその研究状況について整理し、また、現地調査についても紹介する。その後、東アジアの池に関する研究について、今後中心となるであろうと考えられる研究テーマについて若干の見解を述べる。なお、「陂」とはもともと池の堤防部分を示し、人工的に造られた貯水池そのものを示す場合もある(3)。

2、中国大陸・韓半島・日本列島の池

（1）中国大陸の池

中国大陸において最も古い記録が残り、かつ、現在まで利用されている貯水池は安徽省寿県にある安豊塘である。この池はかつて芍陂とよばれていた。史料では『春秋左氏伝』に「汋陂」の記載がある。[4]ただ、これが貯水池を示しているものか、それとも坂をあらわすものかわからない。河川が入水して形成された貯水池であることが確実にわかる芍陂に関する記載は『漢書』地理志に初出する。[5]その後、隋代以降は安豊塘とよばれ、元末の混乱期にしばらく廃されるものの、明代及び清順治帝・乾隆帝期に重修されている。民国期には芍陂塘と称されるが、現在は安豊塘と呼ばれている。中華人民共和国成立以降、重点文物保護単位に指定されて、現在まで修治・使用されている。

一九九八年八月、筆者は現在の寿県に位置する安豊塘を訪問した。上海から蚌阜を経由して、淮河沿いに淮南市へと至り、そこからバスに乗り一時間ほどで寿県に至る。寿県の県城は現在でも城壁が残っているが、これは防御を目的とするだけでなく、淮河の洪水に対して都市を守る役割がある。この寿県から車で十五分ほどの所に安豊塘はある。現在の北の堤防は東西四㎞で、その北には『後漢書』王景伝に池の築造者として名が挙げられている孫叔敖の祠が造られている。中国ではこの陂池の建設がいつまで遡れるのかという問題に注目が集まり、一九八〇年代には盛んに芍陂の創始と孫叔敖に関する研究が発表された。日本では岡崎敬氏による寿春及び陂周辺の考古学的成果の整理[6]や杉本憲司氏による文献資料および一九六〇年代の発掘調査の紹介[7]、間瀬収芳氏の一九八〇年代の現地調査に基づく研究[8]などがある。また、米田威氏の土木学の見地からの解説もある。[9]このような成果の上で、筆者はかつて都市・寿春と芍

陂の関係に注目した論文を発表した[10]。この論文では芍陂の機能を防水害・灌漑等に分類し、その機能の変化と都市・寿春の戦国時代から漢代にかけての性格の変化を追った。結論としては、芍陂が灌漑を主な機能としたのは後漢代の建初八（八三）年の王景の修築[11]以降であり、それ以前には灌漑機能を持っておらず、防水害の機能が中心であったことを解明した。つまり、芍陂そのものの完成は春秋時代に遡るが、いわゆる農業生産力の増大を後押しするような灌漑貯水池としての機能を強化したのは紀元後一世紀のことであり、それは都市・寿春が商業都市から農業生産地に変化したことと関係があると考えた。

（2）　韓半島の池

韓半島の池に関しては文献研究とともに、考古学発掘が盛んに行われるようになり、二〇〇六年十一月には韓国・大邱の啓明大学校で「韓・中・日古代水利施設比較研究」と題されたシンポジウムが開催された[12]。このような学界の動きの中で、私たち学習院大学の研究者は日本学術振興会アジア研究教育拠点事業の一環として慶北大学校の李文基氏らと二〇〇六年十二月に韓国水利遺跡の共同調査をおこなった。その際、後述する日本の狭山池博物館の小山田宏一氏にも同行いただいた。調査は主に韓半島の西南の全羅道と東南の慶尚道であった。調査した池は灌漑用貯水池と苑池とに分類でき、灌漑用貯水池では全羅道の碧骨堤、慶尚道永川市の菁堤、尚州の恭倹池、さらには安東の芋田里遺跡を訪問した。碧骨堤は韓半島で最も古い記載の残る堤防遺跡とされ、その建設時期は百済・比流王二十七（三三〇）年にあたる[13]。以後、何回もの修造がおこなわれたが、一九二五年に東洋農地改良組合によって堤防を利用して用水路が開かれるなど荒廃が激しくなり、いまはため池としては利用されていない。現在、三㎞にわたる堤防および石門が残り、付近に金堤水利民族遺物展示館が建設されている。この碧骨堤は韓半島南部で最も大きい湖南平野への出口に位置し、扶余に隣接する一大農業地帯を支える重要な水利施設であったと考えられる。このような巨大ため池説に対して、近年では防潮堤説も発表されている。(14) 菁堤は琴湖江の東方にひろがる平野の東に位置し、岩盤でできた高台が狭まった部分に堤防が築かれている。この堤防は現在でもダムとして機能しているため、古くからの堤防の内部状況は不明である。池の西南には二基の重修碑が残されている。そのうち一つは康熙年間のもの、もうひとつは表面に丙辰銘（法興王二三（五三六）年）、背面に貞観十四年銘（七九八年）が見られる。(15) 恭倹池は碧骨堤とともに、三国時代に建設されたと伝えられる池で、現在も補修工事が重ねられている。安東で近年発掘された芋田里遺跡は韓国で最も古い稲作と貯水池の遺跡が発見されたとして話題となっている。前八～九世紀の木製杵が発掘され、その形状は唐古遺跡に似ており、立地としては光州新昌洞とも似ているという。また、都市に付属する苑池である扶余の宮南池、慶州の雁鴨池・書出池も訪問した。

（3）　日本の池

古代日本史において近年特に注目されている池は河内平野に位置する狭山池である。河内平野を南北に流れる西除川（旧天野川）を堤で締め切って築造された谷池である。この池は文献上、最も古い記載が残っており、千四百年間継続的に修築され、現在でも利用されている池である。平成の大改修後の二〇〇一年に大阪府立狭山池博物館が完成した。私は一九九九年十一月と二〇〇一年十一月、また、日本学術振興会アジア研究教育拠点事業「東アジア海文明の歴史と環境」プロジェクトの一環として韓国・慶北大学校張東翼氏・李文基氏・上海復旦大学の葛剣雄氏らとともに二〇〇六年七月に狭山池を訪問した。この博物館の最大の特徴は、堤体そのものが保存・展示されており、その構造を直接見ることができることである。狭山池に関する文献資料は、『日本書紀』崇神天皇紀・『古事記』垂仁天皇記

写真12－１　碧骨堤（堤防）

写真12－２　碧骨堤（水門）

写真12－３　菁堤①

写真12－４　菁堤②

写真12－５　恭倹池

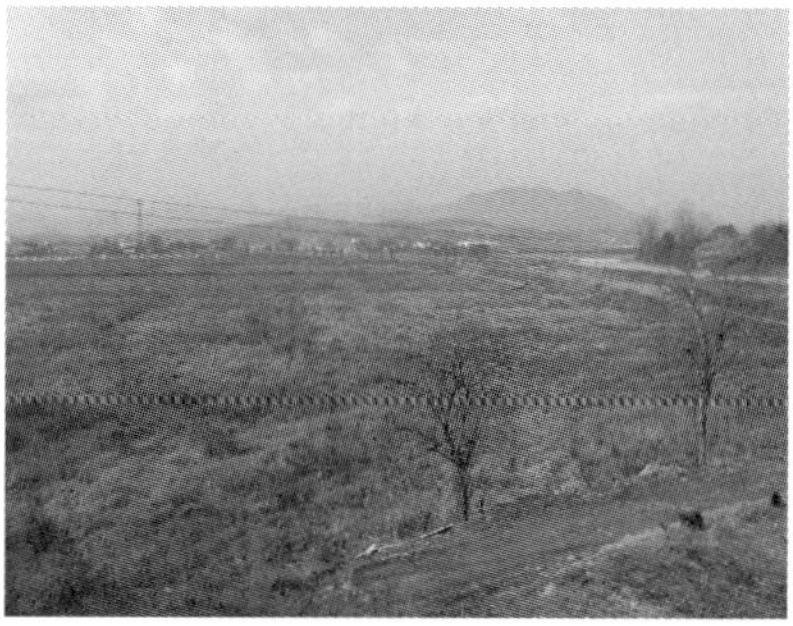

写真12－６　芋田里

写真12－7　狭山池

の記載が最も古い時期のものである。平成の大改修において詳細な調査をおこない、東樋の年輪年代測定をおこなった結果、六一六年ごろに建設されたものということがわかった。それは推古天皇二四年にあたり、遣隋使の派遣や百済との交流も盛んな時期であった。狭山池はその北に広がる河内平野の池溝開発とともに行われ、池が位置する上町台地の北端が古代の港・難波津であった。東アジア交流史と狭山池の開削は緊密な関係にあると言えよう。また、八世紀以降には『行基年譜』にみられる僧・行基による改修や天平宝字六（七六二）年には堤防決壊のために八万三千人余の労働力を投入して改修工事が行われたことなどが『続日本紀』にみえる。(16) 九世紀に香川県の満濃池の改修に唐から帰国した僧侶・空海がかかわったように、僧侶を通した東アジア全体への水利技術のひろがりは重要な視点である。

3、古代東アジア史のなかの陂池

以上、中国大陸・韓半島・日本列島における最古の池に関する現状と研究動向を見てきた。では、これらの池の研究を古代東アジア史のなかに位置づける場合にはどのような視点から研究をすすめることができるであろうか。以下、二点ほど提示したい。

（1）技術に関する比較研究——敷葉工法——

土木技術は、考古発掘の成果によってその比較研究が可能となる。例えば、敷葉工法（散草法）は東アジアにひろがる堤防の建設技術である。これは葉がついたままの枝を堤体長軸に対して何層にも平行に敷きならべる工法である。日本では狭山池の堤体が敷葉工法であることが知られており、特に、狭山池博物館は堤体がそのまま剥がされ、保存されている[17]。そのほか九州の水城の城壁等にもこの技術が利用されている。韓半島では碧骨堤も一九七五年の発掘報告によって敷葉工法によるものであることが明らかとなっている[18]。また、百済の扶余羅城も敷葉工法とされる（陵山里寺遺跡の西の羅城が調査されている）。中国大陸では、安豊塘（芍陂）の堤防が散草法すなわち敷葉工法によって造れたとされている。これは一九六〇年の発掘報告[19]に基づく見解であるが、報告には堤体の図面も提示されておらず、また、発掘地点も定かではないため、いまでは現地を訪問しても確認をとることはできない。現在、中国における敷葉工法の事例は他には報告がない。以上、狭山池・碧骨堤・芍陂はすべて各国の最も古い文献資料が残されている貯水池である。さらに、それらがみな敷葉工法を採用しているということは、この工法が池の建設と同時に東アジアに広まっていた堤防建設の基本的な工法であったと考えることもできるだろう。ただし、敷葉の利用という点では同じであっても、敷葉の層の数は遺跡によって異なっており、そのような違いは技術の伝播の過程で変化した可能性や伝播ルートが異なっていたためなどの要因が想定される。今後も、多くの考古資料を利用して考察する必要がある。また、技術導入の時期についても細かい分類が必要である。狭山池の敷葉工法はそれ以前に列島に流入している技術を利用したものであり、むしろ、狭山池の重要性は余水吐（排水口）の技術が列島で最初の事例であるという点である[20]。つまり、大陸―半島―列島の間の何重もの人々の交流と技術の流入が重層的に集まり造られたものであった。

（2）名称に関する比較研究――東アジアの「陂」――

中国古代では、芍陂の名称に見られるように、もともと堤防を意味した「陂」が池の名称となる事例を多く見ることができる。この陂という名称は東アジアのなかでどのような広がりがあるのだろうか。中国大陸において、華北・西南部も含め、資料的には全国的に陂という貯水池の名称は見られる。その数量からみると、陂は淮水北側の平原部、すなわち、淮北平原に非常に多く建設された。前漢時代には淮北平原の黄河を水源としない丘陵地の河川流域に陂がつくられ、後漢以降になると徐々に淮北平原東部へと陂の開発は進展した[21]。その後、三国・魏の時代には盛んに陂が建設され、西晋時代の咸寧四年には杜預が過剰な陂の開発によって災害が発生していることを指摘し、陂の破壊を上疏している[22]。上疏によって破壊された陂もあったが、その後の北魏の状況を示した『水経注』の記載でも淮北平原に位置する陂の記載は多く[23]、盛んに陂が建設、利用されていたことがわかる。また、後漢代には江南地域にも陂が建設された[24]。つまり、淮北地域に多く、さらにその分布は江南にまで至っていたのである。

韓半島の文字記録では『三国史記』『三国遺事』には貯水池としての陂の記載はない。それに対して、碧骨堤など「堤」の記載は見られる。もちろん、堤防を示す語が池そのものを意味していたのである。また、同時代資料としては菁堤碑を見ると、貞観十四年銘（七九八年）には「菁堤」とある。これに対して丙辰銘（五三六年）では「大塢」とある。また、大邱の慶北大学校博物館には「塢作碑」と呼ばれる碑が所蔵されており、この場合の「塢」も貯水池の堤防および池そのものを示すと考えられる。碑文は戊戌年の紀年があり、それは五一八年と考えられる[25]。塢とはもともと中国大陸では軍事用の防塁を示すものであるが、魏晋南北朝期には堤防もしくはため池の字義があり、それがおそらく南朝から百済に入ってきたと考えられる[26]。このように、古代の韓半島では「陂」を池そのものを示す語としては用いず、「池」はもちろんのこと、「堤」や「塢」などによって貯水池をあらわしていた。使用時期としては、三国時代には「塢」が主に用いられ、統一新羅以降、「堤」と表記されるようになったと考えられる[27]。前述の碧骨堤も

『三国史記』百済・比流王二十七（三三〇）年の記載では碧骨池となっており、碧骨堤があらわれるのは『三国史記』元聖王六（七九〇）年の「増築碧骨堤」の記事からである。

日本列島の陂は池に比べれば少ないが記載はある。例えば、持統天皇が「腋上陂」に行幸しているが、これが陂池そのものを示しているものであるかはわからない（『日本書紀』持統四（六九〇）年）。池の堤防として記載されているのは大津皇子が刑死する際に涙を流して辞世の歌を作った磐余池の陂がある（『万葉集』朱鳥元（六八六）年）。[28]七世紀初めの和銅年間には道君首名が新羅使として派遣された後、筑後守となり、陂を建設し、灌漑に利用されたという。[29]また、文人・役人で漢詩集「懐風藻」の編者とされている淡海三船も近江国で陂地を造ったとされる。[30]また、僧侶が陂を建設した例としては行基の例があるが、これは橋とともに堤防を示すものと考えられる。[31]上記の三例はともに大陸もしくは韓半島とのつながりを有する人々に関する事例であることは注目できる。また、『出雲国風土記』には出雲国の恵曇池陂に関する記載がある（天平五（七三三）年）。多くの場合、もとの意味である堤防を示す語としての陂は日本古代の資料には見られるが、池そのものの名称としての陂はほとんどないと言ってよい。

4、おわりに

以上で本章の検討を終了し、まとめをしておきたい。本章では、まず、これまでの筆者の研究とともに日本学術振興会アジア教育研究拠点事業の一環として行われた現地調査をふまえつつ、中国大陸・韓半島・日本列島における資料上最も古い貯水池の現状と研究状況をまとめた。さらに、これらの東アジアにおける貯水池の広がりを有機的に結びつけるために、敷葉工法を中心とした技術面と陂を中心とした名称の面から検討した。その結論として以下のような素描が可能ではないかと思われる。

紀元後一世紀に灌漑用として利用された芍陂は敷葉工法によって建設され、その技術はおそらくは淮北地域や江南地域で盛んに建設されるようになった陂にも援用されたと思われる。その淮北・江南の陂建設の技術は四世紀には韓半島の西南部の百済にもたらされ、碧骨池が完成した。その際、陂という名称は流入せず、技術のみが伝わり、六世紀の段階で大陸では防塁を意味した塢を堤防の意、さらには池の名称として利用し、その後、統一新羅時期に池の名称としての堤が定着した。敷葉工法の技術は、その後日本列島に流入し、その他の技術と結びつきながら、七世紀前半に狭山池が完成した。堤防を意味する陂という語は日本では事例は少ないながらも七世紀・八世紀に使われてきた。日本がどのように技術と陂という名称を受け入れて来たかは、より詳細な研究をすすめる必要があると思うが、韓半島経由と対大陸直接交流の双方を考えるべきであろう。

以上、点と点を想像で結びつけるような作業であり、果たしてどれだけ正しいかはわからない。今後も東アジア古代史を意識しつつ、より詳細な調査・研究をすすめることとしたい。

注

（1）佐藤洋一郎『ＤＮＡが語る稲作文明――起源と展開』日本放送出版協会、一九九六年。

（2）『季刊考古学』八八号（特集：弥生時代の始まり）、雄山閣、二〇〇四年。

（3）中国ではほかに塘とよばれている貯水池があり、西山武一氏は陂を傾斜地で谷川を堰き止めるダム形式の貯水池、塘を平地の凹所に周辺から流れ落ちる水を貯水する溜め池とし、一般に渠・陂・塘はこの順に規模が小さくなるが、それでも陂のうちのあるものは、かなりの大きさをもつと定義している（西山武一「中国における水稲農業の発達」『農業総合研究』三―一、一九四九年。のち『アジア的農法と農業社会』東京大学出版会、一九六九年所収）。

（4）『春秋左氏伝』成公十六年に「宋将鉏楽懼敗諸汋陂」とある。
（5）「泚山　泚水所出、北至寿春入芍陂」（『漢書』地理志）。
（6）岡崎敬「漢代における池溝開発とその遺跡——安徽省寿県安豊塘遺跡——」『古代学論叢：末永先生古稀記念』末永先生古稀記念会、一九六七年。
（7）杉本憲司「中国古代の陂池」森浩一編『日本古代の探求・池』社会思想社、一九七八年。
（8）間瀬収芳「戦国楚国末期の寿春地域について」『『史記』『漢書』の再検討と古代社会の地域的研究』科学研究費研究成果報告書、一九九四年。
（9）米田威「蘇った中国最古の巨大水利施設『芍陂（安豊塘）』」『Consultant』二二六号（特集：土木遺産Ⅲ）、社団法人　建設コンサルタンツ協会、二〇〇五年。
（10）本書第十章「中国古代淮南の都市と環境」参照。
（11）『後漢書』王景伝に「明年（建初八年）、（王景）遷廬江太守。先是百姓不知牛耕、致地力有餘而食常不足。郡界有楚相孫叔敖所起芍陂稲田」とある。なお、王景については本書第十一章「後漢時代の王景と芍陂（安豊塘）」参照。
（12）『한・중・일의 고대 수리시설 비교 연구』겨영대교한 한국연한구원、二〇〇六年十一月二日・三日。
（13）「（訖解尼師今）二十一年始開碧骨池岸長一千八百歩」『三国史記』新羅記。
（14）李相勲「四世紀における韓半島の気候変動と碧骨堤」『東アジア海をめぐる交流の歴史的展開』東方書店、二〇一一年。
（15）丙辰銘の重修碑については本書第十三章「塢から見る東アジア海文明と水利技術」参照。
（16）狭山池の歴史・考古発掘成果および狭山池博物館については『大阪府立狭山池博物館　常設展示案内』二〇〇一年参照。
（17）小山田宏一「狭山池の堤の構造」『大阪府立狭山池博物館研究報告』三号、二〇〇六年ほか参照。
（18）尹武炳「金堤碧骨堤発掘報告」（翻訳：堀田啓一・林日佐子）『古代学研究』一三九号、一九九七年。
（19）殷滌非「安徽省寿県安豊塘発現漢代閘壩工程遺址」『文物』一九六〇年一期。
（20）有井宏子「狭山池にみる土木史と日本史の接点」『中国水利史研究』二九号、二〇〇一年参照。

(21) 本書第八章「漢代淮北平原の地域開発」参照。
(22) 本書第七章「魏晋期淮北平原の地域開発」参照。
(23) 佐藤武敏「『水経注』に見える陂」『中国水利史研究』三一号、二〇〇三年。
(24) 佐藤武敏「漢代江南の水利開発」『三上次男博士喜寿記念論文集』平凡社、一九八五年。
(25) 李殷昌「韓国の池」森浩一編『日本古代の探求・池』社会思想社、一九七八年。
(26) 本書第十三章「塢から見る東アジア海文明と水利技術」参照。
(27) 前掲注(25)参照。
(28) 大津皇子被死之時磐余池陂流涕御作歌一首(『万葉集』)。
(29) (道君首名)和銅末、出為筑後守。兼治肥後国……又興築陂池、以広漑潅。肥後味生池及筑後往往陂池皆是也。由是、人蒙其利。于今温給。(『続日本紀』養老二(七一八)年)。
(30) (淡海三船)八年被充造池使。往近江国修造陂池。(『続日本紀』延暦四(七八五)年)。
(31) (行基)又親率弟子等。於諸要害処、造橋築陂。聞見所及、咸来加功。不日而成。百姓至今、蒙其利焉。(『続日本紀』天平勝宝元(七四九)年)。

第十三章　塢から見る東アジア海文明と水利技術

1、はじめに——ふたつの韓国水利碑——

（1）戊戌塢作碑

韓国大邱広域市の慶北大学校博物館には「戊戌塢作碑」と称される石碑が展示されている。一九四六年、著名な韓国金石学者・任昌淳が大邱市大安洞にあった徐太均宅の前で発見した石碑である。発見後、一旦は大邱師範大学に保管されたが、その後、行方不明となっていた。一九五七年、慶北大学校の水泳場付近にて再び発見され、慶北大学校博物館に収蔵され、現在に至っている。(1) 石碑に刻まれた文字は九行、一行あたりの文字数は八字から二十七字と一定ではない。以下、田中俊明「新羅の金石文　第一回　戊戌塢作碑」（『韓国文化』五—一、一九八三年）に基づき、釈文と訳文を示す。

［戊戌塢作碑　釈文］

1　戊戌年四月朔十四日另冬里村[〓]塢作記之此成在
2　人者都唯那宝蔵[阿]尺干都唯那慧蔵阿尺□
3　大工人□利支村壹利刀兮[貴]干□上□壹[利]兮
4　道尺辰□□之[　　]村□上夫作村笔令一伐奈生一伐

写真13－1　戊戌塢作碑（慶北大学校博物館蔵）

写真13－2　戊戌塢作碑拓本

5　居屯村代丁一伐另冬里村沙ホ乙一伐弥得所利村也得失利一伐
6　□弥此只村□□□一尺□□一尺另所□一伐□叱尓利一尺
7　□助只□此塢大広廿歩高五歩四尺長五十歩此作
8　起数者三百十二人功夫如十三日了作事之
9　文作人壹利兮一尺

［戊戌塢作碑　訳］

戊戌の年の四月朔十四日に另冬里村……□□塢を作りこれを記す。これを造った人は都唯那の宝蔵阿尺干と都唯那の慧蔵阿尺□である。大工人は□利支村の壹利刀兮貴干□、上□壹□利兮である。道尺は、辰□□之□村□、上夫作村の笔令一伐、奈生一伐、居屯村の代丁一伐、另冬里村の沙木乙一伐、弥得所利村の也得失利一伐、□弥此只村の□□□一尺、□□一尺、另所□一伐、□叱尓利一尺、□助只□である。この塢の大きさは、広さが廿歩、高さが五歩四尺、長さが五十歩である。これを作ったのは三百十二人の功夫で、十三日で作り終えた。この文を作った人は壹利兮一尺である。

この石碑には「另冬里村」（大邱市付近の地名か）で「高□塢」と呼ばれる施設を建設したことが刻まれている。この高□塢が造られたのは、戊戌の年で、新羅の真智王三（五七八）年もしくは善徳王七（六三八）年の時と推定されている。[2] この高□塢を造営したのは仏僧・都唯那の宝蔵阿尺干と慧蔵阿尺□である。規模は「此塢大広卄歩、高五歩四尺、長五十歩」とあり、広さが二十歩、高さが五歩四尺、長さが五十歩、現代の単位に換算すると、おおよそ広さ四一m、高さ一一m、長さ一〇四mの大きさであると考えられる。その造築には三百十二名もの人々がかかわり、十三日間で完工したという。この「高□塢」の「塢」とは何を指すのだろうか。「塢」の文字が刻まれているもうひとつの古代朝鮮の石碑からさらに考えたい。

（2）菁堤碑の「塢」

もう一つの石碑である菁堤碑は慶尚北道永川にある。菁堤は琴湖江の東方にひろがる平野に位置し、岩盤でできた高台が狭まった部分に築かれた堤防である。この堤防は現在でもダムとして機能している。池の西南には二つの重修碑が残されている。そのうち一つは康熙二十七年の菁堤重立碑、もうひとつの石碑には、表面に「丙辰築堤銘」（法興王二十三年、西暦五三六年）、背面に「貞元銘」（貞観十四年、西暦七九八年）と刻まれている。両面に刻文を有する後者の碑は、一九六八年の新羅三山学術調査団による現地調査によって世に広く知られるところとなった。二面のうち、塢の記載が刻されているのは「丙辰築堤銘」である。碑面には十行十二字の文字が刻まれている。以下、田中俊明「新羅の金石文　第二回　永川菁堤碑丙辰銘」（『韓国文化』五―三、一九八三年）を参考として、釈文と訳文を示す。

［菁堤碑丙辰築堤銘　釈文］

1　丙辰年二月八日□邑□大

2　塢□六十一将鄧九十二将尺

写真13－3　永川菁堤碑（丙辰築堤銘の側面）

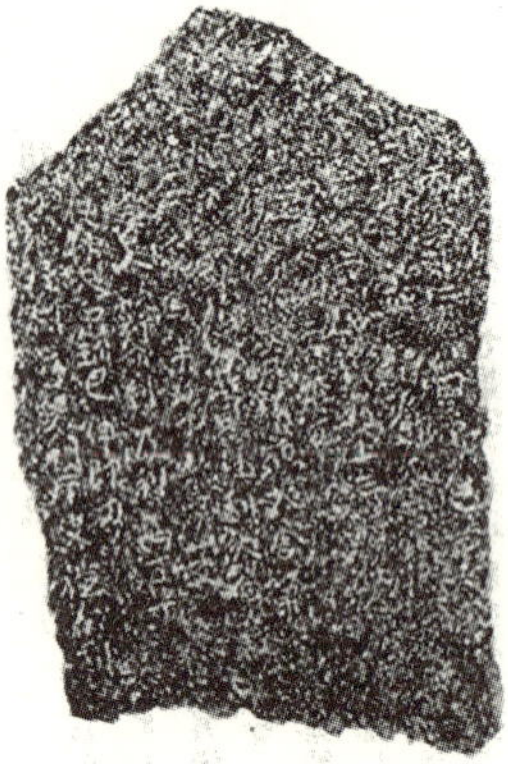

写真13－4　菁堤碑丙辰築堤銘　拓本

3　広□二将□八将上三将作人
4　七千人□二百八十万
5　使人彔□尺□知大舎第
6　□□□小舎第述利大烏第
7　尺人小烏未弥兮小烏一支
8　舂人次弥尒利乃利□丁兮
9　使作人只弥巴伊即刀
10　衆社村只□□利干支礻尒利

〔菁堤碑丙辰築堤銘　訳文〕

丙辰の年の二月八日に□邑で□（築造した）大塢の□は六十一将、鄧は九十二将尺、広は□二将、□は八将、上は三将。作人は七千人、□は二百八十万。使人は彔の□尺□知大舎第・□□□小舎第・述利大烏第である。尺人は小烏の未弥兮と小烏の一支である。舂人は次弥・尒利乃利・□丁兮である。使作人は只弥巴伊・即刀である。衆社村の只□□利干・支礻尒利である。

一行目に「丙辰年二月八日」とあり、この年は法興王二十三（五三六）年もしくは真平王十七（五九六）年と考えられる[3]。上述の「塢作碑」は六世紀後半から七世紀前半の造築と考えられるのでほぼ同じ時期に造られたことになる。碑文一行目の十一字目に「大」、二行目一字目に「塢」、すなわち「大塢」の語が見える。碑が菁堤のほとりに置かれていること、また、その背面の「貞元銘」の一行目に「菁堤治記之」とあり、堤防の修治にかかわる内容であることから、この「大塢」も「堤」と同じ水利施設と考えることはできるだろう。「堤」の示す施設は堤防の堤体そのもの、もしくは、堤防によって堰き止められた貯水池全体を示す。「塢」も同様の字義を有していたと考えられる。前述の「戊戌塢作碑」にみられる「高□塢」の規模のうち、高さ一一m、長さ一〇四mとは堤防の高さと長さを示しているのであろう。広さ四一mについては、堤体の幅であるとするとかなり大きすぎるように思われるため、堤によって蓄水された貯水池の大きさ（堤防から池の奥までの距離か）を示していると考えられる。「丙辰築堤銘」では「□は六十一将、鄧は九十二将尺、広は□二将、□は八将、上は三将」とあり、「戊戌塢作碑」では広・高・長を規模を示す部位として挙げており、ここの表記も塢の規模を示していると考えられる。ただし、広の後には□二・八・三の三つの数値があり、果たして、これが「塢作碑」と同じように貯水池の大きさを表しているのか、上は三将とあることから堤体の下・中・上の幅を示しているものなのかはわからない。「丙辰築堤銘」では大塢の修築に七千人がかかわったとあり、三一二名が参加した「塢作碑」よりも巨大な水利施設であったことがうかがえる。

以上の「戊戌塢作碑」「菁堤碑丙辰築堤銘」の二碑の刻文に見える朝鮮古代の「塢」は堤防そのもの、もしくは堤防で締め切られた貯水池を示したと考えることができるだろう。従前の中国古代史研究では「塢」について防御用の障壁、すなわち軍事施設とみなされてきた。「塢」の示す施設の違いはなぜ生まれたのか。この疑問は以下の二つの仮説を想起させる。第一は、もともと中国大陸において塢に堤防・貯水池の字義があり、その名称が朝鮮半島に流入したが、中国大陸では堤防・貯水池としての塢は残らず、一方では朝鮮半島には残存したという仮説。第二はもともと中国大陸における塢には障壁という字義しかなかったが、その語が朝鮮半島に流入したのちに堤・貯水池の意味に変化したという仮説である。第一の「塢」に水利施設の字義があったのではないかという仮説については、そのこと自体、これまでの中国史研究者によって全く検討が加えられてこなかった。第二の朝鮮半島で初めて「塢」が水利施設の意味を持ったという説は、これまで韓国史（朝鮮史）研究者の間で語られてきたものである。

本章は古代東アジア史の視野から第一の仮説、すなわち、水利施設としての「塢」が中国大陸に存在していたという可能性について再検討をしたい。両石碑の年代は五三六年から六三八年で、中国大陸は南北朝時代から唐初期にあたる。次節以降、まず、七世紀までの中国大陸における「塢」の具体的な事例を整理し、塢の字義の変化について論じ、中国大陸において水利施設としての「塢」が存在したか否かを確認する。その後、水利技術の東アジアへの伝播と名称の広がりについて論ずることとしたい。

2、古代中国の塢――漢〜唐――

中国史における塢の研究は那波利貞「塢主攷」[4]以来、漢から魏晋南北朝時代、さらに唐代までの変化に関する豊富な研究蓄積がある。以下、時代ごとの塢に関する特徴の変化についてまとめたい。

（1）漢代の塢

「塢」の定義について、『説文解字』に「隖とは小さな障壁である。また、庳城ともいう（隖、小障也。一曰庳城也）」とあり、隖すなわち塢は障壁さらにはその障壁に囲まれた防塁を意味していた。出土資料にみられる塢の事例は前漢

表13－1　後漢～三国時期の塢

番号	時期	塢名	皇帝	元号	西暦	出典史料	出典	州・郡	地域
1	後漢	塢壁	光武	建武元以降	25	（光武即位）時趙・魏豪右往往屯聚、清河大姓趙綱遂於県界起塢壁、繕甲兵、為在所害。…因馳詣塢壁、掩撃破之、吏人遂安。	『後漢書』李章伝	清河	黄河
2	後漢	塢候	光武	建武11	35	於是詔武威太守…（馬）援奏為置長吏、繕城郭、起塢候、開導水田、勧以耕牧、郡中楽業。	『後漢書』馬援伝	武威	西北
3	後漢	塢壁	和帝	章和2	88	唯置弛刑徒二千余人、分以屯田、為貧人耕種、修理城郭塢壁而已。	『後漢書』鄧訓伝	湟中	西北
4	後漢	城塢	和帝	永元5	93	（貫友）遂夾逢留大河築城塢	『後漢書』西羌伝	大小楡谷	西北
5	後漢	塢壁	安帝	永初5	111	転河内太守。時羌復屢入郡界、（樊）準輒将兵討逐、修理塢壁、威名大行。	『後漢書』樊準伝	河内	黄河
6	後漢	塢候	安帝	永初5	111	詔魏郡・趙国・常山・中山繕作塢候六百一十六所。	『後漢書』西羌伝	魏郡・趙国・常山・中山	黄河
7	後漢	塢壁	安帝	元初元	114	元初元年春、遣兵屯河内、通谷衝要三十三所、皆作塢壁、設鳴鼓。	『後漢書』西羌伝	河内	黄河
8	後漢	候塢	安帝	元初3	116	（任尚）築馮翊北界候塢五百所。	『後漢書』西羌伝	馮翊	渭水
9	後漢	塢	順帝	永和5	140	令扶風・漢陽築隴道塢三百所、置屯兵。	『後漢書』順帝紀	隴道	渭水
10	後漢	塢	桓帝	延熹3	160	（趙）彦推遁甲、教以時進兵、一戦破賊、燔焼屯塢、徐兗二州一時平夷。	『後漢書』趙彦伝	徐兗	黄河
11	後漢	鉅鹿塢	桓帝	延熹3	160	余羌復与焼何大豪寇張掖、攻没鉅鹿塢。	『後漢書』段熲伝	張掖	西北
12	後漢	塢	桓帝	延熹4	161	後先零諸種陸梁、覆没営塢。 羌遂陸梁、覆没営塢	『後漢書』皇甫規伝 『後漢書』西羌伝（段熲伝にもあり）	并涼	渭水
13	後漢	郿塢	献帝	初平元	190	又築塢於郿、高厚七丈、号曰「萬歳塢」。…嘗至郿行塢、公卿已下祖道於横門外。…使皇甫嵩攻卓弟旻於郿塢、殺其母妻男女、尽滅其族。…塢中珍蔵有金二三萬斤、銀八九萬斤、錦綺繢穀紈素奇玩、積如丘山。 （董）卓母年九十、走至塢門、曰「乞脱我死。」即時斬首。	『後漢書』董卓伝 『後漢書』董卓伝注引『英雄記』	郿	渭水

14	後漢	北塢	献帝	興平2	195	李傕移帝幸北塢。	『後漢書』献帝紀	長安	渭水
						時李傕与郭汜相攻、傕遂虜掠禁省、劫帝幸北塢、外内隔絶。……	『後漢書』趙典伝		
						(李)傕素疑温不与己同、乃内温於塢中、又欲移乗輿於黄白城。			
						(李)傕復移帝幸北塢、唯皇后・宋貴人倶。	『後漢書』董卓伝		
						李傕・郭汜闘長安中、傕迫劫天子、移置傕塢	『後漢書』五行志		
15	後漢	南塢	献帝	興平2	195	時帝在南塢、傕在北塢。	『後漢書』献帝紀注引『山陽公載記』	長安	渭水
16	後漢	濡須塢	献帝	建安17	212	城石頭、改秣陵為建業。聞曹公将来侵、作濡須塢。	『三国志』呉・孫権伝	合肥	長江
						後従(孫)権拒曹公於濡須、数進奇計、又勧権夾水口立塢、所以備御甚精、曹公不能下而退。	『三国志』呉・呂蒙伝		
						(孫)権特為案行至濡須塢、因会諸将、大為酣楽。	『三国志』呉・周泰伝		
						曹公出濡須、(朱)然備大塢及三関屯、拝偏将軍。	『三国志』呉・朱然伝		
						孫権聞操来、夾水立塢、状如偃月、以相拒、月余乃退。	『後漢書』荀彧伝注引『呉録』		
17	魏	屯塢	文帝	黄初元以降	220	(張)郃別督諸軍渡江、取洲上屯塢。	『三国志』魏・張郃伝	江陵?	長江
18	呉	横江塢	太祖	黄武2?	223	(孫)桓以功拝建武将軍、封丹徒侯、下督牛渚、作横江塢、会卒。	『三国志』呉・孫桓伝	牛渚	長江
19	呉	塢	太祖	黄武5	226	及至夏口、於塢中大會百官議之。	『三国志』呉・孫奐伝注引『江表伝』	夏口	長江
20	蜀	郭氏塢	後主	建興12	234	(諸葛)亮卒于郭氏塢。	『三国志』蜀・諸葛亮伝注引『漢晉春秋』	武功	渭水
21	蜀	小塢	後主	建興14以降	236	始(張)嶷以郡郛宇頽壊、更築小塢。	『三国志』蜀・張嶷伝	越嶲	長江
22	魏	董卓塢	斉王	嘉平元	249	郡有董卓塢、為之宮舎。	『三国志』魏・鄧艾伝	扶風	渭水
23	呉	石頭塢	太祖	赤烏8	245	(馬)茂引兵入苑撃(孫)権、分據宮中及石頭塢、遣人報魏。	『三国志』呉・呉主権伝注引『呉歴』	建業	長江

表13－2　晋～南朝の塢

番号	時期	塢名	皇帝	元号	西暦	出典史料	出典	州・郡	地域
24	西晋	城塢	武帝	泰始元以降	265	（鄧）艾在西時、修治障塞、築起城塢。泰始中、羌虜大叛、頻殺刺史、涼州道断。吏民安全者、皆保艾所築塢焉。	『三国志』魏・鄧艾伝	涼州	西北
25	前涼	村塢	張軌		301－	涼州自張軌後、世信仏教。敦煌地接西域、道俗交得其旧式、村塢相属、多有塔寺。	『魏書』釈老志	涼州	西北
26	西晋	塢壁	恵帝	永康2以降	301－	（劉）沈奉詔馳檄四境、合七郡之衆及守防諸軍・塢壁甲士万余人、以安定太守衛博・新平太守張光・安定功曹皇甫澹為先登、襲長安。	『晋書』忠義・劉沈伝	雍州	渭水
27	西晋	塢	恵帝	太安2	303?	（李）雄渡江害汶山太守陳図、遂入郫城、（李）流移営拠之。三蜀百姓並保険結塢、城邑皆空、流野無所略、士衆飢困。	『晋書』李流載記	郫城	長江
28	西晋	塢壁	？	永嘉前	－307	（劉疇）曾避乱塢壁、賈胡百数欲害之、疇無懼色、援笳而吹之、為出塞・入塞之聲、以動其游客之思。	『晋書』劉疇伝	？	？
29	西晋	塢壁	懐帝	永嘉	307－312	洛陽将没、攜家属東出成皐、欲還郷里。道遇賊、不得前、病卒於塢壁、年六十余。	『晋書』潘尼伝	洛陽？	黄河
30	西晋	塢主	懐帝	永嘉	307－312	司徒左長史劉疇在密為塢主…。	『晋書』閻鼎伝	蜜	黄河
31	西晋	塢主	懐帝	永嘉	307－312	永嘉之乱、（郭）默率遺衆自為塢主、以漁舟抄東帰行旅、積年遂致巨富、流人依附者漸衆。	『晋書』郭默伝	河内	黄河
32	西晋	塢主	懐帝	永嘉2	308	（李）矩素為郷人所愛、乃推為塢主、東屯滎陽、後移新鄭。	『晋書』李矩伝	滎陽・新鄭	黄河
33	西晋	一泉塢	懐帝	永嘉2	308	劉曜済自盟津、将攻河南、将軍魏該奔于一泉塢。	『晋書』劉聰載記	宜陽	黄河
34	西晋	石梁塢	懐帝	永嘉5	311	及洛陽陥、屯于洛北石梁塢、撫養遺衆、漸修軍器。	『晋書』魏浚伝	洛陽	黄河
35	西晋	桑冈塢	懐帝	永嘉	307－312	左督護陰預与（裴）苞戦狹西、大敗之、苞奔桑冈塢。	『晋書』張軌伝	狹西	渭水
36	西晋	一泉塢	愍帝		313－316	時杜預子尹為弘農太守、屯宜陽界一泉塢、数為諸賊所抄掠。尹要（魏）該共距之、該遣其将馬瞻将三百人赴尹。瞻知其無備、夜襲尹殺之、迎該拠塢。塢人震懼、並服従之。	『晋書』魏該伝	宜陽	黄河
37	西晋	城塢	愍帝		313－316	会匈羯石勒以三月三日徑掩薊城、…城塢駭懼、志在自守。	『晋書』劉琨伝	薊	黄河
38	代	塢壁	平文帝		316－324	（平文帝）後石勒遣石虎撃段文鴦于楽陵、破之、生擒文鴦。匹磾遂率其属及諸塢壁降于石勒。	『魏書』段就六眷伝	楽陵	黄河

39	東晋	塢主	元帝		317–322	劉遐字正長、広平易陽人也…値天下大乱、遐為塢主、毎撃賊	『晋書』劉遐伝	広平	黄河
40	東晋	塢主	元帝		317–322	流人塢主張平・樊雅等在譙、演署平為豫州刺史、雅為譙郡太守。 時塢主張平自称豫州刺史、樊雅自号譙郡太守、各拠一城、衆数千人。	『晋書』祖逖伝 『晋書』桓宣伝	譙	黄河
41	東晋	塢主	元帝		317–322	蓬陂塢主陳川、自号寧朔将軍・陳留太守。	『晋書』祖逖伝	浚儀	黄河
42	東晋	屯塢	元帝		317–322	(桓)宣遂留、助(祖)逖討諸屯塢未附者。	『晋書』祖逖伝	譙	黄河
43	東晋	塢主	元帝		317–322	沛人周堅、一名撫、与同郡周默因天下乱、各為塢主、以寇抄為事。	『晋書』劉遐伝	沛	黄河
44	東晋	塢	元帝		317–322	(徐)龕怒、以太山叛、自号安北将軍・兗州刺史、攻破東莞太守侯史旄而拠其塢。	『晋書』蔡豹伝	東莞	黄河
45	後趙	石梁塢	石勒	太和元以前	–328	劉曜遣従弟(劉)岳攻(石)勒、勒遣石季龍距之。岳敗、退保石梁塢、季龍堅柵守之。	『晋書』芸術・仏図澄伝	洛陽	黄河
46	東晋	馬頭塢	成帝	咸和7	332	西中郎将趙胤・司徒中郎匡術攻石勒馬頭塢、克之。	『晋書』成帝紀	?	黄河
47	東晋	崖塢	哀帝	興寧2	364	興寧三年、留(沈)勁以五百人守城、(陳)祐率衆而東。会許昌已没、祐因奔崖塢。	『晋書』沈勁伝(『資治通鑑』は二年)	許昌	黄河
48	東晋	皇天塢	孝武	寧康	373–375	河南太守楊佺期遣上党太守荀静戍皇天塢以距之。 苻堅将竇衝率衆攻平陽太守張元熙於皇天塢、(楊)佺期撃走之。	『晋書』郗恢伝 『晋書』楊佺期伝	華陰	黄河
49	東晋	穀水塢	?	?		千金堰在洛陽城西、去城三十五里、堰上有穀水塢。	『文選』巻三十李善注引楊佺期『洛陽記』	洛陽	黄河
50	東晋	趙氏塢	孝武	太元9	384	(苻)堅率歩騎二万討姚萇於北地、次於趙氏塢…。	『晋書』苻堅下載記	北地	西北
51	北魏	栢肆塢	道武	皇始2	397	軍于鉅鹿之栢肆塢、臨呼沱水。 車駕幸鉅鹿、破慕容宝於栢肆塢、遂進囲中山。	『魏書』道武帝紀 『魏書』王建伝	鉅鹿 鉅鹿	黄河 黄河
52	北魏	義台塢	道武	皇始2	397	冬十月丙寅、帝進軍新市、賀麟退阻泒水、依漸洳沢以自固。甲戌、帝臨其営、戦於義台塢、大破之、斬首九千余級。	『魏書』道武帝紀	新市	黄河
53	東晋	侯塢	安帝	隆安5	401	比至氏池、衆逾一万。鎮軍臧莫孩率部衆附之、羌胡多起兵響応。蒙遜壁于侯塢。…(田)昂至侯塢、率騎五百帰于蒙遜。	『晋書』沮渠蒙遜載記	氏池	西北

54	北魏	塢	明元	永興元	409	(安)同東出井陘、至鉅鹿、発衆四戸一人、欲治大嶺山、通天門関、又築塢於宋子、以鎮静郡県。	『魏書』安同伝	鉅鹿	黄河
55	東晋	若厚塢	安帝	義熙8以降	414–	傉檀来伐、蒙遜敗之于若厚塢。傉檀湟河太守文支拠湟川、護軍成宜侯率衆降之。	『晋書』沮渠蒙遜載記	湟川	西北
56	東晋	趙氏塢	安帝	義熙12以降	416–	北地太守毛雍拠趙氏塢以叛于泓、姚紹討擒之。	『晋書』姚泓載記	北地	西北
57	東晋	柏谷塢	安帝	義熙12以降	416–	(姚)洸従之、乃遣玄率精兵千余南守柏谷塢、広武石無諱東戍鞏城、以距王師。	『晋書』姚泓載記	偃師	黄河
58	東晋	柏谷塢	安帝	義熙12?	416	又有司馬楚之屯柏谷塢。索虜野坂戍主黒矟公遊騎在芒上、攻逼交至、(王)康堅守六旬。	『宋書』王康伝	洛陽	黄河
59	東晋	柏谷塢	安帝	義熙12	416	高祖沖譲、(袁)湛等随軍至洛陽、住柏谷塢。	『宋書』袁湛伝	洛陽	黄河
60	東晋	栢谷塢	安帝	義熙12	416	(王)鎮悪入賊境、戦無不捷、邵陵・許昌、望風奔散、破虎牢及栢谷塢、斬賊帥趙玄。	『宋書』王鎮悪伝	洛陽	黄河
						年十二、(廬陵孝献王義真)従北征大軍進長安、留守栢谷塢、除員外散騎常侍、不拝。	『宋書』武三王伝	洛陽?	黄河
61	北魏	栢谷塢	明元	泰常2	417	(泰常二年)初(韓)延之曾来往栢谷塢、省魯宗之墓、有終焉之志。	『魏書』韓延之伝	洛陽?	黄河
62	宋	城塢	武帝	永初3	422	(翟)広安立守防、修治城塢、復還虎牢。	『宋書』索虜伝	洛陽	黄河
63	宋	千金塢	武帝?			千金堤旧堰穀水、魏時更脩、謂之千金塢。	『文選』巻三十李善注引『朱超石與兄書』	洛陽	黄河
64	宋	若厚塢	文帝	元嘉10	433	(沮渠)蒙遜乃遣其世子政徳屯兵若厚塢。蒙遜西至白岸…。	『晋書』沮渠蒙遜載記	臨沢	西北
65	北魏	郿塢	太武	真君6	445	平陽　真君六年置、有新谷・五丈原・郿塢。	『魏書』地形志	平陽	渭水
66	宋	塢壁	孝武	孝建3	456	小鎮告警、大督電赴、塢壁邀断、州郡犄角、儻有自送、可使匹馬不反。	『宋書』恩倖・徐爰伝	済・沛?	黄河
67	北魏	栢谷塢	献文	天安2?	467?	(韓)延之死後五十余年而高祖徙都、其孫即居於墓北栢谷塢。(韓延之は泰常二年死去)	『魏書』韓延之伝	洛陽?	黄河
68	南斉	塢壁	東昏侯	永元2	500	時天下未定、江北傖楚各拠塢壁、(蕭)景示以威信、渠帥相率面縛請罪、旬日境内皆平。	『梁書』蕭景伝	江北	長江
69	北魏	栢谷塢	宣武	景明2–	501	渡洛水、至栢谷塢、従者唯(咸陽王)禧二舅及龍虎而已。	『魏書』咸陽王禧伝	洛陽	黄河

70	梁	塢	武帝	天監9	510	（謝）覧遣郡丞周興嗣於錦沙立塢拒戦、不敵、遂棄郡奔会稽。	『梁書』謝覧伝	錦沙	長江
71	梁	塢戍	武帝	普通元	520	斉安・竟陵郡接魏界、多盗賊、（蕭）景移書告示、魏即焚塢戍保境、不復侵略。	『梁書』蕭景伝	斉安・竟陵	長江
72	北魏	塢壁	孝明	正光	520－525	時有賊魁元伯生、率数百騎、西自崤・潼、東至鞏・洛、屠陥塢壁、所在為患。	『周書』段永伝	崤・潼・鞏・洛	黄河
73	北魏	塢	荘帝	永安	528	賊鋒已過汲郡、所在村塢悉被残略。	『魏書』爾朱栄伝	汲郡	黄河
74	北魏	村塢	荘帝	永安	528－530	（河間邢杲）劫掠村塢、毒害民人、斉人号之為「舔槍賊」。	『魏書』天穆伝	河間	黄河
75	北魏	村塢	荘帝	永安	528－530	永安初、為蕭衍将韋休等所虜、面縛臨刃、巡遠村塢、令其招降郷曲。	『魏書』節義・孫道登伝	？	？
76	北魏	張白塢	荘帝	永安後	530	魏帝籍其力用、因而撫之。乃授持節・大都督、転鎮張白塢。	『周書』李延孫伝	洛陽	黄河
	西魏	張白塢	文帝	大統初		太祖即留（権）景宣守張白塢、節度東南義軍。	『周書』権景宣伝	洛陽	黄河
77	西魏	大塢	文帝	大統7	541	（七年）領所部義徒、拠守大塢。	『周書』趙粛伝	洛陽	黄河
78	西魏	栢谷塢	文帝	大統9	543	至洛陽、遣開府于謹攻栢谷塢、拔之。	『周書』文帝紀	洛陽	黄河
	西魏					後与于謹討劉平伏、従解玉壁囲、平栢谷塢、並有功。	『周書』怡峯伝	洛陽	黄河
	西魏					東魏北豫州刺史高仲密挙成皐入附、太祖率軍応之、別遣仲遵隨于謹攻栢谷塢。	『周書』泉仲遵伝	成皐	黄河
79	西魏	柏谷塢				九年、復従太祖東征、別攻柏谷塢、拔之。	『周書』于謹伝	洛陽	黄河
80	西魏					邙山之戦、（楊）摽攻拔柏谷塢、因即鎮之。	『周書』楊摽伝	邙山	黄河
81	西魏	塢	文帝			（趙）剛乃率騎襲其下塢、拔之、露板言狀。（『北史』は「丁塢」）	『周書』趙剛伝		黄河
82	西魏	蓼塢	文帝	大統9	543	時東魏将侯景等囲蓼塢、（韓）雄撃走之。	『周書』韓雄伝	洛陽	黄河
83	東魏	梁崔塢	静帝	武定元	543	汝北郡　…武定元年復。移治梁崔塢。	『魏書』地形志	汝北郡	黄河
84	西魏	蓼塢	文帝	大統12	546	（十二年）又攻破蓼塢、獲東魏将李顕、進儀同三司。	『周書』楊摽伝		黄河
85	西魏	大塢	文帝	大統12	546	十二年、除河南郡守、鎮大塢。	『周書』梁昕伝	河南	黄河
86	西魏	蓼塢	文帝	大統13	547	十三年、攻拔東魏平斉・柳泉・蓼塢三城、獲其鎮将李熙之。	『周書』司馬裔伝		黄河
87	東魏	楊志塢	静帝	武定	－550	汝北郡…（武定）五年陥、□年復。治楊志塢。	『魏書』地形志	汝北郡	黄河
88	東魏	楊志塢	文襄	武定7	549	世宗仍令（張）保洛鎮楊志塢、使与陽州為掎角之勢。潁川平、尋除梁州刺史。	『北斉書』張保洛伝	潁川	黄河

時代の元帝・建昭二（前三七）年から成帝・建始二（前三一）年にかけてのものと考えられる居延漢簡のなかにある。そこに記された塢長は遂長と同じで、塢は辺境の遂と同義と考えられる。(5) 伝世資料に塢の記載が盛んに見られるのは、後漢代に入ってからである。後漢から南北朝までの正史に見られる塢の記載をまとめたものが表13―1、表13―2である。表には年代、記載内容、出典のほか塢が所在する州・郡・県およびその地域を記載した。全体で八八件の記事が見られる。所在地域は西北・黄河［黄河中下流域（黄河以北の平原部を含む）］・渭水［渭水流域］・長江［長江中下流域］に分類した。表13―1は後漢から三国の事例二三件である。光武帝から和帝に至るまでの事例では、1が黄河下流域、2〜4が武威・湟中など西北の事例である。安帝期になると、5〜8は河内（現在の河南省）・馮翊（現在の陝西省）・魏郡・趙国・常山・中山（現在の河北省）という黄河中流域から下流域の東方大平原に至るまでの地域に広がっている。6〜8の事例が西羌伝の記載であり、5も羌族の侵入と関係のある記載である。つまり、安帝期の黄河中下流域の塢は西羌にかかわるものである。羌はもともと青海省・甘粛省一帯に居住していたが、後漢中期以降、反乱を起こしたために、内地に徙民されていた。塢の語源はチベット語由来との説もあり、羌族とのかかわりが指摘されている。(6) 後漢初期には羌族等の西北地域における障壁・防塁の字義を有していた塢が後漢中期の羌族内徙とともに、黄河中下流域にまで広がった可能性がある。後漢後期の9・11・12は関中平原の西端から河西回廊に位置するもので、これは西に残っていた羌族との関わりが深い。13郿塢は関中平原の長安の西に後漢末に実権を握った董卓が建設した塢で、三十年分の穀物を備蓄できるほど巨大な要塞であった。董卓は隴西の出身で、羌族と関わりがある。このように見ると、後漢時代の塢は西域の障壁を発祥とし、羌族の反乱と内地への移民によって、華北地域の河西回廊から黄河下流域の東方大平原にまで広がったと考えられる。後漢末から三国期に入ると、呉の領域内の長江中流域にも塢の記載がみられる。16の濡須塢は曹操から呉の拠点・建業を守るための防衛基地であった。以後、17・18・19・23の塢はみな長江流域の軍事拠点となった。

（2）　晋南北朝時代の塢

表13―2は西晋から南朝末までの正史の事例である。この時期の特徴は永嘉の乱（三一一～三一六年）以降に「塢主」という語が多くみられることである。塢主とは戦乱のなかで組成された自衛移動集団を率いる人物を示す。この移動集団の拠点（砦）が塢ということになる。「村塢」とも称される集落形態は漢代の固定化した行政区画から魏晋期の人々の移動と流動的な社会を示す特徴と言える。この西晋から東晋・元帝期までの塢主の事例は密・河内・滎陽・新鄭・広平・譙・浚儀・沛など黄河下流域に集中している。洛陽から淮北平原の政治的混乱ぶりをうかがうことができる。32の李矩の場合は、自らの居住していた郷の人々から愛され、推されて塢主となり、その後、郷人を率いて東の滎陽に駐屯し、さらに新鄭へと移っている。塢主とは固定された障壁としての塢の主という意味だけではなく、移動性を持った集団の首長的の意味も持つことになった。五胡十六国時代から南北朝時代にかけては、洛陽や黄河下流域に要塞としての塢の事例が多く見られる。長江流域の塢には、西晋末期の長江上流域の蜀の地域の事例（27）、南朝の斉・梁の江北・錦沙・斉安・竟陵の事例（68・70・71）の四件のみが確認できる。戦乱の晋南北朝時代における塢は黄河下流域に塢主によって率いられた移動集団の拠点、または、軍事的な要塞（砦）としての事例がほとんどであった。

（3）　『水経注』にみられる塢

上記の正史に見られる記載を補完する史料として、北魏時代の酈道元によって著された『水経注』の事例を挙げて

表13-3 『水経注』記載塢関連記事

1	五龍塢	河水又東、逕五龍塢北。塢臨長河。	河水五
2	鍾繇塢	湨水又東逕鍾繇塢北、世謂之鍾公塁。	済水一
3	白騎塢	(同水)水出南原下、東北流逕白騎塢南、塢在原上、為二溪之会、北帯深隍、三面阻険、惟西版築而已。	済水一
4	大柵塢	索水又北、逕大柵城東。晋滎陽民張卓、董邁等遭荒、鳩聚流雑堡固、名為大柵塢。	済水一
5	永豊塢	(清水)而東周永豊塢、有丁公泉、発于焦泉之右。	清水
6	新豊塢	清水又東周新豊塢、又東注也。	清水
7	東塢	(汙水)水出東塢南、西北流逕沙野南、北人名之曰沙。	濡水
8	呂泉塢	(呂泉水)水出呂泉塢西、東南流屈而東逕塢南、東北流、三泉水注之。	濡水
9	檀山塢	洛水又東逕檀山南、其山四絶孤峙、山上有塢聚、俗謂之檀山塢。	洛水
10	金門塢	(金門溪)水南出金門山、北逕金門塢、西北流入於洛。	洛水
11	一全塢	洛水又東逕一全塢南、城在川北原上、高二十丈、南、北、東三箱、天険峭絶、惟築西面即為固、一全之名、起丁是矣。	洛水
12	雲中塢	渠谷水出宜陽縣南女几山、東北流逕雲中塢、左上迢遰層峻、流煙半垂、纓帯山阜、故塢受其名。	洛水
13	合水塢	洛水又東、合水南出半石之山、北逕合水塢、而東北流注于公路澗。	洛水
14	零星塢	(休水)又東屈零星塢、水流潜通、重源又發、側緱氏原。	洛水
15	百谷塢	洛水又東逕百谷塢北、戴延之『西征記』曰塢在川南、因高為塢、高十餘丈。	洛水
16	白馬塢	(白馬溪)水出嵩山北麓、逕白馬塢東、而北入羅水。	洛水
17	袁公塢	其水東北流、入白桐澗、又北逕袁公塢東、蓋公路始固有此也、故有袁公之名矣。	洛水
18	盤谷塢	(洛水)又逕盤谷塢東、世又名之曰盤谷水。	洛水
19	塢	伊水歴崖口、山峡也。翼崖深高、壁立若闕、崖上有塢、伊水逕其下、歴峡北流、即古三塗山也。	伊水
20	范塢	(康水)水亦出狼皐山、東北流逕范塢北與明水合。	伊水
21	楊志塢	(大戟)水出梁県西、有二源、北水出広成沢、西南逕楊志塢北与南水合。	伊水
22	白超塢	穀水又逕白超塁南。…塁側旧有塢、故冶官所在。	穀水
23	郿塢	渭水又東逕郿県故城南、渭水又東逕郿塢南。	渭水
24	馬領塢	洧水東南流、逕一故台南、俗謂之陽子台。又東逕馬領塢北、塢在山上、塢下泉流北注、亦謂洧別源也、而入于洧水。	洧水
25	零烏塢	(零烏)塢側有水、懸流赴壑、一匹有餘、直注澗下、淪積成淵、嬉遊者矚望、奇為佳観、俗人覩此水挂于塢側、遂目之為零烏水。	洧水
26	雞絡塢	潧水出鄶城西北雞絡塢下。東南流逕賈復城西。	潧水
27	黄蒿塢	汳水又東逕寧陵県之沙陽亭北、…汳水又東逕黄蒿塢北。	汳水注

28	周塢	汳水又東逕周塢側、…自彭城縁汳故溝、斬樹穿道七百余里、以開水路、停薄于此、故茲塢流称矣。	汳水注
29	神坈塢	汳水又東逕神坈塢、又東逕夏侯長塢。…汳水又東逕梁国睢陽県故城北、而東歴襄郷塢南。	汳水注
30	夏侯長塢		
31	襄郷塢		
32	蟻塢	俗謂之小滍水、水出魯陽県南彭山蟻塢東麓、北流逕彭山西。	滍水
33	土塢	（江水）又東得清揚土塢二口、江浦也。	江水三
34	朱室塢	江之西岸有朱室塢、句践百里之封、西至朱室、謂此也。	漸江水
35	諸塢	（沢蘭）山中有諸塢、有石楗一所、右臨白馬潭、潭之深無底。	漸江水

おきたい。表13—3にまとめたように『水経注』に見られる塢の事例は三十五件見られる。このうち十四件が洛水・伊水・穀水という洛陽附近を流れる河川沿いに位置している。ほかに渭水に一件、洧水・汳水など黄河下流の水系に位置するものがある。2鍾繇塢は鍾公塁とも呼ばれる防塁。鍾繇は魏の武将で蜀征伐において活躍し、のちに反乱を起こした鍾会の父にあたる。3白騎塢は原（高台）の上に位置し、北は落ち込み、三面は険阻で、西側は人工的な版築によって造成された。9檀山塢は四面が絶壁となった檀山の上の塢である。11一全塢は三方が天然の壁になっていて西の一方向だけが人工的に築造されているため一全と名付けられたという。白超塁にはかつて塢があったとあり、ここでも防塁と塢が同じように扱われている。24馬領塢も山上。水経注という史料の性格にも関係しているかもしれないが、塢の多くは河川沿いの山のなかの防塁・砦を示していると考えられる。ただ、南方では、33土塢の事例で江水注に「東に清揚と土塢の二つの支流の入り口（二口）を得る、ここが江浦である」とあり、塢が長江沿いの河川港である可能性も考えられる。

3、水利施設としての「塢」

以上のように正史および『水経注』の具体的な「塢」の記載からは水利施設を示す事例は見られない。では、水利施設としての塢は朝鮮半島独自の語義ということになるのであろうか。改めて正史や『水経注』以外の資料を調査してみると、水利施設を示している可能性のある以下の四つの事例が浮かび上がってくる。

①『文選』巻三十、沈休文「三月三日率爾成篇一首」李善注引『広雅』

堰、潜堰也。謂潜築土以壅水也、一作堨、音竭。塢、烏古切。堰、一建切。然三字義同而音則異也。

（堰は潜堰である。潜とは土を築いて水を壅めることを謂う。また堨とし、音は竭である。塢は烏と古の反切である。堰は一と建の反切。よってこの三字の意味は同じであるが音は異なる。）

三国魏の張揖が編纂した『広雅』（『文選』巻三十注引）の記載で、「塢」堤防によって水を堰き止める水利施設を示す「堰」・「堨」と同義として示されており、この「塢」も水利施設と判断できる。

②『文選』巻三十、沈休文「三月三日率爾成篇一首」李善注引『朱超石与兄書』

千金堤旧堰穀水、魏時更脩、謂之千金塢。

（千金堤はもとは穀水を堰き止めたもので、魏の時にあらためて修築した、これを千金塢と謂う。）

南朝・宋の人であった朱超石が兄の朱齢石に送った書の一部分の記載。洛陽付近の穀水を堰き止める水利施設である千金堤が魏の時に修造され、千金塢と呼ばれたとある。このことから、ここでも「堰」と「塢」が同義であったことがうかがえる。なお、『水経注』穀水注には「千金堨」とある。

③『晋書』束晳伝

荊・揚・兗・豫、汙泥之土、渠塢之宜、必多此類、最是不待天時而豊年可獲者也。

（荊・揚・兗・豫は汙泥の土で、渠・塢によって、必ずこの類のものが多ければ、最も天の時にたよらずとも豊年となり収穫できる。）

長江中下流の荊・揚と黄河中下流の兗・豫の土壌は「汙泥之土」で、「渠」「塢」によって天候に左右されずに、豊年となって、多くの収穫をうることができるとある。水利施設としての「渠」と並列して「塢」があることからここでも塢は水利施設、特に「渠」という用水路と対応する貯水池として挙げられていると考えられる。

④梁武帝「子夜四時歌　春歌四首」『先秦漢魏晋南北朝詩』梁詩巻一、梁武帝蕭衍

花塢蝶双飛、柳堤鳥百舌

（花塢に蝶がならんで飛び、柳堤の鳥は百舌）

一般的にこの塢は後述する唐代の塢のような「くぼみ」を示すとされているが、「塢」と「堤」が並列に述べられていることから、「堤」と同義のとも考えられなくもない。つまり、くぼみのまわりの高くなっている部分、すなわち「堤」の義、さらには堤防を含む水利施設である可能性を考えたい。

以上、このように、魏晋南朝の記載のなかには、「塢」を「堰」「堨」「堤」といった溜め池型の水利施設と同義と見なし、渠とともに水利施設のひとつとしてとりあげられたものがあった。事例数は障壁や移動集団の塢主ほどは多くないが、水利施設としての「塢」の存在を確認することができる。時期は三世紀の三国・魏から六世紀前半の梁までの間。地域は①は不明、②の千金堰は洛陽にあるが、史料は南朝宋の朱超石が記したものであり、南朝人の塢の解釈が書かれていると見ることもできる。③は兗・豫が淮北平原、荊州・揚州が長江中下流域である。④は南朝梁であ

る。このように見てみると、水利施設の「塢」は長江中下流域、南朝の人々とのかかわりが見えてくる。

　では、南朝に続く唐代の長江流域には水利施設の「塢」は残っていたのであろうか。これまでの研究で、唐代以降江南でみられる塢は景観として一望に把握できるような小谷、中がくぼみ四周が高いもの、四周の一部が開けた谷のような地形の名称であると考えられている[7]。つまり、唐代以降の長江流域における「塢」は地形およびその地形に形成された集落を示し、水利施設そのものを示す「塢」はないと考えられる。

　以上の考察をもとに、古代東アジア史における「塢」についてまとめたい。まず、前漢末の西北辺境の簡牘史料に障壁としての塢が見られ、それは後漢になると西北地域から渭水流域の天水地区や長安周辺さらに黄河中流域の洛陽地区へとひろがる。三国時期には孫呉政権によって長江中下流域に塢が築かれた。また永嘉の乱以降には、移動集団の長としての「塢主」が黄河流域に多く見られた。障壁のような一般的な定義とは別に魏晋南朝では事例は少ないものの、堰や埸と同義の河川堰き止め型の水利施設としての塢の存在が見られ、それは黄河下流域から長江中下流域にあったと考えられる。しかし、唐代以降になると、「塢」に水利施設を示す字義は失われ、小谷地形とそこに形成された集落を示す語として定着した。朝鮮半島では水利施設としての「塢」は菁堤碑「丙辰築堤銘」（五三六年）および「戊戌塢作碑」（五七八年もしくは六三八年）の記載から六世紀前半には存在していた。おそらくは、水利施設としての「塢」の名称は五世紀から六世紀にかけて中国大陸から朝鮮半島へと伝わったと思われる。河北・西域における塢は障壁や移動集団を示すものが多かったことから、水利施設としての「塢」の名称は長江下流域から朝鮮半島に伝播したのであろう。

4、水利技術と名称の広がり

では、誰がこのような水利施設としての「塢」を朝鮮半島に広めたのであろうか。ここでは、中国大陸から朝鮮半島への水利土木技術と名称の広がりという観点から整理してみたい。古代中国においてため池を示す語としては塢よりも堤や堰のほか陂と塘が主要である。陂と塘では、谷締め切り型のダム形式のため池が陂、皿池が塘である。塘に比べ、陂のほうが巨大で、古い記載が残っている。陂のなかで特に注目されるのが、安徽省寿県に造られた芍陂（現在の名称は安豊塘）である。[8] この芍陂は、中国大陸における最も古い記載の残る「敷葉工法」の水利施設として知られている。[9] 敷葉工法（中国語では散草法）とは土と草・枝を層状に重ねて堤防を築く水利土木技術で、堤や城壁など自然の力や戦乱による度重なる破壊とその修理を前提とした建築物に用いられる。芍陂は『春秋左氏伝』に「汋坡」として現れるが、これが貯水池を示しているものか、それとも坂をあらわすものかわからない。その後、戦国期に堤防としての機能が整備されるが、それは寿県を水害から守るための防災施設であった。後漢代になり、建初八（八三）年の王景の修築によって灌漑機能が確立されることになる。[10] 発掘によれば、一世紀の後漢期の堤防遺構に敷葉工法が用いられていたと考えられている。この中国大陸の芍陂の段階では、陂という名称と敷葉工法という水利技術が関連づけられている。

さて、敷葉工法はその後、朝鮮半島へと伝えられた。朝鮮半島における敷葉工法のはじまりは四世紀に完成した百済の「碧骨池」と考えられる。この池は現在の韓半島西南部、全羅北道金堤市に存在し、一般的には七世紀以降の名称である碧骨堤とよばれる。現在では三㎞にわたる堤防および石門が残り、付近に金堤水利民族遺物展示館が建設されている。[11] 一九七五年の発掘報告によって敷葉工法によるものであることが明らかとなっている。[12] この碧骨堤は韓半島南部で最も大きい湖南平野への出口に位置し、扶余に隣接する一大農業地帯を支える重要な水利施設であったと韓国では一般的に考えられている。[13] この池の開削については『三国史記』巻第二、新羅本紀第二、訖解尼師今に「二十一年、始開碧骨池。岸長一千八百歩」とある。百済・比流王二十七（三三〇）年にあたる年に、訖解尼師今という仏僧によって建設された。碧骨堤のほか、百済の扶余羅城等にも敷葉工法が用いられていた。このように四世紀の初めまでに、百済に仏僧を介して敷葉工法が伝わったと見ることはできる。仏僧が文化・技術の媒介者として存在していたのである。ルートについては、中国の芍陂以外に敷葉工法の遺跡はいまのところ見つかって居らず、黄海をわたったのか、山東半島から遼東半島を経由して朝鮮半島に伝わったのかというルートの確定はできないが、[14] おそらくは東晋・南朝の頃に仏僧を通じて朝鮮半島に広められたのではないだろうか。ただし、中国大陸において陂という名称と敷葉工法という技術はセットであったが、朝鮮半島では溜め池の意味を有する「陂」の記載は見られないことから、陂という名称は伝わらず、敷葉工法という技術のみが伝えられたと考えられる。[15]

では、名称はどうだったのか、『三国史記』にあるように「池」という語が使われたと思われるが、南朝からの技術の伝播を考えれば、「塢」という名称の伝播も可能性はあるだろう。もちろん、敷葉工法とセットであるとは限らない。「戊戌塢作碑」の記載によると、塢の建設にあたっては、「都唯那宝蔵阿尺干」「都唯那慧蔵阿尺□」の二人の僧侶の勧進によるものと考えられている。日本における満濃池の空海や狭山池の行基などと同様に、中国大陸の技術・知識を持ち帰った仏僧の存在が、この「戊戌塢作碑」の塢の建設過程でも見えてくる。東アジアにおける知識・技術の橋渡しとしての仏僧の存在は注目すべきであろう。

5、おわりに

以上の検討により以下のような結論が考えられる。塢とは中国大陸の西北（特に羌族）において障壁・防塁の義として使われ始めた。その後、羌族の反乱・東方への移住により、黄河下流域にまで分布した。後漢末・三国には長江流域に広がり、西晋時代には「塢主」という移動集団の拠点の意味にも使われた。このような語義が注目されたため、「塢」のもう一つの義であった堤防・溜め池等の水利施設を示す義は見過ごされてきた。そのため、朝鮮半島の「戊戌塢作碑」や「菁堤碑丙辰築堤銘」に刻された水利施設としての「塢」は朝鮮半島独特の語義として理解されてきたが、改めて三国から南朝にかけての文献資料から堰や堤という水利施設を示す事例を調査したところ、数は少ないが発見できた。このことは、中国大陸において紀元前後以降、徐々に語義や使用地域を変化させつつ、塢という名称が広がったことを意味する。おそらく、中国大陸では水利施設としての塢は主要な語義ではなかったため、次第に使われなくなってしまったのではないかと思われる。それに対して、水利施設の塢は朝鮮半島へと伝わった。敷葉工法という技術が江南から百済に仏僧を通じて伝わったことから考えて、おそらく、塢の語も仏僧を通じて東晋・南朝から百済を経由して、さらに新羅まで伝わったのではなかろうか。

注

（1）　任昌淳「大邱에서新發見된戊戌塢作碑小考」『史学研究』一号、一九五八年参照。任昌淳（井上秀雄訳）「戊戌塢作碑小考」『朝鮮研究年報』二号、一九六〇年。

（2）本碑文の釈文については『譯註韓国古代金石文제2권』韓国古代社会研究所編、駕洛国史蹟開発研究院、一九九二年、および田中俊明「新羅の金石文　第一回　戊戌塢作碑」『韓国文化』五―一、一九八三年ほかを参照。なお、李殷昌「韓国の池」（森浩一編『日本古代の探求・池』社会思想社、一九七八年）は菁堤碑との比較から戊戌年を法興王五（五一八）年とする可能性を指摘する。

（3）田中俊明「新羅の金石文　第二回　永川菁堤碑丙辰銘」『韓国文化』五―二、一九八三年参照。

（4）那波利貞「塢主攷」『人文学報』二―四、一九四二年。このほか、佐久間吉也「晉代の塢主」『東洋史学論集　第三』不昧堂書店、一九五四年、石井仁「六朝時代における関中の村塢について」『駒沢史学』七四号、二〇一〇年などがある。

（5）居延新簡のE．P．T、五一：三〇一の下欄に「謹験問威辞迺二年十月中所属候史成遂徙補居延第三塢燧長威以／至今年三月中廿三日遂復以銭廿予威曰以償威所送遂絮銭」とある。本簡の候史成遂はE．P．T、五一：一八にもみえ、そこに書かれた令史根はE．P．T、五二：二六五の建始元年の簡に名があり、また候長呂憲はE．P．T、五一：四〇九の建昭五年の簡に名がある。このことから本簡の二年は建昭二年から建始二年の間にあたると考えられる。なお出土資料に見られる塢については、金発根「塢堡溯源及両漢的塢堡」『中央研究院歴史語言研究所集刊』三七号上、一九六七年参照。

（6）前掲注（4）那波論文。

（7）北田英人「中国太湖周辺の『塢』と定住」『史朋』一七号、一九八四年、および同「宋元江南デルタの灌漑農業と塢の産業」『日中文化研究』一四号、一九九九年ほか参照。谷の底部における稲作には自ずと谷につらなる山間部の泉や河川の水を利用することとなり、「×塢堰」という表現で集落としての塢のなかの堰がみられる。例えば、咸淳『臨安志』巻三九には於潜県に所在する水利施設として「金門塢山堰」「楊家塢堰」などの「塢堰」が七例見られる。しかしながら、あくまでも塢は地形を示し、堰が水利施設を示すことになり、塢単独の字義に堰や陂などの水利施設の意味があるわけではない。

（8）芍陂については、本書第十章「中国古代淮南の都市と環境」参照。

（9）殷滌非「安徽省寿県安豊塘発現漢代閘壩工程遺址」『文物』一九六〇年一期。

（10）明年（建初八年）、（王景）遷廬江太守。先是百姓不知牛耕、致地力有余而食常不足。郡界有楚相孫叔敖所起芍陂稲田。

（『後漢書』王景伝）

(11) 日本学術振興会アジア研究教育拠点事業の一環として慶北大学校の李文基氏らと二〇〇六年十二月に全羅道と慶尚道韓国水利遺跡の共同調査をおこなった。灌漑用貯水池の全羅道・碧骨堤、慶尚道永川市・菁堤、尚州・恭倹池、安東・芋田里遺跡を訪問した。

(12) 尹武炳「金堤碧骨堤発掘報告」（翻訳：堀田啓一・林日佐子）『古代学研究』一三九、一九九七年参照。

(13) 小山田宏一氏は防潮堤説を主張している。また、李相勲は碧骨堤を防潮堤であるとし、気候変動との関係性を探り、その淵源を中国大陸江南地域にみられる海塘に求めた。（李相勲「四世紀韓半島的気候変動と碧骨堤」）

(14) 王景字仲通、楽浪詽邯人也。八世祖仲、本琅邪不其人。……仲懼禍及、乃浮海東奔楽浪山中、因而家焉。（『後漢書』王景伝）とあることから、芍陂の散草法の遺跡が王景の修築によるものであれば、王景が楽浪人であったことから、朝鮮半島から中国大陸に広がったという推測も可能かもしれない。王景については本書第十一章「後漢時代の王景と芍陂（安豊塘）」参照。

(15) 本書第十二章「古代東アジア史における陂池」参照。

第四部　黄土地帯の環境史

第十四章　秦漢帝国と黄土地帯

1、黄土地帯――中国古代文明の発生地――

アフリカからユーラシア大陸に跨がるイエローベルト。その東端にあたるのが中国の黄土地帯である。そこには大河川・黄河が流れている。黄土・黄河という自然環境への利用・適応・抵抗などの関わり方は、様々な国家規模の事業としてあらわれる。黄土を巧みに利用した大規模灌漑による農業生産、長城・直道という遊牧民と農耕民を分ける黄土の壁や黄土の道の建設、黄河の洪水をどう防ぐかという議論と強制移住などである。大規模な土木工事なくして、自然環境との共生の実現と対立の克服はなし得なかった。このような大規模土木事業をおこなう主体が中国古代帝国すなわち秦漢帝国であった。紀元前三世紀に秦の始皇帝が始め、前漢王朝を創った劉邦が継承し、武帝が完成させた秦漢帝国こそが中国古代文明の到達点である。本章では黄土地帯・黄河流域における人間と環境の関わりについて、紀元前三世紀から紀元後三世紀までの秦漢帝国の形成と変容に視点を置いて論じることとしたい。

さて、衛星写真で同じ黄色に見える大地も土壌学では「黄土」という名称はなく、いくつかに区別される（地図14―1・地図14―2）。ここでは特に黄綿土・塿土・黄潮土の三つの土壌について論じたい(1)。黄綿土（黄色黄土質土壌）は粒子が細かく粘り気のないサラサラな土壌で、ゴビ砂漠に接する黄土地帯西北部の砂漠化の最前線という風景を形成する。木々がなければ、雨が降ると表土は水に流され、容易に砂漠化に至る。黄土高原は年降水量三〇〇～四〇〇㎜程

地図14－1　黄河流域

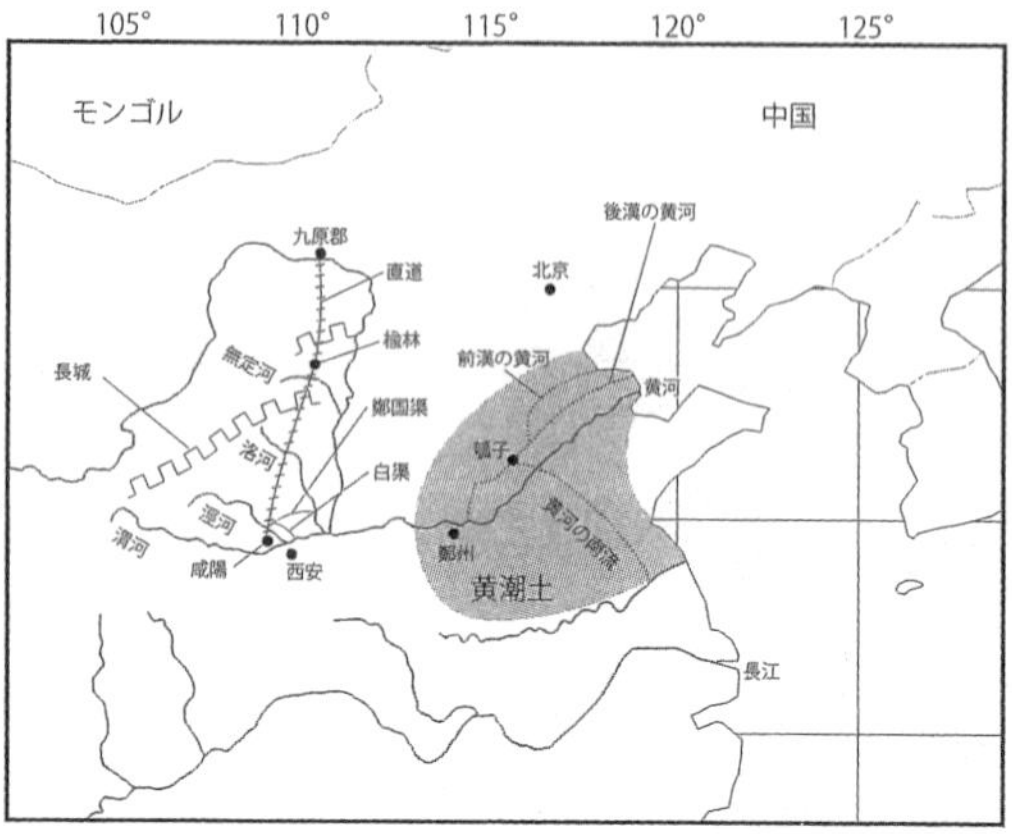

度の半乾燥・乾燥地で、黄土高原に住む人々は伝統的にヤオトン（窰洞）と呼ばれる横穴式住居に住み、農業を主な生業とし、ブタの飼育やヤギの放牧等をして暮らしている。春先に日本へと飛来する黄砂はタクラマカン砂漠・ゴビ砂漠とともにここを発源地としている。砂漠化を食い止めるため、中国政府は積極的に植林活動をおこない、また、一九九〇年代以降、多くの日本のNGOが黄土高原やムウス砂地で緑化協力に携わってきた。歴史的に見れば、この地域は農業と牧畜の交錯地帯として、農耕民と遊牧民の抗争の場であり、また、共生の場であった。

塿土（施肥黄土質土壌）は黄綿土を二千年以上にわたって農地として利用し、継続的に施肥し続けたことによって人工的に形成された土壌である。それは関中平原の農耕地帯という風景としてあらわれる。関中平原は黄土高原南部を流れる黄河の支流である渭河の両岸に形成した盆地で、古都・西安がその中心である。年降水量は四〇〇～五〇〇㎜で、古来、「関中は沃野千里」と称される肥沃な黄土大地としてのイメージがある。二十世紀初頭、黄土高原を訪れた欧米人は、関中平原を見て、水さえあれば豊かな農業生産が約束される「肥沃な土」と理解した。それは自己培養力を有する世にも稀な土という幻想を人々の意識に固定化させたのである。(2) 塿土は二千年以上にわたって灌漑農業がおこなわれてきた証であり、渭河の北岸には秦の鄭国渠から現在の涇恵渠に至るまで網の目状に水利施設がはりめぐらされている。

黄潮土（黄色湿草地土）は黄河が運んだ黄土が堆積した土壌で黄河下流平原を形成する（地図14—3）。ここは暴れ龍・

黄河の洪水の影響を常に受けながら生きた人々の場であった。「黄河を制するものは天下を制す」というのはこの黄河下流平原におけるマネージメントの重要性を述べた言葉である。しかし、近年では黄河の水が河口まで届かない「断流」という現象が発生した。黄河の水涸れである。その原因は上流部・中流部における砂漠化と工業用水・灌漑用水の使いすぎと言われている。[3] また、それとは逆に、過度な植林活動によって大気中の水分が過剰に減少したことも原因ではないかという意見もある。[4] いずれにしても、現在においても黄土高原への関わり方が黄河の水の流れに影響を及ぼしているのである。

地図14－2　黄土高原土壌図

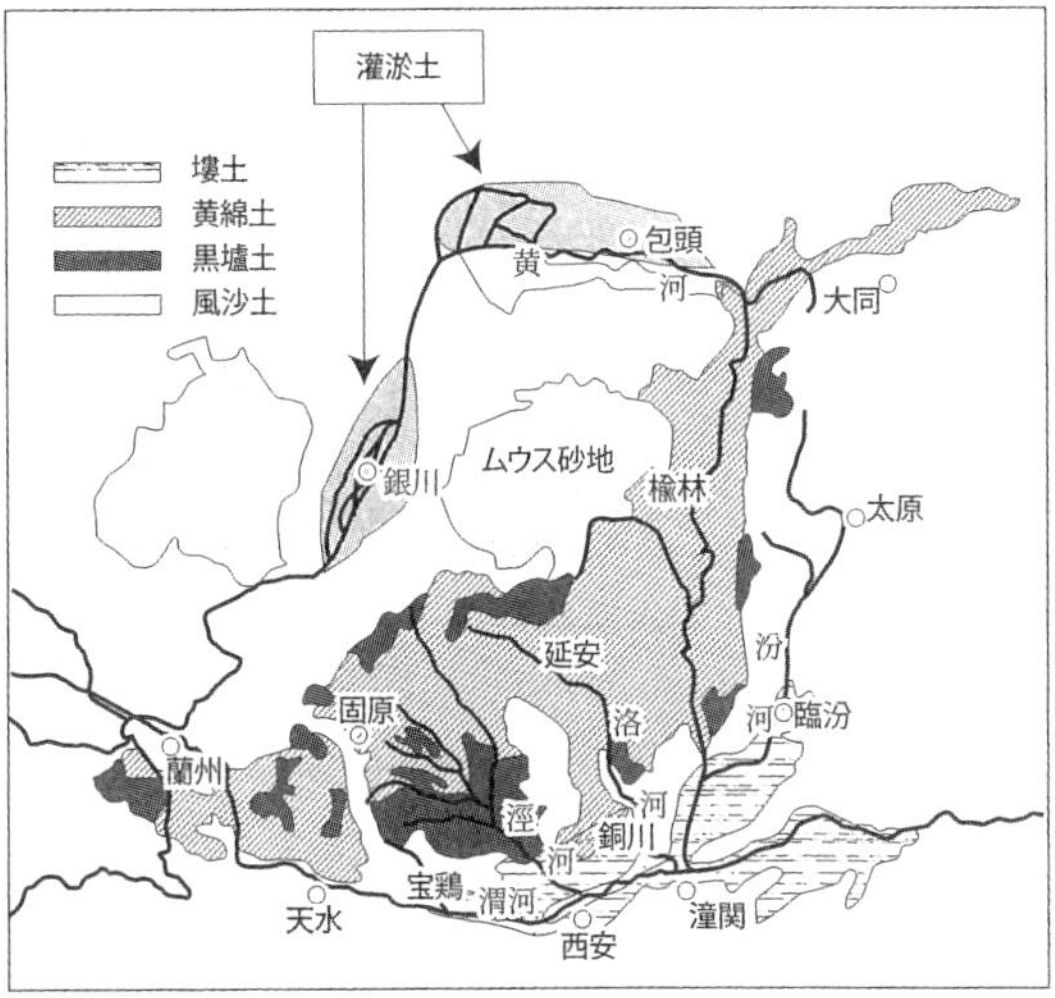

黄綿土・塿土・黄潮土の三つの土壌は、それぞれ黄土高原・関中平原・黄河下流平原の三つの地域の主たる黄色い土である。この三つの黄色い大地が「黄土地帯」である。中国古代史上、「黄土地帯」を初めて一つに統合したのが秦漢帝国であった。ここでは秦漢帝国を「秦帝国と黄土地帯――始皇帝の時代」「漢帝国と黄土地帯――武帝の時代」「新・後漢時代の黄土地帯」の三つの時期に分けて論ずることとしたい。

2、秦帝国と黄土地帯――始皇帝の時代――

(1)　秦帝国と関中平原――鄭国渠――

関中平原は渭河流域の盆地である。東の函谷関、西の隴関・大

地図14－3　黄土高原全図

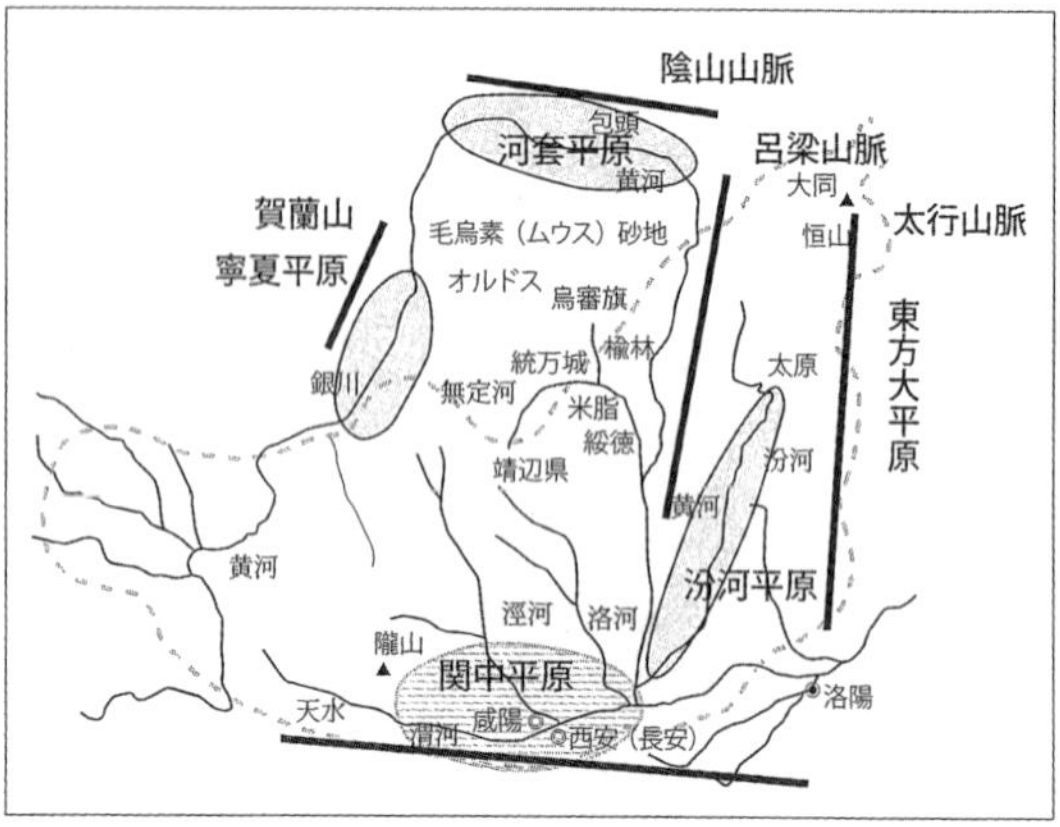

散関、北の蕭関、南の武関に囲まれたので関中平原と呼ばれる。渭河は甘粛省の隴山を源として、関中平原を東へと流れ、周原や秦の咸陽、漢・唐の長安、秦の始皇帝陵などを経て黄河へと入る。平原中央部の西安市東に位置する半坡・姜寨遺跡は新石器仰韶文化の遺跡である。この遺跡から紀元前四〇〇〇年ごろには人面魚文や幾何学紋様が描かれた彩陶（彩色土器）を製作・使用し、アワなどの雑穀の栽培と漁撈・採集を主たる生業とする人々が居住していたことがわかる。

関中平原の西部、渭河の北に周原と呼ばれる平坦な台地がある。この周原を拠点として東方の殷王朝を滅ぼしたのが西周王朝である。もともと、周の民は黄土高原の涇河沿岸の豳《ひん》に居住していたが、非農耕民である戎狄の民との間にトラブルが発生したため、リーダーの古公亶父《ここうだんぽ》が民を率いて漆沮水と梁山を越えて、関中平原に至り、岐山の下の周原に定住した。周原には豊富な天然資源があった。北は岐山、南は渭河に面する平原には湖泊や河川などの水資源、針葉樹もしくは針葉樹・広葉樹の混交林などの森林資源、ウマの飼育に適した草原が分布していた。『詩経』大雅・緜の記載には「周原膴膴（周原は肥沃な土地）」であったとうたわれている。この周原を拠点に周は発展し、西周王朝が成立する。

紀元前八世紀になると、周王朝は黄河流域の東方の洛陽に拠点を移し東周王朝が成立する。これ以降、関中平原の主人公となったのが秦国である。秦国の民はもともと、渭河上流でウマの牧畜を主たる生業として生活していた。前七世紀の徳公の時代に関中平原西部の雍城に拠点を遷した。この時、周原に遺された西周の民を組み入れ、彼らが持っていた周原での農業技術を秦の人々が継承したと考えられる。(5)秦はそれまでの牧畜生活から農耕生活へと変化したのである。その後、前四世紀には関中平原の中央に位置する咸陽を都とし、農業生産の拠点としての周原を保持しつつ、秦は平原の東部へと進出した。前三世紀には関中平原全体を支配することに成功し、本格的な灌漑農耕が始まる。開発のきっかけは、秦王政（のちの始皇帝）に戦国・韓出身の水利技術者（水工）であった鄭国が秦の国力増強のために大規模灌漑施設の建設を進言したことであった。実は、この鄭国なる男は韓のスパイであって、秦に土木工事をおこなわせ、民を疲弊させることを目的にこの事業を提案したのであった。工事の途中で秦王政は、鄭国をスパイであると察知するが、工事を続行させ、灌漑水路を完成させた。その結果、秦の農業生産力は向上し、秦の天下統一の原動力となった。この水利施設は鄭国の名を取って鄭国渠と呼ばれ、関中平原の最初の大規模な灌漑施設となった。(6)鄭国渠の灌漑対象地域は渭河の支流である涇河から石川河を経て洛河までの間であった。この範囲のなかで、特に石川河から洛河までの東部地区は塩分を多く含む原生塩鹹地であった。黄土がこの土地の灌漑に大きな効果を発揮した。「涇水一石、その泥数斗」（『漢書』溝洫志）と漢代の民の歌にあるように、鄭国渠の水源の涇河の水には多くの黄土が含まれていた。この涇河の水を利用して、黄土を農地へと流し込み、塩を含む土を上から押さえ込むことによって塩害を防止したのである。黄土の特徴を活かした灌漑の方法が秦の時代に確立していたのである。

写真14ー1　関中平原北部

しかし、この方法であっても、灌漑の後に排水をしないと地下水位が上昇し、地下水中の塩分が地表に現れ、塩害が発生することになる。そのため、一説には鄭国渠は塩害の発生により十年しかもたなかったとも言われている。[7] また、涇河の上流では牧畜がおこなわれており、家畜の糞が涇河に流れ込み、それが肥料となっていたとも考えられている。[8] このように、関中平原の灌漑は鄭国渠から現在まで二千年にわたって灌漑地区や方法を変えておこなわれてきた。それゆえ、水さえあれば農業が可能な塿土が形成されたのである。

（2）秦帝国と黄土高原――長城と直道――

黄土高原はタクラマカン砂漠等から飛来した砂が二百万年以上かけて太行山脈や秦嶺山脈に遮られて降り積もり形成された地形である。その範囲は、西端は青海省の烏梢嶺から東は太行山脈まで、日本の約一・六倍の大きさの六四万㎢に及ぶ。この黄土高原の北に広がるもうひとつの黄色い大地がオルドス高原である。この高原もタクラマカン砂漠の砂の堆積によって形成された。現在は草原とムウス砂地などの砂漠が広がっている。黄土高原は降水量からみて、農耕の北限であり遊牧の南限である。その自然環境から、黄土高原は常に農耕民と遊牧民が交錯する地となった。

紀元前二〇〇〇年頃、黄土高原北部には定住型農業と狩猟・牧畜の両方を生業とした民が住んでいた。新石器時代晩期の神木新華遺跡（陝西省神木県）では、定住の住居跡・墓・土器・石器・玉器のほか、狩猟に用いられた細石器、飼育された綿羊の骨、占いに用いられたヒツジ・ブタ・ウシ・シカ等の肩甲骨（卜骨）などが発見されている。また、この遺跡の花粉分析によると、灌木とヨモギ属やキク科を中心とした草本植物が主に生育していたという。[9] 前六世紀になると黄土高原には西方の草原の民・スキタイ文化の影響を受けた遊牧民が生活した。彼らはオルドス式青銅器と呼ばれるウマやトラなどの動物がデザインされた武具や馬具、バックルなどの金属装飾品、銅腹などの青銅器を使用

写真14ー2　黄土高原の風景

した。前四世紀後半になると、黄土高原北部にはモンゴル系の匈奴のほか東胡・林胡・楼煩などの遊牧民が活動していた。これらの北方遊牧民の勢力が拡大したことから、戦国時代の趙の武霊王は北方遊牧民の衣服を着て騎馬に乗って弓を射る「胡服騎射」という習俗を取り入れるほどであった（『史記』趙世家）。その結果、趙国は林胡・楼煩を破り、北方の陰山山脈の下に長城を築いた。当時、秦も燕もその北辺に長城を建設し、匈奴の侵攻を防いだ。農耕と遊牧を区別する長城建設の始まりである。

秦の長城建設は紀元前五世紀末に始まる。これは塹洛長城と呼ばれ、関中平原東部の洛河の河岸に塹壕を造るというもので、対象となった敵国は農耕民の魏国であり、遊牧民ではなかった（『史記』六国年表）。前三世紀初の昭襄王の時には、黄土高原西部の隴西、西北部の北地、北部の上郡にそれぞれ長城を築き、北方の遊牧民の侵入を防いだ（『史記』匈奴列伝）。これが秦の北辺長城の始まりである。現在でも寧夏回族自治区固原県などには長城の遺跡が残っている。その建設工法は黄土を突き固める「版築」というものので、乾燥するとレンガのように固くなる黄土の特徴を活かした方法である。

前二二一年、秦は天下を統一した。北方では匈奴が勢力を伸ばし、秦と対峙する。前二一五年、始皇帝は将軍の蒙恬に三十万の兵を与えて胡（匈奴）を攻撃させた。その結果、蒙恬は匈奴を北方へと追いやり、河南の地（黄河屈曲部を示す）を領土とした。翌年の前二一四年には、黄土高原西北部の楡中（今の蘭州）から黄河に沿って三十四（もしくは四十四）の県を設置して北方の防衛線を築き、また、黄河屈曲部の黄河の北にまで蒙恬を派遣して占領し、その地に罪人を移住させて北方の警備を固めた。蒙恬の活躍によって、黄土高原北部には九原郡・北地郡・雲中郡・上郡が設置され、広範囲にわたる農地開発がおこなわれた。このころ蒙恬によって長城が整備される。その長さは臨洮（現在の甘粛省）から東北部の遼東に至るまでの万余里（約五〇〇〇km）に及んだという（『史記』蒙恬伝など）。

黄土高原で長城の造られた場所は、複雑に入り組んでいる。すでに前述したように戦国時代の秦は、黄土高原を西南から東北へとつなぐ長城を建設した。この長城を保持しつつ、蒙恬は黄河沿いに三十四県をつなぐ防衛ラインを「河上の城塞」として建設した。もうひとつは新たに占領した黄河屈曲部の北の九原などの地の北に長城を建設した。(10)九原やその西の黄河沿岸は河套平原と呼ばれ豊富な水が存在する。そこは遊牧民にとっては草原が広がる大地であり、農耕民にとっては農耕が充分可能な地であった。そのため、これ以降も河套平原は農牧民の交錯地区となる。

この河套平原と関中平原をつなぐ道が直道である。直道は、前二一二年に始皇帝の命によって蒙恬が建設した黄土高原を縦断する全長七〇〇km以上の軍用道路である。南は都・咸陽の北、関中平原の北端に建設された雲陽林光宮（現在の陝西省淳化県）、北は黄河屈曲部の河套平原の九原郡（現在の内蒙古自治区包頭市）までで、その間の山を削り、谷を埋めて整地して造られた（『史記』秦始皇本紀）。起点となった雲陽は首都圏の防衛拠点と位置づけられ、五万家が移された。雲陽から上郡をへて九原へと至る直道の遺跡は今でも黄土高原の各地に断続的に見られる(11)。直道建設の目的は、匈奴の侵攻にすばやく対応するための軍事道路であり、また、始皇帝が馬車に乗って各地に巡幸する際にも利用された。古代の高速道路と言ってもよい。もうひとつ、直道は関中平原の開発方法を黄土高原北部にまで広げる役目も持っていたと考えられる。直道の南端の関中平原は鄭国渠の建設に見られるような大規模な水利施設による農地化が進められていた。それに対して北端の河套平原は秦による支配以前、遊牧民・匈奴が生活していた場であった。秦は匈奴を駆逐したのち、多くの罪人や民を移住させ、豊富な水を利用した関中平原の灌漑農業の開発方法を河套平原でも展開しつつ、北方の匈奴の最前線拠点としたのである。

直道も長城と同様の黄土の版築工法によって建設された。そのように見るならば、直道・長城という大規模土木事業は黄土が生んだ文明の成果であったとも言える。しかし、秦帝国による統一は十五年しかもたなかった。秦の滅亡後、匈奴が黄土高原を占領し、再び草原の民が生活する場となった。秦によって移住と生産技術の移転という黄土高原の開発方法の基礎は形作られたが、十五年という短い統一期間では本格的な農地開発は進められなかった。この地の開発を大規模に、継続的におこなったのは漢王朝であった。

3、漢帝国と黄土地帯——武帝の時代——

前二一〇年、始皇帝が崩御し、二世皇帝が跡を継いだ。しかし、ほどなく陳勝・呉広の乱が勃発し、前二〇六年、秦王朝は滅んだ。その後、項羽と劉邦の楚漢戦争を経て、最終的には前二〇二年に劉邦の漢王朝が天下を統一した。これが前漢王朝である。前漢の都は秦の咸陽の南の長安である。前漢王朝の最盛期は武帝の頃。武帝は関中平原における大規模灌漑事業をおこない、匈奴との抗争に勝利して黄土高原にも勢力を伸ばした。それに対して黄河下流域の洪水は放置し、被災民を黄土高原に移住させた。黄土地帯・黄河流域全体を巻き込んだ環境と人間の歴史の一端がこの武帝の時代に凝縮されている。

（1）漢帝国と関中平原——白渠・龍首渠——

秦の鄭国渠で始められた涇河の水を利用するという水利システムは武帝の時代にも継承された。その施設は白渠と呼ばれるものである。漢武帝太始二（前九五）年趙中大夫の白公の上奏によって開削された。白公の提案による渠（用水路）なので白渠と呼ばれる。涇河沿いの谷口から引水し、櫟陽という都市を通り、渭河に入る水利施設であった（『漢書』溝洫志）。涇河の浸食により、古い取水口は涇河の水面よりも高くなるので、白渠の取水口は鄭国渠のものよりも涇河の上流、すなわち北に新しい渠首をつくった。唐代になるとこの涇河の水を利用する水利施設は鄭白渠とよばれ、その後も現代に至るまで「引涇灌漑工程」と呼ばれる水利システムは継承されている。この白渠の灌漑地域は鄭国渠よりも狭く、涇河から石川河までの間であった。上述したように石川河から洛河までの間は原生塩鹹地（塩類集積地）であり、灌漑によって一時的な収穫は期待できるが、すぐに塩害が発生しやすい土地である。このようなやっかいな土地は灌漑地域からはずされ、放棄されることとなった。灌漑しやすい場所を灌漑することがこの白渠の目的であった。[12] この要因のひとつは土木技術の進展によって、鄭国渠よりも比較的小規模・中規模の水利施設が複数造られたことが挙げられる。白渠以前、前一一一年には左内史の倪寛の上奏によって六輔渠という施設が造られた。六本の小さな水路が掘削されたことから六輔渠と呼ばれる。鄭国渠よりも高い位置にある田の灌漑を目的とした。また、洛河には龍首渠が開削された。龍首渠は武帝期に荘熊羆（『漢書』溝洫志では厳熊）が上奏し開削された灌漑施設で、徴という県から洛河の水を引き、商顔山の下に井渠を掘って重泉以東の塩害の発生しやすい臨晋という地域を灌漑する計画であった。井渠とは竪穴の井戸を掘り、地下に横向きの水路を掘りつなげたカナートと考えられている。しかし、十余年かけて用水路はつながったが、灌漑効果は上がらなかったという（『史記』河渠書）。このほか関中平原では霊軹渠・成国渠・湋渠が造られた。成国渠は関中平原西部の郿県から渭河の水を受け、渭河の北の高台を灌漑したという。この灌漑地域は前漢時代の皇帝陵を建設する際に新たに設けられた県の周辺にあたる。首都圏の近郊農業のための水利施設であった。古代帝国が建設した灌漑施設はその後も取水口の位置や灌漑区域を変更させながらも現在にまで継承されている。鄭国渠・白渠は現在の涇恵渠、龍首渠は洛恵渠、成国渠は渭高幹渠にあたる。[13]この農地開発の継続性こそが塿土を形成する原動力となったのである。

さらに、漢が長期にわたって黄河下流域を含めた広大な領域を支配したことも白渠の灌漑地域が縮小された要因のひとつである。鄭国渠は戦国時代の小国であった秦の開発を目的としていた。漢帝国は黄河下流域・淮北平原の農作物を水運によって運ぶ流通網を整備していた。前二一九年にはくねくねと曲がって流れる渭河に舟が航行できるように漕渠という新たな水路を開削した。さらに、戦国時代に建設された鴻溝によって関中平原―黄河中流域―淮北平原―淮河まで水路がつながっていた。このことによって、関中平原のみで食料の生産をする必要がなくなったことが白渠の灌漑地域の縮小へとつながったのであろう。

（2）　漢帝国と黄河――瓠子の河決（黄河の決壊）の放置――

黄河下流域は農業生産の中心地ではあるが、度々発生する黄河の洪水が各王朝の最大の問題であった。黄河は暴れ龍と称されるようにその流れを絶えず大きく変えてきた。『尚書』禹貢に記された最も古い黄河の流路は太行山脈の

写真14－3　黄河下流（山東省）

写真14－4　黄土高原を流れる黄河（陝西省神木県）

東を北上して渤海湾に注ぐというものであった。いわゆる禹貢河である。禹は、古代中国において治水の功績をもつ帝王である。その後、前六〇二（周定王五）年に大規模な河道変動があり、それ以降、戦国から秦・前漢時代までは大幅なルートの変更はないと言われている。黄河の治水が中国の皇帝にとって重要な仕事であると言われるが、秦の始皇帝の事蹟には黄河の治水に関するものはない。秦の統一時期、黄河は安定して流れていたということを意味するのであろう。漢代に入ると特に武帝の時代、黄河の水害と治水は国家的な課題として論じられる。まず、武帝より前の文帝の時代、前二八七年に黄河は酸棗で決壊し、東の金堤という堤防が破壊された。この時はすぐに東郡で民を徴発して塞ぐという素早い対応をした。ところが、武帝の時代になると洪水の対策はなかなかとられない。前一三八年には平原郡で黄河が溢れ、大飢饉が発生し、人々がお互いを食す事態に陥った。前一三二年になると、東郡・濮陽（現在の河南省濮陽市）で黄河が決壊し、十六の郡に影響を及ぼした。「瓠子」という場所で黄

河が決壊したため、「瓠子の河決」と呼ばれる。この決壊によってそれまで瓠子を起点に東北方向に流れていた黄河が、東南方向に流れを変え、鉅野澤に入り、泗水・淮水へと流れ込んだ。当初、十万の民を動員して決壊口を埋めたが失敗したという。その後、武帝はその水害を放置し、二十三年にわたって黄河の決壊口を塞ぐことはなかった。前一〇九年、ようやく武帝は自ら指揮をとり、淇園（戦国時代の衛という国の自然庭園）の竹を使って決壊口を塞ぎ、そこに宣房宮を建設したという（『史記』河渠書）。二十三年間も放置したのはなぜか。武帝以前、多くの豪族が黄河下流域を拠点に商業活動を展開していた。洪水が続き、黄河下流地域の経済が疲弊することによって、結果的に豪族層の力が弱まり、漢王朝の中央集権化が進んだという説もある。[14] 王朝の側から見ると、このような政治的意図によって洪水が放置されたことになるが、民の側から見れば、この間、累計二百万人以上の流民が発生した。この被災流民を救済する方策として、黄河下流域の民を黄土高原に移すという大事業がおこなわれた。

（3）　漢帝国と黄土高原――新秦中への移民――

漢王朝を創始した劉邦は統一後、黄土高原を舞台に匈奴の冒頓単于との間に戦争をおこなった。しかし、現在の大同附近の白頭山で囲まれ、敗走する。以後、漢は対匈奴和親策をとることとなった。その後、武帝の時代になり、ようやく対匈奴戦が再開される。衛青・霍去病の活躍で匈奴を西北へと移動させた。前一二七年には、将軍・衛青の軍が匈奴を攻撃して河南の地を占領して、朔方郡と五原郡を置いた（『漢書』匈奴列伝）。この時、朔方郡への移民を募ったところ十万人が移住した。河套平原への最初の大規模移民である。前一一九年には中国古代史上最大の移民がおこなわれる。前年の前一二〇年、黄河下流の水害による被災民を救済するため、武帝は使者を派遣し、被災地域の役所の穀物倉庫を開いて貧民に援助物資を支給し、さらに民間の富豪から物資提供を求めたが不足するという事態に陥った。そこで、前一一九年、被災民七十万人を函谷関以西に移し、朔方郡より南の「新秦中」と呼ばれる新たな開発地域を充たした。移住にあたっては衣類や食事はみな国家が給付し、数年間は生業のもとになる物資を貸し与えた。その費用は億単位を越え、財政が一気に枯渇するほどであった（『史記』平準書）。まさにこの移民は一大国家プロジェクトであった。この「新秦中」とは河套平原を示し、「秦中」とは灌漑によって豊かな生産がもたらされていた関中平原を示す。『史記』河渠書にも上述のように武帝期の灌漑事業として朔方・西河・河西・酒泉はみな河及び川谷を引いて田を灌漑するとあり、関中平原での白渠や六輔渠・漕渠と同様に述べられている。つまり、「新秦中」とはニューフロンティアとしての開発と生産拡大が期待されていたのである。しかし、関中平原でも灌漑後の塩害の発生が問題になっていたように河套平原においても同様の塩害が発生したと考えられる。上述の前一二七年の移住でも朔方郡で渠を通し、万人の民が農耕に従事したが、十分な収穫を得ることはなく巨額の費用がかかっただけであったという（『史記』河渠書）。七十万人という大規模な河套平原への移民は以後、おこなわれることはなかった。黄河の洪水が黄土高原の開発を促した歴史的事件と言ってよいだろう。

4、新・後漢時代の黄土地帯

武帝の時代を最盛期として、その後の前漢王朝は衰退する。前漢末期には外戚勢力が力を持ち、王莽が帝位を簒奪し、後八年に新王朝を建国する。しかし、新王朝の西周王朝への回帰を目指す急激な改革は民の反感を買い、赤眉の乱によって滅亡。二十五年には劉秀が光武帝として即位し、後漢王朝が成立した。この前漢末から新・後漢時代前半は黄河下流では水害が多発し、関中平原は政治的混乱で荒廃し、黄土高原は匈奴の勢力が強まった時代であった。それは中国古代文明における黄土地帯・黄河流域への人々のかかわり方を大きく変えることとなった。

（1）　前漢末・新・後漢時代の黄河下流――賈譲三策と王景の治水――

黄河の治水問題は漢の武帝による宣房宮を建設した際の黄河の治水以降も国家最大の問題であった。前漢末から王莽の新にかけての時代、治水に関する議論がおこなわれた。その議論のなかには、例えば、黄河をいくつかの河川に分流して流すべきという分疏説（前漢・成帝時代の馮逡の説）、低地に黄河の水を滞留させる滞洪説（王莽時代の関並の説）、黄河の河道を改変する改道説、堤防を築く築堤説などがあった。

前漢・哀帝時代（前一世紀末）の賈譲は黄河治水に対する上・中・下の三つの解決策を提示している（『漢書』溝洫志）。上の策は水害が発生しやすい黄河下流域の冀州という地域の住民をほかの場所に移住させたのち、もといた土地に黄河の流れを移せば、西の太行山と東の金隄（人工的な長い堤防）の間の狭い流路に固定され、黄河は氾濫を起こさず、安定して流れるというもの。人間を排除して黄河の自然の流れに任せるという考え方である。中の策は冀州の境域内の黄河の東側に多くの渠を建設するというもの。旱魃になれば黄河の東の水門を開き渠に水を流して冀州を灌漑し、黄河の水が多ければ黄河の西の水門を開いて高台に水を流して排水する。人工的に造った渠を利用して人間が水を分散・コントロールして流すという方法と言える。水の自然な増減に応じて少し人の手が加わるというものである。下の策は旧来の黄河河道沿いにある堤防を高くし、幅を広げるというもの。人工的に造った堤防によって自然の流れを遮断して治水する方法。これは人間の自然への対峙と見ることもできるだろう。結果として、下策の堤防の修築がおこなわれたが、賈譲が最も良いと考えた方法は中策すなわち渠の建設であった。賈譲は灌漑渠を建設しない場合の三つの害、建設した場合の三つの利を述べている。三つの害とは、民が常に水害を防ぐことに追われ農作業に没頭できないこと、水がたまることによって民は湿気で病となり、木は立ち枯れ、塩害が発生して穀物が育たないこと、決壊してしまうと作物は魚のえさになってしまうこと、と言う。三つの利とは、灌漑水により、塩害の原因となる塩分が流され、土が堆積し、土地が肥沃になること、ムギを栽培していた土地にイネを植えることができるようになり、高い田では五倍、低い田では十倍の収穫ができるようになること。さらに、舟の運航ができることであるという。この発言によって下流域に関しても関中平原と同じように黄河から引水した灌漑水に含まれる黄土によって塩が流され、肥沃な土地となると考えられていたことがわかる。

前漢末・新から後漢初期はこのような議論が盛んにおこなわれ、王莽の新王朝では黄河の治水に関して数百以上の人々からの意見を聞いたという。しかし、結果としてどれも実行には移されなかった。

前漢末から黄河治水の議論がなされたのは、平帝の時代（前一〜後五年）に黄河と黄河から引水した汴渠という水路が決壊し、洪水が発生したためであった。この決壊口は、武帝の「瓠子の河決」と同じようにしばらく放置され、黄河水系のほかの済渠も氾濫し、その被災地は数十余県に及んだという。後漢時代に入っても、光武帝はこの洪水の解決を先送りにし、被災地の民はみなその無策を怨んだという。結局、後漢二代皇帝の明帝の時代の紀元後六十九年になり、治水の能力を認められ登用された王景が黄河と汴渠の修築に着手した。その方法は、まず、黄河と汴渠の分離点の滎陽から東の千乗の河口までの黄河本流の堤防の修理をおこなうというものである。上述した賈譲三策の下策にあたる。つぎに、王景は十里ごとに水門を造り、黄河と汴渠で水の調節ができるようにした。これは賈譲の中策にあたると言えるだろう。すなわち、王景は堤防の強化と渠の活用という合わせ技で黄河の治水工事を実行した[15]。これによって洪水は解決した。実に六十年以上にわたって黄河の決壊は放置されていたのである。その間の王莽の新の始建国三（後一一）年は黄河の流れが大きく変わる画期として黄河史の上でとらえられている。これより前、黄河は王莽の墓のある魏郡元城県の西側を北上していた。そのため、王莽は墓が黄河の洪水の影響を受けることを恐れていた。しかし、始建国三年の決壊によって黄河の河道が東向きにかわり元城県が被災する危険性がなくなった。そのため、王莽は決壊した堤防を塞がず、放置したという。これは平帝以来の水害放置の一コマであるが、黄河の歴史では重要視されている事件である。「黄河を制する者は天下を制す」という言葉があるが、実際は、武帝も王莽も光武帝も黄河の洪水を治めるどころか放置していたのである。しかし、武帝の場合と同じように光武帝も黄河の洪水を放置することによって自らに対抗する勢力の力を弱め、それによって天下統一を果たしたとみることもできる(16)。黄河への対応が秦漢帝国の形成には重要な役割を果たしたということであろうか。

（2）新・後漢時代の関中平原——張戎の議論から——

黄河下流の災害への対応は皇帝の政治が乱れていることに対する天の罰すなわち災異であるとの見方がある一方で、冷静に水害の原因を分析した意見もあった。前述の新王朝の王莽が意見を聞いた際に発言した大司馬史の張戎なる人物は以下のように述べている。

水の本性とは低いところにむかうものです。流れが速いと自然に河底を削り去り、次第に河底は深くなります。河水（黄河）はひどく濁っており、一石の水に六斗の泥が含まれると言われています。今、河水が西の諸郡から京師（みやこ）まで東へ流れる間に、百姓はみな河水やその支流である渭水周辺の山川の水を引いて、田を灌漑しています。春・夏は乾燥し、水が少ない時です。そのため、黄河の流れは遅くなり、泥がたまり、次第に河底が浅くなります。そこへ大雨が降り、水が一気に増えるとあふれて決壊します。国家はしばしば堤防を築いてこれを防いできましたが、河底は次第に平地より高くなってしまいました。これはまるで垣根を築いて水を中に入れているようなものです。おもうに、各々の河川をその本性にしたがわせて低いところにむかわせ、その途中で灌漑に利用することなどなければ、多くの河がスムーズに流れ、水の流れる道は利益を生み出し、あふれたり、決壊したりして水害が発生することなどないでしょう。（『漢書』溝洫志）

このように新代においても黄河の水は実に六割が黄土（泥）であると理解されていた。さらに上流・中流とくに渭河流域での灌漑がおこなわれることによって水量は減少し、春・夏の水は少なくなり、下流部では緩慢な流れになり黄土が河底にたまり、天井川が形成される。そこに大雨による増水で水害が発生するというメカニズムとして理解されていた。黄土高原や関中平原における農業開発が下流で発生する水害の原因であると考えたのである(17)。特に渭河流域すなわち関中平原の灌漑水利が水量減少の原因として語られていることは注目される。前漢末から新の関中平原は政治抗争の舞台となり、後漢時代は首都が東の洛陽に遷ったこともあり、史料の上では関中平原における大規模水利施設建設の記載は見られない。しかし、張戎の議論や三国魏の時代に成国渠、四世紀の前秦の苻堅の時代に白渠が修築されたことから考えると、前漢武帝期ほど盛んではないが、前漢末・新の時期でも既設の水利施設を受け継ぎ、灌漑事業がおこなわれていたのである。

（3）　後漢時代の黄土高原——陵北画像石墓の建造——

では、黄河上流・中流にあたる黄土高原の前漢末・新から後漢時代の状況はどのようであったのだろうか。黄土高原における匈奴の活動は政権が不安定であった新王朝のころに再び盛んとなる。しかし、その後、大飢饉が起こり、後四八年に匈奴は南北に分裂した。このうち呼韓邪単于率いる南匈奴は後漢王朝に服属した。南匈奴の民は、漢に帰属しても基本的には遊牧民としての生活が続けられ、黄河屈曲部の草原部で部族ごとにばらばらに居住していた。その後、八九年に後漢王朝の竇憲と南匈奴連合軍は北匈奴を攻撃し、北匈奴は西へと敗走した。この北匈奴がヨーロッパまでたどり着きフン族と呼ばれ、ゲルマン民族の大移動そしてローマ帝国の滅亡を引き起こした人々であったと考えられている。後漢王朝の滅亡も匈奴の南下侵攻が要因のひとつである。匈奴という遊牧民がイエローベルトの西と東の大帝国を崩壊に導いたと言うことができるだろう。

さて、北匈奴の危険が去った九〇年以降、黄土高原に農耕の民が入植した。彼らの生活の証が画像石というレリーフである。後漢時代には黄河下流域や山東半島、南陽盆地、四川盆地などで墓中をレリーフで飾る画像石墓が造られた(18)。そういった風習を待った人々が黄土高原に入植し、画像石を残した。そのデザインは多様で、西王母などの神話や、始皇帝暗殺未遂事件などの歴史故事のほか、墓主が生前に住んだ大邸宅の図なども彫られている。生活風景のなかには、一頭のウシが短い轅の犂をひいている図、二頭のウシが犂を担いでひいている図、犂をひくウシにムチを振りあげている農民の後ろから子供が種を播く春耕播種の牛耕図、堆肥にするためにウマの糞を拾う図などが見られる。どれも農耕生活を示すデザインである。これら画像石墓は黄土高原のなかでも黄河の支流である無定河の下流域（現在の米脂・綏徳県一帯）に多く見られる。この地域は河川沿いに比較的広い平地が広がり、現在でも水稲作がおこなわれている場所である。画像石の作成年代は、最も古いもので九〇年（和帝・永元二年）の遼東大守王君墓、最後のものは一三九年（順帝・永和四年）の牛季平墓である。その期間はおよそ五十年間。九〇年はまさに北匈奴が駆逐された時期にあたる。一三九年の翌年の一四〇年には南匈奴の句龍王吾斯らが反乱を起こし、画像石墓が造られた無定河一帯の西河郡を侵略し、朔方郡・代郡の後漢王朝の地方官を殺害した事件が発生した。まさに、遊牧民の動きが活発化した年と一致する。以降、匈奴のほか烏桓や鮮卑などの遊牧民の動きが黄土高原において活発化した。西河郡に居住していた農耕民は南の関中平原もしくは黄河を東へ越えた離石という街へと逃れた。離石からは一四〇年以降に無定河流域と同じデザインの画像石が発見されている。農耕の民が去ったのち、黄土高原は再び遊牧生活の場となった。同じ後漢時代、無定河の北、長城線をこえたムウス砂漠に位置する内蒙古自治区鄂托克旗の鳳凰山漢墓からは、牛車・馬車・一角獣のデザインのほか、高山放牧図と呼ばれる彩色壁画が出土している。(19) この図には山でウシやウマを放牧していた人々の生活風景が描かれており牧畜生活が引き続きおこなわれていたことがわかる。このように黄土高原の農地開発は一世紀末から二世紀半ばの約五十年、地域は無定河流域に限定されたと考えられる。二世紀半以降、黄土地帯では匈奴や鮮卑族など北方遊牧民が交替で支配者となり、五胡十六国時代・北朝時代へと至る。

後漢以降、黄河の水害は減少し、その流れが安定するという説がある。(20) 安定の要因のひとつは王景の治水という高度な土木技術によるものである。もうひとつは、上流・中流の主たる生活者が農耕民から遊牧民にかわり、草原・森林が回復し、農地化による黄土の土壌浸食が減少し、下流における天井川の生成リスクが減退したという自然環境の変化によるものである。大局的には後漢以降の黄河は安定していたと考えられるが、王景の治水が一世紀後半、黄土高原では農地開発の時期が九〇～一三九年であるから二世紀後半から草原・森林が回復したと仮定しても時間的に差違がある。果たして安定した原因は何なのか、さらに研究をすすめる必要がありそうである。

（4）　後漢時代の江南開発——新たなるフロンティアへ——

さて、前漢末期から後漢初の時期は、黄土高原では遊牧民、関中平原は政治の抗争の場、黄河下流域では洪水の放置といった状況にあり、黄土地帯における農業生産力は減退したと考えられる。そこで、新たな開発の場となったのが、淮河以南長江流域の江南地域である。前漢時代の長江下流域は土地が広く人は少なく、彼らの農法は「火耕水耨」（田の雑草を焼いて耕し、水を灌いで除草する農法）という原始的なものであった。黄土地帯の生産力が衰え、さらに、七五年には牛疫（リンダーペスト）が流行し、黄河流域の牛耕に大きな影響を与え、穀物の収穫量が激減した。そのため、八四年には田地を持たない者でほかの県に移動して食糧にありつこうとする者を募り、移動先で公の田地を与え、種子や農具を貸与し、五年間の田租（田地に課された租税）と三年間の算賦（人頭税）を免除するという詔を出した（『後漢書』章帝紀）。このような諸策を契機に、関中平原・黄河下流平原から周辺地域への人口の移動と開発の進展が見られた。前述した黄土高原の農地開発が九〇年から始まったのは、この移民政策の一環としておこなわれたと考えられるだろう。もうひとつの移民先が淮河・長江下流域であった。この地域は関中平原に比べ、水が豊富であり、主たる作物は水稲であった。ここでの重要な水利技術は必要な時に水を利用できるように、豊富な水を溜めて、調節することである。黄河と淮河の間の淮北平原では陂とよばれる谷堰き止め型の貯水池が建設され、ひとつの水系に数珠つなぎに陂が建設されるほどであった。のちの西晋時代の杜預という知識人は、後漢以来、陂がウマの腸のようにつながっているため水害が多発しているので、破壊すべきであると述べている[21]。後漢時代の最も大きい貯水池は寿春の南に造られた芍陂である。芍陂は春秋時代の楚の孫叔敖による建設という記載もあるが、後漢時代の修築によって灌漑機能が強化された。この修築をおこなった役人が黄河の治水に従事した王景であった。芍陂の堤防は北側だけでも一〇km以上にわたる。黄河の治水によって培われた技術が淮河流域の水利施設の建設にも利用されたのであろう。また、王景は赴任した際、現地の民が知らなかった牛犂耕を教えたという[22]。さらに、江南の紹興一帯では鑑湖が建設された。この施設は紹興平野の南で山間部からの水を集積する湖とする説と海水が入り込まないように海岸線沿いに建設された防潮堤であったとする説がある[23]。このように後漢時代以降進展する江南地域の開発は三国時代の呉やその後の東晋・南朝の成立を促すこととなる。このことは黄土地帯から長江下流域への経済の中心の移動へとつながるのである。

5、おわりに

以上、秦漢帝国の時期ごとに関中平原・黄土高原・黄河下流における人と環境の関係史について論じてきた。ここでこれまでの議論を地区ごとにまとめてみたい。

（1）関中平原――塿土――

前三世紀の秦による統一直前に鄭国渠の建設によって本格的な関中平原の開発が始まる。黄土高原を流れ、多くの黄土を含む涇河の水の効果は、農地への給水のほか、黄土を流し込むことによって土壌の塩分を流し去り、堆積した黄土が肥料と結びつき再び肥沃な土を形成するというものであった。この効果は漢代の武帝の時代に建設された白渠にも受け継がれた。ただし、鄭国渠は統一以前であったため、その灌漑地域は涇河から洛河までの広い範囲にわたっており、もともと塩分の多い土地も灌漑して生産力を高めることをめざした。それに対して統一後の白渠の灌漑地域は灌漑をしやすい場所のみに狭められ、黄河下流やその他の地域から穀物が関中平原へと水運で運ばれた。漢代以後も涇河の水を利用した灌漑システムは継続され、現在の涇恵渠にまでつながっている。二千年以上にわたって施肥と耕作を継続することによって塿土とよばれる土壌が形成されたのである。

（2）黄土高原――黄綿土――

黄土高原は農耕と遊牧の双方の生業が可能な土地であった。それゆえ、両者の抗争・共生の場となった。秦帝国は匈奴との抗争に勝利し、長城を建設し、河套平原における灌漑農耕を開始した。また、関中平原と河套平原をつなぐ直道を建設した。長城と直道の建設には乾燥させると強く固まるという黄土の性格を利用した版築という工法が採用された。建築材料は現地で調達できたのである。前漢時代には武帝期に匈奴を駆逐し、黄河下流の被災民七十万人を河套平原・無定河流域に移した。しかし、灌漑農耕がうまくいかず失敗におわった。新代には匈奴の勢力が再び伸長したが、匈奴が南北に分裂したことから、一世紀末には無定河への植民がおこなわれ、彼らは画像石墓に農耕生活の風景を残した。しかし、二世紀半ばには匈奴等が南下し、以後、六世紀まで北方遊牧民が黄土高原の支配者となった。その後も農耕民と遊牧民の抗争と共生は続き、万里の長城の建設は明代まで受け継がれた。それに伴い、農耕民の黄土高原への入植は続き、農地化による土壌浸食が長年にわたり発生し、現在の砂漠化へとつながることとなった。農耕民や狩猟民・遊牧民などが次々と黄土高原の主人公となり、草原・森林・農地など様々に利用されたため、黄土高原は黄綿土という土壌に至ったのである。

（3）　黄河下流――黄潮土――

黄河下流は黄河を通じて肥沃な黄土が流れ込むため、平原部での農耕は盛んにおこなわれた。しかし、漢代以降、幾多の水害に襲われた。武帝の時代には瓠子の河決が発生し、二十三年間にわたって放置された。それは武帝の中央集権化政策に寄与することとなった。また、この間には黄土高原への大規模な移民がおこなわれた。前漢末の平帝の時代に発生した水害も六十年にわたって放置された。この間に議論された前漢末の賈譲の治水策では水を止めるための堤防の修築、水を分流させる渠の建設、水を流すための民の移住と改道が提案された。後漢時代の王景は堤防と渠水の二つの方法を合わせて黄河の治水を成し遂げた。新代の張戎は黄河の上流・中流および渭河の灌漑によって黄河の水が少なくなり、黄河に含まれる黄土が堆積して天井川を形成し、それが水害の原因であると説いた。黄河の上流・中流の開発が下流の環境に大きな影響をあたえるということは、現代の断流とつながる事象である。黄河の下流域には、黄河の水と泥を受けつづけることによって黄潮土という土壌が形成されたのである。

以上が、地域ごとの履歴のまとめである。三つの地域はそれぞれ様々な人間と環境の歴史を形成している。さらに、各地域の歴史は相互に関係していた。黄土高原・関中平原・黄河下流という黄土地帯が黄土と黄河を通じて一体化した中国古代文明の到達点が秦漢帝国であった。そこで形づくられた人間と環境の関係は以後も中国のなかで継承され、その結果として砂漠化や断流などの環境問題へとつながることとなった。

注

（1）熊毅・李慶逢主編『中国土壌（第二版）』科学出版社、一九八七年。
（2）原宗子『「農本」主義と「黄土」の発生――古代中国の開発と環境2』研文出版、二〇〇五年。
（3）本書第十六章「黄河の断流」参照。
（4）福嶌義宏『黄河断流――中国巨大河川をめぐる水と環境問題』昭和堂、二〇〇七年。
（5）周原の環境と西周・秦との関係については、本書第二章「秦の関中平原西部への拡大と地域開発」参照。
（6）本書第五章「中国古代関中平原の水利開発と環境」参照。
（7）濱川栄『中国古代の社会と黄河』早稲田大学出版部、二〇〇九年。
（8）原宗子『「農本」主義と「黄土」の発生――古代中国の開発と環境2』研文出版、二〇〇五年。
（9）陝西省考古研究所・楡林市文物保護研究所『神木新華』科学出版社、二〇〇五年。
（10）鶴間和幸「秦長城建設とその歴史的背景」『学習院史学』第三五号、一九九七年等参照。

（11）黄暁芬・張在明「秦直道の研究」『日本考古学』三一号、二〇一一年。
（12）本書第五章「中国古代関中平原の水利開発と環境」参照。
（13）本書第十八章「陝西省関中三渠をめぐる古代・近代そして現在」参照。
（14）濱川栄『中国古代の社会と黄河』早稲田大学出版部、二〇〇九年。
（15）本書十一章「後漢時代の王景と芍陂」参照。
（16）濱川栄『中国古代の社会と黄河』早稲田大学出版部、二〇〇九年。
（17）本書第十六章「黄河の断流」参照。
（18）菅野恵美『中国漢代墓葬装飾の地域的研究』勉誠出版、二〇一二年。
（19）魏堅編『内蒙古中南部漢代墓葬』中国大百科全書、一九九八年。
（20）譚其驤「何以黄河在東漢以後会一個長期安流的局面」『学術月刊』一九六二年二期、のち同『長水集（下）』人民出版社、一九八七年所収。
（21）本書第七章「魏晋期淮北平原の地域開発」、本書第八章「漢代淮北平原の地域開発」参照。
（22）本書第十章「中国古代淮南の都市と環境」参照。
（23）大川裕子「銭塘江逆流と秦漢時代の江南」『東アジア海文明の歴史と環境』東方書店、二〇一三年、のち『中国古代の水利と地域開発』汲古書院、二〇一五年所収。

〔追記〕

本章は佐藤洋一郎編『イエローベルトの環境史』（弘文堂、二〇一三年）の一章として書いたものである。イエローベルトの定義は、当該書の佐藤氏の総説に「はるか上空から東半球を眺めると、ユーラシアの中央部からアフリカ北部にかけて黄色っぽい灰白色の空間が広がっているのを見ることができる。ここは、降水量のごく少ない、乾燥地または半乾燥地帯になっている。乾燥のために植生が乏しく、地肌が見えているのである。…（中略）…宇宙から黄色っぽくみえる空間は灌漑なしにはコムギを栽培できない地域でもある。この地を衛星画像の色にちなんで『イエローベルト』と呼ぶことにしよう」と述べられている。

第十五章　黄土高原の農耕と環境の歴史

1、二千年前の黄土高原——文献史料と画像石——

今からおよそ二千年前の中国・後漢時代、永建四（一二九）年のこと。西方の羌族の反乱に手を焼いていた後漢王朝が度々侵攻された北方の郡県を放棄したことについて、尚書僕射の職にあった虞詡なる人物が以下のような上奏をおこなった。

> 禹貢の雍州（現在の陝西省）は沃野千里の地であり、そこでの穀物の収穫量は非常に多いです。また、北方の亀茲（現在の楡林市北）には塩池があり、それは民に利益をもたらしています。水と草は豊富で、その土地は牧畜に適しています。牛や馬は前後に隊列を為すほどで、羊の群れも道を塞ぐほど多いのです。北は山河に阻まれ、地形が狭くて険しい土地です。渠水灌漑、水臼と漕運によって、労少なくして、軍糧が足ります。そのため、前漢の武帝や後漢の光武帝は北の黄河沿いに朔方郡を築き、西河郡を開き、上郡を設置しました。（『後漢書』西羌伝(1)）

とある。文中の前漢時代の朔方郡とは現在の内モンゴル自治区の臨河から烏拉特旗附近までの地区、西河郡とは内モンゴルのオルドス市から黄河両岸を南下して壺口瀑布に至るまでの地域、上郡とは北は神木県から南は延安・黄陵に至る地域である。つまり、朔方郡・西河郡・上郡は、黄河の屈曲部に挟まれたオルドス（河套）と黄土高原北部にあたる。上奏文では、その地には牧畜に適するほど草と水が豊富にあり、また、渠水灌漑によって農耕もできると言う。

地図15―1　黄土高原関係地図（点線の範囲内＝黄土高原）

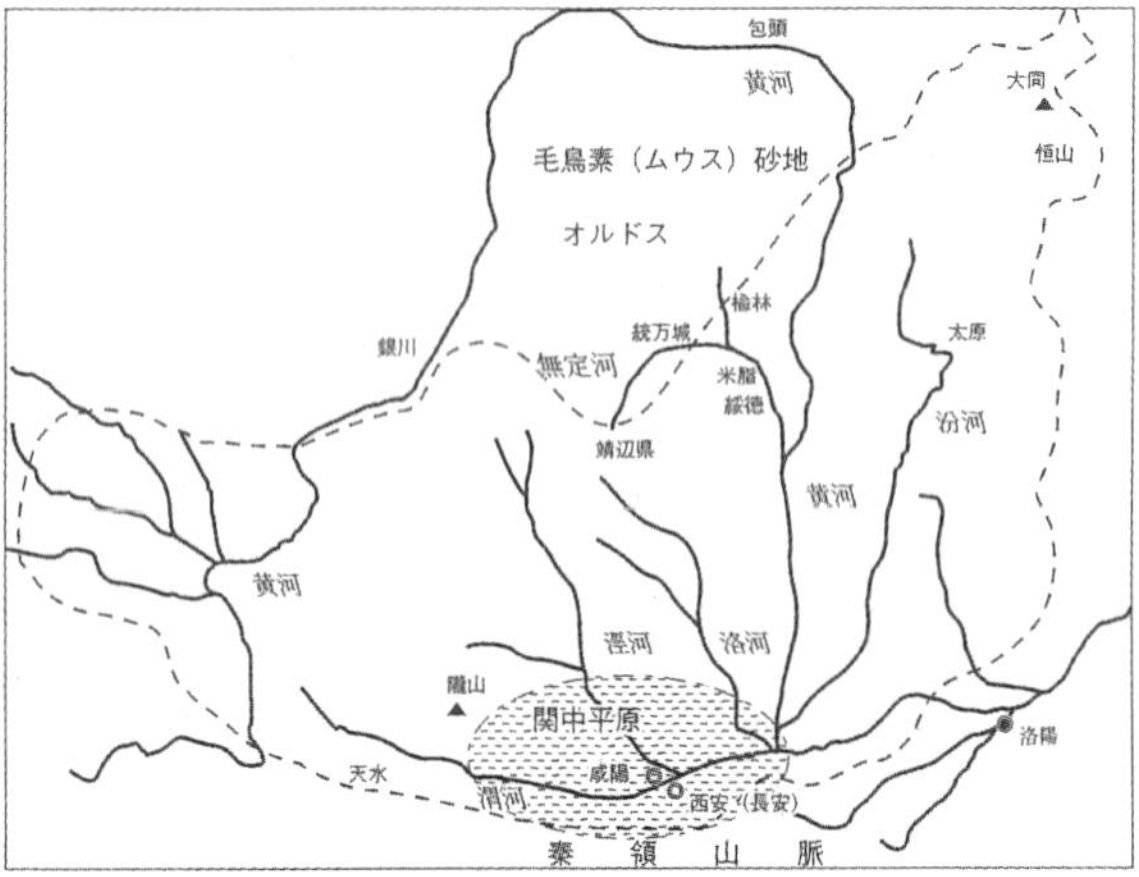

つまり、この地は牧畜と農耕両方に適した土地であった。牧畜民と農耕民の争いがこの地の歴史を形づくったと言ってもよい。

陝西省北部（陝北地域）を流れ、黄河へと流れ込む河川は、その水量が少ないため、流れが定まらない河、すなわち「無定河」と名付けられた。虞詡が上奏した二千年前、この無定河流域では、画像石墓（墓内がレリーフで飾られた墓）が多数造営された。画像石墓は後漢代に流行し、山東・河南・江蘇・四川と陝北などに見られる。レリーフのデザインには、西王母などの神話や車馬出行図、始皇帝暗殺未遂事件などの歴史故事のほか、大邸宅の厨房や庭園、宴会など墓主の生前の生活風景も彫られている。陝北の画像石のなかで、特に注目されるのが、当時の農耕の風景である。例えば、一頭の牛が短い轅の犂を牽いている図（図15―1①）、二頭の牛が犂を牽いている図（図15―1②）、堆肥にするための馬の糞を拾う図（図15―1③）などが見られる。牛耕図の上下にアワの穂が垂れ下がる図が配されるデザインもある（図15―1④⑤）。そのほか、闘牛、鶏、羊、鹿、馬などの牧畜（図15―1⑥）や、弓で鳥獣を追いかける狩猟の光景も見られる。まさに、農耕と牧畜が混在した陝北地域の風景を描写したのである。この墓の主人は入植した漢人である。漢王朝にとって、陝北地域は遊牧民・匈奴との戦いの最前線に位置した。前漢時代には霍去病や衛青が匈奴と激しい攻防をくり返した。しかし、後漢代になると、匈奴が南北に分裂し、南匈奴は漢に帰順、北匈奴は西へ遷り、北方辺境は安定化した。画像石墓の建設された時期は、

図15ー１①　綏徳県王得元墓
綏徳名州鎮から出土。「永元十二年四月八日王得元室宅」の刻文あり。扶桑の木の下で一頭の牛が短い轅の犂を牽いている図が描かれる。

図15ー１②　綏徳県白家山出土画像石
二頭の牛が犂を牽いている図

図15ー１③　綏徳県賀家湾出土画像石
堆肥にするためにウマの糞を拾う図

図15ー１④　綏徳県孫家岔出土画像石
アワの穂が垂れ下がり、その右側には収穫のためにカマを持つ農民が立つ。

図15ー１⑤　米脂県官庄出土牛文明墓
下段は二頭の牛が犂を牽いている図。その上段にはアワの穂が垂れ下がる。「永初元年九月十六日牛文明千萬歳室長利子孫」と刻文有り。

図15ー１⑥　米脂官庄出土画像石
鴨・ガチョウ・犬及び馬の糞を拾う人

紀元後九〇年から一三九年までのおよそ五十年間に限られる。一四〇年に匈奴は南に侵攻し、無定河流域に居住していた漢人は南の関中地域もしくは黄河東岸の離石へと逃れた。離石から無定河沿いと同じデザインの画像石墓が発見されていることはそのことを示している。漢の民が去ったのち、この地は再び牧畜の場となった。まさに、黄土高原は農耕と牧畜の双方に適した土地であった。

2、黄土高原――黄砂の発生源――

黄土高原とは、西は青海省の烏梢嶺、東は太行山脈、南は秦嶺山脈に至る六〇万㎢におよぶ黄色い大地を示す。この黄色い大地の土は、二百数十万年前から現在に至るまで中国西北部の砂漠から巻き上げられた砂が太行山脈と秦嶺山脈に遮られ、堆積したと考えられてきた（近年では周辺の土地の表層の微細な表土が集積したものという考え方もある）。黄土の厚さは五〇mから八〇m、最も深いところで二〇〇mに及ぶ。黄土高原北部は、年間降水量が四〇〇㎜のライン上に位置し、それより北は乾燥地帯に入り、農耕には適していない。陝北地域は砂漠化の最前線に位置し、北にはムウス（毛烏素）砂地が広がっている。黄土高原と言うと、横穴式のヤオトン住居に住み、砂漠化のなかで、苦しい生活を続ける貧困地域というイメージがある。その一方で、二十世紀初頭のドイツのリヒトホーフェンが「黄土は肥沃である」と書き残しているように、黄土高原には農業に適した豊かな土地という印象もある。このように多様なイメージを有する黄土高原は、土壌という観点で見ると、やはり、多様性を有している。「黄土」を土壌母材として形成された「黄色い大地」は、土壌学上、黄綿土・黒壚土および塿土に大きく分類される。いま、『中国土壌図』(2)（地図15―2）にてその位置を確認すると、黄綿土は北部の陝北地域から山西省北部、黒壚土は渭河上流の六盤山一帯、塿土は黄土高原南端部のいわゆる関中平原や山西省汾河流域に分布する。このうち、黄綿土は粒子が細かく粘り気のないサラサラな土壌で、雨によって崩れやすく、水土流出の原因となる。さらに、春先に巻き上げられた土は日本にまで飛来し、「黄砂」として報道されるのである。黒壚土は森林や草原が存在することを示す土壌であるが、その分布は極めて狭い範囲に限られる。そして、塿土は「肥沃な土」のもとである。含有する粘土鉱物と腐植が養分となる陽イオンを引きつけ、さらに、土に保水可能な団粒構造を持たせる働きをする。そのため「黄土」は、水さえあれば農作物が育つ土壌であると解された。しかし、その前提には、継続的な施肥が不可欠であった。すなわち、この土壌の存在はそこに居住した人々が長い間にわたって、しかも、継続的に農耕をおこなってきたことを示すことになるのである。それに対して、北部の黄綿土は塿土とはならなかった。黄綿土の地下の土壌を見ると黒壚土などが層をなしている場所もある。それは、この地における土地利用が、長い時間のなかで、森林・草原・農耕など様々に変化したことを示している。時には森林・草原として人の手が入ることがなく、時には農耕がおこなわれ、時には牧畜がなされたのである。このように考えるならば、黄土高原の農耕と牧畜の歴史を見るには、農耕がおこなわれ続けた関中平原と、農耕と牧畜が複雑に交替しておこなわれた黄土高原北部地域とにわけて考える必要があるだろう。

地図15－2　中国土壌図（黄土高原地域）
『中国土壌』（第二版）の付図をもとに作成

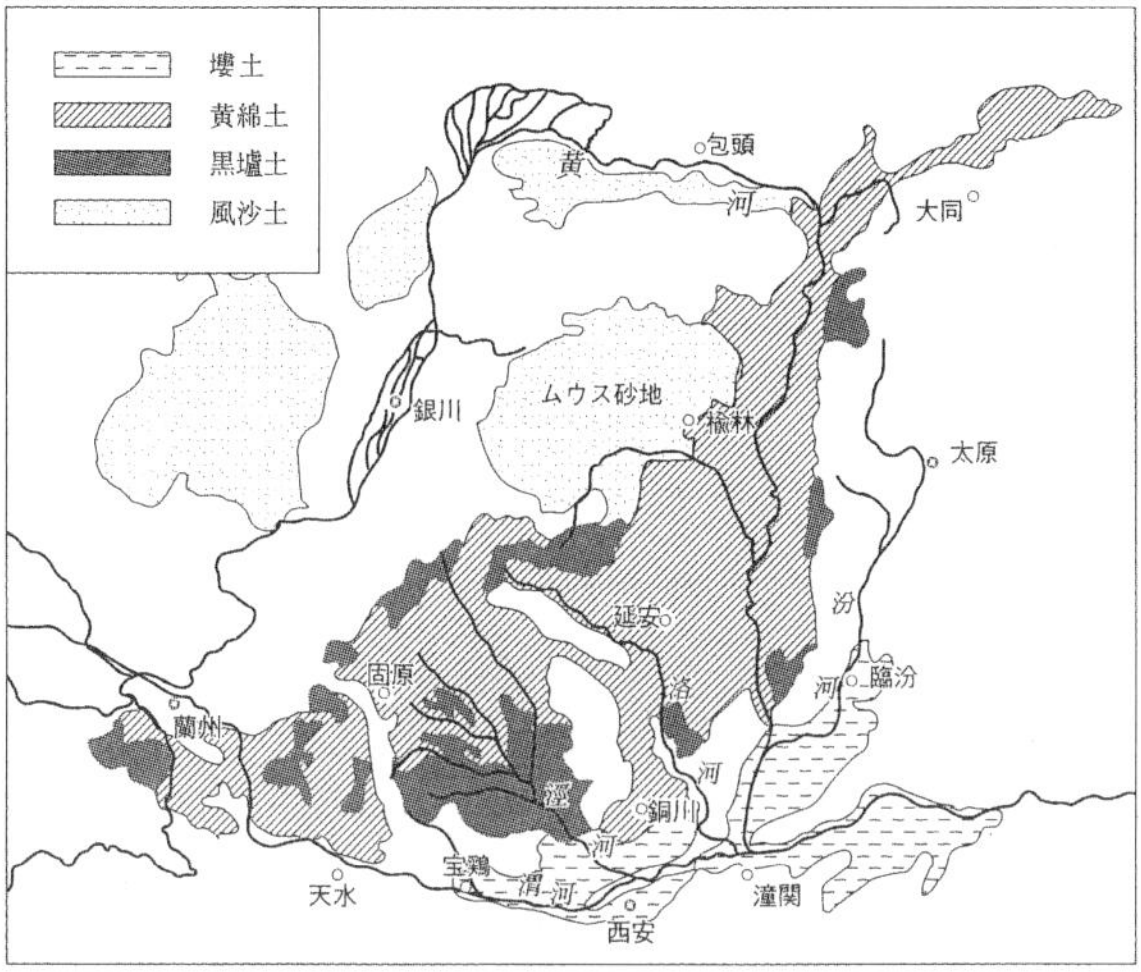

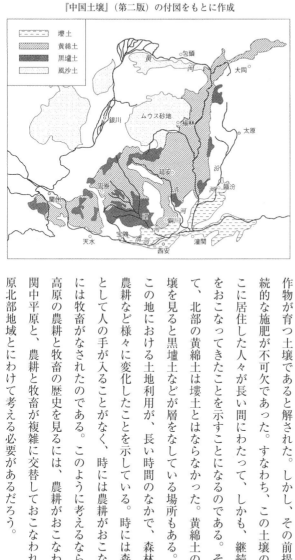

3、黄土高原北部の農牧境界地域

黄土高原北部とくに陝北から山西省大同にかけての地域は農業と牧畜の境界線すなわち「農牧分界線」と称される。歴史地理学の視点から黄土高原の自然環境の歴史を研究した史念海教授の研究では、今から二千年前の秦漢時代と三百年前の明清時代の森林の分布は地図15―3のように示すことができると言う。秦漢時代には陝北とオルドスにも森林が見られ、東の呂梁山脈も緑に覆われていたが、二千年近くにわたる農地開発の結果、明清時代になると、森林は消滅したと考えられている(3)。

黄土高原北部の土地利用の変化に影響を及ぼした大きな原因は、農耕を主たる業とする民の北方への入植と地球規模での気候の変化による遊牧民の南下である。史念海氏の研究によれば、漢代、唐代そして明代の時期に漢族の入植による黄土高原の農地化が積極的にすすめられた。漢の武帝の時代には七千万人が黄土高原北部およびオルドスに移住させられた。唐代には広大な地で馬牧がおこなわれたが、移住者の増加により新たに設置された州の数も多く、農地化が進展した。明代には盛んに長城線に屯田がおこなわれた。特に塩商が辺境を守る軍に穀物を送ることによって塩の販売権を得ることのできる開中法がおこなわれたことにより、西北辺境にあたる黄土高原の農地化は進んだ。これらの時期に農地化された土地では粗放的な経営がおこなわれ、現地の食糧を調達できる程度の生産力であり、人口増加や災害によって、さらに激しい農地開発がすすめられることとなった。その過程で、森林や草原は破壊され、土壌の浸食も進んだという。気候変動に関しては、竺可楨氏の研究がよく知られている(4)。彼の文献史料等に基づく分析によれば、紀元前三～紀元前一世紀の前漢時代は現在よりも二度ほど気温が高かったが、紀元後一世紀すなわち後漢時代以降は寒冷化が始まり、七・八世紀の唐代に至ってようやく温暖になったという。寒冷化の時代は匈奴の南下さらには北方遊牧民が華北を支配した五胡十六国・北朝時代と合致する。寒冷化が陝北・オルドス地域の牧畜化を招いたと言える。さらに、十二世紀の南宋時代、十三世紀の元、十七世紀の清代初期に寒冷化の傾向が見られ、その時期は遼・金、モンゴル、清など北方遊牧民の南下の時期と一致する。このような気候変動の影響を直接受けることとなるのが、農耕と牧畜に適していた黄土高原北部の地域であった。

地図15－3　黄土高原森林変換図（上より、①秦漢時代②明清時代）

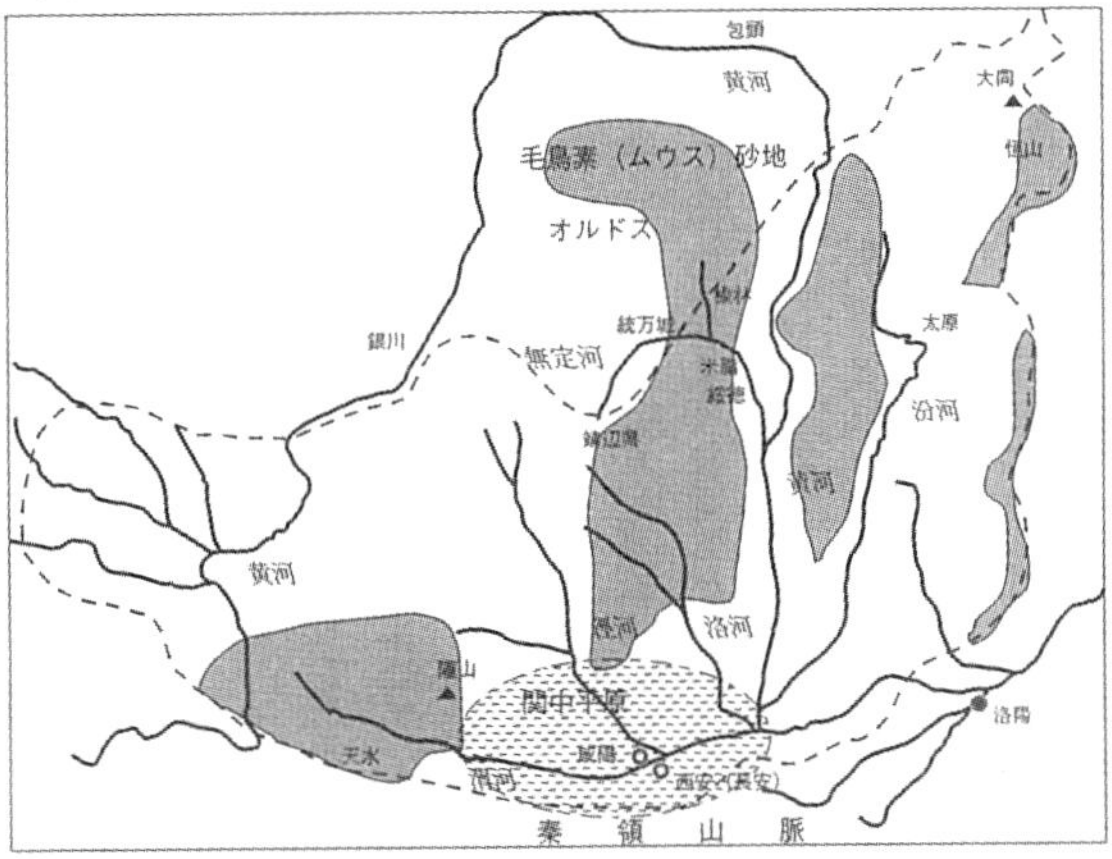

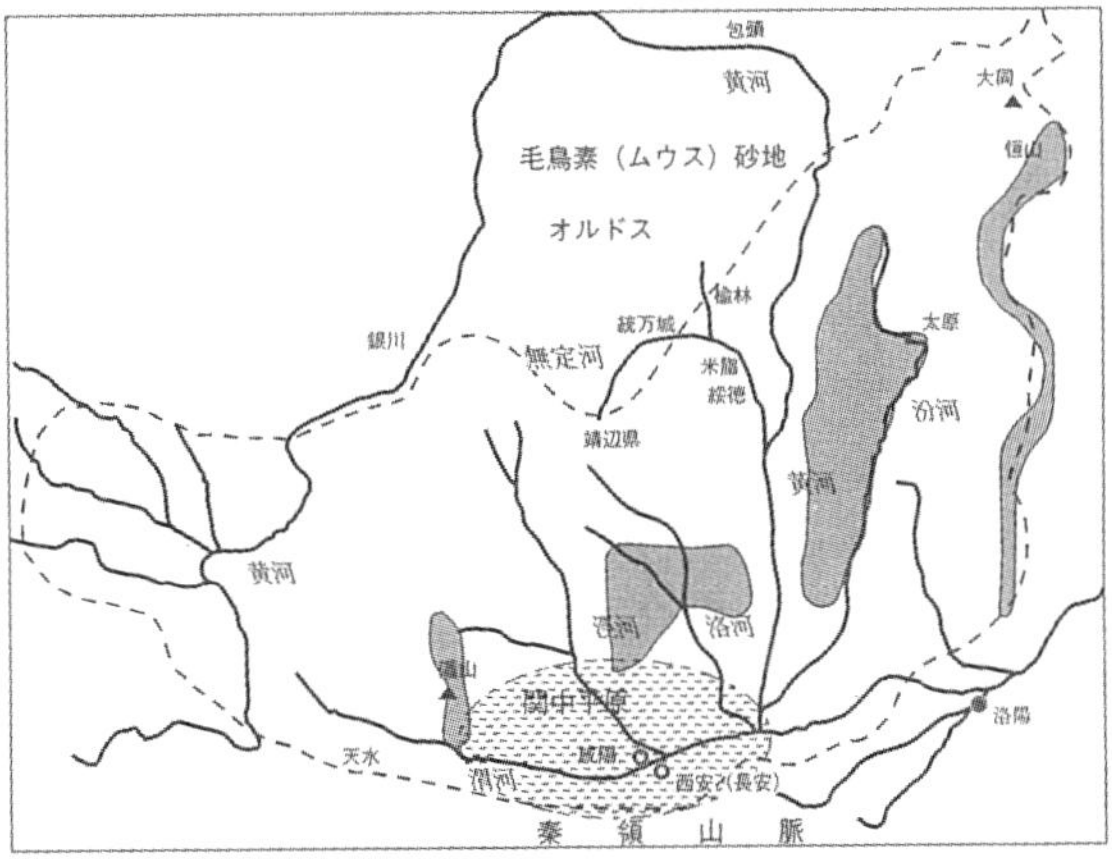

しかし、土地利用のありかたは、「農牧分界線」というかたちで単純化できるものではなく、複雑に入り組んでいた。長城線の北で農耕がおこなわれることもあれば、南で牧畜がおこなわれる場合もあり、はっきりと農・牧のラインが引けるわけではない。この地域における農業で最も重要な要素は水である。前述した一～二世紀の後漢時代の無定河流域において、農耕がお

写真15－1　無定河（米脂県付近）

写真15－2　無定河（綏徳県付近）

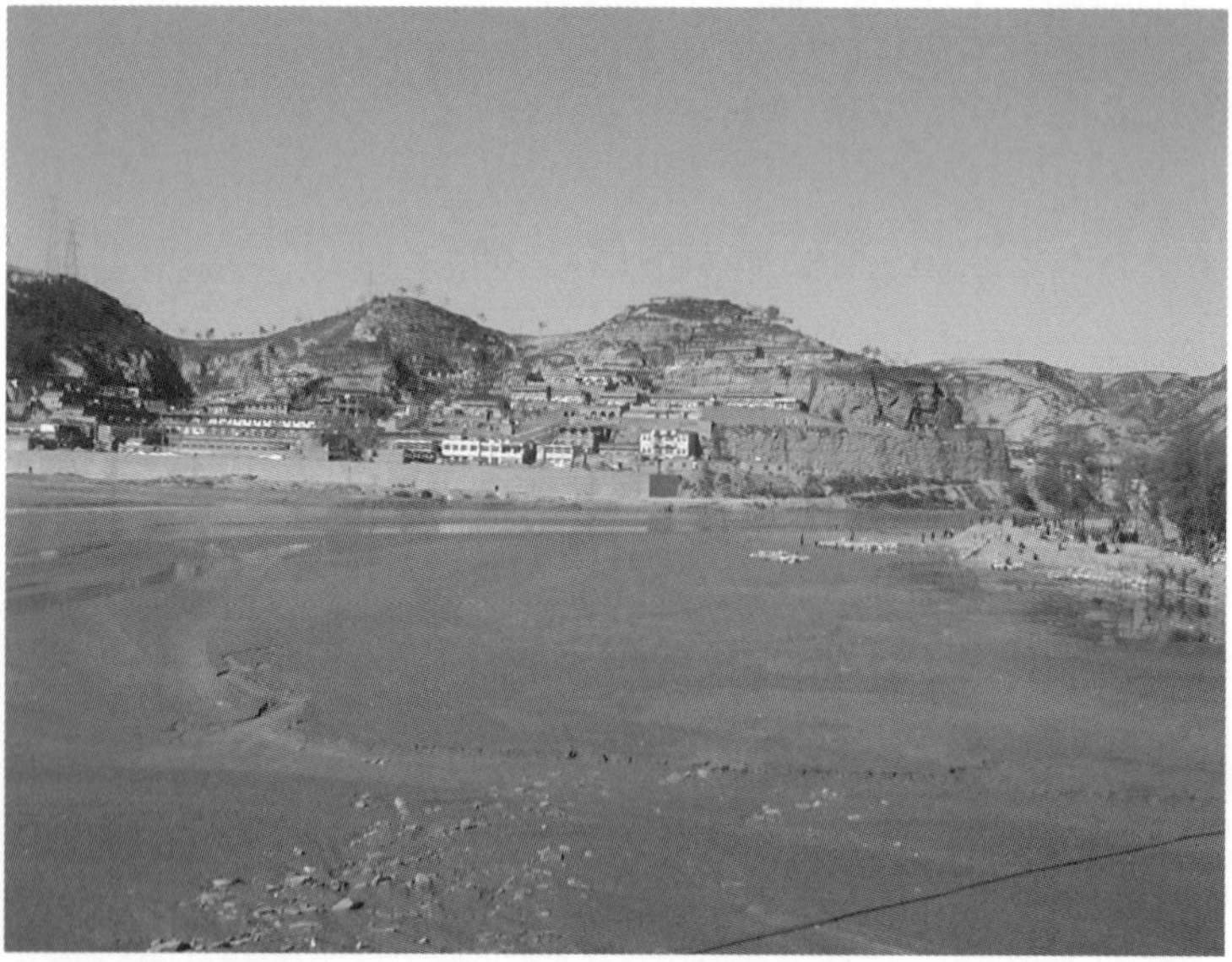

写真15―3　統万城遺跡

写真15―4　無定河（統万城付近）

写真15—5　紅墩界から統万城を望む

こなわれたのは、取水しやすい河川沿いの平地で、河川両岸の丘陵地の上では狩猟がおこなわれたと考えられる。四世紀の五胡十六国時代になると、遊牧民が南下し、匈奴の赫連勃勃が現在の陝西省靖辺県に統万城を築いた。現在、この都市は廃墟となり、砂漠化の最前線となっている。赫連勃勃が初めて陝北を訪れた際、「この丘は美しい、広い沼沢に臨み、清流をいだいている。私は多くの所に行ったが、これほどの美しさではなかった」と言ったという。(5) 豊富な水を想像させる記載である。また、近年、統万城東南の紅墩界からは、六世紀から十世紀にかけての墓誌四十七件の発見が報告されている。(6) このなかには当時の環境をうかがうことができるものもある。例えば、隋の叱奴延輝墓志（開皇十三（五九三）年立石）に「砂地の南の山の陽（南）、西北のかた夏州統万城を去ること十里の墳穴に遷葬す（遷葬于砂地南山之陽・西北去夏州統万城十里墳穴）」とあり、また、唐の王玄度墓志（景龍三（七〇九）年立石）には「沙場万里」とあることなどから、埋葬地の周辺はすでに砂の中にあったと考えることができる。それに対して、安旻の墓

志（神功元（六九七）年立石）には「けわしく続く砂丘に面し（面沙阜之崎嶇）」とある一方で、「水辺と陸地が複雑で（水陸交纏）」とあり、砂地と水、草原が複雑に分布していたことも想定できる。現在、統万城を訪れると、南に流れる無定河は多くの水をたたえ、その両岸には砂丘が形成されている光景を目にすることができる。水の存在がこの地域では、生業を決定する極めて重要な要素である。

陝北およびそれより北の地域であっても、十分な水を確保することができれば、灌漑農業をおこなうこともできる。例えば、黄土高原の西端にあたる寧夏回族自治区の銀川では黄河本流から無数の灌漑渠が引かれ、秦渠や漢渠と名付けられた渠水もある。黄土高原北部の靖辺県でも黄河の支流である無定河の上流の水を利用した灌漑農耕が現在でもおこなわれていることが衛星写真によって確認できる。また、内モンゴル自治区の包頭附近の黄河流域でも灌漑がおこなわれている。豊富な水を得ることができれば（もちろん継続的な施肥は不可欠であるが）、農耕は十分可能なのである。しかし、大規模な灌漑ののちには、塩害が発生する。この点に配慮した農業が不可欠となる。

4、関中平原の農耕・灌漑

黄土高原の南端は秦嶺山脈の北麓にあたる。この秦嶺山脈の北に広がる渭河の南北両岸に広がる河谷平原（川に浸食されてできた谷間の平原）が関中平原である。この平原には西周の周原、秦の咸陽、漢の長安、そして唐の長安が位置し、二千年もの間、中国古代文明の中心地であった。それは、この地が穀倉地帯であったことに起因する。現在の土壌図において、塿土が醸成されていることからもわかるように、この地では二千年以上にわたり、継続的に農耕がおこなわれてきた。小規模な農業生産であれば、天水農法（雨水だけに頼る耕作方法）でも事足りるが、古代文明の中心たるこの地域での生産力の向上は不可欠であり、灌漑がおこなわれた。しかし、渭河は盆地の底部を流れ、南北両岸は段階的に広い平地がひろがる原（塬）となっており、渭河からの引水は難しい。それに対して、関中平原を西北から東南へと流れ、渭河へと流れ込む涇河は、関中平原東部を灌漑する水源に適していた。この涇河を利用した灌漑システムは「引涇灌漑工程」と呼ばれ、紀元前三世紀に秦が鄭国渠を造って以来、二千年以上を経た現在でも涇恵渠と呼ばれる灌漑システムが機能している(7)。

鄭国渠は、紀元前二四六年、秦の始皇帝が天下を統一する以前、韓のスパイとして派遣された水工・鄭国が秦の国力を疲弊させるために、渠の建設を提案したことから始まる。建設中に鄭国がスパイであることが発覚するが、始皇帝はそのまま建設を続行させ、完成した。涇河から取水し、石川河を経て、洛河にまで至る、約一五〇㎞の渠道であった。その灌漑効果によって生産力が上昇し、それを原動力として秦は統一へと至った。鄭国渠からはじまる涇河の水を利用する灌漑事業は、表15―1に見られるように、その後、漢代の白渠、唐代の鄭白渠、宋の三白渠・豊利渠、明の広恵渠・通済渠、そして清の龍洞渠へと引き継がれた。特に、注目すべきは、北方遊牧民が関中平原を支配した時代であっても、それまでの漢族の土地利用の伝統にしたがって灌漑渠の補修・開削がおこなわれたことである。五胡十六国時代・氏族の前秦、北朝・鮮卑族の西魏では白渠が補修され、モンゴルの元では王御史渠が開削された。それゆえ、二千年にわたる継続的な農耕がこの地においておこなわれ、その結果として塿土が形成されたのである。

涇河を利用することにより、灌漑用水が確保され、また、河の水に含まれる泥が肥料として利用でき、さらにその泥・水によって土壌塩分を押し流すことができる。漢代の白渠に関する記載には、「涇水一石、その泥は数斗。農地を漑し肥料をあたえ、我がアワ・キビは大きく育ち、京師（首都圏）の億万の人口の衣食を支える（涇水一石、其泥数斗、且漑且糞、長我禾黍、衣食京師、億万之口）」（『漢書』溝洫志）とある。この泥が溜まることにより、定期的な浚渫が不可欠となるが、一方でその泥には多くの栄養素が含まれ、それが肥料となる。涇河の上流は六盤山系に位置し、その地は、黒壚土層も見られることから、森林・草原の広がる地域であった。その土壌および牧畜の際の動物の糞を含む泥が涇河を通じて関中平原へと流れ、白渠等の灌漑渠を通じて、結果として施肥がおこなわれたことになる。(8)

涇河を利用しておこなわれたもうひとつの効果が地表塩分の除去であった。鄭国渠に関する『史記』河渠書の記載には、その渠水が「鹵地」を漑したとある。この鹵地とは塩地のことである。塩類集積地には、もともと地下水の塩分が蓄積しやすい窪地の原生塩鹹地と、大規模灌漑をおこなった後に、地下水位が上昇し、地中の塩分が地表面へとあらわれる再生塩鹹化（再生アルカリ化）とに分別できる。この『史記』の「鹵地」は鄭国渠による大規模灌漑がおこなわれる以前であったから、もともとの塩地、すなわち、原生塩鹹地であったと考えられる。(9) 地表に存在していた塩分を水と泥で押し流し、その地を農地化したのである。それは上述の泥に含まれる栄養分と合わさり、当該地の農業生産力を向上させた。ただし、鄭国渠以降の灌漑システムには、原生塩鹹地の塩分を押し流す機能はなかった。漢の武帝の時期に造られた白渠以降、その灌漑対象区は涇河—石川河間、すなわち鄭国渠の灌漑区の西部に限られた。石川河—洛河間の窪地では、現在でも塩類集積が激しく、一部では製塩工場となっている所もある。つまり、白渠以降の灌漑渠は鄭国渠の灌漑対象区のうち、塩類集積が激しい東部は放棄し、比較的灌漑の効果が上がりやすい西部のみをその対象としたのである。しかし、灌漑を続ける以上、

表15－1　歴代の主要な引涇灌漑工程

3世紀	秦	鄭国渠
前2～1世紀	前漢	六輔渠・白渠
後4世紀	前秦	涇水上源を開く（鄭・白渠の修復）
5世紀	西魏	白渠・富平堰
7世紀	唐	鄭白渠
10～12世紀	宋	三白渠・鄭白渠・豊利渠
14世紀	元	王御史渠
15世紀	明	広恵渠
16世紀	明	通済渠
18世紀	清	龍洞渠
20世紀	民国	涇恵渠

地図15－4　関中平原灌漑図（鄭国渠と白渠）

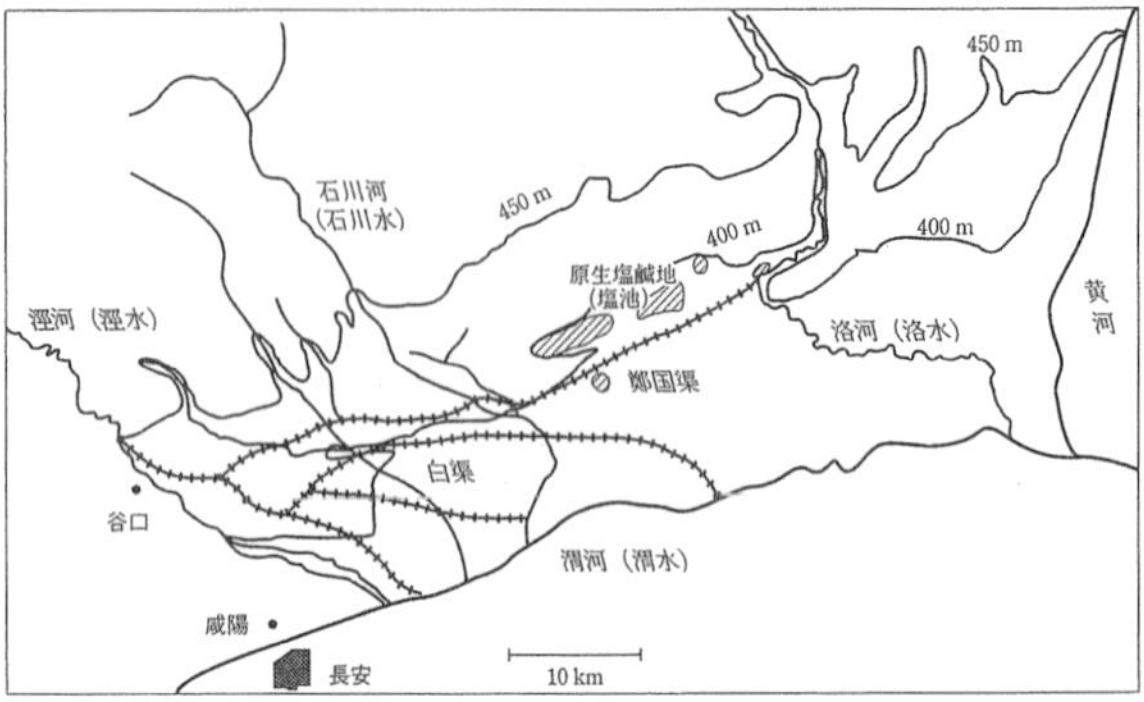

斜線は原生塩鹹地（塩池）

涇河—石川河間でも再生塩鹹化が引き起こされる。再生塩鹹化を防ぐためには、地下水位を七ｍ以下に保つことが必要で、そのためには排水溝を造る必要があった。しかし、中華人民共和国成立より前は、排水溝を造るという対処法が取られず、渠道を徐々に南へとずらしていくことによって、塩類の集積を何とか防いでいた。また、渠首は水流によって削られるため、徐々に上流へと移動させる必要があった。それゆえ、涇河の水を引くという基本的な引水方法は不変であっても、王朝ごとに新たな灌漑施設を建設する必要が生じたのである。

さて、灌漑渠によって作られていた穀物について、最後に述べたい。漢代はアワを主とした粒食が主流であった。麦粉を加工した粉食が普及するのは三世紀の魏晋期以降のことで、八世紀の唐代になると冬小麦はアワにかわって主食となった。その原因のひとつには唐代の温暖化がある。唐代には鄭白渠が建設され、水路の沿岸に碾磑とよばれる石臼が建設され製粉がおこなわれた。この小麦の生産が唐の首都・長安の人々の食を支え、そして、現在に至るまでに華北で多く食される饅頭や饃《モー》が普及することとなるのである(10)。

5、おわりに

以上のように、黄土高原北部では時期や地域によって農業と牧畜が入り交じったさまざまな土地利用がおこなわれた。それに対して関中平原では二千年間にわたって涇河を利用した渠水による灌漑農耕がおこなわれ続けた。このような土地利用の歴史の違いが、黄綿土と塿土という現代の土壌の違いとしてあらわれたのである。黄土高原の農耕と環境の歴史は、現在の私たちの目の前に広がる自然環境とつながっているのである。

現在、砂漠化の進展する陝北地域や内モンゴルでは放牧禁止政策や「退耕還林」政策、生態移民（農耕民や牧蓄民の都市部への集団移住）政策などがすすめられている。実際、そのような政策によって、砂漠化の進展は抑えられていると報告されており、また、人間が入らず、開発を放棄すれば、いとも簡単に自然が回復したという事例もある。一方で、塿土の形成過程を考えれば、黄土を材料としている点では黄綿土も共通しているのだから、長期にわたる適度な有機施肥をおこなうことにより、黄綿土の堆土化を期待することも可能ではないかとも思われる。ただし、水資源の確保という点をクリアしなければならないが。

今、最も重要であると思うことは、農耕＝環境破壊や牧畜（放牧）＝環境破壊という固定的な構図ではない新たなものの見方が必要な時期にきているということである。政策ではなく、それまでの現地の人々の歴史や文化を理解し、それに基づく、新たな社会の形成を模索する必要がある。

注

（1）「禹貢雍州之域、厥田惟上。且沃野千里、穀稼殷積、又有亀茲塩池以為民利。水草豊美、土宜産牧。牛馬銜尾、群羊塞道。北阻山河、乗阸拠険。因渠以漑、水舂河漕、用功省少、而軍糧饒足。故孝武皇帝及光武築朔方、開西河、置上郡、皆為此也。」（『後漢書』西羌伝）。

(2) 熊毅・李慶逵主編『中国土壌』（第二版）、科学出版社、一九八七年。なお、塿土の重要性については原宗子『「農本」主義と「黄土」の発生――古代中国の開発と環境2』研文出版、二〇〇五年参照。

(3) 史念海『黄土高原歴史地理研究』黄河水利出版社、二〇〇二年参照。なお、地図15―3は、当該書所収の、「黄土高原及其農林牧分布地区的変遷」の秦漢時期と明清時期の黄土高原農林牧分布図、及び「両千三百年来鄂爾多斯高原和河套平原農林牧地区的分布及其変遷」の秦漢時期と明清時期のオルドス高原と河套平原農林牧分布図を基に著者が作成したものである。

(4) 竺可楨「中国近五千年来気候変遷的初歩研究」『考古学報』、一九七二年第一期）。

(5) 「美哉斯阜、臨広洋而帯清流、吾行地多矣、未有若斯之美」（『太平御覧』、巻五五五引崔鴻『十六国春秋』）

(6) 康蘭英（編）『楡林碑石』三秦出版社、二〇〇三年。

(7) 『涇恵渠志』三秦出版社、一九九二年。

(8) 原宗子『「農本」主義と「黄土」の発生――古代中国の開発と環境2』研文出版、二〇〇五年。

(9) 本書第五章「中国古代関中平原の水利開発と環境」参照。

(10) 妹尾達彦（編）『岩波講座　世界歴史9　中華の分裂と再生』岩波書店、一九九九年。

第十六章　黄河の断流――黄河変遷史からの視点――

1、はじめに――花園口のほとりから――

一九九九年八月のことである。中国・河南省鄭州市を訪れた。ここは今から約三千五百年前、殷の前期ないし中期に都が置かれ、近年あらたに中国八大古都のひとつに加えられた都市である。黄河沿いに、西には東周・後漢・魏の都となった洛陽、東には北宋の都となった開封があり、その中間に位置する鄭州はまさに黄河文明発祥の中心地なのである。鄭州市内からバスで四十分ほど北上すると黄河遊覧区に到着する。ここには、黄河の治水で有名な禹の巨大な像や漢の劉邦と楚の項羽が東西にわかれて対峙した広武山（漢覇二王城遺跡）がある。さらに、その東へ三〇km行った黄河の南岸に花園口と呼ばれる場所がある。一九三八年、国民党軍が日本軍の追撃を退けるため、この地で人為的に黄河を決壊させたという現場である。その決壊によって黄河の水は南の潁河・渦河などへ一気に流れ込み、その水流は淮河流域の寿県や蚌埠にまで及んだ。被災者は千二百五十万人、犠牲者は八十九万人にのぼったという。もともと、古代の花園口付近には黄河の氾濫によって形成された滎澤や圃田澤と呼ばれる低湿地があり、宋代には黄河の水を引く水門がつくられた。その後、明代の嘉靖年間（十六世紀前半）、吏部尚書の許讃という人物がここに五四十畝の花園をつくり、珍しい花や木を植え、無料で人々に開放したという。のちに黄河の流れが南へ移ったためこの花園は流されてしまったが、その後も、渡し場としては長らく機能し、花園口や花園渡と名付けられた。ここには黄河をわたる五・五kmの鄭州公路黄河大橋が架かっており、西から東へと黄河が流れている（写真16—1）。強烈な夏の日差しのなか、黄河の河畔を歩いてゆくと高さ二mほどの鉄犀の像が見えた（写真16—2）。「鎮河鉄犀」と呼ばれるこの像の製作はいまから約六百年前の明代にまでさかのぼる。明代初期、黄河の水害が激しく、洪武三十（一三九七）年から宣徳六（一四三一）年までの三十五年の間に十回も決壊した。すなわち、三年に一回の割合で水害が発生していたのである。その最中、宣徳五（一四三〇）年、河南と山西などの地で災害が発生したことを受けて、皇帝は銭塘出身の于謙なる人物を兵部侍郎兼河南順撫・山西都御使という役職に任命した。于謙は着任後、州や県を視察し、自ら民の情況を調査し、たびたび堤防を視察して黄河大堤を修理した。その際、洪水を鎮めることを願いこの鉄犀を鋳造し

写真16—1　鄭州公路黄河大橋

写真16—2　花園口の鉄犀

写真16—3　花園口の堤防

たという。[1] この鉄犀から、さらに河岸へと歩みを進めるとそこには「治理黄河（黄河をおさめる）」と朱塗りで書かれた長く続く強固な堤防を目にすることができる（写真16―3）。その堤防は一一㎞にわたっており、その主要な部分は清の乾隆八（一七四五）年に建設された。幾多の時代の人々がこの花園口の洪水対策にかかわってきたのである。

ところが、筆者が訪れた一九九九年の夏、写真16―1のように黄河は本来流れていたはずの川幅の半分程度しか水が流れていなかった。強固な堤防も写真16―3のように無用の長物と化していた。ちょうどこの前年、中国では黄河の水の流れが河口まで届かない「断流」という現象が発生していると、日本でも大々的に報道されたのであった。[2]

2、黄河の断流

「断流」という言葉をそのまま読めば「流れを断つ」という意味である。前近代の歴史資料を調べてみると、「断流」の事例の多くは、河を決壊させ、本流が別の方向に流れ、前に黄河の恩恵を受けていた地域に河の流れが無くなってしまった場合に使われる。それに対して、現代の環境問題の文脈の中で述べられる「断流」は水量が不足して流れが断たれたもの、つまり水が涸れたという意味になり、歴史資料の示す現象とは異なる。

現代的な意味での断流は文化大革命中の一九七二年にはじめて観測され、一九七二～一九九九年の二十八年間のうち、二十二回も発生した。特に、一九九七年はもっとも深刻で、断流した日数が二百二十六日、その規模は最大で河口から開封市附近までの七〇四㎞にわたり、黄河下流域の九〇％の水が涸れたという状況に陥った。一九九八年には降水量の増加などによってやや減ったものの、百四十八日も断流した。この断流は都市・農村及び工場などで水不足を引き起こした。また、河口部においては地下水へ海水が入ることによる塩害の拡大や河口湿地帯における生態環境の崩壊、水質汚染の悪化など様々な問題が複合的に発生することとなった。また、水量が少なく、流れが緩慢となるため、河を流れる土砂が下流部の河底に堆積して天井川化し、水害の危険度が増大した。さらには、黄河が内陸河川化するのではないかとの懸念も出された。

この断流が発生した原因には、降雨量と水の流出量など黄河流域における水資源の量的不足という自然的要因のほか、全流域に対する水資源の統一管理体制がなく、不適切な水管理による水のムダ使いがおこなわれてきたり、経済発展のなかで水の利用量が激的に増加したことが挙げられる。一九九〇年代の工業用水・農業用水量はそれまでの一・六倍に増加し、一九五〇年代には一四〇万haであった農業灌漑面積が、一九九〇年代には四八七万haに増加したのである。このような統制のない黄河流域の水利用に対して、一九九九年二月、水利部黄河水利委員会は黄河流域の水調整を一手におこなうことを目的に「調水令」を発した。また、二〇〇〇年には水調整・砂調整・水力発電を目的として洛陽市の北に新たに小浪底ダムが建設された。これらの諸政策が功を奏し、一九九九年の断流日数は四十二日と減少し、二〇〇〇年から二〇〇四年までは五年連続、断流は発生しなかったと報道がなされている。

このような報道を信じるならば、断流の問題はすでに解決されたと見ることもできる。しかし、現実はまだまだ深刻である。二〇〇五年三月下旬、黄河古河道の探索を目的に河北省・山東省を訪れた。山東省の済南と河北省の邯鄲を往復する調査の途中、河北省魏県で漳河を通過した。その前日、上流の臨漳県の鄴城遺跡では水をたたえていた漳河も、その下流にあたるこの場所では水は全くなくなっていた（写真16―4）。現地の農民の話によると毎年六月に一ヶ月から一ヶ月半だけ上流から放水されるという。同じように、二〇〇三年九月に山西省の大同を訪れた際、北京の水供給源である桑乾河も涸れており、河底は一面のトウモロコシ畑になっていた。これらは直接黄河へ流れる河川ではないが、華北地域全体として見たとき、水不足は全く解決されていないことがわかる。「黄河本流」の断流は解決したと高らかに報じても、それ以外の無数の河川では断流が発生し続けていたのである。

この水不足の根本的な解決を視野にいれた事業が断流とほぼ時を同じくして報じられた。長江の水を黄河へ、さらには北京にまで調達しようという超大型公共事業、すなわち「南水北調」プロジェクトである(3)。中国全体の水量を見たとき、黄河流域に比べ長江流域の水量の方が圧倒的に多く、さらに、断流が騒がれた一九九八年は長江大水害の年でもあった。すでに五十年前に毛沢東が構想を発表した「南水北調」プロジェクトは断流報道の追い風を受けて、二〇〇二年十二月に着工された。「南水北調」とは読んで字のごとく、南の水を北へ調達する事業である。全体で西・中・東の三つのルートで工事が計画された。西ルートは長江上流の通天河等にダムを建設し、長江・黄河の分水嶺にトンネルを通して黄河上流へ送るというもの。中ルートは長江中流の丹江口ダムから取水して北へ流し、淮河を通過し、鄭州の西で黄河を横断し、京広線（北京と広州を結ぶ鉄道路線）沿いに北上して北京、天津へ注ぐというもの。東ルートは長江下流の揚州よりから取水し、京杭運河（北京と杭州を結ぶ運河）およびそれと並行する河道を通して北上させ、淮河下流の洪澤湖等四つの湖を通り、その後二つに分かれ、ひとつは黄河を経て北上し天津に向かい、もうひとつは済南を経て煙台等山東半島の東へ流れるというもの。特に、東ルートはその一部でおよそ千四百年前の隋の煬帝の時代に完成した大運河のルートを利用した。すでに隋代以前の春秋時代から運河沿いには小さな水運ルートが存在しており、古くからあった水路を利用するこの東ルートは比較的完成しやすい。ただ

写真16―4　漳河の河道（河北省魏県の南）。水は流れていない（二〇〇五年三月）

し、長江下流域の水質汚濁は激しく、その水が黄河下流、北京にまで流れこむことにやや不安は残る。予定では二〇五〇年までにこの南水北調プロジェクトは完成するという。三峡ダムも含め、二十一世紀の中国はこれまでにないほど自然に手を加える政策が実現に向けて動き出している。果たして、人間はどこまで自然を改変することを許されているのだろうか。

3、黄河変遷史と断流——廃黄河に想う——

再び一九九九年のこと。河南省商丘市からほぼ真北へ長距離バスで一時間ほど。道路の上に「山東省」という掲示が見えた。その先には橋が架かっていた（写真16—5）。橋の下には橋と立体交差するように自然堤防が続いており、大きな河の痕跡が見られる。しかし、その河底部分に水は流れておらず、一面のトウモロコシ畑となっていた。確かに渇水の時期ではあったが、単に水不足のためそのような光景が見られたわけではない。地図を見ると河南省と山東省の境界には「廃黄河」と書かれた河川のあとを示す記載がある。そこはかつて黄河の本流が流れていた所だったのである。この河道は明代萬暦年間から清代後期まで三百年の間の河道である。この河道は、ここからさらに江蘇省徐州市内へと続き、東南に流れて淮河に注いでいたものである。このような黄河の古い河道の痕跡は、砂地になっていたり、灌漑用水路として今でも利用されていたり、様々な地形として、太行山脈の東から淮河まであちこちに見られる。

写真16—5　山東省・河南省の境の廃黄河にかかる橋の上から

黄河は数千年にわたって不断の変化を繰り返した。いま私たちが地図で見るような山東半島の北の付け根から渤海湾へと流れ出る黄河のルートは一九四七年に確定したもので、たった六十年前のことなのである。しかも、そのうち二十二年間は断流が発生しているのだから、現在の河口から海へ黄河が流れ出したのはたった四十年程度しかないということになる。つまり、いまの黄河のルートは定まったものでなく、いつでも変化するものであるという前提のもとに物事を考えるようにしなければならない。太行山脈・秦嶺山脈（嵩山山系）の間に位置する洛陽・鄭州間を東へと流れた黄河は、前述の花園口付近の東で平原部に出て、そこからは北は太行山脈沿い、南は淮河までの一三〇度の範囲で時期によって大きく流れを変えることとなる。また、東に流れた後、山東丘陵によって流れを遮られ、山東半島の北へ流れる場合と、南へ流れる場合がある。

有史以来、黄河の洪水の記録は千五百回以上、比較的大きな河道の改変は二、三十回と言われており、黄河変遷の時期区分についても多くの研究者が説を提出している。ここでは復旦大学の歴史地理学者・鄒逸麟氏の説を紹介しよう[4]。氏は黄河の変遷を七つの時期に分けている。

Ⅰ期　紀元前四世紀以前（戦国時代以前）

新石器時代から戦国時代以前までの黄河は西の太行山脈に沿って北へ流れ、現在の天津付近で渤海に注いでいた。『尚書』禹貢や『山海経』・『漢書』地理志といった文献にみられるもの。人工的な堤防の建設はないと考えられる。

Ⅱ期　前四世紀～紀元前後（戦国時代中期～前漢末）

戦国時代中期になり、堤防の建設が始まる。漢の武帝期（前二世紀後

Ⅰ期　紀元前四世紀以前
（戦国時代以前）

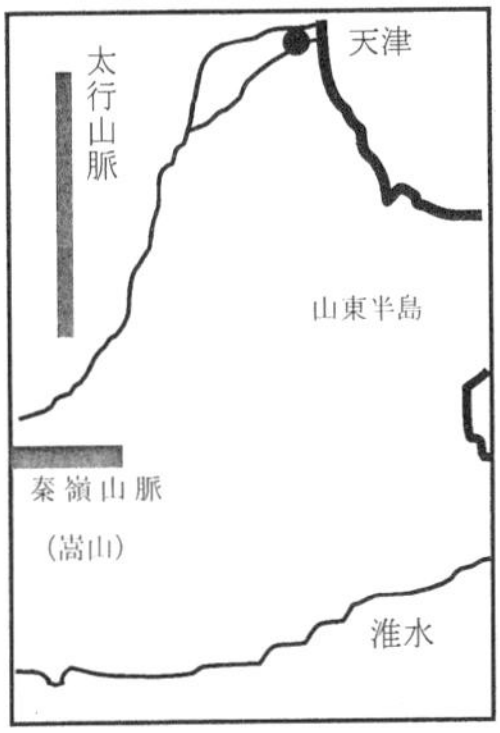

Ⅱ期　前四世紀～紀元前後
（戦国時代中期～前漢末）

Ⅲ期　紀元後一～十世紀
（後漢～唐末）

Ⅳ期　十世紀～一一二七年
（唐末～北宋末）

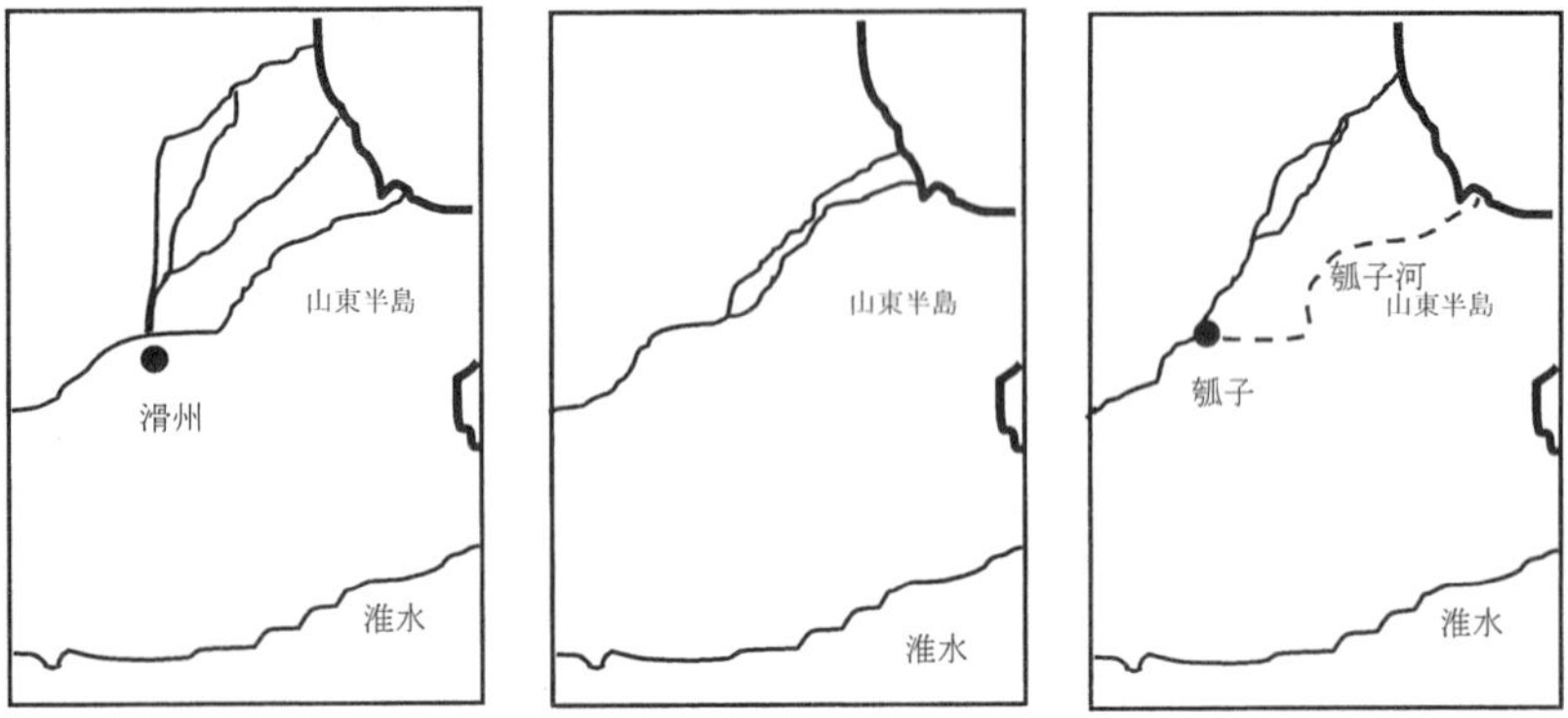

半）に瓠子（現在の濮陽付近）で決壊し、武帝は二十年にわたりこの洪水を放置した。このような度重なる洪水は王莽時代まで続く。

Ⅲ期　紀元後一～十世紀（後漢～唐末）

後漢永平十三（紀元後七〇）年の王景の河道改変工事によって山東丘陵の西南縁を通り、渤海へ抜ける新たなルートがつくられ、洪水も少なくなった。以後、唐末までの八百年は黄河が安定していた時期であった。

Ⅳ期　十世紀～一一二七年（唐末～北宋末）

この時期は洪水が頻発した。特に、九四四年には滑州で黄河が決壊し、山東省西南部で大規模な洪水が発生した。北は天津におよぶルート、東は山東丘陵の北縁をとおり海へ注ぐルートがあった。

Ⅴ期　一一二八年～十六世紀半（金・元～明の嘉靖・万暦年間）

南宋建炎二（一一二八）年、宋の東京留守の杜充が金の南下を阻止するため、河南省滑県西南で人為的に黄河の堤防を決壊し、黄河は南東流し淮河へ流れることとなった。これを「黄河入淮」という。以後、黄河はそれまでは中規模河川であった潁水・渦水・睢水の河道へと分かれて流れ込んだ。ちょうど、前述の花園口で度々水害が発生し、それを防止するため于謙が活躍していた時のルートである。

Ⅴ期　一一二八年～十六世紀半（金・元～明の嘉靖・万暦年間）

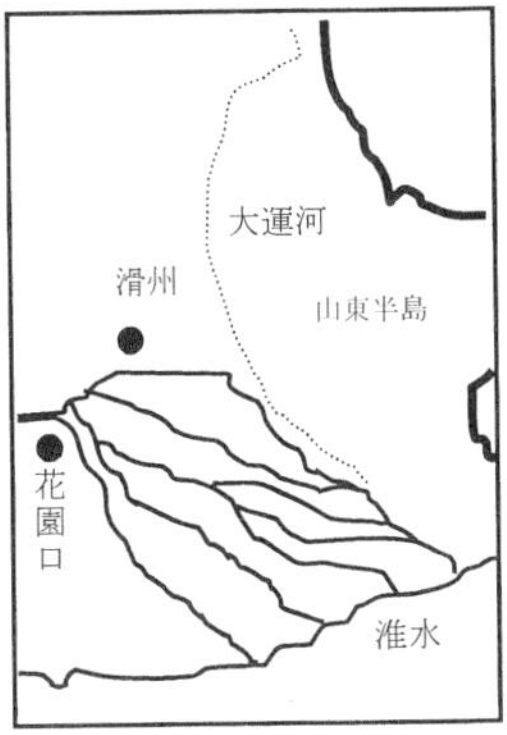

Ⅵ期　十六世紀半～一八五四年（明代後期～清咸豊四年）

Ⅶ期　一八五五年（清咸豊五年）～現在（ただし、一九三八～四七年は南流）

Ⅵ期　十六世紀半～一八五四年（明代後期～清咸豊四年）

明・万暦年間、潘季馴がそれまでいくつかに分散して流れていた河道を堤防の整備によってひとつの河道に固定した。開封から徐州を経て泗水の河道を経由して淮水へ入り海に出るルートである。これが商丘の北で筆者が見た「廃黄河」である。しかし、主要河道をひとつにあわせたため多くの泥が集中するようになり、河床が上昇して天井川が形成され、その後も洪水は発生した。

Ⅶ期　一八五五年（清咸豊五年）～現在

咸豊五（一八五五）年に黄河が決壊し、山東丘陵の北へと流れを変え、山東省利津県から渤海湾へ流れ込むルートとなった。その後、一八七六年に現在の私たちが見るような河道に一旦固定されたが、一九三八年には前述のように国民党による花園口での黄河決壊がおこなわれ、南へと流れる。一九四七年に現在の河道となり、およそ七十年が経った。

このように黄河は時には東北方向へ流れて山東半島の北を経て渤海湾に注ぎ、時には東南方向へ流れて淮河の河道へ入り黄海へと注いでいた。すなわち、今私たちが地図や衛星写真で見える黄河はそのルートを流れていることはあたりまえなことではなく、たまたま私たちが黄河の北流時代に生きているにすぎないということを知っておく必要があるだろう。かつて廃黄河流域に住んでいた人々は、ある日突然、黄河のルートが変化してしまったのである。まさに「断流」を経験したのである。しかしながら、人々は大幅に自然を改変しようとするわけでもなく、変化に応じて移動し、また暮らし方を変えてきたのである。

4、黄河の上流と下流

このように黄河の河道が変化する直接的な原因は堤防決壊などであるが、それはひとつのきっかけにすぎず、その前提条件は長い時間をかけて形成されたものであった。つまり、大規模な洪水が発生する前には、土砂の堆積による河床の上昇、さらには天井川化がある。すでに、紀元後一世紀の資料にもその様子は描かれている。新朝の王莽の時、大司馬史の張戎なる人物が次のように述べている。

水の本性とは低いところにむかうものです。流れが速いと自然に河底を削り去り、次第に河底は深くなります。黄河［原文は河水］はひどく濁っており、一石の水に六斗の泥が含まれると言われています。今、黄河が西の諸郡から京師（みやこ）まで東へ流れる間に、百姓はみな黄河やその支流である渭水周辺の山川の水を引いて、田を灌漑しています。春・夏は乾燥し、水が少ない時です。そのため、黄河の流れは遅くなり、下流では泥がたまり、次第に河底が浅くなります。そこへ大雨が降り、水が一気に増えるとあふれて決壊します。国家はしばしば堤防を築いてこれを防いできましたが、河底は次第に平地より高くなってしまいました。これはまるで垣根を築いて水を中に入れているようなものです。おもうに、各々の河川をその本性にしたがわせて低いところにむかわせ、その途中で灌漑に利用することなどなければ、多くの河がスムーズに流れ、水の流れる道は利益を生み出し、あふれたり、決壊したりして水害が発生することなどないでしょう。

（『漢書』溝洫志）

これはちょうど前述のⅡ期にあたる新の王莽が黄河の治水に関する意見聴取をしたときに述べられた見解である。特に注目すべきは、黄河の上・中流部で灌漑が盛んにおこなわれることにより、水量が減少し、下流部で流れが緩慢となり、黄土が河底に堆積し、天井川が形成されるということを言っている点である。つまり、今から二千年前にすでに上流部の開発が下流部の人々の災害と大きくかかわっていたことが認識されていたのである。なお、王莽時代、張戎を含め数百以上の人々から様々な意見が出されたようだが、それは実行に移されなかったという。

この前漢から王莽時代にかけての洪水多発時期の後、前述のⅢ期すなわち後漢から唐代にかけての八百年は黄河の流れが安定する時期にあたる。その直接的原因は王景による河道の変更にあるが、実は黄河上・中流域の生態環境とかかわりがあるとする説もある(5)。後漢代に入り、黄河の上・中流域の黄土高原には、羌族・匈奴などの遊牧・牧畜民が居住するようになった。そのため、それまでのように漢族による農地化は進展せず、黄土高原の草原や森林は次第に回復していった。さらに、その後の魏晋南北朝時代は羌族・匈奴・鮮卑が自立した政権を樹立し、より一層、黄土高原の退耕がすすんだ。鮮卑族の北魏・太武帝が匈奴の夏を滅ぼしたとき「河西（黄河の西岸の黄土高原）の地は水草が善く生育しているので牧草地となっている。家畜はよく育ち、馬は二百万頭余りで駱駝はその半分、牛・羊は無数であった」という（『魏書』食貨志）。農地が減少したことから、前漢・新のようには黄河上・中流域における土地の浸食は進まず、黄河に含まれる泥は減少した。そのため、下流部では河底への黄土の堆積が減り、天井川も形成されなくなった。それゆえ、黄河下流域では洪水はおこらず、まさに安定した時期を迎えたという。もちろん、このような説に反対する見解もあるが、ここで重要なことは黄河下流の河道変化は上・中流域における生態環境の変動がその間接的原因となっていることである。すなわち、黄河の河道変遷は下流域のみではなく、実はそれ以上に、上・中流域における長期的な土地利用の方法および生態環境の変化によるものが大きいのである。

黄河流域は歴史的にみて、項羽と劉邦が争った楚漢戦争や北朝の西魏・東魏の分裂など短期的な東西分裂は見られるが、長期的に黄河の上流と下流にわかれて国家が成立したことはない。それは様々な要因があるにせよ、黄河の上流・下流の生態環境は片方ものでは成立しえず、中・上流の生態システムを安定させることなしに、下流域の安定化も望めないためではなかっただろうか。

このように考えるならば、現代の断流も水が不足している下流域にどうやって水を送るのか、という問題のみに固執しては本当の問題解決にはなり得ないのである。つまり、当座の問題を解決するためには「南水北調」のような大規模公共事業も必要かもしれないが、それと同時に上・中流域の生態環境の回復についてしっかりと考えてゆかねばならない。

5、おわりに

花園口を訪れる一年前、一九九八年夏、陝西省大茘県を訪れた。そこには黄河の支流、渭河のさらに支流の洛河という河川を利用した洛恵渠という灌漑システムがあり、その現状調査のために訪問した(6)。その際、洛恵渠と立体交差して流れている用水路を見た。現地の水利管理局の方によれば、これは黄河の水を登竜門で有名な韓城から直接引き、大茘県を経由して富平県へと灌漑用の水を運ぶもので、富平県はこれまで二千年間、ほとんど灌漑農耕ができなかったという。これは世界銀行の出資によるいわゆる「引黄灌漑二期工程」の一環である。もちろん、現地の人々の農業生産力を上げ、貧困から抜け出す道をつくりだすことは重要なことではある。しかし、それと同時に、下流では水が不足し、多くの人々が貧困から抜け出せなくなるのである。つまり、あるひとつの地域の開発ではなく、黄河の上流・下流をトータルとしてみた開発のありかたを考えてゆく必要があるだろう。「断流」の問題は黄河上・中流域の黄土高原における沙漠化防止のための緑化活動の意義や関中平原における農業開発のあり方を下流域の人々の生活をも視野に入れて考えるべきであると私たちに知らせてくれたのではないだろうか。

注

（1）鉄犀は一九四〇年、日本軍が開封に運び、溶解して武器の原料にしようとしたが、現地農民の手で奪い返され、本物は現在、開封東北二・五㎞の鉄犀村の廟に安置されている。筆者が見た、現在の黄河河畔にあるものは複製品である。

（2）読売新聞中国環境問題取材班『中国環境報告』日中出版、一九九九年ほか。

（3）「南水北調」プロジェクトについては http://www.nsbd.gov.cn/zw/xxgg/xxgg01.htm を参照。

（4）鄒逸麟『中国歴史地理概述』福建人民出版社、二〇〇〇年。

（5）譚其驤「何以黄河在東漢以後会出現一個長期安流的局面」『学術月刊』一九六二年二期、のち『長水集（下）』人民出版社、一九八七年所収。

（6）本書第十九章「洛恵渠調査記」参照。

第十七章　澤からみた黄河下流の環境史――鉅野澤から梁山泊へ――

1、はじめに

紀元前三世紀、秦の始皇帝が崩じ、項羽と劉邦が天下を争っていた頃、のちに漢将となる彭越は鉅野澤を拠点にしていた。それから約千三百年後の北宋末期、『水滸伝』のなかで無頼たちを率いた宋江が反乱軍の拠点とした梁山泊も鉅野澤とほぼ同じ場所に位置していた(1)。澤も泊も山と湖の広がる低湿地を意味する。しかし、いま山東省の梁山付近を訪れてもかつてのような豊富な水をたたえた広大な水辺は見られない。なぜ、澤は消えたのか。これまでの黄河変遷史は河決の発生地点や変遷の回数など黄河そのものの河道変遷に重点が置かれてきた。本章では、その変遷の影響を受ける側の生態澤境の変化を中心に考察をすすめ、黄河変遷史を考える上での新たな視点を示したい。その事例として、鉅野澤から梁山泊への変遷のメカニズムを主眼に、そこから見える黄河下流さらには黄河流域全体の環境史の見通しを述べることとしたい。

2、鉅野澤から梁山泊へ――その名称の変遷――

澤とは池や湖の点在する水がたまった低湿地を示し、「山林藪澤」と総称されるように、一般的に澤の周囲には山や林などが存在する。『爾雅』釈地には、晋の大陸澤、宋の孟諸澤、楚の雲夢澤、鄭の圃田澤等、先秦時代の各国の領域内に多くの澤があったことが記されている。漢代にも、黄河下流域から淮北地域にかけて多くの澤が分布していた。澤には谷部から平原部への出口で自然堤防からあふれて形成したものと、平原を流れる河川が丘陵部に遮られて形成したものがある。黄河下流域から淮北地域では、前者は黄河の屈曲点南の開封付近にあった滎澤・圃田澤などであり、後者は黄河が山東丘陵に遮られた鉅野澤や雷澤・菏澤などがこれにあたる。(2) 泊とは湖や沼を示す語で、梁山泊は梁山の周囲の湖を意味する。また、梁山泊は梁山濼とも言い、「濼は陂澤なり」（『集韻』）とあり、池や湖を示し、泊と濼は同義である。泊は湖泊のように現在でも使用するが、濼は池・湖の意味ではほとんど使われない。梁山は現在の梁山県に位置する標高一九七ｍの小高い丘である。以下、まず、鉅野澤から梁山泊への名称の変遷について見てみたい。

（1）鉅野澤

表17―1は先秦から北宋時代に至るまでの鉅野澤・梁山泊に関する史料を整理したものである。鉅野澤は先秦時代には「大野」（大野澤）と称されていた。鉅は巨すなわち大を意味するので、大野と鉅野の示す意味は同じである。『尚書』禹貢には「大野既豬、東原底平」とあり、豬とは水の停まるところ、つまり、湖や澤を示す。また、『爾雅』釈地では魯に大野ありとし、『周礼』職方氏では兗州に大野あり、『春秋左氏伝』では魯の哀公が「獲麟」した地として大野の地名が見られる。「鉅野」の名称が初めて史料に登場するのは秦末漢初のことである。『史記』彭越伝に、彭越は常に鉅野澤で漁をし、群盗となり、のちには民を率いて鉅野澤を拠点としていたという記述がそれである。手つかずの自然を総称して山林藪澤と呼ぶが、その機能には国家権力の及ばない反乱の拠点としての性格を有するものが

表17－1　鉅野澤・梁山泊・梁山濼関係資料

1	先秦	大野既豬、東原底平。	『尚書』禹貢
2	先秦	魯有大野。	『爾雅』釈地十藪
3	先秦	河東曰兗州、其山鎮曰岱山、其澤藪曰大野、其川河泲、其浸盧維。	『周禮』職方氏
4	先秦	（哀公）伝十四年春西狩於大野、叔孫氏之車子鉏商獲麟。	『春秋左氏伝』
5	秦末	（彭越）常漁鉅野澤中、為群盜。…沛公之従碭北撃昌邑、彭越助之。昌邑未下、沛公引兵西。彭越亦将其衆居鉅野中、収魏散卒。	『史記』彭越伝
6	元光三（前一三二）年	今天子元光之中、而河決於瓠子、東南注鉅野、通於淮・泗。	『史記』河渠書
7	前漢	（山陽郡・鉅壄県）大壄澤在北、兗州藪。	『漢書』地理志
8	前漢	鄭玄曰「大野在山陽鉅野北、名鉅野澤」	『史記』夏本紀集解
9	後漢	（山陽郡・鉅野県）有大野澤。	『後漢書』郡国志
10	後漢	応劭曰「濮水南入鉅野」	『漢書』地理志注
11	西晋	大野在高平鉅野県東北大澤是也。	『春秋左氏伝』杜注
12	北魏	（東陽平郡）平原、有苦城・鉅野澤。	『魏書』地形志
13	梁	時魏降人王足陳計、求堰淮水以灌寿陽。（王）足引北方童謡曰「荊山為上格、浮山為下格、潼沱為激溝、併灌鉅野澤」	『梁書』康絢伝
14	元和八（八一三）年	大野澤一名鉅野、在（鉅野）県東五里。南北三百里。東西百余里。	『元和郡県図志』
15	開運元（九四四）年	河決滑州、環梁山、入于汶・済。	『新五代史』晋本紀
16	太平興国四（九七九）年	鉅野澤在県東五里。南北三百里。東西百余里。一名大野澤。	『太平寰宇記』
17	咸平三（一〇〇〇）年	真宗咸平三年五月、河決鄆州王陵埽、浮鉅野、入淮・泗、水勢悍激、侵迫州城。	『宋史』河渠志一
18	天禧三（一〇一九）年	天禧三年六月乙未夜、滑州河溢城西北天台山旁、俄復潰于城西南、岸摧七百歩、漫溢州城、歴澶・濮・曹・鄆、注梁山泊。又合清水・古汴渠東入于淮、州邑罹患者三十二。	『宋史』河渠志一
19	天聖六（一〇二八）年	閻貽慶言「五丈河下接済州之合蔡鎮、通利梁山濼。近者天河決蕩、溺民田、壊道路、合蔡而下、漫散不通舟、請治五丈河入夾黄河。」	『宋史』河渠志四・広済河
20	熙寧十（一〇七七）年	河決曹村、泛于梁山泊、溢于南清河、匯于城下、漲不時洩、城将敗、富民争出避水。	『宋史』蘇軾伝
		是歳七月、河復溢衛州王供及汲県上下埽・懐州黄沁・滑州韓村、己丑、遂大決於澶州曹村、澶淵北流断絶、河道南徙、東匯于梁山・張澤濼、分為二派、一合南清河入于淮、一合北清河入于海、凡灌郡県四十五、而濮・斉・鄆・徐尤甚、壊田逾三十万頃。遣使修閉。	『宋史』河渠志二（『宋史』五行志一上）
22	元豊五（一〇八二）年	（元豊五年）八月、河決鄭州原武埽、溢入利津・陽武溝・刀馬河、帰納梁山濼。	『宋史』河渠志二

23	元祐年間（一〇八六―一〇九四）	河決内黄、詔孝広行視、遂疏蘇村、鑿鉅野、導河北流、紓澶・滑・深・瀛之害。	『宋史』曾孝広伝
24	宣和元（一一一九）年	宣和元年五月、都城無故大水、浸城外官寺・民居、遂破汴堤、汴渠将溢、諸門皆城守…罷（李）綱送吏部、而募人決水下流、由城北注五丈河、下通梁山濼、乃已。	『宋史』河渠志四（『宋史』五行志・一上）

ある。[3] 秦末の鉅野澤は宋代の梁山泊と同様、反乱の拠点であった。前漢武帝の時代には瓠子で黄河が決壊し、東南に流れて「鉅野」に注ぎ、淮水・泗水へと通じた（『史記』河渠書）。前漢末から後漢にかけては、『漢書』地理志・『後漢書』郡国志に「大野澤」、『史記』夏本紀集解・『漢書』地理志注に「鉅野澤」とある。北魏の『水経注』では鉅野およびその周辺の湖泊について入水・出水を含め詳しい記述がある（第二節②及び表17―2参照）。唐代の『元和郡県図志』、宋代の『太平寰宇記』では鉅野澤・大野澤が並列して記載されている。

（2）　梁山泊・梁山濼

梁山泊・梁山濼という名称が最初に史料にあらわれるのは北宋天禧三（一〇一九）年の記事である。この年は滑州（現在の河南省滑県）で黄河が溢れて各州城に水が流れ込み、さらに澶州・濮州・曹州・鄆州（河南省濮陽から山東省東平にかけての地域）へと広がり、梁山泊へと注いだという（『宋史』河渠志一）。黄河本流の洪水がこの梁山泊の水源となっているのである。「梁山泊」という地名はここに初めて見えるが、その前の開運元（九四四）年に黄河が滑州で決壊し、梁山を環《めぐ》り、汶水・済水に流れ込んだという記事がある（『新五代史』晋本紀）。これは五代十国時代の後晋・出帝時期のことで、この時に「梁山泊」が出現したと考えられている。後述するように、『水経注』では梁山は鉅野澤の北に位置し、澤の領域外に所在していた。つまり、北魏時代には南に鉅野澤の湖泊、北に梁山があるという景観であり、開運元年の黄河の決壊ではじめて梁山のまわりに水がめぐり、湖泊が形成したのであろう。梁山泊の原型は五代十国時代にあらわれたことになる。ただし、その後も鉅野澤の名称は引き続き使用され、約七十年後の天禧三年になり、梁山泊・梁山濼の名称が定着し、以後、鉅野澤の名称は使われなくなる（ただし古鉅野等の語は見られる）。

では、なぜ五代から北宋初期にかけて鉅野澤から梁山泊へと変化したのであろうか。この問題について鉅野澤の入水・出水ルートからみたその形成過程の変化を追うことによって考察したい。

3、鉅野澤・梁山泊の形成過程とその変化

鉅野澤・梁山泊の水はどこから来て、どこへ流れ出たのであろうか。水源の変化がその大きさ、名称の変化と大きく関係していると思われる。漢代・北魏時代・五代北宋時代の三つの時期の鉅野澤・梁山泊の形成を比較したい。

（1）　漢代の鉅野澤

先秦から秦末漢初の鉅野澤（大野澤）への入水ルートはよくわからない。漢代の入水ルートには大きく分けて①瓠子河決ルートと②濮水ルートの二つがある。①瓠子河決ルートは、漢の武帝の元光三（前一三二）年に、黄河が瓠子において決壊して東南に流れて鉅野（澤）に注ぎ、その水は淮水・泗水へと通じたという『史記』河渠書の記載からわかる。瓠子は現在の河南省濮陽県西南の黄河南岸、その決壊口は瓠子口という。この黄河決壊は「瓠子の河決」とよばれ、これによって、それまで東北方向に流れ、現在の天津付近で渤海に注いでいた黄河本流が瓠子口で分岐して鉅野に入り、東南の淮北平原へと流れることとなった。これが瓠子河である。この河決後、武帝はこの河道変更を放

置したため、度重なる洪水が発生し、黄河下流域（特に淮北平原）に甚大な被害をもたらした。[4]二十三年後の元封二（前一〇九）年、武帝はようやく事態の収拾をはかるため、汲仁・郭昌を災害現場に派遣し、卒数万人を徴発して、決壊口を塞がせ、[5]宣房宮を築いた（宣房の治水）。その際に作った「瓠子歌」にも黄河が瓠子で決壊してその水が鉅野に流れ込んで溢れさせていたことが記されている。[6]宣房の治水により、瓠子河の流れはなくなり、『水経注』の時代には溝・瀆だけが残るだけとなっていた。[7]つまり、瓠子河決ルートは漢武帝期にしか見られない河道であった。もうひとつの②濮水ルートは、『漢書』地理志注に応劭の言として「濮水、南して鉅野に入る」とあり、濮水は南流して鉅野澤に入っていた。濮水は封丘県で済水の水を受けた河川である。[8]済水は沇水とも呼ばれ、黄河北岸の河東郡垣県（現在の河南省済源県）から発し、東に流れ、河内武徳県に至って一旦、黄河に入る。済水は黄河の南岸へと流れ、溢れて滎澤となり、黄河の南側を東北に流れ渤海へと達する。[9]その間、済水から濮水が分流し、濮水は鉅野澤に流入する。つまり、済水・黄河の水が濮水を経由して鉅野澤に流入しており、このルートも黄河の水量の増減の影響を受けることとなる。漢の武帝期の宣房の治水後にも漢末の平帝期から度々黄河の洪水が発生した。平帝期には黄河と汴渠の決壊によって洪水が発生し、後漢初期には黄河と汴渠の間の済渠（済水）も氾濫し、その被害は数十余県に広がったという。[10]汴渠は滎陽の北で黄河本流の水を受けて東南に流れる渠水である。この時期の黄河決壊は瓠子口よりも上流の滎陽付近で発生し、その影響を済水も受けた。この水害も約六十年間にわたって放置され、後漢永平十三（後七〇）年の王景による汴渠と黄河の整備、いわゆる王景の治水によって、ようやく安定した流れとなった。[11]平帝期から王景の治水までの間の鉅野澤への入水量は黄河の決壊のために一時的に増加したと考えられる。後述するように濮水・済水から鉅野澤に入水するルートは『水経注』時代にも存在するので、②濮水ルートは漢代から北魏時代に至るまで継続的に利用されていたと考えてよいだろう。

地図17－1　①漢

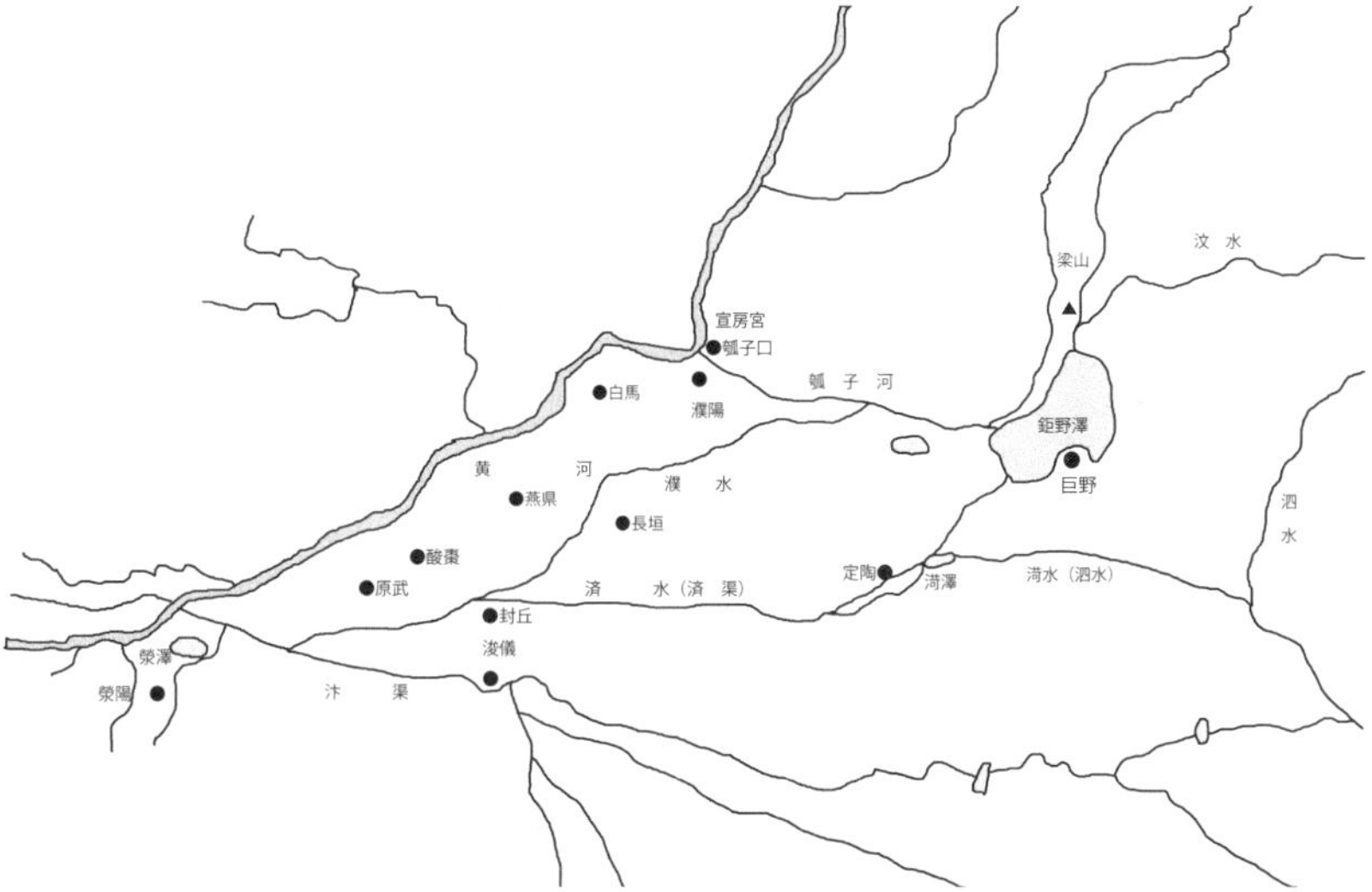

地図17－1　②北魏

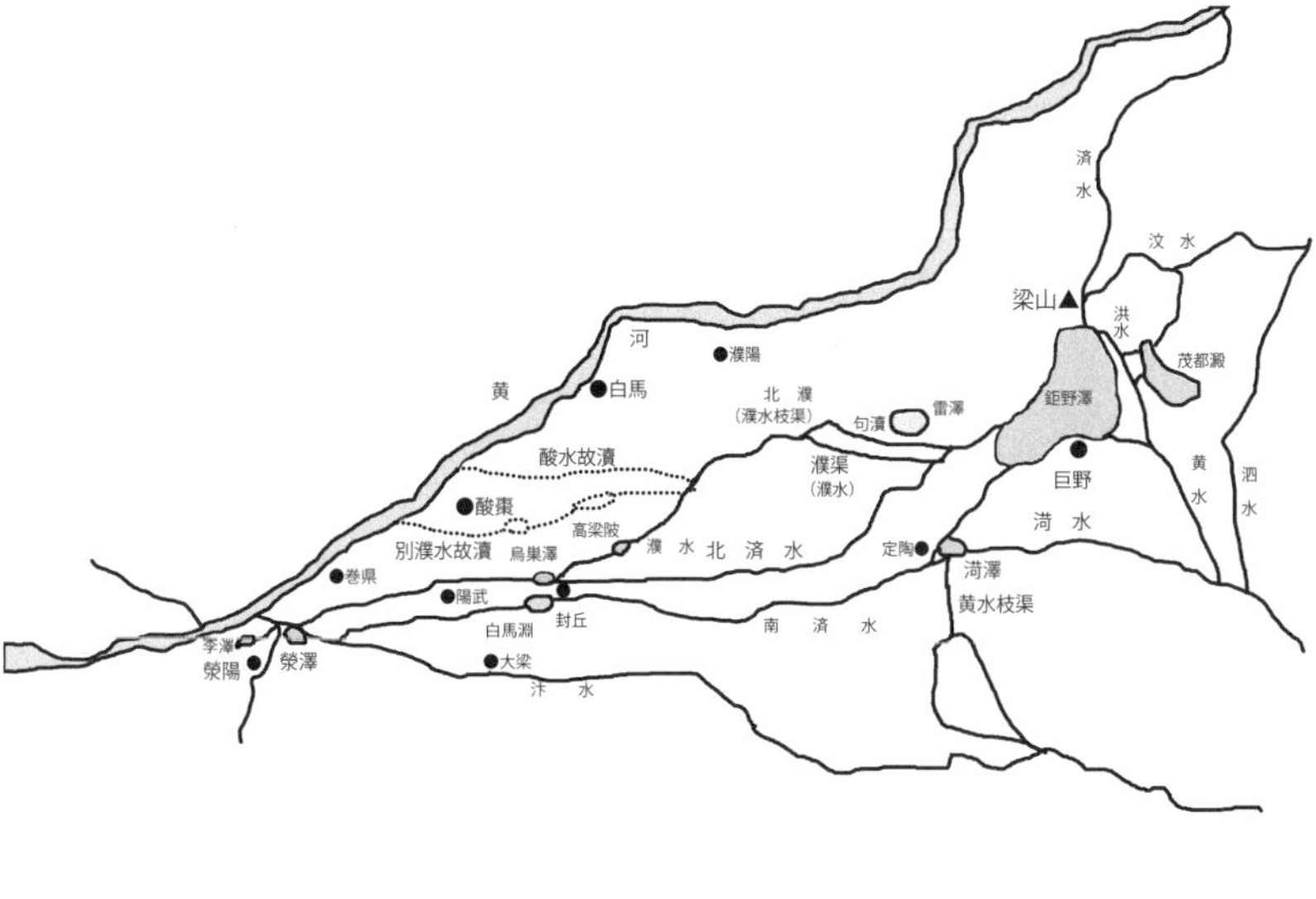

地図17ー1　③宋

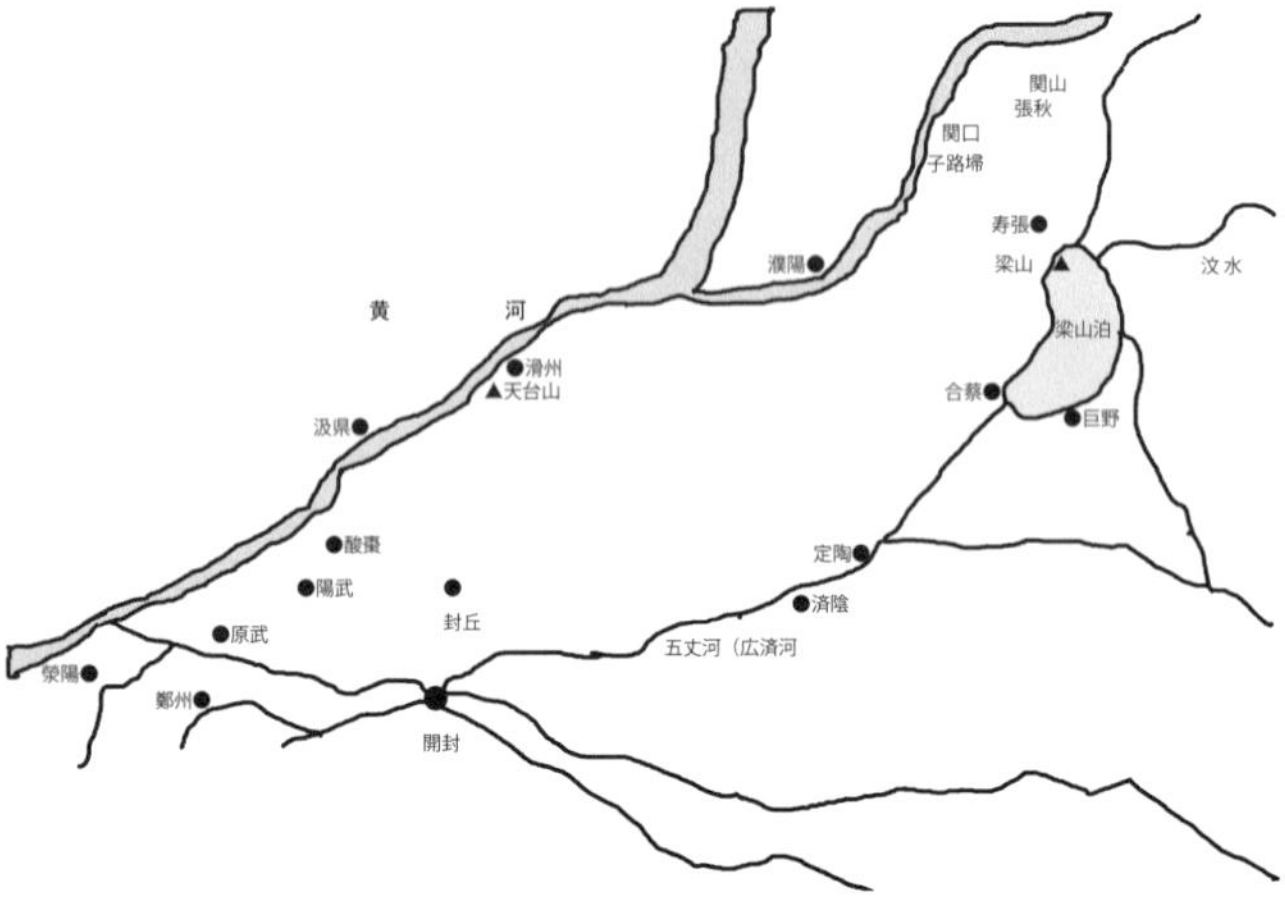

以上のように、漢代の鉅野澤への入水ルートは①瓠子河決ルートと②濮水ルートが存在したが、①は瓠子河決が発生した前漢・武帝の元光三（前一三二）年から宣房の治水の元封二（前一〇九）年までの間のみ存在していた。これに対して、②濮水ルートは平常時の入水ルートであり、平帝期から王景の治水までの間に限り、入水量が増加したが、その後も存続した。つまり、鉅野澤の水量は瓠子河決から王景の治水までの間は増加したが、その後は減少し、流れは安定したと考えられる。以下、北魏時代の鉅野澤について検討する。

（2）北魏時代の鉅野澤

北魏時代の鉅野澤およびその周辺の湖泊の入水・出水ルートは『水経注』済水注と汶水注に詳しい。『水経注』の記載を整理したものが表17―2である。鉅野澤への入水には①北済水②南済水③濮水④汶水の四つのルートがあり、出水には⑤済水（洪水）⑥菏水（黄水）の二つのルートがある。まずは、①〜④の入水ルートについて検討する。①③は西から、②は西南から、④は東北から鉅野澤に入る。①②の北済水・南済水は済水が分かれた河川の名称である。済水は黄河の北岸から発し、黄河を渡って黄河本流の水を受け、西広

表17—2　『水経注』記載鉅野澤関連水系史料

［鉅野澤入水ルート］

①北済水ルート　［済水注二］

①北済水	北済也。自滎澤、東逕滎陽巻県之武修亭南…済水又東、逕原武県故城南…済瀆又東逕陽武県故城北、又東絶長城…済瀆又東、逕酸棗県之烏巣澤…済瀆又東、逕封丘県北…済瀆又北、逕大梁城之赤亭北、而東注…東逕済陽県故城北…東北逕煮棗城南…北済又東北、逕寃朐県故城北。又東北、逕呂都県故城南…又東北逕定陶県故城北…又東北与濮水合。

②南済水ルート　［済水注一、二］

②南済水	済水又東南流、入陽武県、歴長城、東南流、蒗蕩渠出焉。済水又東北流、南済也。逕陽武県故城南…又東為白馬淵…済水又東逕封丘県南、又東逕大梁城北、又東、逕倉垣城、又東、逕小黄県之故城北…済水又東、逕東昬県故城北…済水又東、逕済陽県故城南…済瀆自済陽県故城南、東逕戎城北。…済水又東北、菏水東出焉。済水又東北、逕寃朐県故城南。…済水又東、逕秦相魏冉冢南。…済水又東北、逕定陶恭王陵南…済水又東北、逕定陶県故城南、側城東注。…又東北、右合河水（②—A）…済水自是東北流、出菏澤。南為菏水、北為済瀆、逕乗氏県、与済渠・濮渠合。
②—A 河水（菏水）	（河）水上承済水于済陽県東、世謂之五丈溝。又東、逕陶丘北…菏水東北、出於定陶県、北、屈、左合氾水（②—Aa）河水又東北、逕定陶県南、又東北、右合黄水枝渠（②—Ab）…而北注済瀆也。
②—Aa氾水	氾水西分済瀆、東北逕済陰郡南…氾水又東、合於河瀆。
②—Ab黄水枝渠	（黄水枝）渠上承黄溝、東北合河。

③濮水ルート　［済水注二］

③濮水	（濮水・濮渠）水上承済水于封邱県…其故瀆自済東北流、左池為高梁陂、方三里。濮水又東逕匡城北…又東北左會別濮水（③—A）濮渠又東北、又与酸水故瀆会。（③—B）濮渠之側有漆城。…濮渠又東、逕蒲城北…濮渠又東逕韋城南…濮渠東絶馳道、東逕長垣県故城北…県有祭城、濮渠逕其北…濮渠又東、分為二瀆、北濮出焉。濮渠又東、逕須城北…濮渠又北、逕襄邱亭南…濮水又東、逕濮陽県故城南。…濮水又東、逕済陰…濮水又東逕葭密県故城北…濮水又東北、逕鹿城南。…濮水又東、与句瀆合（③—C）与済同入鉅野。
③—A 別濮水故瀆	（別濮水故瀆）受河於酸棗県。…今無水。其故瀆東北逕南北二棣城間…濮渠又東北、逕酸棗県故城南…濮水北積成陂、陂方五里、号曰同池陂。又東逕胙亭東注…濮渠又東北、逕燕城南…東為陽清湖陂、南北五里、東西三十里、亦曰燕城湖、逕桃城南…而東注于濮、俗謂之朝平溝。
③—B 酸水故瀆	酸瀆首受河于酸棗県、東逕酸棗城北、延津南、謂之酸水。…酸瀆水又東北、逕燕城北、又東、逕滑臺城南、又東南逕瓦亭南。…又東南会于濮、世謂之百尺溝。
③—C句瀆	（句）瀆首受濮水枝渠于句陽県、東南逕句陽県故城南…又東、入乗氏県、左会濮水。

④汶水ルート　［『水経注』汶水注］

④汶水	汶水自桃郷四分、当其派別之処、謂之四汶口。其左二水双流、西南至無塩県之郈郷城南…汶水又西南逕東平陸県故城北…汶水又西逕危山南…汶水又西合為一水、西南入茂都澱、澱、陂水之異名也。

[鉅野澤出水ルート]

⑤洪水（済水）ルート　[済水注二]（⑤）／[汶水注]（⑤A・⑤B）

⑤洪水	（洪水）水上承鉅野薛訓渚、歴澤西北流、又北逕闞郷城西…又北、与済瀆合。自渚迄于北口、一百二十里、名曰洪水…済自是北注也…洪口已上又謂之桓公瀆。
⑤—A巨野溝	（茂都）澱水西南出、謂之巨野溝。又西南逕致密城南。…巨野溝又西南入桓公河。
⑤—B巨良水	北水西出淀（茂都澱）、謂之巨良水、西南逕致密城北、西南流注洪瀆。

⑥黄水（菏水）ルート　[済水注二]

⑥黄水	黄水上承鉅澤諸陂。澤有濛澱・育陂・黄湖。水東流謂之黄水。又有薛訓渚水（⑥—A）…黄水又東逕鉅野県北…黄水又東、逕咸亭北…黄水又東南、逕任城郡之亢父県故城西、任城県在北…其水謂之桓公溝、南至方与県、入于菏水。
⑥—A薛訓渚水	（薛訓渚水）自渚歴薛村前分為二流、一水東注黄水、一水西北入澤、即洪水也。

武城・東広武城（いわゆる、項羽と劉邦が対峙した漢覇二王城）・敖山（秦代の食糧集積地である敖倉が所在）の北を経て、滎陽の北を東へと流れ、滎陽西南の李澤（古馮池）からの礫石渓水や南からの索水を滎陽周辺で集め、滎陽の東南の滎澤からの水流と合流する。この滎澤は黄河本流からの水のほか、南から北へと流れる黄水等の河川によって形成された澤である。滎澤を出て東に流れる二つの河川のうち北側が北済水、南側が南済水である。以下、北済水と南済水に分けて整理する。①北済水ルートは西から鉅野澤に入るルートである。北済水は滎澤から出て、滎陽の巻県の武修亭の南を経て、東へ流れ陽武県故城の北を経て、長城を横切り、酸棗県の烏巣澤を経て、封丘県・大梁城の赤亭を経由して、済陽県故城北・煮棗城南・宛朐県故城北・呂都県故城南・定陶県故城北を通過し③濮水ルートと合流し鉅野澤へと流入する。①北済水ルートは黄河を源とする滎澤を水源としていた。②南済水ルートは西南方向から鉅野澤に入る河川である。滎澤から出た南済水は陽武県を経て長城を過ぎ、陽武県故城南を経て、東に白馬淵を形成し、東流して封丘県南・大梁城北・倉垣城・小黄県故城・東昏県故城北を経て、済陽県故城南から戎城・宛朐県故城・定陶県故城南から東へと流れ、菏水（河水）と合流し、菏澤へ一旦入り、そこから、菏水と済瀆（南済水）が流れ出し、南済

水は乗氏県を経て済渠（北済水）及び濮渠（濮水）と合流し、鉅野に入る。菏水（河水）は済水を済陽県の東で受けて発する河川で、五丈溝とも呼ばれ、定陶県を通り、氾水・黄水枝渠を合わせて南済水と合流し、且菏澤に流入する河川である。②南済水ルートの水源は北済水と同様、黄河の水を受ける滎澤であった。③濮水ルートは北済水とともに西から鉅野澤に入る水流である。濮水（濮渠）は封丘県にて済水から分かれて発し、水源付近で高梁陂を形成し、匡城北を経て、別濮水故瀆及び酸水故瀆と合流する。別濮水故瀆は別濮水・朝平溝とも称され、黄河の水を酸棗県にて受けて同池陂、陽清湖陂（燕城湖）を形成して東へと流れ、桃城の南を経て濮水に流入する。故瀆とあり、また、「今無水」とあるように『水経注』時代に水流はなかった。酸瀆、酸水、百尺溝という名称を有する酸水故瀆（③—B）も酸棗県で黄河の水を受けて発し、酸棗城・延津・燕城・滑台城・瓦亭を通り濮水へと入る河道である。これも故瀆とあり、『水経注』時代には水流がなかったと考えられる。別濮水故瀆と酸水故瀆の二つの水を受け入れた濮水はさらに東へと流れ、漆城・蒲城・韋城を経て馳道を横断し、長垣県故城を過ぎて濮水本流と北濮（濮水枝渠）の二つの流れに分かれる。濮水本流は須城・襄邱亭・濮陽県故城の南・済陰・葭密県故城・鹿城の南を経て句瀆と合流し、北済水と合流し、鉅野に入る。句瀆は濮水本流から分かれた濮水枝渠から水を受け句陽県・句陽県故城の南を経て乗氏県に入り濮水へと流れ込む河川。北濮・濮水枝渠（もしくは濮水枝津）は漢代の瓠子河の一部であり、『水経注』の時代には水流が存在しなかった。③濮水ルートは済水を水源とした水流であり、濮水に流入する別濮水故瀆・酸水故瀆・句瀆はみな『水経注』時代には水はなかった。④汶水ルートは東北から西南へと流れ、鉅野澤の東の茂都澱へ入る水路である。汶水は泰山莱蕪県から発した汶水が桃郷の四汶口で四つに分かれ、そのうち二水が並行して西南方向に流れ、無塩県の邱郷城・東平陸県故城・危山を経てひとつの水流に合流し西南に流れ茂都澱に入るというルート。茂都澱とは陂、すなわち、ため池である。①②③のルートのように鉅野澤に直接入水するルートではないが、茂都澱は鉅野澤本体の周辺に分布する規模の小さい「澤」のひとつと見ることができる。入水ルートのなかでもこの④汶水ルートは黄河本流の水を水源としない点でほかの①～③とは異なる。

鉅野澤からの出水ルートは⑤洪水（済水）ルート⑥黄水（菏水）ルートの二つがある。最終的に⑤は済水に入り北へ、⑥は菏水へ入り東へと流れる。⑤洪水ルートは鉅野薛訓渚を水源とする。この鉅野薛訓渚とは鉅野澤付近の薛訓（⑥—Aには「薛村」）の渚を意味する。渚とはもともと河川や湖の中州を指すが、この場合は中州の周囲に溜まった水を示すのであろう。洪水はこの渚の水を受け、澤の中を経由して集水し、北へ流れ済水へと流入した。済水は洪水と合流し北流し、汶水を入れ、梁山を経ることとなる。洪水は桓公瀆・洪瀆・桓公河とも呼ばれ、茂都澱からの水を受けた巨野溝（⑤—A）と巨良水（⑤—B）の水を受ける。⑥黄水ルートは鉅澤諸陂、すなわち、鉅野澤の濛澱・育陂・黄湖を水源とする。さらに、薛訓渚水（⑥—A）を受ける。薛訓渚水は薛村の前で二つに流れ、一水は黄水へと流れ、東南流する。もうひとつは⑤の水源となり洪水に入り北流する。黄水は鉅野県・咸亭・任城郡の亢父県故城・任城県を経て方與県で鉅野澤の南を西から流れてきた菏水に入り東へと流れる。⑥黄水は桓公溝、⑤洪水は桓公瀆・桓公河とも称され、共に桓温によって建設されたと考えられている。

以上、『水経注』の記載から北魏時代の鉅野澤の入水・出水ルートについて整理した。入水は滎澤・黄河の水を受けた北済水・南済水・濮水および東北から流れてきた汶水であった。前漢中期から遅くとも後漢初期までの間、鉅野澤の水源のひとつであった瓠子河決ルートは『水経注』の時代には存在しない。つまり、後漢時代の王景の治水から『水経注』時代に至るまでの間、黄河本流からの分流及び滎澤を水源とした済水（北済水・南済水）と濮水が鉅野澤の主要な水源となっていた。黄河本流の流水量とも関係するが、入水ルートの減少は自ずと澤への入水量に影響を与えたと思われる。『水経注』を見ると、鉅野澤の周辺に多くの小さな湖・池がある。鉅澤諸陂（濛澱・育陂・黄湖）・鉅野薛訓渚や茂都澱などである。これは、かつて、巨大な澤（鉅野澤）が広がっていたが、入水量が減少したことによって、巨大な澤の周縁部がいくつかの小さな諸陂に分かれたことを意味している。

（3）五代・北宋時代の梁山泊

後漢初期から『水経注』時代までの鉅野澤の入水ルートはその後も継承されたが、それに変化が生じたのは五代・後晋の開運元（九四四）年のことである。この年、黄河が滑州で決壊し、その水は梁山を環り、汶・済に入った（『新五代史』晋本紀）。鉅野澤よりも北側の梁山周辺に黄河本流の水が流れ込んできたのである。梁山泊の形成である。このとき、黄河の決壊が発生した滑州（現在の河南省滑県）は漢代の白馬津・濮陽付近にあたり、まさに瓠子河決ルートが再び現れたのである。梁山泊への入水は①黄河決壊ルート②五丈河（広済河）ルートの二つがある。①黄河決壊ルートは、滑州付近の黄河本流が度々決壊し、五代・北宋時代の約二百年間にあらわれた入水路である。以下、いくつかの事例を見たい。北宋時代に入り、咸平三（一〇〇〇）年には鄆州の王陵埽（堤防）で黄河が決壊し、鉅野から淮水・泗水に入り、その水の勢いは激しく、州城にまで迫った（『宋史』河渠志一）。そのため、鄆州の州城は高台に移転したという。鄆州は鉅野の北部から黄河南岸に至るまでの行政区画で黄河沿岸には王陵埽を含め博陵・張秋・関山・子路・竹口の六つの埽（堤防）が建設された（『宋史』河渠志一）[12]。鄆州は滑州よりも黄河の下流に位置する。天禧三（一〇一九）年には滑州の西北の天台山の近くで黄河が溢れ澶州・濮州・曹州・鄆州を経て梁山泊に注いだ（『宋史』河渠志一）。熙寧十（一〇七七）年には黄河が衛州の王供埽・汲県上下埽・懐州黄沁・滑州韓村にて溢れ、ついに澶州曹村で決壊し、澶淵から北流する流れは断絶し、黄河の河道は南に移動し、東に流れて梁山濼・張澤濼にあつまり、そこから二つに分かれ、ひとつは南清河に合流して淮水に流入、ひとつは北清河に合流して海へと流入した。水は郡県四十五におよび濮州・齊州・鄆州・徐州が最も甚だしく、破壊された田は三十万頃をこえたという（『宋史』河渠志二）。これにより黄河は一時的に東へと流れることとなる。これは北宋時代最大の黄河の変遷と言ってよく、梁山濼に流れ込む水量は北宋時代中、最も多くなったと思われる。宋朝はこの水害に対するため、十三万の軍民を投入し、翌年、堤防は修復された（こののち、元豊四（一〇八一）年に黄河は再び決壊し、北流し、東への流れはなくなる）。元豊元（一〇七八）年には、梁山と張澤の二つの濼は十数年来の泥砂の堆積により、毎年、付近の田が水害を被ったため張澤濼から下流の濱州に至るまでを浚渫し、滞留している土砂を排泄すべきという提言がなされている（『宋史』河渠志五）。黄河の水と土砂の流入は梁山濼周辺の農地開発と水運にかかわる重要な課題となっていた。元豊五（一〇八二）年には黄河が鄭州の原武埽で決壊し、利津・陽武溝・刀馬河に溢れて入り、梁山濼に流入した（『宋史』河渠志二）。原武は開封よりも西の鄭州の北、汴河と黄河の間に位置する。元祐年間（一〇八六〜一〇九四）には黄河が内黄で決壊したため、曽孝広は、蘇村に水路を通し、黄河から鉅野への流れを開削し、河北へ向かう流れを東へと導き、河北の澶州・滑州・深州・瀛州の水害の被害をゆるめたという（『宋史』曽孝広伝）。蘇村は内黄よりも上流の通利軍（安利軍）の黄河沿岸に位置し、滑州と近接した場所にあたる。黄河本流を蘇村から東に人為的に分流させ、鉅野澤（梁山泊）へと水を流し、河北地域へ北流する黄河本流の水量を減少させる工事であった。これらの史料から北宋時代には滑州およびその周辺の黄河の決壊によって、黄河の水が東へと流れ梁山泊（梁山濼）に入る①黄河決壊ルートが存在したことがわかる。

このような黄河決壊という突発的に発生する入水ルートに対し、平常時の梁山泊への入水は②五丈河（広済河）ルートによってもたらされていた。五丈河（広済河）は開封付近で黄河から引水した汴河と金水河の水を受け、東へと流れ、済陰・定陶などを経由し、梁山泊へと流入し、済水（北清河）に入り北流し、渤海へと入る。幅が五丈であったため五丈河と称される。開封から梁山泊までの間は水運に用いられた。五丈河は五代・後周の世宗顕徳六（九五九）

年に滑・亳二州の丁夫を徴発して浚渫をおこない、東流して定陶を経由して、済州に入り、青州・鄆州に至る水運の道を通じさせた（『旧五代史』周書）。流路は『水経注』時代の南済水ルートと重なる部分も多い。五丈河の梁山泊への入水について、天聖六（一〇二八）年に閻貽慶が、五丈河（広済河）は済州の合蔡鎮から梁山濼に通じているが、近年は黄河が氾濫し、田を浸し、道路を破壊したため、合蔡より下流の水は滞留し、船を通すことができない状態である。そのため五丈河に黄河の水を流入させるべきであると要請した（『宋史』河渠志四）。また、宣和元（一一一九）年には開封が大水の被害にあい、城外の官寺・民居に浸水し、汴堤を破り、汴渠が溢れる事態になり、最終的には水を開封の北から五丈河に注ぐように導き、下流の梁山濼に通して収束させた（『宋史』河渠志四）。開封周辺の災害に対する退水路としての五丈河（広済河）の役割が理解できる。

以上、北宋時代の梁山泊は、滑州周辺で黄河が決壊し、東流した時には、黄河本流の水を受ける①黄河決壊ルートと平常時に黄河の水を受ける汴河から受水する②五丈河（広済河）ルートの二つが見られる。このうち、①黄河決壊ルートは漢代の瓠子河決ルートの再発生、②五丈河（広済河）ルートは漢代の濮水ルートや『水経注』の北済水・南済水・濮水ルートを修築した水路と同じとみなすことができる。すなわち、後漢以降、黄河の大規模な決壊による入水は見られず、鉅野澤周辺は安定していたが、徐々に水量が減少していた。五代・後晋の開運元（九四四）年の黄河決壊を契機に梁山泊が形成され、その後の度重なる黄河の決壊によって水量が増加したと考えられる。ところが、宣和元年の記事以降、梁山泊への入水の記載はほぼなくなる。これは、建炎二（一一二八）年の冬に金との抗争のなかで宋の杜充が黄河を人為的に決壊させ、泗水を経由して淮水へと流れ込むよう改変したことが大きく影響していると思われる[13]。黄河南流時代の始まりである。これによって黄河は泗水・汴河・渦水・潁水などを経由して淮水に入り、黄海へと流れ出ることとなる。宋代に度々黄河が決壊した滑州付近に黄河は通らなくなり、また、五丈河（広済河）

も廃れてしまう。そのため、梁山泊への入水量は減少する。金の大定二十一（一一八一）年、黄河の河道が移り、梁山濼の水面が縮小し、地面が広くなったため、屯田を置いたと『金史』に記載があるように[14]、黄河の南遷は梁山泊の入水量の減少をもたらした。

以上のような史料の検討から鉅野澤・梁山泊（濼）の入水ルートは、（一）漢代には①瓠子河決②濮水の二ルート（二）北魏時代には①北済②南済③濮水④汶水の四ルート（三）五代～宋代には①黄河決壊②五丈河（広済河）の二ルートが存在していた。

4、鉅野澤から梁山泊への過程と黄河の歴史

前節まで見てきたように鉅野澤・梁山泊の形成と変遷は黄河の変遷と関係が深い。では、鉅野澤から梁山泊への変化を黄河変遷史と結びつけてまとめるとどうなるだろうか。漢代から北宋末までの黄河の変遷と澤の変化について四期にわけてみてみたい。

【Ⅰ期　～瓠子の河決（前一三二年）】

『尚書』禹貢に記された黄河は「禹河」と呼ばれ、西の太行山脈に沿って北へ流れ、現在の天津付近で渤海に注ぐルートをとった。この時の鉅野澤への入水ルートはわからない（漢代武帝期以前までに濮水ルートは存在していた可能性はある）（地図17―2）。

【Ⅱ期　前漢・瓠子の河決（前一三二年）～後漢・王景の治水（七〇年）】

漢の武帝期の元光三（前一三二）年、黄河が瓠子口で決壊し瓠子河決ルートが出現し、黄河本流の水流が鉅野澤へ

地図17－2　紀元前四世紀以前（戦国時代以前）の黄河河道概略

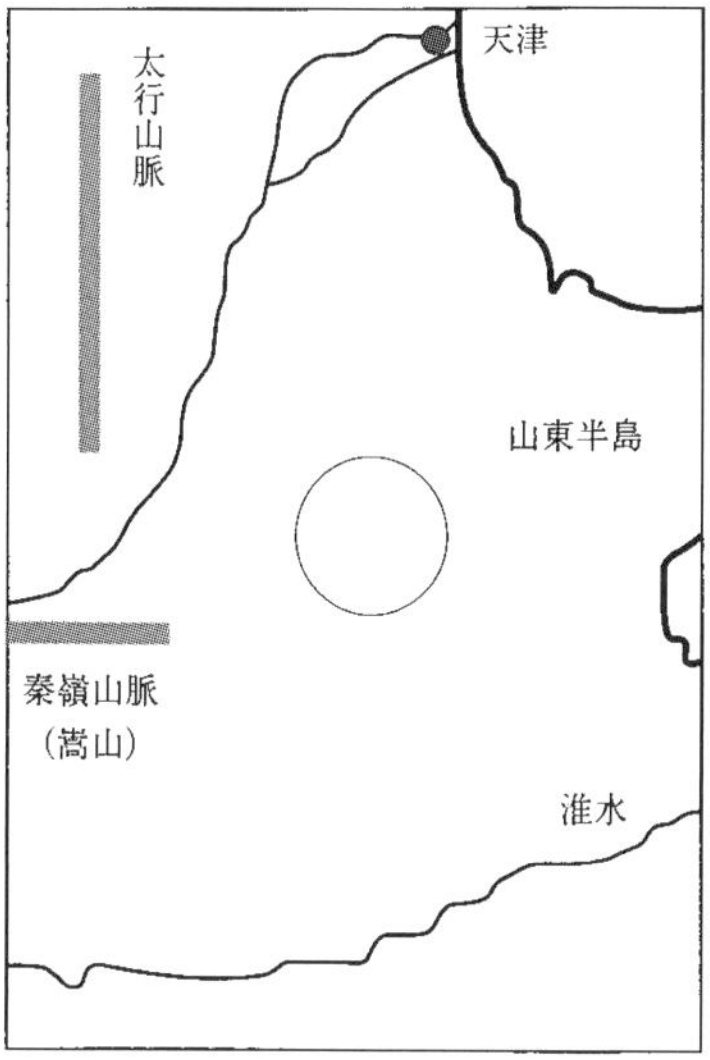

地図17－3　紀元前後（前漢末）の黄河河道概略図

と入り淮水・泗水へと流れ込んだ。この決壊は二十三年間、放置されたが、元封二（前一〇九）年に宣房の治水により終息した。漢代にはもうひとつ濮水ルートを通じて鉅野澤への入水がおこなわれたが、前漢末の平帝期以降、滎陽付近で黄河が決壊し、済水・汴水・濮水に黄河の水が流入し、氾濫した。決壊によって黄河本流の水が度々流入することによって、鉅野澤の入水量は増加した（地図17—3）。

【Ⅲ期　王景の治水（七〇年）～五代十国（九四四年）】

後漢永平一三（七〇）年、前漢末から放置された黄河の水害を解決するため、王景の治水がおこなわれた。王景は黄河沿いの堤防を修築し、山東丘陵の西南縁を通り、渤海へ抜ける新たな河道を整備した。これによって、黄河の恒常的な氾濫は終息し、濮水ルートへの入水量は減少し、瓠子河決ルートは消滅した。入水量減少のなかで、北魏時代までに、黄河本流を水源とする北済水・南済水・濮水が西から流れ込むルートが確立した。『水経注』の鉅野澤付近の記載では多くの小さな陂・澱・澤が分布しており、このことは鉅野澤付近に流れ込む水量が少なく、巨大な澤を形

地図17―4　紀元一～十世紀（後漢～唐末）黄河河道概略図

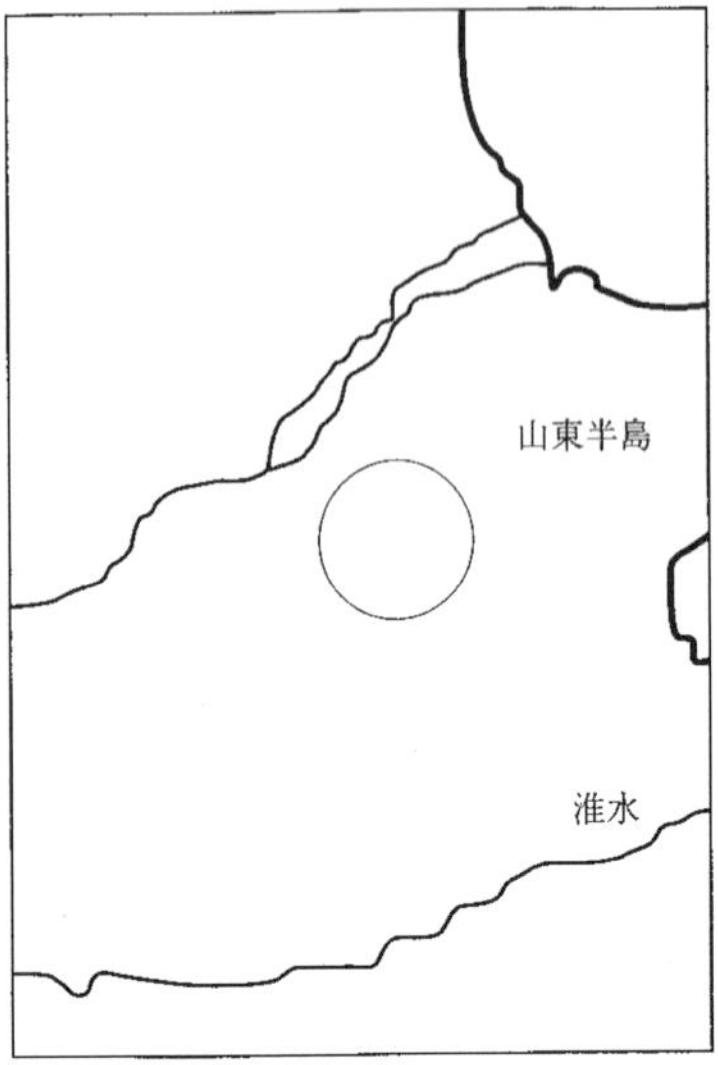

地図17―5　十世紀～一一二七年（唐末～北宋末）黄河河道概略図

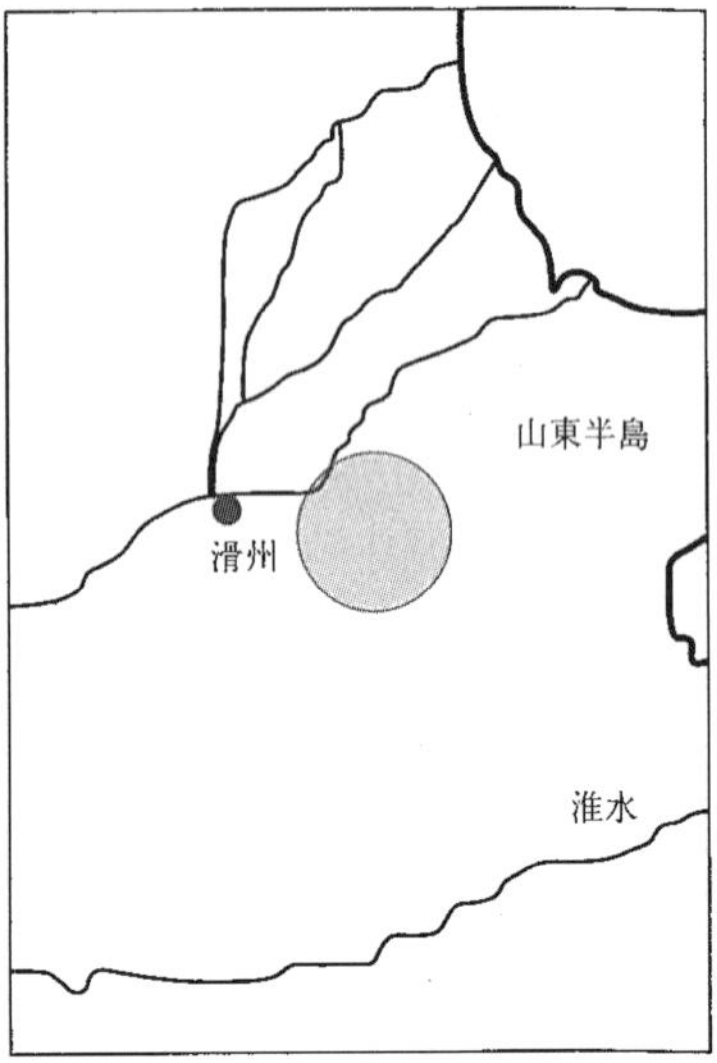

成し得なかったことを意味する。なお、後漢以降、唐代までの間は黄河変遷史の上でも黄河が安定して流れた時代と言われている(15)（地図17―4）。

【Ⅳ期　五代十国（九四四年）～北宋末（一一二七年）】

五代・開運元（九四四）年に黄河が滑州で決壊し、これまで澤の水が及んでいなかった梁山周辺に湖泊が形成された。そこは北宋天禧三（一〇一九）年には梁山泊と呼ばれるようになった。度々滑州付近で決壊し、梁山泊への黄河決壊ルートがあらわれた。また、常時、黄河・汴河を水源とする五丈河（広済水）ルートからの入水があった。この時期の梁山泊の水量は多かったと考えられる。ところが、建炎二（一一二八）年の黄河南流により、黄河本流は原武県から東南に流れ、淮水にまで至ることとなり、梁山泊への二つの入水ルートは閉ざされ、水量が減少し、農地化が進むこととなる（地図17―5）。

以上、見てきたように鉅野澤から梁山泊への変遷は黄河の変遷の影響を強く受けてきた。前漢中期から後漢初期は入水量が多く鉅野澤も大きく、後漢中期から北魏そして唐代までは入水量が少なくなり鉅野澤は縮小し、五代・北宋時代に入水量が多くなり梁山泊が出現したが、南宋・金以降黄河からの流入が減少し、梁山泊は縮小したのである。

では、黄河の変遷はどのような原因によって発生したのだろうか。黄河の堤防の決壊が変遷の直接的な原因であるが、その根本的な原因は時間をかけて河床に泥沙が堆積して形成された天井川化にある。さらにその原因を考えれば、すでに王莽期に張戎が建言しているように、上流部の農地開発による水土流出にある（『漢書』溝洫志）。このように考えるならば、遠く離れた黄河上・中流すなわち黄土高原の開発のありかたと黄河下流の生態環境の変化は非常に密接な関係にあると考えられるのである。それはまた現代の黄河下流の断流やその他の水問題が黄土高原の開発と深い関係にあることとも同じである。(16)

5、おわりに――梁山泊、その後――

以上の検討のように黄河下流域に位置する鉅野澤の変遷は黄河の河道変遷さらにはその原因となる黄土高原の開発と大きく関連していることが指摘できる。さて、その後の梁山泊はどうなったのか。『水滸伝』の舞台となった北宋時代の末年、南宋建炎二（一一二八）年、宋の東京留守の杜充が金の南下を阻止するため、滑州西南で人為的に黄河の堤防を決壊し、黄河は南東流し淮河へ流れることとなった。以後、水を豊富にたたえる泊に関する記載は少なくなり、元の至正年間には巨大な泊は枯渇しそれ以後は南旺湖や安山湖など梁山泊と比較して小規模な湖が点在することとなる。つまり、『水滸伝』にみえる梁山泊のすがたは漢代から現代にいたる二千二百年の歴史のほんの一瞬の風景であったのである。

注

（1）『宋史』には宋江が梁山泊を拠点に蜂起したという記述はない。『宋史』には、宣和三（一一二一）年、淮南の盗賊宋江等が淮陽軍を犯し、京東・河北を犯し、楚・海州の境界に至ったこと（『宋史』徽宗宣和三年）、宋江が開封の東を侵攻した際に、侯蒙が、宋江は三十六人で斉・魏に横行し官軍が数万人あっても抗することができないほどであり、宋江の才能は人より優れているに違いないと言ったこと（『宋史』侯蒙列伝）などの記述がある。また、「梁山濼多盗、皆漁者窟穴也」（『宋史』許幾伝）や「梁山濼漁者習為盗」（『宋史』任諒伝）とあるように梁山濼と盗賊との関係を見いだすことができる。この宋江・盗賊（反乱）・梁山泊という個別の史実が一つになり後代に『水滸伝』の世界へと発展したと考えられる。

（2）本書第六章「中国古代の山林藪澤」参照。

（3）前掲本書第六章参照。

（4）濱川栄「瓠子の「河決」――前漢・武帝期の黄河の決壊」（『中国古代の社会と黄河』早稲田大学出版部、二〇〇九年所収）は、この瓠子の河決を二十年以上放置することによって、淮北平原の大商人・豪族層の衰退を招き、武帝による漢王朝への中央集権化が進展したとみる。

（5）「天子乃使汲仁・郭昌発卒数万人塞瓠子決」（『史記』河渠書）。

（6）『史記』河渠書の武帝の「瓠子歌」に「瓠子決兮将奈何……吾山平兮鉅野溢」とあり、「集解」には、如淳曰「瓠子決、灌鉅野澤使溢也」とある。

（7）「瓠子之水、絶而不通、惟溝瀆存焉」（『水経注』瓠子河注）。なお、『水経注』瓠子河注には瓠子河の流路について表17―3のように詳しい記載がある。濮陽県の北の瓠河口で黄河が決壊・流入して形成された瓠子河は東流して濮水枝津・濮水枝渠・済濮枝渠・将渠・将渠枝瀆と合流し東阿県故城東へと流れ、最後には鄄里渠となり、黄河へと流れるルートである。しかし、この『水経注』の記載では鉅野澤への流入が示されておらず、また、瓠子河の流路も固定化されていたかのように記されている。『水経注』には、宣房（瓠河口）より下流、将渠より上流には水がまた無いとあり（自宣防已下、将渠已上、無復有水）、

表17－3　『水経注』瓠子河注

①瓠子河 瓠子河故瀆 瓠瀆・瓠河	（濮陽）県北十里、即瓠河口也。……河水旧東決、径濮陽城東北……又東径鹹城南……瓠子故瀆又東径桃城南……瓠瀆又東南径清丘北……瓠河故瀆又東径句陽県之小成陽、城北側瀆。……瓠子北有都関県故城……又東、右会濮水枝津（①—A）……瓠瀆又東径垂亭北……瓠河又左径雷澤北……瓠河之北即廩丘県也……瓠河与濮水倶東流……瓠河又径陽晋城南……瓠河之北又有郕都城……瓠河又東径黎県故城南……瓠河又東逕秺県故城南……瓠河又東径鄆城南……瓠河自運城東北、径范県与済濮枝渠合（①—B）……又北与将渠合（①—C）……自下通謂之将渠、北径范城東……瓠河故瀆又東北、左合将渠枝瀆（①—D）……又北逕東阿県故城東……自宣防已下、将渠已上、無復有水。将渠下水、首受河、自北為鄧里渠。
①—A　濮水枝津・濮水枝渠	（濮水枝津）水上承濮渠、東逕沮丘城南…又東逕浚城南…又東逕句陽県西、句瀆出焉（表17—2③—C）。濮水枝渠又東北逕句陽県之小成陽東垂亭西、而北入瓠河。
①—B済濮枝渠	（済濮枝渠）故渠上承済瀆于乗氏県、北逕范県、左納瓠瀆。
①—C将渠	（将）渠受河于范県西北、東南逕秦亭南…又東南逕范県故城南…将渠又東会済渠。
①—D将渠枝瀆	（将渠）枝瀆上承将渠于范県、東北逕范県北、又東北逕東阿城南、而東入瓠河故瀆。

また、『水経注』の時代には溝・瀆だけが残っている状態であったということから、その河道は漢代の瓠子の河決後の瓠子河の流れ全体を反映させていないように考えられる。

（8）『漢書』地理志に「封丘、濮渠水首受泲」とあり、泲とは済水のことを示す。

（9）済水については、『尚書』禹貢に「導沇水、東流為済水、入于河、溢滎、東出于陶丘北、又東至于荷、又東北会于汶、又北、東入于海」とあり、また、『史記』夏本紀集解に「鄭玄曰『地理志、沇水出河東垣県東王屋山、東至河内武徳入河、泆為滎』」とある。

（10）「初、平帝時、河・汴決壊、未及得修。建武十年、陽武令張汜上言『河決積久、日月侵毀、済渠所漂数十許県。修理之費、其功不難。宜改修堤防、以安百姓』」（『後漢書』王景伝）。漢末から後漢初期の黄河決壊の放置については、濱川栄「両漢交替期の黄河の決壊と劉秀政権」（『中国古代の社会と黄河』早稲田大学出版部、二〇〇九年所収）参照。

（11）王景の治水については本書第十一章「後漢時代の王景と芍陂」参照。

（12）『宋史』河渠志一に「鄆州有博陵・張秋・関山・子路・王陵・竹口凡六埽」とある。

（13）『宋史』高宗本紀に「杜充決黄河、自泗入淮以阻金兵」とある。

（14）『金史』食貨志二に「黄河已移故道、梁山濼水退、地甚広、已嘗遣使安置屯田」とある。

（15）譚其驤「何以黄河在東漢以後会出現一個長期安流的局面」（『長水集』下、人民出版社、一九八七年）。なお、この問題については近年も議論が続いている。詳細については濱川栄「漢唐間の河災の減少とその原因——譚其驤説をめぐる最近の議論によせて」（『中国古代の社会と黄河』早稲田大学出版部、二〇〇九年所収）参照。

（16）本書第十六章「黄河の断流」参照。

第十八章　陝西省関中三渠をめぐる古代・近代そして現代

1、はじめに——関中平原と水利施設——

黄土高原の南端を流れる渭河の中流域は中国古代文明発祥の地である。渭河は甘粛省に源を発し、東へ流れ、西周王朝の拠点の周原、秦の咸陽、漢・唐の長安、半坡・姜寨の新石器遺跡を経て、黄河へと流入する。八〇〇㎞あまりを流れる渭河の水は黄河下流の水環境に大きく影響する。二十世紀末には、黄河の水が河口まで届かない断流という現象が発生した。現在では「断流」の公式的な報告はないものの、華北平原の水不足は続いている。この下流の水不足の原因のひとつが渭河を含む黄河上中流域での農業・工業用水の過度な利用である。(1)

渭河流域の南北に広がる西安付近の盆地を関中平原（関中盆地）と呼ぶ。司馬遷『史記』貨殖列伝にも「関中は汧水・雍水から以東、黄河・華山に至るまでの範囲で、そこには肥沃な土地（膏壌沃野）が千里広がっている（関中自汧・雍以東河・華、膏壌沃野千里）」とあるように、関中平原は古代から農業生産に適した肥沃な大地と認識されていた。関中平原の土は黄土である。しかし、「黄土」という土壌はなく、それは黄綿土や塿土と呼ばれる「黄色い土」の総称である。この黄色い土のうち、渭河両岸の関中平原に分布するのが塿土である。塿土は人間が継続的に農耕をおこない、施肥をし続けた結果、できあがった肥沃な土地である。つまり、関中平原は数千年以上の間、農耕を繰り返してきた歴史を刻んだ大地ということになる。(2)半乾燥地である関中平原の開発を数千年にわたっておこなうために最も重要なことは、灌漑用水をどのように確保するのかということである。関中平原のうち、渭河の南岸すなわち渭南平原には秦嶺山脈から比較的大きい灃河・覇河・滻河などの河川や無数の小河川が流れ込み、清らかな河川の水を利用することができる。その一方で、渭河の北岸、渭北平原には汧河・涇河・洛河など黄土を多く含んだ黄色い河川が西北から東南方向に流れている。渭北平原で灌漑をおこなうためにはこれらの河川の水を利用することになる。紀元前三世紀から一世紀の秦漢時代には大規模な灌漑水利施設が建設された。涇河を利用するいわゆる「引涇渠」には秦の鄭国渠、漢の白渠があり、渭河から分水した「引渭渠」には成国渠、洛河を利用した「引洛渠」には龍首渠がある。これらの水利施設が約二千年前に建設されたということも重要であるが、それらの取水方法を「継承」した涇恵渠・渭恵渠・洛恵渠が二千年後の今も農業灌漑に利用されていることには驚かされる。しかし、各々の渠水の歴史を見てみると、秦漢時代から灌漑対象区などを変化させて継続的利用されているものもあれば、水源確保のため取水河川を変えて継続させたもの、漢代に失敗したまま二千年間復元されなかったものがある。二十世紀に入り度重なる災害が発生したため、一九三〇年代以降、食糧確保を目的として古代の渠水を「継承」した涇恵渠・渭恵渠・洛恵渠の計画・建設がおこなわれた。その建設の中心人物が陝西省蒲城県出身の李儀祉であった(3)。それから約八十年後の今でもこの三つの渠水は農業灌漑に利用され続けているが、それはまた黄河下流域の水不足の原因のひとつともなっている。本章では前近代における涇河・渭河・洛河から引水する三渠の歴史的過程、近代の李儀祉による涇恵渠・渭恵渠・洛恵渠の建設、そこから見通すことのできる、現代中国の水問題への対策と関中平原の水利開発のあり方について考えてみたい。

2、涇恵渠の履歴

(1)　涇恵渠を訪れる

涇恵渠は渭河の支流である涇河を水源とする灌漑水利施設である。涇河は黄土高原西南部の六盤山の東麓にあたる寧夏回族自治区涇源県・固原県を水源とし、甘粛省平涼県を経て、陝西省へと入り、東南に流れ、長武県・彬県を経て、涇陽県から関中平原に入り、漢の景帝の陵墓である陽陵の東の高陵県陳家灘で渭河に流入する全長四五五㎞、流域面積四万五〇〇〇㎢の河川である。陝西省涇陽県に建設されたダム(攔河大壩)が現在の涇恵渠の渠首である。渠首から流れ出た総幹渠は杜樹村に至り北幹渠・南幹渠・十支渠の三つに分流する。北幹渠は三原県を灌漑し、石川河に注ぐ、南幹渠は涇陽県の北の高陵県を経て渭河・石川河に注ぎ、十支渠は涇陽県の南を流れ、渭河に注ぐ。すなわち涇恵渠は涇河中流のダムから取水し、東南方向に流れ、涇陽・三原・高陵県を灌漑し、石川河・渭河に流入する灌漑用水であると言える。

一九九八年八月、筆者は雨のなか三原県・涇陽県などの涇恵渠流域を訪れた。三原県涇恵渠管理局では元総工程師の葉遇春氏らから話を伺った。そこで、涇恵渠は秦の鄭国渠・漢の白渠・唐の鄭白渠(三白渠)という歴史的遺産を継承していること、一九三〇年代以降李儀祉によって涇恵渠が造られ近代化がすすめられたこと、涇河の流れで河底が浸食されるため同じ渠首から長く取水できず渠首は時代が下るごとに涇河の上流部へと移動したこと、一九五〇年以前は排水渠が整備されておらず、灌漑後に塩害が発生したことなどの説明があった。葉氏の説明の中で私たちに特に衝撃を与えたのは排水施設を持たなかった鄭国渠は灌漑開始後の再生アルカリ化によって塩害が発生し、十年程度しか機能しなかったという見解であった。これは一九三〇年代に建設された涇恵渠が一九四〇年代には塩害によって機能しなくなったことに基づく推論という[4]。これは鄭国渠と白渠が秦漢時代を通じて機能していたという通説に再考をせまるものである。私たちが次に訪れたのは渠首ダムから約二㎞下流の涇恵渠首管理ステーションである。ここは渠首からの流量が多い時、涇河に水を戻すという調整の役割を担っている。訪問した際には渠道の水量が非常に多く、大量の水が涇河に放流されていた。涇河の色はまさに黄土色の濁流であった。涇河は多くの黄土を含んでおり、その泥砂を排除することもこのステーションでおこなわれている。その後、総幹渠及び分水閘・支渠や斗渠などを訪れた[5]。

（2）　秦・鄭国渠と漢・白渠

近代の涇恵渠へと至るまでの涇河の水を利用する歴代の灌漑施設は「引涇灌漑システム」と総称され、それは二千年以上の歴史を有する。その淵源は、紀元前三世紀、戦国秦の時代にはじまる。秦は西方から勃興し、のちに始皇帝となる政が秦王に即位した時（前二四六年）には、東方への遠征の準備段階にあった。そこで、東方の隣国・韓は水工（水利に関わる役人か）の鄭国をスパイとして秦に派遣した。鄭国は秦王に「涇河を掘削して中山の西の瓠口から渠を造り、北山に沿って東に流し、洛河に注ぐような三百余里の渠水を造れば、田を灌漑することができるでしょう」と説いた。工事は始まったものの、その途中で鄭国がスパイであると発覚してしまった。そこで、秦王は鄭国を殺害しようとしたが、鄭国が「確かに私はスパイでした、しかし、この渠が完成すれば、秦の利益となるでしょう」と語る。秦王は確かにその通りと思い、最終的に渠を完成させるに至った。渠が完成すると、その泥水を用いて、「澤鹵の地」四万頃余りを灌漑し、収穫は一畝あたり一鐘にまで増加した。これによって関中は沃野となり、凶年はなく、秦は強国となり、ついに諸侯を併呑した。よって鄭国渠と命名された（『史記』河渠書[6]）。紀元前一世紀の前漢・武帝の時代に編纂された司馬遷の『史記』ならではのドラマチックな展開のすべてが事実であるかを確かめることは今ではできないが、この鄭国渠が涇河の水を利用した歴史上最初の灌漑施設であったことは注目に値する。秦の鄭国渠の特徴は二つある。ひとつは灌漑範囲が涇河から洛河までの間であるということ、もうひとつは灌漑した土地が「澤鹵の地」であったということである。「澤鹵」とは塩類土壌、つまり、塩害が発生しやすい土地を意味する。塩類土壌には原生塩鹹地とよばれる窪地で低くなった土地に自然に塩が集積して形成される場合と大規模灌漑ののちに排水がうまくなされず、地下水中の塩分が毛細管現象によって地表面に上昇し、乾燥して塩害が発生する再生アルカリ化によって発生する場合の二つの場合が考えられる。鄭国渠は涇河を利用した最初の大規模灌漑であるわけだから、この「澤鹵の地」は再生アルカリ化によって発生したものではなく、前者の原生塩鹹地を指しているのである。この「塩害」を解決したのが黄土であった。涇河の水には漢代にも「涇水一石、その泥数斗」と語られているように多くの黄土を含んでいた。この大量の黄土が農地に流れ込むことによって地表の塩類が除去され、土壌改良を促すこととなった。では、この「澤鹵の地」は涇河から洛河までの全域に広がっていたのであろうか。それは漢代の白渠との比較によって明らかとなる。

秦を継承した前漢王朝は鄭国渠の引涇灌漑システムを継承する。まず、武帝の元鼎六（前一一一）年に左内史の倪寛の上奏によって六輔渠が建設される。これは鄭国渠上流の南岸に六つの小渠道を開削し、鄭国渠では灌漑できない高所の補助的灌漑をおこなうことを目的とした施設であった。(7) その十六年後、武帝の太始二（前九五）年、趙中大夫の白公が全面的な渠首・渠道の修築を上奏する。それは鄭国渠の渠首付近の谷口を渠首として涇河から水を引き、櫟陽を経て、南に流れ、渭河に入るもので、その広さは二百里、溉田面積は四千五百余頃であった。白公の提案であったため、白渠と名付けられた。(8) 想定される灌漑面積は鄭国渠の十分の一の規模であった。櫟陽は戦国秦の東方戦線の拠点として設置され、一時、秦の都にもなった都市で、涇河と洛河の中間の石川河の東岸に位置する。つまり、白渠の灌漑区は涇河から石川河までの間であった。鄭国渠は涇河―石川河―洛河までを灌漑対象としたから、白渠は鄭国渠灌漑区全体ではなく、その西半分のみを対象としたのである。このことは前述の鄭国渠の「澤鹵」の地と関係している。鄭国渠のルートのうち石川河―洛河間の黄土高原の丘陵と関中平原の境界線上（現在の蒲城県や富平県）には窪地になっている場所が多くあり、そこは塩類集積が顕著で、明清時代の地方誌でも多くの塩池が分布している(9)。このことは涇河・洛河間のうち東半分の石川河・洛河間に原生塩鹹地すなわち「澤鹵の地」が多く分布したことを意味する。また、『漢書』には白渠の灌漑地は「漑田」とのみあり、鄭国渠のような「澤鹵の地」を灌漑するとは書いていない。すなわち、白渠は涇河の水を利用するという点においては鄭国渠のシステムを継承したが、灌漑対象地区に着目すると、鄭国渠は涇河―石川河―洛河までの間であったのに対して、白渠は涇河―石川河のみであったことが大きな違いである。白渠は「澤鹵の地」（塩類土壌）を「無理に」灌漑することはしなかったのである(10)。塩類集積地を灌漑して、農地化するか否かは、その時々の王朝が置かれた状況によって変化する。例えば、鄭国渠は秦が統一前の戦国時代の西方の一国に過ぎない時期に開削が始まった。それは狭い国土のなかで関中平原全体を如何に農地として利用し、生産力を上げるのか、という時代であった。そのため、涇河から洛河に至る全体を灌漑するために鄭国渠を開削したのである。そして、それは秦の天下統一の原動力の一つとなった。しかし、その後、前漢王朝は天下統一を継承し、黄河下流域で生産された穀物を黄河・渭河を通じて都の長安まで輸送することができた。そのため、漢の武帝の時代には関中平原全体を農地として利用する必要はなくなり、石川河―洛河間の塩類集積地は放棄され、灌漑のしやすい涇河―石川河間を対象とした渠が建設されたのである。

さらにその後、再び狭い国土を有効に利用することが重視された三国時代の魏では石川河―洛河間の塩を管理する連勺鹵鹹督という役職が置かれ塩を利用した。さらに五胡十六国時代には前秦の苻堅が建元七（三七二）年に涇河の上流で山を開削して堤を造成し、水路を通して、高台の「鹵」（塩類土壌）の田を灌漑した（『晋書』苻堅載記）[11]。西魏時代には大統十三（五五〇）年に白渠を開削し田を灌漑し（『北史』文帝紀）[12]、さらに、大統十六（五五二）年には大将軍の賀蘭祥が富平堰というダムを建設し、渠を開いて洛河にまで水を流したという（『北史』賀蘭祥伝）[13]。これに対し、唐代になると涇河・石川河間のみを灌漑するというシステムが採用される。唐の鄭白渠もしくは三白渠と称される水利施設は涇河から引いた水を太白渠・中白渠・南白渠に分水したもので、涇河から石川河までを灌漑地域としていた。宋代以降、政治・経済の中心は江南へと移ったが、豊利渠（宋代）・王御史渠（元代）・広恵渠（明代）など、渠首や灌漑区を改変しつつも「引涇灌漑システム」は継承された[14]。

これらとは異なるものが清代の乾隆二（一七三七）年に建設された龍洞渠である。龍洞渠は涇河から引水するのではなく、山中の泉の水を水源として利用した点が特徴的である。涇河は黄土高原を流れ多くの土砂を含んでいる。そのため、渠道に大量の土砂が堆積することになり、浚渫を定期的におこなう必要があった。それに対して、泉水は多くの土砂を含まず、土砂の堆積や流域住民の浚渫作業の負担も軽減された。すなわち龍洞渠開削は濁水から清水への転換を意味した[15]。しかし、十九世紀の後半になると泉水の水量では不充分となり、再び涇河の河岸を掘削して渠首を開き、涇河の水を利用するようになった。

以上のように見てみると、これまで鄭国渠から涇恵渠に至るまでの「引涇灌漑システム」と称されていた歴代の灌漑施設は大きく三つに分けられることがわかる。第一は秦・鄭国渠型で涇河から引水し、涇河から洛河まで灌漑するタイプ、第二は漢・白渠型で涇河から引水し、涇河から石川河まで灌漑するタイプ（石川河―洛河間は放棄）、第三は清・龍洞渠型で泉水を利用し、涇河・石川河間を灌漑するタイプである。二十世紀に入って建設された涇恵渠はこのうち第二の漢・白渠型を継承することとなる。これはまさに漢王朝の技術の継承と言えよう。

3、洛恵渠の履歴

（1）洛恵渠を訪れる

洛河は陝西省の境域を流れる最も長い河川である。陝西省定辺県の白于山南麓の草梁山から発し、南に向かって志丹・甘泉・富県・洛川・黄陵・宜君・澄城・白水・蒲城・大荔の各県を流れ渭河に流入する。この洛河の下流域に建設されたのが洛恵渠である。澄城県洑頭村の渠首ダム（攔河大壩）から取水された水は、総幹渠と称され、洛河と並行して南流し、鉄鎌山の北の分水閘で洛西渠を分ける。洛西渠は西の蒲城県を灌漑するために一九七〇年代になって建設されたものである（李儀祉の計画には無い）。総幹渠は南流し、鉄鎌山に至る。鉄鎌山は洛河東岸の標高四〇〇mの丘陵が龍の尾の様に西に延びている部分である。洛河はこの丘陵に沿って北から西に流れ、丘陵の先端で流れを南へ変えた後、東流して大荔県城の南を流れる。つまり、低い土地を流れる洛河から大荔県城や朝邑鎮付近の高い土地への供水は難しい。そこで、洛河を分流して鉄鎌山の地下を通し、高い位置からそれらの地を灌漑することが必要であった。この鉄鎌山の地下に掘られたトンネルが五号隧洞である。

一九九八年、私は涇恵渠調査ののち、関中平原東部の洛河流域を訪れた。まず、大荔県にある洛恵渠管理局でインタビューをおこなった。会議室で提供された大荔県の地元のミネラルウォーターは一度口に含むと塩味の強い水であった。ここは塩類土壌の地なのである。インタビューでも洛恵渠のシステムのなかで排水渠の整備と維持管理が重要であると強調していた。土むき出しのV字型の排水渠は七mより深くなるように維持管理する必要がある。排水の泥が堆積し、深さが五mより浅くなると、塩分を有する地下水が毛細管現象によって地表に上昇し、塩害となってしまうためである。また、住民が排水渠にゴミを捨て、地下水位が高くなることもよくあるという。現地調査では、洛河から取水するために建設されたダム（攔河大壩）、コンクリートで造られた幹渠・支渠、土むき出しの小さな渠道である斗渠・毛渠・排水渠、さらに、五号隧洞（平之洞）を見学した。[16]

（2）漢の龍首渠

洛恵渠の淵源は漢武帝の時代に建設された龍首渠である。建設を提案した荘熊羆は「臨晋の民のために洛水を掘って重泉以東の万余頃の故の「鹵地」を灌漑する。これによって実際に水を得ることができれば、畝あたり十石の収穫を得るようになるだろう」と上奏し、それに基づき、人民一万人が徴発され渠の掘削が開始された。徴県（現在の澄城県）に渠首を造り、洛河の水を商顔山（今の鉄鎌山）下まで引く。そのまま地上に渠道を建設するとなると、渠道の岸が崩落しやすかったため、深さ四〇丈あまりの竪穴（井）を掘り、すこしずつ東南方向に進みながら順次、井戸を掘り、井戸の下に水を通した。水は商顔山の地下を流れ、山の東から十里あまりの地に至った。井渠という工法とはこの工事から始まったものである、渠を掘った時、龍骨が出てきたため、龍首渠と名付けられた。ところが、このような困難な工事を十年あまりおこない渠は通じたものの、それによって豊饒とはならなかったという。[17]灌漑対象地区である臨晋は現在の大茘県朝邑鎮あたり、重泉は商顔山の西端に位置する。漢代の龍首渠は洛河から引水し、商顔山の地下を通して、山の東南の「鹵地」を灌漑するという水利施設であった。龍首渠建設の特徴は、井渠によってトンネル形式の渠道を造ったこと、灌漑対象が「鹵地」であったことの二点にある。井渠とは中央アジアに見られるカナートで、龍首渠が中国での最初の事例とされている。「鹵地」とは鄭国渠の場合と同じ原生塩鹹地である。結果として、龍首渠の水を引いて灌漑しても、地下水が上昇して再生アルカリ化が発生し、塩害が発生し、渠は完成しても豊穣とはならなかったのである。

その後、唐代になると開元七（七一七）年に同州刺史の姜師度が朝邑（漢代の臨晋）を灌漑するために朝邑の南の洛河から引水するルートと、東北の黄河沿岸に堤防を築いて取水するルートの二つをあわせ持った通霊陂と呼ばれる水利施設を建設し、効果を挙げたという。(18) 通霊陂は洛河を南から引水するという方法や黄河の水を利用するという点で龍首渠とは全く異なる方式の水利施設である。おそらく、この水利施設も後に再生アルカリ化が発生し、使用されなくなったと思われる。

4、渭恵渠の履歴

（1）渭恵渠を訪れる

渭河は甘粛省定西市渭源県鳥鼠山から発し、甘粛省の天水などを経て、陝西省宝鶏市に入り、眉県・咸陽市を過ぎて、北から流入する涇河・洛河を受け黄河へと入る黄河の支流である。渭恵渠は眉県首善鎮の北側、渭河北岸の魏家堡村から取水する。そこは渭水がこぶのように北へ突出した地点である。渭恵渠は渠首から東へと流れ、扶風県絳帳鎮上宋村で渭高幹渠と分岐する。渭高幹渠は北、渭恵渠本流は南を流れる。渭高幹渠は漆河を越え、茂陵の南を通過したのち、平陵（昭帝）、安陵（恵帝）、長陵（高祖劉邦）、陽陵（景帝）等の漢代皇帝陵の南を咸陽原の南縁に沿って東へと流れ、高陵県涇渭鎮の南で渭河に入る。(19) 渭河に流入する地点は涇河と渭河の合流点（「涇渭分明」）から約八㎞西南にあたる。一方、渭恵渠本流は渭河に沿って東へと流れ、咸陽市の南で渭河へと流入する。武功・興平・咸陽の県城の北は渭高幹渠、南は渭恵渠本流の灌漑対象地区である。

渭恵渠・渭高幹渠の特徴は渭河から取水し、渭河へと流れ込む水利施設、つまり、渠水の起点と終点が同じ河川であることである。そのため、山間部から渭河へと流れる涇恵渠とは異なり、渭河の屈曲と高低差をうまく利用した渠首の開墾・渠道ルートの策定が重要となる。渭河はおよそ南北五㎞の幅で常に流れを変え、また、激しく南北に屈曲している河川である。渠首の魏家堡村は渭河が北から南に大きく転回する地点である。そこから渭河流入点にあたる高陵県涇渭鎮までの距離は一二〇㎞、その高低差は二〇〇ｍ程度である。東西に長い距離を流れ、灌漑するためには、十分な水量の確保が重要となる。ところが、渭河からの直接の取水では、渭河の流水量の増減の影響を受けることとなり、安定的な水の供給は期待できない。そのため、一九七〇年代には西の宝鶏市の汧河にダムを建設し、そこから取水して渭恵渠へと供水する宝鶏峡引渭灌漑システムが建設された。

二〇一四年八月、私は漢の武帝の茂陵（陝西省興平県）から真南に車を走らせた。一㎞ほど南下するとコンクリー

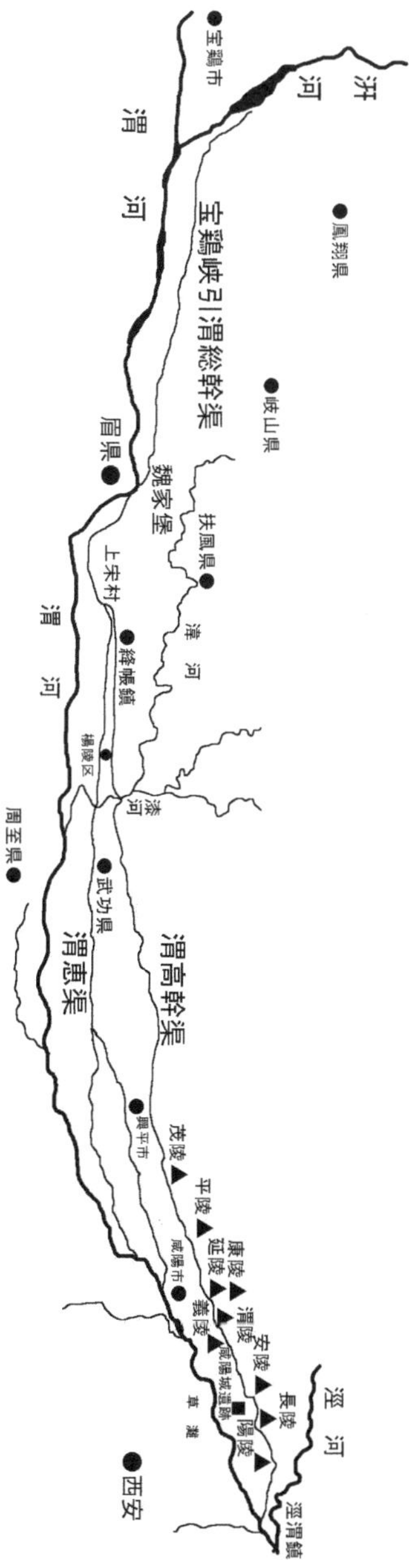

地図18−1　渭恵渠・渭高幹渠灌漑区域図（『陝西省地図冊』西安地図出版社、二〇〇六年をもとに作成）

写真18－２　渭高幹渠②

写真18－１　渭高幹渠①

トの渠道が東西に走っていた。これが渭恵渠の分流のひとつ、渭高幹渠である。その夏は渭河本流の水量も少なく、渠道を流れる水の量も少なかった。色は緑色を呈していた。（写真18―１・２）その渠道から南に向かって緩やかな傾斜のある平地が続く。この平坦な台地は現地の言葉で「塬」（ユアン）と呼ばれ、「原」とも書かれる。ここの原は咸陽原と呼ばれ、渭高幹渠はこの原上の農地を灌漑する用水である。咸陽原には九つの漢代皇帝陵が建設された。地図では渭高幹渠より南の西宝公路沿いに渭恵渠本流の渠道が描かれていた。そこで、二㎞ほど南へ移動し、下官道鎮という村で、渭恵渠はどこにあるのかと現地人に聞いた。しかし、彼は、北の渭高幹渠の方を指さして、あれが渭恵渠だと答えた。原上の住民から見れば、高い所を流れる渭高幹渠の恩恵を受けているのだから、より低い土地を流れる渭恵渠本流よりも、身近な渠道であると考えたのだろう。渭恵渠のルートを歩くとまさに漢代皇帝陵とその付近に建設された陵邑と密接に関わっている水利施設であることと安易に理解できる。

（２）　漢の成国渠

漢代の皇帝陵の南を通る渭高幹渠のルーツは前漢時代に建設された成国渠である。紀元後一世紀の班固によって著された『漢書』地理志の郿県の条に「成国渠の渠首は渭河の水を受け、東北に流れて上林苑に至り、蒙籠渠に入る」とある。[20] 成国渠は郿県において渭河から引水し、東北方向へと流れた渠水であった。郿県は現在の眉県である。『漢書』溝洫志によると建設されたのは漢の武帝のころ。当時、さまざまな河川を利用した灌漑水利施設の建設が盛んにおこなわれ、成国渠もそのひとつとして書かれている。(21)

三国時代になると成国渠は拡張される。曹魏の青龍元（二三三）年、陳倉から槐里までの間に成国渠を開墾した。(22)陳倉は現在の宝鶏市陳倉区、槐里は現在の興平市にあたる。陳倉は汧河に近く、そこから取水した。汧河に渠首を建設し、周原の南を経て郿県にまで引水し、郿県で渭河の水を受けた漢代の成国渠と連結させたのであろう。これは古代においても渭河のみを水源とすると安定的に水を供給できなかったことへの対処策であったと見ることができる。その後、六世紀初めの北魏時代に著された『水経注』渭水注にはさらに詳しいルートが述べられている。成国渠は汧河の水を陳倉の東で受けて、郿県・武功県・槐里県の北を経て茂陵（武帝）・茂陵県故城・平陵（昭帝）・平陵県故城・延陵（成帝）・康陵（平帝）・渭陵（元帝）・義陵（哀帝）・安陵（恵帝）・安陵県故城・長陵（高祖）・漢丞相周勃の墓・陽陵（景帝）の南を通り渭水に注いでいた。(23)これは汧河から引水し、漢代の成国渠につながる三国時代の成国渠のルートを説明したものである。この記載から郿県以東の漢の成国渠は茂陵から陽陵までの漢代皇帝陵の南を流れる渭高幹渠と共通していることがわかる。(24)ただ、『水経注』には「成国故渠」や「今水無し」とあり、北魏時代にはすでに利用されなくなっていたと考えられる。

漢王朝は皇帝陵を建設する際、その側に陵邑とよばれる都市を建設した。陵邑のなかには茂陵のように二十七万人の人口を抱える都市もあった。この陵邑には「強幹弱枝」の考え方から、東方の黄河下流域の豪族とよばれる有力者を強制的に移住させた。(25)この人口を支えるために陵邑付近の農地を灌漑する渠水を確保する必要があった。それが成国渠であった。漢代の成国渠は長安を中心とした首都圏形成を目的に建設された水利灌漑施設と言える。しかし、郿県で渭河の水を取水して東西に長い灌漑区に水を流すことは難しく、魏の時代には汧河から取水するが、それでも北魏時代には廃れてしまったのである。唐の咸亨三（六七二）年には汧河から引水して周原・岐山・扶風を経て六門堰を通じて成国渠へと入り、咸陽から渭河に流れ出る昇源渠が建設されたが宋代には廃れてしまった。明の成化二十（一四八四）年には宝鶏にて堰を造って渭河を引き、岐山・眉県・扶風から武功県までを灌漑する通済渠が開削された。これは渭河からの引水という点では成国渠に共通するが、渠首が上流にあったため漢代の皇帝陵の南まで渠水が至らず、成国渠を継承した施設とは言いがたい。

以上、関中三渠の歴史を整理した。清末において、引涇灌漑は白渠以来の涇河・石川河間のみを対象として継承され、引渭灌漑は宋代以降廃止され、引洛灌漑は漢代に効果がもたらせないまま、継承されなかった。これら三渠を近代の科学技術を以て復興させようとしたのが、一九三〇年代の李儀祉らによる関中三渠のプロジェクトであった。

5、関中三渠の整備――近代中国と漢王朝――

一九三〇年、陝西省関中平原は三年連続の干ばつに見舞われた。この危機的状況を打開するため、李儀祉が陝西省政府に招聘され、関中の水利施設の再建に奔走した。彼はまず涇恵渠の整備に着手した。李儀祉は前に陝西省水利局長であった一九二二年ごろにその再建計画を準備していた。そのなかで、白渠の灌漑区を復元するのか、鄭国渠の灌漑区までをも再建すべきかについて議論している。その過程で彼は灌漑面積からみて、涇河上流の高い位置にダムを建設し、そこから東の洛河までの間に渠道を建設することを主張した。つまり、鄭国渠の再建を目指したのである。彼は、この復元工事を成功させるために、平原部からの分水ではなく山間部の岩を掘削して分水すること、水を貯めることのできる高い堰を造ること、鄭国渠の故道に従って渠を開くこと、白渠の故道を利用することなどの提言をした[26]。渠首ダムの建設には十九世紀末に西洋から導入されたセメントで積み石を固定させる技術を用い、増水の際の衝撃の耐久性の向上や貯水量の増加をはかることができると考えた[27]。西洋近代の水利技術を活用し鄭国渠を復元することを求めたのである。ところが、一九三〇年代に李儀祉が陝西省に呼び戻された時には、一九二〇年代の李儀祉の計画とは異なり、渠首ダムの貯水量が少なく設定され、洛河に至るまでの渠道の建設は見送られた。そのため、灌漑区は白渠の範囲すなわち、涇河・石川河間に限られることとなった（現在も涇恵渠は洛河にまでは至っていない）[28]。まさに近代の涇恵渠建設計画は秦の鄭国渠復元計画から漢の白渠復元計画に変更されたのである。

涇恵渠の第一期工事は一九三〇年十一月に施工が始まり、一九三二年四月に完成した。第二期工事は一九三三年から一九三四年までおこなわれた。第一期の工事費は陝西省政府・華洋義賑会・檀香山華僑の寄付によるものが主であり、第二期の工事費の大半は全国経済委員会によるものである[29]。全国経済委員会は南京国民政府下の機関で一九三一年十月に成立し、一九三三年にはアメリカ合衆国から棉麦借款というかたちでその事業費を得た。一九三四年三月の全国経済委員会第二次委員会議で決定された資金の使途のなかに灌漑事業が盛り込まれ、涇恵渠および綏遠の民生渠と計画のみがなされていた引洛工程の三つが対象となっていた[30]。つまり、アメリカの資金が涇恵渠の建設に使われたのである。涇恵渠の建設は技術と資金の面で一九三〇年代の世界とつながった事業であった。

全国経済委員会の資金提供を受けて、次に着手されたのは洛恵渠である。一九三三年に李儀祉および孫紹宗を中心に測量・計画をすすめた。この段階で渠首から総幹渠、鉄鎌山の地下を通るトンネル（のちの五号隧洞）を経て東・西・中の三つの渠に分かれて大茘・朝邑の位置する馮翊平原を灌漑することが計画書に記されている[31]。一九三四年に工事を開始、渠首ダム、総幹渠、分水閘などの建設をすすめたが、洛恵渠の最も重要な施設である鉄鎌山の地下を通す五号隧洞は地下水と土砂の流出などによって工事に問題が発生した。これに対応するために、洞室内を加圧する方法やルートの変更等の方策を経て、井戸を掘りつつトンネルを掘り進める、いわゆる「井渠」の方法が採用された。この方法によって加速度的に工事が進展し、一九四七年に放水式がおこなわれた。しかし、国共内戦により工事は一九四八年に停止。一九五〇年になってようやく完成した（洛東渠のみ）。工事の記録で注目すべきは五号隧洞の開削中に漢代の柏の人字型の木片が出土したことである。これは洛恵渠が漢代のルートを継承していることを意味する。

最後に渭恵渠の計画がすすめられた。渭恵渠の準備は一九二二年に始められ、一九三二年に導渭工程処が設置された。一九三六年より工事が始まり、一九三八年には完工した。渭恵渠の課題点は引水地点をどこに設定するかであった。李儀祉は渭河の水量を調整する目的は黄河の下流の水害原因の除去、農田開発、運航の三つにあるとしている。そのなかで農田開発については、草灘（渭河南岸、西安の北）で渭河を引水するもの、郿県に堰を設けて渠を開墾して渭河を引き興平・咸陽を灌漑するもの、宝鶏の山中にて渠を開いて渭河を引き、鳳翔を経て渭河の水を入れて、岐山・扶風の原の上を灌漑するという三つの方法で議論された。李氏はこれらの工事費が莫大な額となるとして新たな方法を提案した。洪水が発生し、多くの良田を失ったのは渭河の川幅が広いことが原因であり、これに対応するため渭河の河床を狭め、堤防沿いに水門を設けて南北両河岸の田を灌漑するというものだった(32)。最終的に渠首は漢代の成国渠と同じ郿県の北にコンクリートで建設された(33)。それは漢代の水利システムの継承を選択したことを意味する。しかし、結果的に水量は安定しなかった。李儀祉はこのことを完成前から想定しており、別に宝鶏の汧河から取水し渭恵渠に接続するという計画を考えていた。この汧河からの引水が実現するのは一九七〇年代の宝鶏峡引渭灌漑システムの完成をまたねばならない。

涇恵渠・渭恵渠・洛恵渠三渠の建設は漢代の白渠・成国渠・龍首渠という漢王朝、とくに武帝の時代に建設された歴史的な遺産を近代西洋の技術と資金で復元した事業であったと言うことができる。漢の武帝は中国古代帝国の最盛期を築いた皇帝である。一九三〇年代、南京国民政府では開発の遅れている西北地域に対して「西北開発」・「西北建設」というスローガンが広まり、具体的な政策も進められた。一九三二年に開設された西京籌備委員会も、西北の副都・西安の開発をおこなう機関である。この西京籌備委員会は遺跡の保護・整備や植林、学校建設などの事業をおこなった。なかでも、周辺の異民族を制圧した漢の武帝と唐の太宗は重視された。武帝の茂陵は霍去病墓の石像とともに保護され、周囲に植林がなされ、茂陵小学が建設された。太宗の昭陵も保護され、周囲の街路には植林がなされ、昭陵小学も建設された(34)。それは清朝滅亡後の中華民国が自らの国家のアイデンティティーを漢王朝や唐王朝に求めたためと考えることができる。漢の武帝の時代に建設された白渠・成国渠・龍首渠は、一九三〇年代の西安に生きる彼らが立ち戻るべき漢王朝の水利施設であったのではなかろうか。だが、それは単なる漢代の「復古」ではなかった。漢代の引涇・引洛・引渭という枠組みは継承しつつ、実際の工事では、コンクリートや排水渠等の西洋近代の技術を用いることによって、それらを復元・維持した。つまり、李儀祉による関中三渠の整備は中国の伝統と西洋の近代技術を結びつけた開発であったと言えよう。

6、おわりに

以上、関中平原の涇河・渭河・洛河から引水する灌漑水利施設の古代・近代の歴史と現在を整理した。今から二千年以上前の秦漢時代に建設された鄭国渠・白渠・成国渠・龍首渠はそれぞれの立地環境に即しての特徴があり、大規模な灌漑効果をもたらしたものもあれば、失敗したものもあった。時代を経て一九三〇年代に至り大干ばつが発生し、水利灌漑施設の再建が急務となった。その中心人物として計画・実行にあたった李儀祉は漢代の三渠を復元することによって局面を打開しようとし、西洋の水利技術と資金を得ることによって、一定の成果を得た。それから約八十年後、私たちが生きる現代、黄河下流では上流部の過度な水利用によって断流や水不足が発生している。そのような中であっても、涇恵渠・洛恵渠・渭恵渠（渭高幹渠）は、さらに規模を拡大し利用されている。中国古代帝国の大規模水利施設を復元し、近代の技術を利用して使い続けることが結果として環境問題の原因となっている。今一度、近代以来の開発の方法を考え直す時期なのではなかろうか。

注

（1）本書第十六章「黄河の断流」ほか参照。

（2）塿土については原宗子『「農本」主義と「黄土」の発生——古代中国の開発と環境2』、研文出版、二〇〇五年に詳しい。また、黄土高原・黄土地帯の農耕の歴史については本書第十四章「秦漢帝国と黄土地帯」および第十五章「黄土高原の農耕と環境の歴史」を参照のこと。

（3）李儀祉（一八八二〜一九三八）は清・光緒七年（一八八二）陝西省蒲城県生まれ。一九〇九年に京師大学堂徳文予備班を卒業した後、ドイツに留学し土木学を学び、辛亥革命時に帰国。一九一三年に再びドイツのベルリン工科大学に留学した。この時、ロシア・ドイツ・フランス・オランダ・ベルギー・スウェーデンの水利施設を訪問している。帰国後、一九一五年に南京河海工程専門学校の教師となり、七年間教壇に立ち、学生たちに近代の水利科学技術を講義し、学生とともの各地の河川の調査をおこなった。一九二二年には陝西省に帰り、陝西省水利局長兼渭北水利工程総工程師となり、西北大学校長も兼務した。その後、西安を離れ、一九二七年重慶市政府工程師、一九二八年華北水利委員会委員長、一九二九年導淮委員会委員総工程師を歴任する。一九三〇年陝西省政府主席の楊虎城は李儀祉を陝西省政府委員兼建設庁長として招聘し、一九三二年には陝西省水利局長となった。この間、涇恵渠・渭恵渠・洛恵渠の建設および建設の準備をすすめた。一九三二〜一九三五年黄河水利委員会委員長兼総工程師、一九三六年揚子江水利委員会顧問となった。一九三八年西安にて死去。

（4）鄭国渠十年説は濱川栄「鄭国渠の漑溉効果とその評価をめぐる問題について」『中国古代の社会と黄河』早稲田大学出版部、二〇〇九年参照。ただし、この説は必ずしも歴史地研究者の通説とはなっていない。

（5）調査の詳細は濱川栄「涇恵渠調査記」『アジア遊学二〇　黄土高原の自然環境と漢唐長安城』勉誠出版、二〇〇〇年を参照のこと。なお、一九九八年の涇恵渠・洛恵渠調査は妹尾達彦氏・鶴間和幸氏の科研費プロジェクトの一環としておこなわれたものである。

（6）『史記』河渠書に「乃使水工鄭国間説秦、令鑿涇水自中山西邸瓠口為渠、並北山東注洛三百余里、欲以漑田。中作而覚、秦欲殺鄭国。鄭国曰「始臣為間、然渠成亦秦之利也」秦以為然、卒使就渠。渠就、用注塡閼之水、漑澤鹵之地四万余頃、収皆畝一鍾。於是関中為沃野、無凶年、秦以富強、卒并諸侯、因命曰鄭国渠」とある。

（7）『漢書』溝洫志に「自鄭国渠起、至元鼎六年、百三十六歳、而兒寛為左内史、奏請穿鑿六輔渠、以益漑鄭国傍高昂之田」とある。

（8）『漢書』溝洫志に「太始二年、趙中大夫白公復奏穿渠。引涇水、首起谷口、尾入櫟陽、注渭中、袤二百里、漑田四千五百余頃、因名曰白渠」とある。

（9）本書第五章「中国古代関中平原の水利開発と環境」では歴代史料のなかの涇河から黄河に至るまでの塩池と淡水池の分布をまとめ、蒲城県・富平県・大茘県一帯に塩池が分布していることを指摘した。

（10）本書第五章「中国古代関中平原の水利開発と環境」では、涇河—石川水間、石川水—洛水間という空間設定をおこなった。

（11）『晋書』苻堅載記に「堅以関中水旱不時、議依鄭白故事、発其王侯已下及豪望富室僮隷三万人、開涇水上源、鑿山起堤、通渠引瀆、以漑岡鹵之田。及春而成、百姓頼其利」とある。

（12）『北史』文帝紀に「十三年春正月、開白渠以漑田」とある。

（13）『北史』賀蘭祥伝に「周文以涇渭漑灌之処、渠堰廃毀、乃令祥修造富平堰、開渠引水、東注於洛」とある。

（14）歴代の引涇灌漑システムについては森部豊「関中涇渠の沿革——歴代渠首の変遷を中心として——」『東洋文化研究』七号、

二〇〇五年参照。

(15) 引涇灌漑工程における泉水を利用した龍洞渠の位置づけについては、Pierre Étienne Will "Clear Waters versus Muddy Waters: The Zheng-Bai Irrigation System of Shaanxi Province in the Late-Imperial Period." Mark Elvin ed. "Sediments of Time" CAMBRIDGE UNIVERSITY PRESS、一九九八年参照。

(16) 洛恵渠調査の詳細は本書第十九章「洛恵渠調査記」参照。

(17) 『史記』河渠書に「其後荘熊羆言「臨晋民願穿洛以漑重泉以東万余頃故鹵地。誠得水、可令畝十石」於是為発卒万余人穿渠、自徴引洛水至商顔山下。岸善崩、乃鑿井、深者四十余丈。往往為井、井下相通行水、水積以絶商顔、東至山嶺十余里間。井渠之生自此始。穿渠得龍骨、故名曰龍首渠。作之十余歳、渠頗通、猶未得其饒」とある。『漢書』溝洫志では荘熊羆は厳熊とある。

(18) 『新唐書』地理志には「(朝邑) 北四里有通霊陂、開元七年、刺史姜師度引洛堰河以漑田百余頃」とあり、『新唐書』姜師度伝には「又派洛灌朝邑・河西二県、閼河以灌通霊陂、収棄地二千頃為上田」とある。

(19) 『陝西省地図冊』(西安地図出版社、二〇〇六版) による。朱道清編『中国水系大辞典』青島出版社、一九九三年には涇陽県涇河郷付近で涇河に流れ込むとある。

(20) 「郿、成国渠首受渭、東北至上林入蒙籠渠」(『漢書』地理志)。

(21) 『漢書』溝洫志に「而関中霊軹渠・成国・湋渠引諸川、汝南・九江引淮、東海引鉅定、泰山下引汶水、皆穿渠為漑田、各万余頃。」とある。

(22) 『晋書』食貨志に「青龍元年、開成国渠、自陳倉至槐里築臨晋陂、引汧洛漑舃鹵之地三千余頃、国以充実焉」とある。なお、『水経注』では魏の尚書左僕射の衛臻が蜀を征伐時に開鑿したとする。

(23) 『水経注』渭水注に「(成国渠) 其瀆上承汧水于陳倉東。東逕郿及武功、槐里県北。渠左有安定梁厳冢。碑碣尚存。又東逕漢武帝茂陵南、故槐里之茂郷也……故渠又東逕茂陵県故城南……故渠又東逕龍泉北……渠北故坂北即龍淵廟。……故渠又東逕姜原北、渠北有漢昭帝平陵……又東逕平陵県故城南……故渠之南有竇氏泉、北有徘徊廟。又東逕漢大将軍魏其侯竇嬰冢南、又東逕成帝延陵南、陵之東北五里、即平帝康陵坂也。故渠又東、逕渭陵南。……又東逕哀帝義陵南。又東逕恵帝安陵南、陵北有安陵県故城……渠側有杜郵亭。又東、逕渭城北。……又東逕長陵南、亦曰長山也。……故渠又東逕漢丞相周勃冢南、冢北有弱夫冢、故渠東南謂之周氏曲。又東南逕漢景帝陽陵南、又東南注于渭、今無水」とある。和訳は東洋文庫中国古代地域史研究班編『水経注疏訳注　渭水（下）』東洋文庫、二〇一一年を参照。

(24) 鶴間和幸「漢代皇帝陵・陵邑・成国渠調査記──陵墓・陵邑空間と灌漑区の関係──」（『古代文化』第四一巻第三号、一九八九年）は現地調査に基づき成国渠と渭高幹渠の関係について述べている。

(25) 鶴間和幸「漢代における関東・江淮豪族と関中徙民」『中嶋敏先生古稀記念論集』上巻、中嶋敏先生古稀記念事業会、一九八〇）は長安付近へと強制移住された豪族についてまとめている。

(26) 李儀祉「再論引涇」一九二二年、李儀祉「陝西渭北水利工程局引涇第一期報告書」一九二三年（ともに李儀祉『李儀祉水利論著選集』水利電力出版社、一九八八年所収。

(27) 前掲注(26)李儀祉論文参照。

(28) 李儀祉「引涇水利工程之前因与其進行之近況」一九三一年（李儀祉『李儀祉水利論著選集』水利電力出版社、一九八八年所収）

(29) 涇恵渠志編写組編『涇恵渠志』三秦出版社、一九九一年「第二章興建与改善　工程投資」一二三頁参照。

(30) 川井悟「全国経済委員会の成立とその改組をめぐる一考察」『東洋史研究』四〇―四、一九八二年、吉澤誠一郎「西北建設政策の始動──南京国民政府における開発の問題」『東洋文化研究所紀要』一四八冊、二〇〇五年ほか参照。なお、陝西省の水利と全国経済委員会については川井悟「中華民国時期における涇恵渠建設」『福山大学経済学論集』二〇―一・二、一九九五年がある。

(31) 孫紹宗「引洛工程計画書」『陝西水利月刊』第一巻一一期、一九三三年。

(32) 李儀祉「導渭之真諦」『陝西水利月刊』第一巻一一期、一九三三年（李儀祉『李儀祉水利論著選集』水利電力出版社、一九八八年所収）。

（33）陝西省水利局『陝西水利季報　渭恵渠専号』七―二、一九四二年。

（34）西京籌備委員会の文物事業については拙稿「西安の近代と文物事業――西京籌備委員会を中心に――」『近代中国の地域像』（山本英史編）、山川出版、二〇一一年、植林事業については拙稿「近代陝西省の開発と森林資源」『中国の環境法政策とガバナンス』（北川秀樹編）、晃洋書房、二〇一一年を参照。

第十九章　洛恵渠調査記

本章は一九九八年八月に妹尾達彦氏（現・中央大学）・鶴間和幸氏（学習院大学）・濱川栄氏（現・常葉大学）・森部豊氏（現・関西大学）・陳力氏（現・阪南大学）等とともに関中平原東部の水利施設を調査した際の調査記である。本書第五章・十八章には本調査記を根拠としている部分があるため、ここに掲載する。

1、洛恵渠管理局にて

陝西省韓城市からバスで三時間、大荔県県城内にある洛恵渠管理局に到着した。管理局の方々のお話をうかがうため、管理局二階の洛恵渠灌漑区の地図が壁に掛かっている会議室に招かれた。私たちを歓迎して、机の上にはお茶と名物のリンゴが振る舞われていた。お茶の味は少々塩味で、当地の水に塩類が含まれていることがすぐわかる。水道水を持ちかえり、phを測ったところ、八・〇とアルカリ度が高かった。あとで、いただいたミネラルウォーターも同じ塩味であった。リンゴは日本が技術協力をして作られるようになったとのこと。一九九六年に陝北を調査した際、蒲城県北の白水県でも長野県の協力でリンゴは名産となったと聞いたことを思い出した。地元出身の王元林氏の挨拶まわりが終わったところで、まず、管理局総工程師の張可強氏からお話をうかがった。

「前漢武帝期の荘熊羆《そうゆうひ》という人物が上奏して、商顔山を穿《うが》つ渠の建造が始まりました。その工事中に「龍骨」が発

地図19－1　『洛恵渠志』（陝西人民出版社、一九九五年をもとに作成）

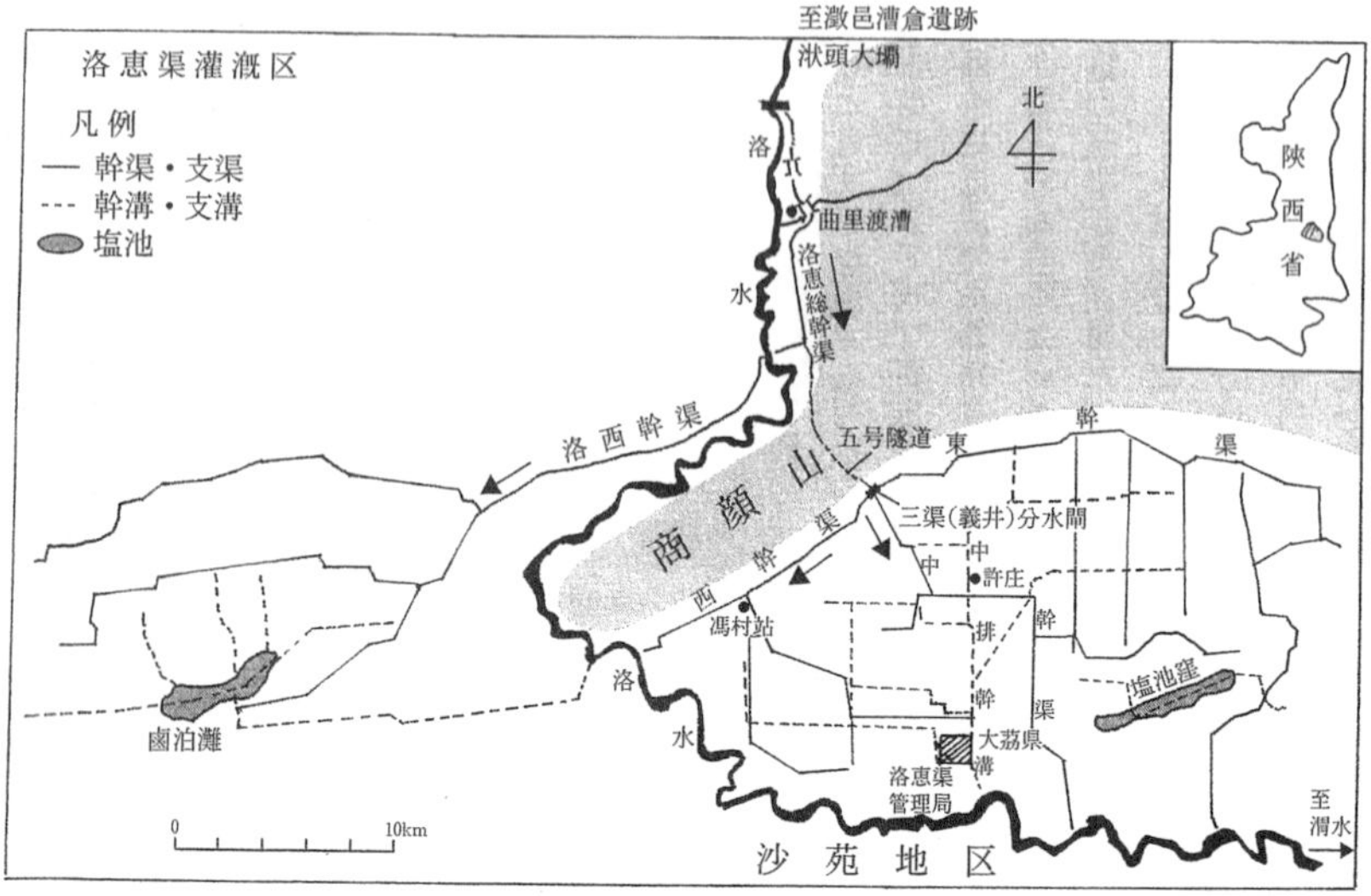

見されたため「龍首渠」という名がつけられました。工事はまず、商顔山に複数の縦穴を掘って、その穴を横穴でつなげるというもので、現在の洛恵渠も同じ工法で行いました。龍首渠は十年ほどで完成しましたが、山の土砂が崩れやすく、灌漑効果もあまりなかったため、その後は長く忘れ去られてしまいました。しかし、一九三〇年代に陝西省で大旱ばつが発生し、涇恵渠などの水利施設建設が復興されたのをきっかけに、当時の陝西省主席の楊虎城により李儀祉を中心に洛恵渠建設が始められました。一九三四から翌三五年にかけて総幹渠の主な工事がおこなわれましたが、複雑な地形に渠道を通すため、涇恵渠よりも困難な工事となってしまいました。洛河の水を取水する洑頭大壩から五号隧洞までの二一kmの間では数ヶ所の谷を越えなければならず、五つの隧洞（トンネル）、三つの渡漕（橋形式の用水路）が造られました。ほとんどの工事はこの一年で完成しましたが、五号隧洞は流砂質地層のために土がもろく、渠道を南の方に少し曲げるなど四回も工事法をかえました。さらに、抗日戦争の影響も受けて、一九三五年から始まった工事は十三年間にもわたって続けら

れ、一九四七年になってようやく完成しました。一九四八年に解放区（共産党の支配下）となって洛恵渠が重視されるようになり、一九五〇年から灌漑が開始されました。はじめは洛東地区（洛河の東）のみが対象で、一九六〇年代の灌漑面積は四八万haでありました。さらに六〇年代末には洛西地区の蒲城県に二六万haの灌漑区が広がり、あわせて七四万haを灌漑することができるようになりました。現在、この灌漑区は陝西省の小麦と棉の一大生産地であります。」

次に、局長の鄭登科氏から説明をうかがった。

「洛恵渠は八恵渠と呼ばれる陝西省の八つの水利施設の一つであります。漢代の龍首渠がその端緒で、灌漑には効果がありませんでしたが、井渠法という工法を使ったことは画期的でありました。北周時代に龍首渠を改修した記事がありますが、詳細はわかりません。民国期になってようやく実用化されましたが、設計・技術スタッフ・労働者たちが積極的に新工法を開発したことと、楊虎城・蒋介石・宋子文など民国政府の強力なバックアップがあったことの二つはこの工事で評価すべき点であります。一九四七年に完工した際には水利部長と六千人の農民によって主催された放水式が行われました。ただ、民国期は幹渠のみの完成で灌漑はできませんでした。解放以後、支渠が完成して灌漑が可能となって、一九五〇年四月一日に再び放水式が挙行されました。一九九〇年には放水量は六〇億m³に達し、灌漑区の面積も完成当初の四〇万haから七七万八〇〇〇haに拡大しました。九〇年以後は「奪村渡漕」を改善し、また、洛東・洛西両方にある排水溝も重視しています。さらに、洛河南の沙苑地区にも洛恵渠を拡大して、灌漑面積を一〇〇万haにすることが現在の目標です。」

お二人の話に続いて質疑応答が行われた。答えを以下まとめておきたい。

写真19－1　洛恵渠管理局にて（手前から鄭登科氏・張可強氏・陳力氏）

①灌漑の一年のサイクルについて。

涇恵渠とだいたい同じで、十一月から二月二十日までの冬春灌漑は畑の水分が少ないので水を増やすために行われ、対象は小麦・棉花作である。（綿花は播種前に行う）その後、五月までは修繕期間にあてられ、五月以降は夏灌漑でトウモロコシ・棉花のために灌漑を行う。灌漑によって収穫される作物は北の高原ではアワ、灌漑区では麦のほうが主食としてよく売れるため、麦が作られている。小麦・トウモロコシ・綿花は陝西省の四分の一の生産量で、一坊あたりの綿花生産量は一五〇kgである。

②塩害に関して。

洛河流域は涇河流域より塩害が激しく、排水が不可欠である。地質の形成からみると、洛恵渠地域はもともと湖であり、古層沈積黄土の河流台地によって成立した。洛河の西は渭河によって形成された台地である。台地の北は窪んでおり、そこはほとんど塩害となる。一九五〇年代に放水した際、大水量の灌漑を行ったため、地下水位はすぐ高くなり、塩害が発生した。塩害面積は毎年数千haずつ増加したため、排水システムを造ることが必要となった。七〇年代中期には洛東灌漑区域の排水システムが完成し、塩害もコントロールできるようになった。排水以外に洛河の泥も塩害に有効で、この泥で灌漑すると塩害は防ぐことができる。また、灌漑で塩を流すこともできる。これらの方法よって、灌漑による再生塩鹹化による塩害区域だけでなく、古くからある塩害区域（原生塩鹹地）もコントロールできるようになった。洛東灌漑区は四万haが塩害だったが大部分は耕作可能となった。一九七〇年代に洛西灌漑区を造った時にはあらかじめ排水システムも造り、塩害はかなり防止することができた。それでも一万haの畑には塩害が見られるので、「泥」灌漑の利用率を一〇%にして改善をはかっている。しかし、近年はシステムの老朽化により「泥」の利用率は低下してきているため、システム全体の見直しをすすめている。

③龍首渠と洛恵渠の関係について。

龍首渠渠首については「徵邑漕倉」瓦当発見地点付近（避難堡）にあり洛恵渠の洑頭大壩（龍首壩）よりも上流に位置すると推測される。また、コンクリートが無いので龍首渠の渠水システムにはダムがないと思われる。トンネル（暗渠）のコースは一九四〇年代、五号隧洞の工事中に地下から龍首渠の「人」字型の穴を支える柱（南京博物院に調査を依頼したが、今は所在不明）が発見されたため、洛恵渠のほうが龍首渠より深い位置ではあるが、ほとんど同じコースを通っていたと思われる。トンネルを抜けて洛東に出た後の龍首渠の渠道は漢村・渠頭から東幹渠ラインであろうと推測しているが、漢代の効果は長く維持できなかった。唐代は龍首渠とは異なり、南から北の塩池への渠水システムが造られ、一定の効果があった。

（一九九八年八月十日訪問）

2、洛恵渠渠首　洑頭大壩

「徵邑漕倉」と推測される地点から南へバスで二十分、ひなびた村の麦の小山の前でバスを降りる。そこから洛河のほとりまで徒歩でおりると、急に視界が開け、そこには巨大なダムが現れた。洛恵渠の渠首にあたる洑頭大壩である。ダムの壁面は石のタイルで、下流に向かって大きく半円に曲線を描いている。当日は水量が少なく、水がダムの下に流れ落ちてはいなかったが、増水時には水が溢れ出す仕組みになっているようだ。一歩間違えばそのアリ地獄の如きダムの底に吸い込まれてしまいそうな壁面の縁を恐る恐る歩いて対岸へゆくと、ダムの東は取水口になっていて、そこから洛恵渠が始まることがわかった。洛恵渠には長さ七ｍほどのコンクリートの橋が架かっており、その先には「龍首壩　民国四年　三月」と刻まれた碑が立てられていた。龍首壩とは民国期の李儀祉がここに造ったダムで洑頭

写真19－2　洑頭大壩

大壩の前身である。ダムから取水された洛恵渠は洛水東岸を洛水と並行に東南方向に引かれ、一〇〇mほど下流の水門で二つの渠道に分けられている。東への渠道はそのまま洛恵渠本流として洛水左岸の山中に進み、西に分かれたものは西南方向に段丘中を進み、余計な水や泥を洛水へと排出するため、滝のように洛河に流れ出ていた。日本の玉川上水の取水点（東京都羽村市）も、規模は小さいが、取水後に余分な水などを多摩川へ排水している点でこのダムと同じ形式である。日本と中国の水利施設の比較研究も今後重要となるだろう。

（一九九八年八月八日訪問）

3、第五号隧洞（平之洞）と三渠分水閘

朝、ホテルを出発してバスで三十分ほど北上すると、商顔山（今の鉄鎌山・遠志山）の東南に当たる「平之洞」と書かれた暗渠（トンネル式の渠道）出口に到着した。洑頭大壩から取水された洛恵総幹渠は洛河沿いに流れた後、商顔山西北で東南方向に流れを変え、商顔山の地下を通って、この出口で地上にあらわれる。暗渠の上の表示は「平之洞」と書かれていたが、正式には「第五号隧洞」と言う。地図で商顔山を確認すると、洛河東岸の標高四〇〇mの丘陵が龍の尾の様に西に延びているような形状をしている。この南北の幅がそれほどない丘陵を越えることが龍首渠以来、この洛恵渠に至ってもそんなに重要なことなのかと思わずにはいられない。実際、商顔山南の洛東灌漑区に水を配水するためには、このルートを通らなければならない。

さて、出口の北は東・西両方に黄土の段丘があり、その間は平らな綿花畑で、「平之洞」という表示の下から地上

図19－1　五号隧洞と三渠分水閘（義井分水閘間）

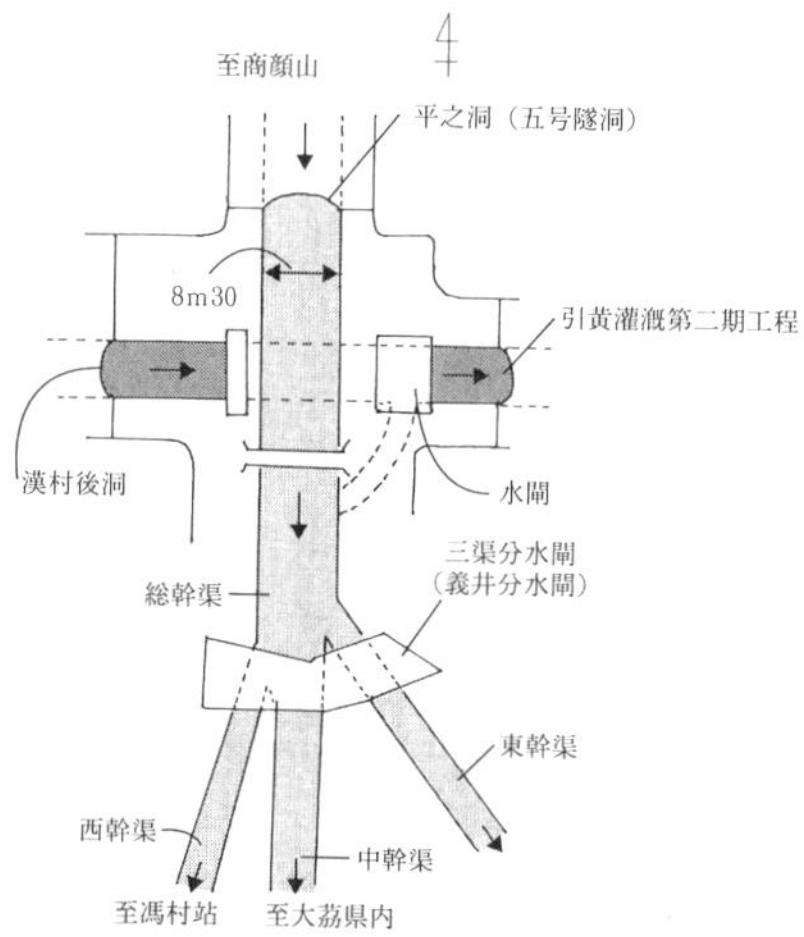

写真19－3　五号隧洞

に出た渠道は幅八・三m程の幅でそのまま南に流れる。暗渠の上、つまり綿花畑から上流を見てみると、そこから一六〇〇mほどは自然の谷になっている。洛恵渠開削当初はこの谷が渠道になる予定ではなく、今より東側に直線距離一二〇〇mの渠道を造る予定であった。しかし、途中で土層がもろい地点があり、開削不可能となったため、工事区間は長くなってしまうが、西に迂回することとした。そのため現在の渠道が採用されることとなったのである。その工事中に地下から「人」字型の木が出てきた。これは漢代のものと考えられたため、漢代の龍首渠が洛恵渠と同じコースを通っていたことがわかった。また、その洛恵渠の迂回開始点からさらに二㎞遡った地点の北側には人工的な谷（溝）があり、その両岸の段丘上には掘り返した土を捨てたと思われるような人為的な地形も見られると言う。そこから第五号隧洞の出口まで暗渠の長さは三四六〇mもあり、龍首渠の暗渠はそれだけ長かったことを意味する。洛恵渠も龍首渠と同様に縦穴を掘ってから横穴を掘り進めたとのことである。その工事方法が採用されるのは空気の取り入れや水・土砂の排出が行いやすいこと、工事を多数の箇所から同時に進められるためであると言う。この暗渠出口から上流には山と谷が相互に五ヶ所あるため、山にはトンネル（暗渠）を掘り、谷には地表を通る渠道（明渠）を造ったという。ここは最後の五番目のト

ンネルなので「第五号隧洞」という。

洛恵渠がトンネルから出てしばらく南流したところに、それと立体交差して西から東へ流れる渠道がある。西側は暗渠になっているが、洛恵渠と交差する地点のすぐ西で地表に出る。その出口には「漢村後洞」と表示されている。この渠道は世界銀行が出資して建設している「引黄灌漑二期工程」と呼ばれるものである。韓城の龍門付近から黄河の水を取水し、富平県を通って、ここで洛恵渠と交差するというルートである。完成すれば、洛恵渠との水の相互やりとりも可能であるとのこと。確かに、近年の沿海部との地域格差を考えれば、陝西省・黄土高原の開発は急務と思われる。しかし、こういった上流部における黄河の水の過剰な利用は、下流部で黄河の水が干上がる「断流」という現象を引き起こす原因となってしまう。この「断流」は一九七〇年代から始まったが、一九九七年には一年の六割にあたる二百二十六日間にわたって、七〇〇㎞の区間で発生した。一九九九年八月に黄河下流にあたる河南省鄭州市の花園口に行った際、強固な洪水防止用の堤防があるにもかかわらず、黄河の水量は川幅の半分ほどであった。「断流」の現状を実際に目にしたのである。二十一世紀に向けて優先するものは地域開発なのか、それとも国土・環境の保全なのか。これは中国の抱える大きな問題であると考えさせられる。

さて、総幹渠が地表に出て南へ一〇〇mほど下ったところに、総幹渠を三方向へ分散させる水門、すなわち「三渠分水閘」がある。南西方向へ流れる渠道を「西幹渠」、真南に流れるものは「南幹渠」、ほぼ真東へ流れるものを「東幹渠」という。この水門は水圧で自動的に門が上下する「液圧構造」という方式を取っている。西幹渠の流水量は毎秒四・五㎥、灌漑面積は一二万ha、管理所は二ヶ所ある。中幹渠の流水量は毎秒五㎥、灌漑面積は一一万ha、管理所は二ヶ所ある。東幹渠の流水量は毎秒六㎥、灌漑面積は二〇万ha、管理所は四ヶ所ある。調査当日の流水状況は西幹渠灌漑区からトウモロコシ用に水が必要との要請があったため西幹渠の水量が多く、中・東幹渠はそれに比べて少なかった。中・東幹渠灌漑区からも一・二ヶ月後には水量増加の要請が来るはずとのこと。このように水は常に計画的に分配されているという。ただ、水の分配をめぐる「水争い」もないわけではないが、管理局と地元政府との計画に従って灌漑しているので、大きな問題にはならないという。各灌漑区の管理所でも流水量が規定されており、規定に達しないと、管理者が処罰される仕組みになっている。毎年一回九月か十月に管理局局員と農民のボランティアによって渠道の泥さらいが行われる。泥さらいをしやすくするため、八月二十日から十一月十五日までは洑頭大壩で水を止め、灌漑を停止する。その間の九月二十日から十月一日頃には小麦の播種が始められ、場合によっては渠水による灌漑も行うが、基本的に初めは雨水を利用して灌漑をすると言う。なお、灌漑区で一番水を必要とする時期は雨が降らない春であるそうだ。排水の時期については水を溜めないように、灌漑と同時に、排水渠で流す方法をとっている。排水を円滑に行わないと地下水位が上昇し、塩害の原因となる。一九五〇年代には、排水渠の整備がまだ行われていなかったため、五年ほどで塩害になったという。古代の龍首渠でも同様に塩害が発生したため、灌漑の効果が上がらなかったのである。

（一九九八年八月十一日訪問）

4、洛恵渠灌漑区

三渠分水閘の東南、許庄の北付近に排水中幹溝がある。これは一九六二～六三年に完成し、この地域で最も早くできた排水溝である。この排水溝は三つの目的から造られている。第一には地下水の臨界値を低くして、つまり地下水位を下げて、塩害を防ぐこと。第二には洪水が起きた際、退水溝となること。第三は近年おこなわれることとして、生活・工業汚水の排水が挙げられる。塩害対策はすでに地表にふき出た塩を流し去るというような塩害の「除去」を

写真19－4　洛恵渠排水中幹溝

写真19－5　洛恵渠中幹渠

するのではなく、塩が地表にふき出ないように地下水位が一定以上に上昇しないようにする塩害の「防止」が目的となっている。ここでは地下水位を一・五から二mに保つことができれば、塩害を防止できるから、排水溝は地下水位の上限（臨界値）よりも低い二～三mの深さに掘られている。さらに、農地の地下水が自然に排水溝の切れ込みから浸透して溝へ流れ出すようにするため、排水溝は土むきだしのままになっている。なお、幹渠と排水溝は所々でつながっているが、これは塩害防止と関係はなく、洪水の際にスムーズに退水させるためという。洛河から取水した渠水は幹渠→支渠→斗渠→分渠→引渠（涇恵渠では毛渠という）の順に送水されるが、排水溝では逆に引溝→支溝→幹溝の順に排水がなされる。この中で最も深く掘られているのは引溝で、それは農地と直結している引溝が地下水の臨界値より低く保たれる必要があるためである。引溝の抱える問題点としては、第一に地上にあらわれているため、周囲の泥が溝に落ちて溝が高くなり、地下水位が上昇して、塩害防止の効果がなくなってしまうことや、草が生えたり、ゴミが捨てられたりすることが挙げられる。第二には横断面を斜めにしてかなり深く掘らなければならないため、排水溝が土地全体に占める面積が広くなり、土地の無駄遣いとなってしまうことなどがある。以上の問題の解決のために暗渠化（トンネル化）をすすめたいが、資金の問題

図19－2　洛恵渠中幹二斗

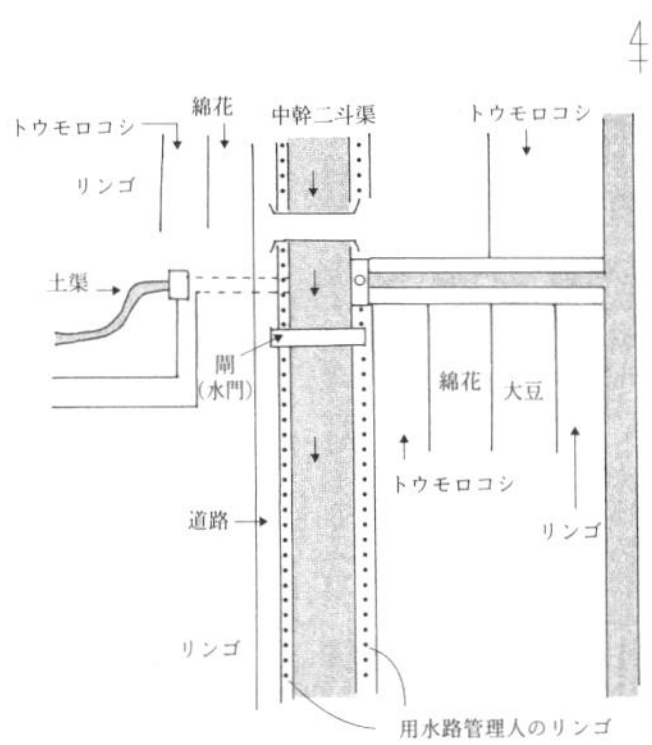

で着手できない状態であるという。

排水中幹溝からバスで二十分ほど行くと、南北に走る幅六〇cmほどのコンクリートの斗渠に着いた。ここは洛恵渠中幹渠二斗と呼ばれる。斗渠は東西に走る幅二mほどの道路の下を抜け出ると、縦横一mぐらいの三つの水門をもつ四角いコンクリートの分水点（閘）に流れ込む。東西方向に出る水門からは毛渠が流れ出している。南の水門からはさらに斗渠が続いているが、水量は少ない。斗渠と道路の交差点の北西角は綿花畑、北東角には管理所がある。道路を渡った南西角はリンゴ畑、東南角はトウモロコシと綿花の畑になっている。ここでの灌漑の仕方は「大水慢灌」と呼ばれる方法で、塩害を防止するため、大量の水を一気に流すのではなく、ゆっくりと少しずつ流すようにするもので、渠道の幅・長さをコントロールして節水灌漑を行うという。

洛恵渠中幹二斗からバスで五分、ゆるやかな湾曲を描き、北西から南東方向に走っている中幹渠の一地点に至る。この地点は地下水位が高く、塩害が激しい場所で、西南部の窪地は原生塩鹹地であったという。そのため、中幹渠の一部ではあるが、排水溝としても利用され、渠道は深く、土がむき出しになっている。中幹渠が湾曲しているところから南西方向に支渠が出ている。支渠はコンクリート製、横断面はV字型で、幅は一・五m、深さは八五cmほど。このV字型渠道は渠の幅を節約し、土地の無駄使いを無くすことができるという理由で、近年普及しているという。

（一九九八年八月十一日訪問）

附章　東アジアの環境史

自然は人間の生活に影響を与え、人間もまた、自然を開発し、改変・破壊してきた。そして、自然は、時には災害となり、再び人間の生活を変えてゆく。このような人間と自然環境の関係史を「環境史」と呼ぶ。欧米においてはすでに環境史学会等が存在するが、東アジア環境史という枠組みでは、二〇〇九年になりようやく台湾の中央研究院が中心となって東アジア環境史学会（Association of East Asian Environmental History（AEAEH））が立ち上げられたという。ここでは、中国を中心とした東アジアの環境史にかかわる日本語で書かれた書籍を紹介したい。

環境史が特に注目されはじめたのは、一九九〇年代に入ってからのことである。梅原猛等編『講座　文明と環境』（全十五巻、朝倉書店、一九九五・九六年）は気候・人口・疫病・災害・農耕・動物・森・海など環境史研究において現在でも主要なテーマとなっている事項が取り上げられている。このシリーズには、吉野正敏「東アジアの歴史時代の気候と人間活動」（第六巻所収）、菅谷文則「後漢帝国の崩壊と倭国大乱」（第六巻所収）、上田信「清朝期中国の災害と人口」（第七巻所収）など東アジアにかかわる論文も掲載されている。

二〇〇〇年以降、環境史にかかわる研究書は一層、増えることとなる。清代社会史研究を専門とする上田信は、人間を生態系の一部とみなす「生態環境史」（エコロジカル・ヒストリー）の観点から、鮮やかな切り口で日本における中国環境史の基礎を築いてきた。「史的システム論」という考え方のなかで、モノの生産・流通・消費という循環から歴史をひもとくという手法を環境史に導入した。『東ユーラシアの生態環境史』（山川出版社、二〇〇六年）は茶・塩・

銅の生産・流通・消費のシステムを解明しつつ、雲南・チベットそしてモンゴルへと広がる生態環境史を描いた。『森と緑の中国史』（岩波書店、一九九九年）では、沙漠化する黄土高原に存在していた森林や長江流域で乱伐される森林の歴史と現在について述べた。『トラが語る中国史』（山川出版社、二〇〇二年）は、中国東南部に生息するアモイトラと人間の関係史をトラの眼から叙述した。このほか、『大河失調』（岩波書店、二〇〇九年）は現在の水問題をあつかい、『風水という名の環境学』（農文協、二〇〇七年）では、風水の思想から中国における環境への考え方を説いた。また、『ペストと村——七三一部隊の細菌戦と被害者のトラウマ』（風響社、二〇〇九年）は日本軍による人為的な細菌実験による浙江省義烏の村の現代史を描く。モノ・森林・動物・水・細菌等あつかうテーマは広範であり、さらに、それらは現代の問題と直結している。環境史は単なる「歴史」の研究ではなく、今を考えるための研究であることを氏の研究から感受できる。

人口の増加と移動と共に、人間が病と出会う。その時、近代国家はどう対処したのか。疫病史・衛生史は環境史の重要なテーマである。飯島渉『ペストと近代中国——衛生の「制度化」と社会変容』（研文出版、二〇〇〇）は近代中国の国家建設をペストの流行とそれに対する国家による衛生事業の成立から見る。『マラリアと帝国——植民地医学と東アジアの広域秩序』（東京大学出版会、二〇〇五）は植民地下の台湾における日本のマラリア対策がはじまり、その植民地医学が関東州・朝鮮さらには満洲国へと展開していく過程を叙述し、医療・衛生事業が日本の東アジア支配に果たした役割を分析した。また、『感染症の中国史——公衆衛生と東アジア』（中公新書、二〇〇九）も刊行された。氏の研究は東アジア各国における学会でも注目され、大会のセッションでは最も熱い議論が交わされている。

西南中国は少数民族が多く暮らす場である。そこは、南へ行けばタイ・ベトナムなど東南アジア、西へゆけばチベット・青海へと続く。人類学・歴史学の研究者であるクリスチャン＝ダニエルスは、西南少数民族研究のなかに環境史を見る。『地域の生態史』（『論集　モンスーンアジアの生態史』第二巻、弘文堂、二〇〇八）では、雲南から東南アジアの環境変遷を民族移動・茶や塩などのモノの流通・地域住民の眼からみた変化から分析する。また、『清代貴州苗族林業契約文書匯編』（武内房司・楊有耕と共編、東京大学出版会、二〇〇五）のような、西南の少数民族である苗族の環境史関係基礎資料の収集・整理などへの貢献も大きい。

時代を大きく遡る。古代中国の環境史では、原宗子の研究書が必読である。『環境から解く古代中国』（大修館書店、二〇〇九）は一般向けの入門書として絶好の書といえる。氏の研究は伝統的な農業史研究の蓄積を基盤とし、そこに土壌学等の現代科学の成果を取り入れる手法をとる。誰もが扱ってきた従前の文献資料を環境史的な視点から読み直すのである。『古代中国の環境と開発――『管子』地員篇の研究』（研文出版、一九九四）は『管子』地員篇の詳細な分析から、古代山東半島における開発の方法が農業だけではなく、多様なものであったことを読み解く。『「農本」主義と「黄土」の発生』（研文出版、二〇〇五）では、黄土は長年にわたって人々が農耕をおこない、施肥することによって「肥沃な土」となったことを土壌学の成果を援用して論じ、それを形成した歴史的な背景に漢代以来の農本主義（大田穀作主義）があったことを指摘した。なお、中国古代環境史の研究動向については、本書序章「秦漢環境史研究の現在」も参照されたい。

黄土高原（陝西省・山西省北部。黄河上流域）・関中平原（陝西省中部。黄河中流域）および黄河下流域は現地調査に基づく環境史研究のフィールドとして研究がおこなわれている。『長安の都市計画』（講談社、二〇〇一）を著した妹尾達彦は、唐の都・長安の所在する関中平原が農牧交錯地帯に位置するととらえ、関中平原・黄土高原の環境とその開発についての研究をすすめている。妹尾達彦・鶴間和幸共編『黄土高原の自然環境と漢唐長安城』（アジア遊学二〇）』（勉誠出版、二〇〇〇）は、関中地区における涇恵渠・洛恵渠等の灌漑施設の歴史と現状、漢・長安の都市プランと自然景観などに関する調査報告である。本書は、また、妹尾達彦「環境の歴史学」および史念海（森部豊訳）「漢・唐時代の長安城と生態環境」等を掲載する。史念海は黄土高原の歴史地理・環境史研究の第一人者である。史念海の研究をベースに現地調査や文献資料・考古学の成果を合わせた研究をすすめているのが鶴間和幸であり、『黄土高原とオルドス――中国西北路寧夏・陝北調査記』（日中文化研究　別冊3、勉誠出版、一九九七）は陝西省北部（陝北）と黄河の屈曲部のオルドスにおける遺跡等の現地調査の記録である。鶴間和幸編著『黄河下流域の歴史と環境――東アジア海文明への道』（東方書店、二〇〇七）は下流域における新石器時代から唐代に至るまでの諸論文を掲載する。上記三冊をあわせて読むことで、黄土高原の上流・中流・下流の歴史をたどることができる。黄河下流域の洪水が漢代の政治や社会の変化に与えた影響については、濱川栄『中国古代の社会と黄河』（早稲田大学出版部、二〇〇九）がある。筆者も黄河流域の環境史を研究しており、村松弘一「黄土高原の農耕と環境の歴史」（鞍田崇編『砂漠・牧場の農耕と風土』〈ユーラシア農耕史3〉、臨川書店、二〇〇九。本書第十五章）は、黄土高原北部と関中平原の環境とその開発の歴史の違いに関して、前者は農耕民と遊牧民が交互に開発をし、後者は長い間、農地として利用されていたことを述べた。「黄河の断流――黄河変遷史の視点から」（『黄河は流れず　アジアの水問題』、勉誠出版、二〇〇五。本書第十六章）では、近年発生している黄河の水が河口まで届かない「断流」という現象を黄河下流の変遷史のなかでとらえ、関中平原を中心とした黄河中流域の開発の進展が歴史的にも下流部の河道変化に影響を与えたことを述べた。なお、黄土高原研究の前提となるそこで暮らす人々の生活空間については、森田明『山陝の民衆と水の暮らし――その歴史と民俗』（汲古書院、二〇〇九）、深尾葉子・井口淳子・栗原伸治『黄土高原の村から――音・空間・社会――』（古今書院、二〇〇〇）が参考となる。また、内陸に位置する内モンゴル自治区のエチナ旗を流れる黒河流域の水量の変化と上流部における農耕の関係については、井上充幸ほか編『オアシス地域史論叢――黒河流域二〇〇〇年の点描』（松香堂書店、二〇〇七）がある。

東アジアの環境史における重要なトピックとして、稲作・イネの問題がある。北田英人「稲作の東アジア史」(『岩波講座世界歴史9』岩波書店、一九九九)は、漢から唐に至るまでの江南の低湿地における稲作の展開について述べ、日本・朝鮮・ベトナムを含めた東アジア農業の特質について論じる。佐藤洋一郎『イネの歴史』(京都大学学術出版会、二〇〇八)は、植物遺伝学の立場からイネや小麦のDNAによる比較研究をおこない、ジャポニカとインディカの違いを指摘し、ジャポニカ米の起源が長江中下流域であったと説く。また、氏には『よみがえる緑のシルクロード——環境史学のすすめ』(岩波ジュニア新書、二〇〇六)がある。

さて、二十一世紀に入り地球はますます狭くなり、また、一体化しつつある。地球温暖化・異常気象・沙漠化・津波・地震などの環境問題や災害は一地域の問題ではなく、世界の問題になっている。環境史の視野も地球にひろがりつつある。池谷和信編著『地球環境史からの問い——ヒトと自然の共生とは何か——』(岩波書店、二〇〇九)は文化人類学を専門とする編者が中心となり、地球環境史とは何か、文明はいかに生まれたか、森林・草原の歴史、動物・植物から見た歴史、環境保全に関する思想などのテーマを論じている。地域は東アジア・東南アジア・西アジア・アフリカ・ヨーロッパ・アメリカまでカバーする。まさに、「地域」からみた「地球」の環境史が論じられている。今後は、「世界史」にかわり「地球環境史」という学問領域ができる可能性もあるのではないだろうか。

〔追記〕

本章は二〇一〇年の『歴史と地理』六三四号の読書案内として著したものである。以後、刊行された東アジアの環境史の書籍には、湯本貴和編『シリーズ日本列島の三万五千年——人と自然の環境史』(全六巻、文一総合出版、二〇一一）、窪田順平監修『中央ユーラシア環境史』（全四巻、臨川書店、二〇一二）、佐藤洋一郎・谷口真人編『イエローベルトの環境史――サヘルからシルクロードへ』（弘文堂、二〇一三）など総合地球環境学研究所の研究成果のシリーズがあり、また、藤原辰史『稲の大東亜共栄圏――帝国日本の「緑の革命」』（吉川弘文館、二〇一二）もある。なお、藤原氏と村山聡氏らが積極的に運営に携わる前述のAEAEHでは二〇一五年十月に香川大学にて第三回大会を開催し、世界各国から二百名以上の東アジアをフィールドとした環境史研究者が集まり、五十以上のセッションが組まれた。今後は、グローバルな環境史研究の潮流のなかで、東アジアという地域における人と環境の歴史の特質をどう見い出すか、ということも重要なテーマとなるだろう。

初出一覧

・本書の各章の論文が掲載された雑誌・論文集は以下のとおりである。

序　章　秦漢環境史研究の現在（『歴史評論』六九九号、歴史科学協議会、二〇〇八年）

第一部

第一章　黄土高原西部の環境と秦文化の形成――礼県大堡子山秦公墓の発見――（『学習院史学』四二号、学習院大学史学会、二〇〇四年）

第二章　秦の関中平原西部への拡大と地域開発――西垂から雍城へ（『中国考古学』五号、日本中国考古学会、二〇〇五年）

第三章　雍城から咸陽へ――秦都の変遷と関中平原東部の地域開発（『中国史研究』四〇号、中国史学会（韓国）、二〇〇六年）

第四章　中国古代関中平原の都市と環境――咸陽から長安へ――（『史潮』新四六号、歴史学会、一九九九年）

※「秦咸陽和漢長安的城市水利与環境」（中国語版）（『秦漢史論叢』九輯（中国秦漢史研究会編）、三秦出版社、二〇〇四年）

第五章　中国古代関中平原の水利開発と環境――鄭国渠から白渠へ（『史学』八五―一～三号、三田史学会、二〇一五年）

※「中國古代關中平原的水利開發與環境認識――從鄭國渠到白渠、龍首渠――」（中国語版）『自然與人為互動：

環境史研究的視角』（劉翠溶編）中央研究院叢書、二〇〇八年）

第二部

第六章　中国古代の山林藪澤――人間は自然をどう見たか――（『学習院史学』四三号、学習院史学会、二〇〇五年）

※「中国古代的山林藪沢――人類和自然的関係歴史」（中国語版）（『中国歴史上的環境与社会』（王利華編）、三聯書店、二〇〇七年）

第七章　魏晋期淮北平原の地域開発――咸寧四年杜預上疏の検討――（『史学』七〇―三・四号、三田史学会、二〇〇一年）

第八章　漢代淮北平原の地域開発――陂の建設と澤（『東洋文化研究』八号、学習院大学東洋文化研究所、二〇〇六年）

第九章（書き下ろし）

第三部

第十章　中国古代淮南の都市と環境――寿春と芍陂――（『中国水利史研究』二九号、中国水利史研究会、二〇〇一年）

※「淮河流域的水利技術与東亜区域史――以安徽省芍陂為中心」（中国語版）（『海外中国水利史研究――日本学者論集』（鈔暁鴻編）、人民出版社、二〇一五年）

第十一章　後漢時代の王景と芍陂（安豊塘）（『狭山池シンポジウム二〇一二記録集　ため池築造と偉人』、大阪狭山市教育委員会、二〇一四年）

第十二章　古代東アジア史における陂（『中国史研究』四九号、中国史学会（韓国）、二〇〇七年）

第十三章　塢から見る東アジア海文明と水利技術（『東アジア海文明の歴史と環境』（鶴間和幸・葛剣雄編）東方書店、二〇一三年）

※「古代東アジア史における「塢」」（韓国語版、李志淑訳）（『歴史教育論集』四二輯、歴史教育学会（韓国）、二〇〇九年）

第四部

第十四章　秦漢帝国と黄土地帯（『イエローベルトの環境史』（佐藤洋一郎・谷口真人編）、弘文堂、二〇一三年）

第十五章　黄土高原の農耕と環境の歴史（『ユーラシア農耕史・三巻　砂漠・牧場の農耕と風土』（佐藤洋一郎監修・鞍田崇編）、臨川書店、二〇〇九年）

第十六章　黄河の断流――黄河変遷史からの視点（『アジア遊学』七五号（黄河は流れず／高津孝編）、勉誠出版、二〇〇五年）

第十七章　澤からみた黄河下流の環境史――鉅野澤から梁山泊へ（『黄河下流域の歴史と環境――東アジア海文明への道』（鶴間和幸編）、東方書店、二〇〇七年）

第十八章　陝西省関中三渠をめぐる古代・近代そして現在（『中国乾燥地の環境と開発――自然、生業と環境保全』（北川秀樹編）、成文堂、二〇一五年）

第十九章　洛恵渠調査記（『アジア遊学』二〇号（黄土高原の自然環境と漢唐長安城／妹尾達彦編）、勉誠出版、二〇〇〇年）

附　章　読書案内　東アジアの環境史（『歴史と地理』六三四号、山川出版社、二〇一〇年）

あとがき

「はじめに」でも述べたように、本書は二〇〇五年に提出した博士学位論文とその後の十年間に発表した関連論文を合わせ、四部に再構成したものである。紀元前八世紀の周の東遷から秦漢帝国、魏晋南北朝、宋の梁山泊、そして現代の断流・砂漠化に至るまでの約三千年の中国史を人間と環境の関係史を軸に論じてきた。各論文の結論は各章にて述べた通りである。最後に、今後の人間と環境の関係史構築への展望のためにいくつかのキーワードについて簡単にまとめておきたい。

第一のキーワードは、「統一」による人間の自然環境へ関わり方の変化である。本書では、このキーワードに関して咸陽・長安の都市水利、鄭国渠・白渠と塩類集積地を具体的なテーマとして扱った（第一部）。秦の始皇帝の統一によって、咸陽は「統一国家」の都として多くの人々が集まり、それに対応するために水の確保が必要となった。そこで、統一後、秦は渭北の咸陽を渭南に拡大し、その都市水利は井戸中心から陂池中心へと転換させた。秦を継承した前漢は咸陽の渭南地区を長安として再利用する。水源の陂池を維持するために、長安の周囲の森林や原などの自然環境を上林苑として保護した。また、秦王政の時代に建設が始まった鄭国渠は限られた戦国秦の領域をできるだけ有効に利用するため、塩類集積地である石川水・洛水間までも灌漑対象区とした。その後の秦の統一によって、食糧は漕運を利用して黄河下流域から関中平原へと供給されるようになり、前漢・武帝時代に関中平原に建設された白渠は塩類集積地を無理に灌漑しなかった。統一が関中平原という自然環境への認識を変えさせたのである。このような国家の分裂と統一ということが他の時代の環境開発にどのように作用しているのかという問題は今後考える必要があるだろう。

第二のキーワードは開発と災害の関係である。このキーワードに関して、本書では、西晋時代の杜預上疏をめぐる陂の開発と水害の発生に着目した（第二部）。淮北平原西部では前漢代から多くの陂が建設されたが、東部では澤が多くあり、また黄河の水を直接受けることから陂の建設はおこなわれなかった。ところが、後漢初期になると、牛疫などの災害が発生するなかで、これまで開発されなかった淮北平原東部においても陂が建設され、穀物生産量の拡大がはかられた。このような陂開発の拡大は魏晋期まで続くが、本来は陂の建設に適していなかった淮北平原東部では、西晋初期に、陂を発生源とする水害が多発するようになった。この問題の解決のために咸寧四年の杜預上疏では、魏以来の陂の破壊を求めた。自然環境に適合しない過剰な乱開発を推し進めることが災害へとつながるという考え方を示したのである。このような開発と災害への認識の時代的変化はどのようにあらわれるのか、今後も研究をすすめたい。

第三のキーワードは地域相互の環境をめぐる相関関係である。このキーワードについて、本書では黄土高原・黄河下流域・関中平原の三つの地域の関係性について論じた（第四部）。現代的な環境問題として、黄土高原では沙漠化、黄河下流域では断流、関中平原では灌漑による過剰な水利用などが起きているが、それらは、地域相互の環境をめぐる相関関係に起因しており、それは二千年にわたる人間活動と環境の歴史が背景に横たわる。黄土高原における遊牧民と農耕民の交錯と森林・草原の変遷、関中平原での継続的な灌漑農業と塿土の生成、黄河下流での天井川の形成と洪水の発生というメカニズムは時期を重ねながら相互に関係している。そういった黄土高原・関中平原の歴史と連動して、鉅野澤・梁山泊が変遷し、現代では断流が発生した。そういった自然環境の変化は黄河下流域の人間社会に影響を与えることとなった。黄土高原・関中平原の開発がどれくらいの時間を経て黄河下流域に影響を与えるのか、今後もう少し、具体的かつ詳細な研究をすすめる必要があるだろう。

第四のキーワードは東アジアにおける水利技術の広がりである。本書ではこのキーワードについて、東アジアの敷葉工法・陂・堨をテーマに論じた（第三部）。後漢時代、王景が修築した芍陂（安豊塘）で利用された敷葉工法（散草法）は朝鮮半島の碧骨堤を経て、日本の狭山池にもたらされた。しかし、水利施設を示す「陂」という名称は中国から朝鮮半島には伝わらなかった。東アジアへ技術のみが伝播し、名称は伝わらなかったのである。これに対して、「堨」とは中国大陸で一般的に防塁や砦を示す語であったが、朝鮮半島の「堨作碑」には水利施設としての「堨」が見られた。そこで改めて水利施設の「堨」という視点から中国大陸の史料を調査すると、わずかであるが、南朝と関係するものに水利施設の「堨」が存在していた。中国では唐代以降、その語義が忘れ去られ、朝鮮半島に残っていたのである。中国・朝鮮・日本という国家の歴史の枠組みから離れ、東アジアという枠組みでとらえることによって、これまで注意が払われなかった史料を改めて検証するきっかけとなるのである。「東アジアの環境史」の可能性を今後も追究していきたい。

以上、本書で着目した環境史の四つのキーワードについては、今後も、具体的な事例のなかから、さらに深化させたいと考えている。

＊

一九九一年四月、慶應義塾大学三田キャンパスの南校舎の教室。私が東洋史専攻に進んでから最初の東洋史特殊の授業である。山本英史先生（慶應義塾大学）とともに鶴間和幸先生（当時は茨城大学、現在は学習院大学）が教壇に立たれた。その時の光景は今でも忘れない。それから、今年でちょうど二十五年。この間、学部生として、大学院生として、そして、同じ大学の研究者として、常に鶴間先生の近くで研究を続けることができたことは私にとって本当に幸運であった。鶴間先生からは現地調査と文献資料・考古資料を結びつけることの重要性を学んだ。陝北や漢の長安城、秦の始皇帝陵、漢唐の皇帝陵、黄河下流域、韓国、そしてエジプトに至るまで数え切れないほどの海外調査に同行させていただいた。同時にまた、先生のネットワークを通じて多くの国内外の研究者と交流することができた。このことが私にとって何事にもかえがたい財産となった。本書の二十一本の論文は、まさに、多くの研究者とおこなった共同調査・共同研究の成果である。以下、私と研究者の先生方との縁をここに書きとどめておきたい。

私が最初に参加した本格的な海外調査は大学院修士課程のころ、一九九六年に陝西歴史博物館が実施した黄土高原・オルドス調査である（調査の詳細は『黄土高原とオルドス――中国西北路　寧夏・陝北調査記　日中文化研究別冊三』勉誠社、一九九七年参照）。この調査では西安から彬県・固原・銀川・楡林・白水をめぐり、秦の長城や直道、統万城、漢墓などを訪れた。日本側では鶴間先生・原宗子先生（流通経済大学）・桐本東太先生（慶應義塾大学）・市来弘志さん（陝西師範大学）・森川聡顕さん（学研）・大川裕子さん（日本女子大学）、中国側では周天游先生（陝西歴史博物館館長）・王子今先生（中国人民大学）・彭曦先生（宝鶏文理学院）等が参加した。特に、原宗子先生には大学四年生から環境史研究のご指導いただき、この調査でも多くのことを学ばせていただいた。この調査を起点に私は黄土高原の環境史に強い関心を抱くこととなった。

一九九八年には妹尾達彦先生（中央大学）を代表者とする鶴間先生との共同研究、科研費「中国黄土地帯の都城と生態環境史の研究」の関中平原調査に参加した。濱川栄さん（常葉大学）・森部豊さん（関西大学）・陳力さん（阪南大学）・李令福さん（陝西師範大学）とともに、秦咸陽・漢長安の都城遺跡や現代の涇恵渠・洛恵渠、さらには鄭国渠・白渠・龍首渠の遺跡を訪れた。この調査によって長安の都市水利や鄭国渠と原生塩鹹地についてのアイデアが生まれた（第四章・第五章・第十九章）。また、この時、史念海先生（陝西師範大学）ともお会いすることができた。一九九九年には単独で安徽省寿県から商丘まで、淮北平原を縦断した。修士論文で扱った芍陂（安豊塘）と杜預上疏の舞台を見たいと思ったからである。この調査によって淮北平原における澤と陂の論文をまとめることができた（第七〜十一章）。この時、私が撮影した安豊塘の写真は敷葉工法との関連で狭山池博物館に展示されている。展示の依頼の電話をいただいたのが狭山池博物館学芸員の小山田宏一先生であった。さらに、二〇〇〇年には鶴間先生が監修した『秦の始皇帝と兵馬俑展』（共同通信社）と『世界四大文明　中国文明展』（ＮＨＫ）のふたつの展覧会の図録の解説文を担当した。ここでは統一以前の秦の歴史や自然環境と遺物の関係性について考える機会を得た。

大学院では、慶應義塾大学で尾﨑康・可児弘明・山本英史・桐本東太の各先生から書誌学・文化人類学・社会経済史・民俗史等幅広い視野を持つことの重要性をお教えいただいた。学習院大学では、上田信先生（立教大学）の授業ではマーク＝エルビン・劉翠溶編の〝Sediments of time〟を輪読し、武内房司先生（学習院大学）の授業では魏源の「湖広水利論」を講読した。環境史の視点から史料を読む方法をお教えいただく貴重な機会であった。また、吉開将人さん（北海道大学）の紹介で参加するようになった、東洋文庫中国古代地域史研究班の『水経注疏訳注』の研究会では、今に至るまで多くの先生方からご指導をいただいている。大学院時代に多くの経験や研究者との出会いを得られたことはその後のプロジェクト研究に活かされることになったと思う。

二〇〇二年には、国際交流基金アジアセンター次世代リーダーフェローシップによる派遣で西安の西北大学文博学院に留学した。留学中には、西北大学の黄留珠・王建新・徐衛民先生の協力を得て、第一章から第三章の舞台となった黄土高原西部の礼県大堡子山秦公墓から宝鶏、三門峡などを訪れた。また、黄土高原を縦断し、序章で紹介した神木大保当漢代城址や米脂・綏徳の画像石そして黄帝陵のコノテガシワを実見した。また、復旦大学の周振鶴先生、北京大学の韓茂莉先生、陝西師範大学の朱士光先生といった各地の歴史地理研究所の先生方に中国環境史のトレンドについてインタビューしたことはその後の私の研究にとって大いに役立った。また、大同では認定特定非営利活動法人「緑の地球ネットワーク」の高見邦雄さん、楡林では深尾葉子先生（大阪大学）の関係の朱序弼さんといった黄土高原で沙漠化防止のための緑化活動に取り組む人々とも出会った。古代と現代を「環境史」というキーワードで結ぶことを学んだ留学であった。

留学から帰国後の二〇〇四年からは東洋文化研究所のプロジェクトで鶴間先生や濱川さんらとともに黄河下流域の山東省の調査を実施した。そこでは現代の環境問題としての黄河の断流と黄河変遷史、黄河の変遷と澤の変化との関係を考えた（第十六章・十七章）。二〇〇五年には鳥取大学乾燥地研究センターで原宗子先生と講演会に招かれ、それをきっかけに、三年間ほど黄土高原の退耕還林に関する共同研究を実施し、文化人類学の縄田浩志さん（秋田大学）・地理学の松永光平さん（立命館大学）らと黄土高原の村を歩いた。安富歩先生（東京大学）とは米脂県のヤオトンに泊まり、風力発電機を設置するなど、黄土高原は様々な分野の研究者との出会いの場であった。その後、総合地球環境学研究所でも黄土高原に関する共同研究の機会をいただき、その過程で佐藤洋一郎先生（人間文化研究機構）編集の『ユーラシア農耕史』や『イエローベルトの環境史』に黄土高原の環境史の論文を発表することができた（第十四章・十五章）。また、二〇〇八年には北川秀樹先生（龍谷大学）の中国の環境法政策の執行と環境ガバナンスに関する科研費研究会にも参加し、そのことは古代・近代そして現代を結ぶ環境と人間の関係史を考える機会となった（第十八章）。

二〇〇六年には鶴間先生を代表者とする、日本学術振興会アジア研究教育拠点事業「東アジア海文明の歴史と環境」が始まり、東アジアという広い枠組みのなかで環境史を考えるようになった。このプロジェクトは復旦大学歴史地理研究所・慶北大学校師範大学歴史教育科との共同研究で中国・韓国・日本の各地を調査した。慶北大学校の張東翼・

李文基・任大熙先生、復旦大学の葛剣雄・満志敏先生との濃密な共同調査・研究は刺激的なものであった。韓国では、小山田宏一先生とともに敷葉工法の碧骨堤や菁堤を訪れ、慶北大学校博物館では「戊戌塢作碑」を実見した。この調査がきっかけとなり、東アジアにおける水利施設としての陂や塢に着目することになった（第十二・十三章）。二〇〇九年からは鶴間先生と東海大学情報技術センターの惠多谷雅弘先生・黄暁芬先生（東亜大学）・段清波先生（西北大学）・張衛星さん（秦始皇帝陵兵馬俑博物館）とともに、リモートセンシングデータを利用した関中平原の環境史研究を開始した。衛星写真という新たな資料を活用した始皇帝陵・咸陽・長安と自然環境の関係史への取り組みは『宇宙と地下からのメッセージ――秦始皇帝陵とその自然環境』（鶴間和幸・惠多谷雅弘監修、D-CODE、二〇一三年）として成果の一部を刊行した。

本書は、鶴間先生のもとで学んだ四半世紀の研究成果であるとともに、先生を通して出会った多くの研究者との縁が紡いだ「私の履歴書」でもある。多くの皆様に研究を支えていただいたことに心から感謝したい。

最後に、本書の校正確認作業には、中国古代史を研究する学習院大学の教員・院生の福島恵・青木俊介・吉田愛・原瑠美・海老根量介・邉見統・荘卓燐・香田華菜・山田義明の皆さんの協力を得た。また、福島恵さん・大川裕子さんには本書中の作図作業に協力していただいた。そして、鶴間先生のご紹介を承けて、本書の出版にご尽力いただいた汲古書院の三井久人社長、編集部の柴田聡子さんに感謝したい。本書の刊行にあたっては、平成二十七年度学習院大学研究成果刊行助成金の支援を受けた。多くの方々のご協力に重ねて心から感謝したい。

二〇一六年二月

村松弘一

索　　引

地名・事項索引

あ行

か行

さ行

た行

わ行

書名索引

た行

な行

は行

人名索引

著者略歴

村松　弘一（むらまつ　こういち）

1971年、東京都日本橋浜町生まれ。慶應義塾大学文学部史学科東洋史学専攻卒業。学習院大学大学院人文科学研究科史学専攻博士後期課程単位修得後退学。
博士（史学）。学習院大学東洋文化研究所助手・助教・准教授を経て、2012年学習院大学学長付国際研究交流オフィス教授、2014年より学習院大学国際研究教育機構教授。
専門は中国古代史、東アジア環境史、近代西安文物史。

主要業績（本書所載論文を除く）

共編著書：『世界の蒐集——アジアをめぐる博物館・博覧会・海外旅行』（福井憲彦監修）山川出版社、2014年。

共 著 書：『知識は東アジアの海を渡った——学習院大学コレクションの世界』（学習院大学東洋文化研究所編）丸善プラネット、2010年。
『宇宙と地下からのメッセージ——秦始皇帝陵とその自然環境』（鶴間和幸・惠多谷雅弘監修）D-CODE、2013年3月。

論　　文：「西安の近代と文物事業——西京籌備委員会を中心に——」『近代中国の地域像』（山本英史編）山川出版社、2011年など。

汲古叢書132

中国古代環境史の研究

二〇一六年二月二十六日　発行

著　者　村　松　弘　一
発行者　三　井　久　人
整版印刷　富士リプロ㈱
発行所　汲　古　書　院
〒102-0072　東京都千代田区飯田橋二-五-四
電　話　〇三（三二六五）九七六四
ＦＡＸ　〇三（三二二二）一八四五

ISBN978-4-7629-6031-4　C3322

100	隋唐長安城の都市社会誌	妹尾　達彦著	未　刊
101	宋代政治構造研究	平田　茂樹著	13000円
102	青春群像－辛亥革命から五四運動へ－	小野　信爾著	13000円
103	近代中国の宗教・結社と権力	孫　　江著	12000円
104	唐令の基礎的研究	中村　裕一著	15000円
105	清朝前期のチベット仏教政策	池尻　陽子著	8000円
106	金田から南京へ－太平天国初期史研究－	菊池　秀明著	10000円
107	六朝政治社會史研究	中村　圭爾著	12000円
108	秦帝國の形成と地域	鶴間　和幸著	13000円
109	唐宋変革期の国家と社会	栗原　益男著	12000円
110	西魏・北周政権史の研究	前島　佳孝著	12000円
111	中華民国期江南地主制研究	夏井　春喜著	16000円
112	「満洲国」博物館事業の研究	大出　尚子著	8000円
113	明代遼東と朝鮮	荷見　守義著	12000円
114	宋代中国の統治と文書	小林　隆道著	14000円
115	第一次世界大戦期の中国民族運動	笠原十九司著	18000円
116	明清史散論	安野　省三著	11000円
117	大唐六典の唐令研究	中村　裕一著	11000円
118	秦漢律と文帝の刑法改革の研究	若江　賢三著	12000円
119	南朝貴族制研究	川合　　安著	10000円
120	秦漢官文書の基礎的研究	鷹取　祐司著	16000円
121	春秋時代の軍事と外交	小林　伸二著	13000円
122	唐代勲官制度の研究	速水　　大著	12000円
123	周代史の研究	豊田　　久著	12000円
124	東アジア古代における諸民族と国家	川本　芳昭著	12000円
125	史記秦漢史の研究	藤田　勝久著	14000円
126	東晉南朝における傳統の創造	戶川　貴行著	6000円
127	中国古代の水利と地域開発	大川　裕子著	9000円
128	秦漢簡牘史料研究	髙村　武幸著	10000円
129	南宋地方官の主張	大澤　正昭著	7500円
130	近代中国における知識人・メディア・ナショナリズム	楊　　韜著	9000円
131	清代文書資料の研究	加藤　直人著	12000円
132	中国古代環境史の研究	村松　弘一著	12000円

67	宋代官僚社会史研究	衣川　強著	品　切
68	六朝江南地域史研究	中村　圭爾著	15000円
69	中国古代国家形成史論	太田　幸男著	11000円
70	宋代開封の研究	久保田和男著	10000円
71	四川省と近代中国	今井　駿著	17000円
72	近代中国の革命と秘密結社	孫　江著	15000円
73	近代中国と西洋国際社会	鈴木　智夫著	7000円
74	中国古代国家の形成と青銅兵器	下田　誠著	7500円
75	漢代の地方官吏と地域社会	髙村　武幸著	13000円
76	齊地の思想文化の展開と古代中國の形成	谷中　信一著	13500円
77	近代中国の中央と地方	金子　肇著	11000円
78	中国古代の律令と社会	池田　雄一著	15000円
79	中華世界の国家と民衆　上巻	小林　一美著	12000円
80	中華世界の国家と民衆　下巻	小林　一美著	12000円
81	近代満洲の開発と移民	荒武　達朗著	10000円
82	清代中国南部の社会変容と太平天国	菊池　秀明著	9000円
83	宋代中國科擧社會の研究	近藤　一成著	12000円
84	漢代国家統治の構造と展開	小嶋　茂稔著	10000円
85	中国古代国家と社会システム	藤田　勝久著	13000円
86	清朝支配と貨幣政策	上田　裕之著	11000円
87	清初対モンゴル政策史の研究	楠木　賢道著	8000円
88	秦漢律令研究	廣瀬　薫雄著	11000円
89	宋元郷村社会史論	伊藤　正彦著	10000円
90	清末のキリスト教と国際関係	佐藤　公彦著	12000円
91	中國古代の財政と國家	渡辺信一郎著	14000円
92	中国古代貨幣経済史研究	柿沼　陽平著	13000円
93	戦争と華僑	菊池　一隆著	12000円
94	宋代の水利政策と地域社会	小野　泰著	9000円
95	清代経済政策史の研究	黨　武彦著	11000円
96	春秋戦国時代青銅貨幣の生成と展開	江村　治樹著	15000円
97	孫文・辛亥革命と日本人	久保田文次著	20000円
98	明清食糧騒擾研究	堀地　明著	11000円
99	明清中国の経済構造	足立　啓二著	13000円

34	周代国制の研究	松井　嘉徳著	9000円
35	清代財政史研究	山 本　　進著	7000円
36	明代郷村の紛争と秩序	中島　楽章著	10000円
37	明清時代華南地域史研究	松田　吉郎著	15000円
38	明清官僚制の研究	和田　正広著	22000円
39	唐末五代変革期の政治と経済	堀　　敏 一著	12000円
40	唐史論攷－氏族制と均田制－	池 田　　温著	18000円
41	清末日中関係史の研究	菅 野　　正著	8000円
42	宋代中国の法制と社会	高橋　芳郎著	8000円
43	中華民国期農村土地行政史の研究	笹川　裕史著	8000円
44	五四運動在日本	小野　信爾著	8000円
45	清代徽州地域社会史研究	熊　　遠 報著	8500円
46	明治前期日中学術交流の研究	陳　　　捷著	品　切
47	明代軍政史研究	奥山　憲夫著	8000円
48	隋唐王言の研究	中村　裕一著	10000円
49	建国大学の研究	山根　幸夫著	品　切
50	魏晋南北朝官僚制研究	窪添　慶文著	14000円
51	「対支文化事業」の研究	阿 部　　洋著	22000円
52	華中農村経済と近代化	弁納　才一著	9000円
53	元代知識人と地域社会	森田　憲司著	9000円
54	王権の確立と授受	大原　良通著	品　切
55	北京遷都の研究	新 宮　　学著	品　切
56	唐令逸文の研究	中村　裕一著	17000円
57	近代中国の地方自治と明治日本	黄　　東 蘭著	11000円
58	徽州商人の研究	臼井佐知子著	10000円
59	清代中日学術交流の研究	王　　宝 平著	11000円
60	漢代儒教の史的研究	福井　重雅著	12000円
61	大業雑記の研究	中村　裕一著	14000円
62	中国古代国家と郡県社会	藤田　勝久著	12000円
63	近代中国の農村経済と地主制	小島　淑男著	7000円
64	東アジア世界の形成－中国と周辺国家	堀　　敏 一著	7000円
65	蒙地奉上－「満州国」の土地政策－	広川　佐保著	8000円
66	西域出土文物の基礎的研究	張　　娜 麗著	10000円

汲古叢書

1	秦漢財政収入の研究	山田　勝芳著	本体 16505円
2	宋代税政史研究	島居　一康著	12621円
3	中国近代製糸業史の研究	曾田　三郎著	12621円
4	明清華北定期市の研究	山根　幸夫著	7282円
5	明清史論集	中山　八郎著	12621円
6	明朝専制支配の史的構造	檀 上　　寛著	13592円
7	唐代両税法研究	船越　泰次著	12621円
8	中国小説史研究－水滸伝を中心として－	中鉢　雅量著	品　切
9	唐宋変革期農業社会史研究	大澤　正昭著	8500円
10	中国古代の家と集落	堀　　敏 一著	品　切
11	元代江南政治社会史研究	植 松　　正著	13000円
12	明代建文朝史の研究	川越　泰博著	13000円
13	司馬遷の研究	佐藤　武敏著	12000円
14	唐の北方問題と国際秩序	石見　清裕著	品　切
15	宋代兵制史の研究	小岩井弘光著	10000円
16	魏晋南北朝時代の民族問題	川本　芳昭著	品　切
17	秦漢税役体系の研究	重近　啓樹著	8000円
18	清代農業商業化の研究	田 尻　　利著	9000円
19	明代異国情報の研究	川越　泰博著	5000円
20	明清江南市鎮社会史研究	川 勝　　守著	15000円
21	漢魏晋史の研究	多田　狷介著	品　切
22	春秋戦国秦漢時代出土文字資料の研究	江村　治樹著	品　切
23	明王朝中央統治機構の研究	阪倉　篤秀著	7000円
24	漢帝国の成立と劉邦集団	李　　開 元著	9000円
25	宋元仏教文化史研究	竺沙　雅章著	品　切
26	アヘン貿易論争－イギリスと中国－	新村　容子著	品　切
27	明末の流賊反乱と地域社会	吉 尾　　寛著	10000円
28	宋代の皇帝権力と士大夫政治	王　　瑞 来著	12000円
29	明代北辺防衛体制の研究	松本　隆晴著	6500円
30	中国工業合作運動史の研究	菊池　一隆著	15000円
31	漢代都市機構の研究	佐原　康夫著	13000円
32	中国近代江南の地主制研究	夏井　春喜著	20000円
33	中国古代の聚落と地方行政	池田　雄一著	15000円